内 容 简 介

本书是一部全面深入地剖析世界近现代超级工程的鸿篇巨制。本书涵盖了自 1640 年英国资产阶级革命以来，世界各地具有划时代意义的 134 项超级工程，横跨欧洲、北美洲、亚洲、南美洲、大洋洲及非洲，详尽展现了这些工程的历史渊源、建设历程、科技成就、社会影响、工程哲学以及未来发展趋势。通过对这些超级工程的深入研究，本书挖掘了它们在社会、经济、技术、文化等多方面的深远影响，探讨了科技发展对超级工程的推动作用，以及超级工程在未来可能的创新方向。

本书适合关注世界近现代工业发展及工程技术进步的学者和工程技术人员阅读。

图书在版编目（CIP）数据

世界近现代超级工程排行榜. 中 / 胡文瑞等著. -- 北京 : 科学出版社, 2025.5. -- ISBN 978-7-03-082038-9

Ⅰ. F282

中国国家版本馆 CIP 数据核字第 2025TN1625 号

责任编辑：吴凡洁　吴春花/责任校对：王萌萌
责任印制：师艳茹/封面设计：有道文化

科 学 出 版 社 出版
北京东黄城根北街 16 号
邮政编码：100717
http://www.sciencep.com

北京汇瑞嘉合文化发展有限公司印刷
科学出版社发行　各地新华书店经销
*
2025 年 5 月第 一 版　开本：787×1092　1/16
2025 年 5 月第一次印刷　印张：26 1/2
字数：430 000
定价：200.00 元
（如有印装质量问题，我社负责调换）

作者简介 //

胡文瑞

　　毕业于东北石油大学，中国工程院院士，教授级高级工程师，博士生导师，国务院有突出贡献专家，第十届全国人民代表大会代表，中国共产党第十六次全国代表大会代表。曾任长庆石油勘探局局长、长庆油田公司总经理、中国石油专业公司总经理、中国石油天然气股份有限公司副总裁、中国石油企业协会会长、中国矿业联合会副会长、中国石油和化学工业联合会副会长、中国企业技术创新委员会副主任委员、中国工程院工程管理学部第七届主任。全国企业现代化管理创新成果审定委员会主任。全国五一劳动奖章获得者。主要研究方向是非常规油气勘探开发、新能源、工程管理与造物实践。

王基铭

　　毕业于华东化工学院，中国工程院院士，教授级高级工程师，博士生导师，炼油、石油化工及工程管理专家。曾任上海石化董事长，上海赛科石油化工有限责任公司董事长，中国石油化工集团有限公司副总经理，中国石油化工股份有限公司副董事长、总裁，中国可持续发展工商理事会执行理事长，中国工程院工程管理学部第五届主任，第十届、第十一届全国政协委员。现任华东理工大学理事会名誉理事长、中国石油化工集团有限公司科学技术委员会顾问、中国企业联合会特邀副会长、中国可持续发展工商理事会会长。中国石化大型装备国产化的杰出推动者和重大贡献者。主要研究方向是炼油化工产业智能化和煤化工产业化。

刘合

　　毕业于大庆石油学院，中国工程院院士，教授级高级工程师，博士生导师，能源与矿业工程管理专家。曾任大庆油田副总工程师和中国石油勘探开发研究院副总工程师。现任国家油气战略研究中心副主任、国际燃气联盟（IGU）执委。国家科学技术进步奖特等奖（1项）、二等奖（4项），国家技术发明奖二等奖（1项）获得者；光华工程科技奖、孙越崎能源大奖获得者。主要研究方向是采油工程技术及装备研发、工程管理创新与实践。

唐立新

　　毕业于东北大学，中国工程院院士，IEEE Fellow，教授，博士生导师。现为东北大学副校长（科技规划、国际合作）、第十四届全国人民代表大会代表、辽宁省第十四届人民代表大会常务委员会委员。东北大学控制科学与工程（自动化）国家一级重点学科负责人、控制科学与工程国家"双一流"学科建设领导小组组长、人工智能与大数据研究院院长、智能工业数据解析与优化教育部重点实验室主任、工业智能与系统优化国家级前沿科学中心主任和首席科学家。现任国务院学位委员会第八届控制科学与工程学科评议组成员、教育部科学技术委员会人工智能与区块链技术专业委员会副主任、国家工业互联网战略咨询专家委员会委员。兼任中国金属学会副理事长、中国运筹学会副理事长兼智能工业数据解析与优化专业委员会主任、清华大学自动化系咨询委员会委员、北京大学大数据分析与应用技术国家工程实验室技术委员会委员。2017年获全国五一劳动奖章。主要研究方向是工业智能与系统优化理论方法。

"超级工程丛书"编委会

顾问： | 徐匡迪　朱高峰　何华武　殷瑞钰　翟光明　何继善　袁晴棠
　　　　| 傅志寰　王玉普　汪应洛　陆佑楣　王礼恒　孙永福　许庆瑞

主编： | 胡文瑞

副主编： | 王基铭　刘　合　唐立新

秘书长： | 唐立新（兼）

副秘书长： | 王俊仁（执行）　聂淑琴　鲍敬伟　许　特

主要撰写人员： | 胡文瑞　王基铭　刘　合　唐立新　卢春房　黄其励　黄维和
　　　　　　　| 丁烈云　戴厚良　孙丽丽　曹建国　杨善林　谢玉洪　陈晓红
　　　　　　　| 范国滨　金智新　凌　文　向　巧　林　鸣　王自力　李贤玉
　　　　　　　| 王俊仁　许　特　方东平　宋　洁　郎　劲　赵国栋　赵　任
　　　　　　　| 聂淑琴　鲍敬伟　王新东　钟　晟　刘清友　梁　樑　祝　磊
　　　　　　　| 罗平平　邵安林　李家彪　黄殿中　孙友宏　张来斌　赵文智
　　　　　　　| 聂建国　杨　宏　王　坚　王金南　杨长风　郭庆新　孟　盈
　　　　　　　| 王显鹏　汪恭书　苏丽杰　吴　剑　宋　光　刘　畅　杜金铭
　　　　　　　| 高　振　许美玲　陈宏志　李开孟　张秀东　张颜颜　宋相满
　　　　　　　| 魏一鸣　贾枝桦　李新创　王慧敏　张家宁　郭振飞　董志明
　　　　　　　| 白　敏　王佳惠　王　尧　马琳瑶　曹思涵　王丽颖　何冠楠
　　　　　　　| 赵伟华　王剑晓　张　磊　杨钟毓　常军乾　吕建中　杨　虹
　　　　　　　| 徐文伟　张建勇　林　枫　曲天威　王　军　李　青　王京峰
　　　　　　　| 何江川　王建华　王安建　王荣阳　李　达　徐宿东　刘泽洪
　　　　　　　| 张来勇　傅　强　王道军　李晓雪　陈晓明　袁红良　邵　茂
　　　　　　　| 王定洪　关中原　何　欣　徐立坤　范体军　李妍峰　罗　彪
　　　　　　　| 翁修震　陈佳仪　张　勇　李　治　王宗宪　钟金红　王　凡
　　　　　　　| 任　羿　冯　强　田京芬　贾光智

说明：1. 主要撰写人员按参与先后时间及任务权重排序
　　　　2. 主要撰写人员 123 位 + 顾问 14 位，合计 137 位
　　　　3. 总参与人员 751 人

本书编委会

主　编：胡文瑞　王基铭　刘　合　唐立新

副主编：王新东

编　委：钟金红　许　特　郎　劲　杨　楠
　　　　赵　任　王　凡　赵国栋　张　倩
　　　　刘金哲　侯长江　郝良元　李国涛
　　　　马　成　曹宏玮　刘帅峰　侯环宇
　　　　王雪琦

MEGA PROJECTS

总序

工程是人类改造自然的伟大创造，而超级工程就是人类改造自然伟大创造的巅峰之作，是人类社会文明进步的旗帜性标志，堪称皇冠上一颗颗璀璨夺目的明珠。

超级工程历史，可以追溯到人类新石器时期，在那个洪荒世界就诞生了超级工程，标志着人类文明的开启，代表着人类从自然物理世界走向了人工物理世界。

新中国成立以来，中国经济持续七十多年中高速发展，其中改革开放以来的四十多年，GDP 增长了 225 倍。2010 年，中国经济总量超过日本，仅次于美国跃居世界第二位。巨大的经济实力为超级工程建造奠定了坚实基础。同年，中国制造业产值 1.98 万亿美元，占世界制造业总产值的 19.8%（美国占19.4%），超过美国成为世界第一，截至 2022 年的制造业产值比美国、日本、德国的总和还多。强大的制造业为超级工程建造提供了工程装备和工程技术支撑。旺盛的需求为超级工程建造提供了强劲的动力。

这期间中国人民不屈不挠地进行了人类历史上史无前例、声势浩大、波澜壮阔的工程建设造物活动，中国城乡处处成为热火朝天的"大工地"，成为全球为数不多的蓬勃发展的工程建造"大市场"，诞生了数以万计的社会和民生需要的各类工程，催生了一大批史诗级的令人激动的超级工程和超级工程群。中国城乡到处欣欣向荣、日新月异，祖国大地发生了翻天覆地的变化，国家面貌焕然一新。为此，中国被誉为"基建狂魔"。

2017 年，中国工程院工程管理学部一批关注和热心超级工程研究的院士，提出系统研究超级工程的设想，得到了工程管理学部的全力支持。研究的目标以中国超级工程建造为重点，覆盖国内外超级工程建造，涵盖中国古代、近现代和世界古代、近现代超级工程，时间跨度从人类新石器时期到现代。可谓研究设想宏伟，内容浩大而繁复，学术性、理论性和专业性极强，没有强大的跨学科、跨领域的专业团队，难以完成如此重要的具有现实意义的超级工程研究工作。

2019 年，在两年多的咨询和组织准备的基础上，在中国工程院工程管理学部"工程哲学理论体系"和"工程管理理论"研究取得重大学术成果的鼓舞下，经工程管理学部七届 18 次常委会通过立项，正式设立"超级工程研究"课题，架构为"1+4"，即一个总研究课题为"超级工程研究"课题，四个专题研究课题为"中国古代超级工程研究""中国近现代超级工程研究""世界古代超级工程研究"和"世界近现代超级工程研究"课题，分别于 2019 年、2020 年、2021 年、2022 年立项。

2023 年，为了提升超级工程研究的层次，结合国家战略发展目标，"超级工程研究"由中国工程院"一般项目"升格为中国工程院"重大项目"，项目名为"中国式现代化建设中超级工程发展战略研究"，目的是为建设中国式现代化强国提供重要的科学决策支撑。

为了完成重大的理论性、学术性和战略性研究课题，"超级工程研究"项目组，遵循"友情合作"的原则，先后组建了研究顾问团队、3 个骨干研究团队、43 个"超级工程排行榜"案例撰写团队、10 个研究报告和系列丛书撰写编辑编审团队。参与研究的跨领域、跨专业、跨学科的专家学者 751 人，其中院士 49 位，参与研究的大学 19 所，企业 105 家（其中世界 500 强企业 15 家），堪称学术研究领域里的"超级研究"团队。

"超级工程研究"课题遵循"科学、权威、真实、可用"四项基本原则。一是坚持研究的科学性。对超级工程进行科学的定义、分类，依据、论据充分，数据、知识真实可靠，结果经得起考验和社会评判。二是坚持资料的权威性。资料选自权威文献，由专业机构提供和合法认可，结合现场考察，工程资料信息完整可信，经得起时间的考验。三是坚持案例的真实性。尊重合乎客观实际的工程情况，确保工程数据、人文资料真实，经得起追溯、查证。四是研究成果的可用性。将浩繁的历史资料转变成超级工程研究的工具，从研究中获得认识和启示，从实践中获得宝贵经验，升华到理论，指导超级工程建造实践。

研究目的是，"超级工程研究"为人类工程造物活动提供有价值、有意义、可借鉴的工作指南。

"超级工程研究"课题总体逻辑关系：一是定义。定性分析中国古代、近现代和世界古代、近现代超级工程的共性要素，形成中国古代、近现代和世界古代、近现代超级工程公认的定义。二是特征。挖掘各个历史时期、各个领域中国古代、近现代和世界古代、近现代超级工程普遍存在的价值，获得超级工程的共性特征。三是分类。按"时空四象限方法"分为"古、今、中、外"四大板块；依据工程属性和自然属性分为七大类，从中又分别细化二级分类。四是标准。总体研究设计"定性 + 定量化"，制定中国古代、近现代和世界古代、近现代超级工程选取评价指标，最终形成系统的评价体系，选取或筛选超级工程经典案例。

什么是超级工程？"超级工程研究"给出的定义是：特定团体（国家、政府、财阀、企业），为了人类生存和发展，实现特定的目的，运用科学与技术，投入超大规模的人力、物力、财力，有计划、有组织地利用资源，将人类的思考、发明和实践经验，通过人工和自然的选择，采用集成和交叉的方法，建造的具有超大规模的、超复杂技术的、超高风险的、超大影响力的、极具誉谤性和唯一性特征的改变事物性状的实体人造物理工程，称之为"超级工程"。

"超级工程研究"根据超级工程特性所表现的抽象结果，把超级工程的特征分为主体特征（事物的主要部分）、次主体特征和一般特征。一般来讲，特征为表象（外在）的（物质的）东西，而特性为本质（内在）的东西。超级工程的代表性特征主要有：目的性、社会性、规模性、集成性、系统性、复杂性、科学性、文化性、地域性、民族性、誉谤性和唯一性等。如果概括其特征就是"超大"。

"超级工程研究"参考"林奈的生物学分类法"，以"同规则、内相似、外差异、全覆盖、无重叠"为依据，按照工程属性和自然属性，依据功能结构、科技领域、建设性质、投资规模、投资效益、投资来源等，分为"土木工程、水利工程、能源矿业工程、制造工程、运载工程、信息通信工程和其他工程"七大类，在此分类基础上，进一步细化分类，例如"土木工程"，又分为"建筑工程、桥梁工程、公路工程、隧道工程、地铁工程、机场工程"等。

"超级工程研究"采用"定量标准和定性标准相结合的方法"选取超级工程。具体有两种方法：一是采用"比较分析法"，根据工程规模、科技成果等可量化指标，设置超级工程筛选的定量标准；二是采用"专家打分法"，对科技影响、经济影响和社会影响等不可量化的指标，设置超级工程筛选的定性标准，最终依据"工程规模、工程成果、管理创新、科技价值、经济价值、社会价值"等若干方面进行综合评价。在此基础上，进一步细化定性和定量指标，例如"工程规模"，包括"建筑面积、投资金额、设计与建设周期、资源消耗"等；又例如"社会价值"，包括"民生与就业价值效应、生态与环境价值效应、军事战略价值效应、交通辐射价值效应"等。

"超级工程研究"以历史年代时间轴划线。中国古代超级工程和中国近现代超级工程，时间跨度 12000 年，以公元 1840 年第一次鸦片战争为节点，之前为中国古代超级工程，可以追溯到新石器时期，之后为中国近现代超级工程。世界古代超级工程和世界近现代超级工程，时间跨度 4300 ～ 5300 年，以公元 1640 年英国资产阶级革命为节点，之前为世界古代超级工程，可追溯到公元前 3300 ～前 2300 年之前，之后为世界近现代超级工程。

"超级工程研究"课题，技术含量较高的是对超级工程进行"投资折算"。众所周知，发生在不同时期的超级工程，其投资不可能是一个恒定的数字。把不同时期建造的超级工程投资折算成现在的价值（投资），需采用不同的折算方法。

一是投资占 GDP 比重相对计算方法。主要表明古代某一超级工程在当时的相对投资规模。用某一超级工程的总投资，占该项超级工程建造期间的 GDP 年均值的比重来表明该超级工程对当时经济增长的贡献。

二是米价的折算方法。对于建设年代久远的古代超级工程，考虑历朝、历代的衡制和币制不同，难以通过一种货币衡量其投资额度。为了对超级工程的投资进行归一化处理，采用两千年来一直存在记录的米价，折算超级工程的投资金额。主要是针对有历史记载建造用工总量的超级工程进行折算。

三是重置成本法。对某一时期建造的有明确工程量记载的超级工程，可用同类型单位工程的现行造价进行折算，测算出该超级工程现在所需要的投资额，例如给万里长城作价。对于现代超级工程，也可用"折现法"折算为现在的造价。

投资折算的目的是更清晰地对比判断超级工程的规模。近现代部分超级工程，难以准确折算真实的超级工程投资，则保留在建时期原始投资数据供参考。古代超级工程中的部分超级工程，特别是新石器时期的超级工程，很难准确折算投资，则采用定量估算和定性描述其工程价值作为参考。

"超级工程研究"课题，特别注重超级工程案例的研究。从人类新石器时期到现代（截至 2022 年），在浩如烟海、数以万计的世界重大工程中，严格按照定义、标准和分类要求，共筛选出了具有代表性的 643 项超级工程入选超级工程排行榜，其中 110 项具有标志性的超级工程入选《中国古代超级工程排行榜》，299 项具有地标性的超级工程入选《中国近现代超级工程排行榜》，100 项具有标志性的超级工程入选《世界古代超级工程排行榜》，134 项具有地标性的超级工程入选《世界近现代超级工程排行榜》。

"超级工程研究"课题组在完成研究总报告、专题报告、结题报告的基础上，进一步组织专家、学者深化研究，从理论和实践出发，研究超级工程的规律，创新超级工程理论，指导超级工程实践，组织撰写"超级工程丛书"，陆续向社会公开发行具有理论性、学术性和科普性的"超级工程丛书"。出版物主要包括如下三类：第一类是理论和学术著作，包括《超级工程概论》《中国古代超级工程概览》《中国近现代超级工程概览》《世界古代超级工程概览》《世界近现代超级工程概览》《超级工程名录》；第二类是超级工程排行榜，包括《中国古代超级工程排行榜》（共二册）、《中国近现代超级工程排行榜》（共六册）、《世界古代超级工程排行榜》（共二册）、《世界近现代超级工程排行榜》（共三册）；第三类是超级工程图册，包括《中国古代、近现代超级工程地理分布图》《世界古代、近现代超级工程地理分布图》《中国古代、近现代超级工程历史年代时间轴图》《世界古代、近现代超级工程历史年代时间轴图》等。

马克思主义者认为，决定生产力高低的要素有三个：一是劳动者；二是劳动资料；三是劳动对象。"超级工程研究"筛选入列的人类代表性超级工程，不论是中国古代、近现代超级工程，还是世界古代、近现代超级工程，均与当时人类生产力发展水平和文明发展程度息息相关，与当时王朝兴衰、经济发展和技术水平密不可分。例如，世界四大文明古国、中国三大盛世、欧洲文艺复兴时期、英国工业革命、美国罗斯福新政、社会革命、新中国成立和改革开放、民族复兴、世界全球化等，催生了一大批彪炳史册、可歌可泣的超级工程。

不论是中国古代、近现代超级工程，还是世界古代、近现代超级工程，均具有"先进、先行、先导、先锋"四大作用；具有"文明迁徙、需求拉动、演化渐进、经济基础

（国家或王朝兴盛、物质财富、社会稳定）、科技进步、自然力影响"六大规律；具有"决策者青睐、统治者喜好、时代大势选择、同道模仿与竞争（超高层建造）、民间创造与积累（坎儿井）、贪大求奇"六大特点。

超级工程的作用、规律和特点充分体现了超级工程建造的民族文化特征、时代印记和地域特色，成为人们认可、学习、推崇的不朽经典，成为人们永远的记忆，虽被历史时间长河洗刷而不褪色，朝代更替而不倒，这就是超级工程的真正价值所在。

著名冶金学家、中国工程院院士殷瑞钰说："工程是现实的生产力"。那么超级工程也是"现实的生产力"。人们常讲：将科学技术转化为现实的生产力，将知识和技术转化为现实的生产力，将实践产生的宝贵经验转化为现实的生产力，恰恰是超级工程建造最科学的结论。

超级工程集中体现了现实的生产力，体现了知识和技术，体现了宝贵的实践经验。可以说任何一项超级工程，都是知识、技术和实践经验的集大成者，都是那个时代现实生产力的集中表现，都为那个时代留下不可磨灭的痕迹和永久的记忆，都为那个时代刻上了历史的烙印。

"超级工程研究"在中国乃至世界，被誉为是填补空白的一项学术研究，具有重大的现实意义和学术价值。为此，作为超级工程研究团队成员，心情激动，浮想联翩，通过系统的超级工程研究，书写人类社会建造超级工程的辉煌历史，讴歌建造超级工程的伟大时代，歌颂劳动人民建造超级工程的丰功伟绩，赞颂工程技术人员建造超级工程的聪明才智，指导未来超级工程的科学建造。

衷心感谢"超级工程研究"团队和"超级工程丛书"撰写团队的全体专家学者！

特别感谢东北大学工业智能与系统优化国家级前沿科学中心、中国石油天然气集团有限公司、清华大学等骨干研究团队的全体专家学者！

胡文瑞

2022 年 3 月 8 日于北京丰和园第一稿

2022 年 11 月 11 日于北京六铺炕第二稿

2023 年 2 月 25 日于三亚鹿回头终稿

在人类波澜壮阔的发展历程中，超级工程犹如一座座不朽的丰碑，屹立于历史的浪潮之巅，闪耀着人类智慧与勇气的光芒。它们是人类对自然规律的探索与挑战，是科技实力的集中展现，更是社会、经济、文化发展的强大引擎。自 1640 年英国资产阶级革命以来，世界近现代超级工程在政府和民间资本的主导下，秉持着创新精神，实践着新技术、新材料、新工艺，以超大规模投资、超复杂技术融合、超高风险、超大影响力和超强争议性为特征，深刻地改变了人类的物质文化生活，推动了文明的不断进步。

这些超级工程不仅是技术的奇迹，更是人类智慧、勇气与创造力的结晶。它们在近现代的发展中，继承了古代工程的宏伟愿景，并融入了科技创新与可持续发展的理念。从圣保罗大教堂的庄严神圣到白金汉宫的威严壮丽，从圆明园的辉煌壮丽到埃菲尔铁塔的优雅身姿，从西伯利亚大铁路的横贯大陆到巴拿马运河的沟通海洋，这些工程不仅改变了地理地貌，更深刻影响了人类社会的运行方式和价值体系。它们在解决诸如环境、能源、效率、安全、持续性等新挑战和难题的过程中，成为了推动文明进步的催化剂。

《世界近现代超级工程排行榜》这部著作，秉持着科普性与可读性相结合的原则，力求以通俗易懂的语言、生动翔实的案例，深入研究世界各国代表性超级工程的历史发展、科技成就、社会影响、工程哲学以及未来发展。书中从学术的角度阐述了不同国家和地区超级工程的发展状况和特点，详细介绍了各个超级工程的历史渊源、建设历程和发展趋势，深入挖掘了超级工程对社会、经济、技术、文化等方面的价值，探讨了科技发展对超级工程的推动力，研究了超级工程的未来趋势和创新方向。我们期望通过这样的方式，让广大读者能够更加全面、深入地了解世界近现代超级工程，从中汲取知识与智慧，感受人类在科技探索与创新道路上的不懈精神。

本书的入选标准按照《超级工程概论》中"定量标准和定性标准相结合"的方法，综合考虑了世界各国超级工程发展的时间轴和典型特点。经过严谨的筛选和评估，最终确定了 134 项具有划时代意义的超级工程案例。这些案例按洲的分布为：欧洲 45 项，北美洲 25 项，亚洲 55 项，南美洲 3 项，大洋洲 2 项，非洲 4 项。《世界近现代超级工程排行榜》共分为 3 册。这些超级工程跨越洲际，涵盖欧洲、亚洲、北美洲等各大洲，它们的影响力超越了地域的界限，成为全人类共同的财富与文化遗产。它们背后的故事，不仅仅是建筑、技术的故事，更是人类社会发展、文化交融、历史变迁的故事。

在创作过程中，我们深刻体会到，每一项超级工程的背后，都凝聚着无数人的辛勤付出和无私奉献。工程师、建筑工人、科研人员，他们用智慧和汗水攻克了一个又一个技术难题，让这些宏伟构想从图纸变为现实。没有他们的努力，就没有这些改变世界的伟大创造。同时，这些超级工程也让我们看到了人类在面对自然挑战时的无限潜力，以及在科技探索与创新道路上的坚定决心。

本书的出版离不开众多参与人员的辛勤付出。在此，我们要向所有为本书提供资料、支持与帮助的专家学者、研究人员、编辑出版团队以及相关机构致以衷心的感谢！正是因为你们的专业知识、严谨态度和无私奉献，这部作品才得以顺利完成。

《世界近现代超级工程排行榜》不仅是对人类工程技术成就的一次精彩回顾，更是对未来发展的深刻启示。它带领读者领略那些改变世界的伟大创造，感受人类文明的辉煌与奇迹，为人类更好地利用科技力量、推动可持续发展和促进文化交流提供了宝贵的借鉴和启示。希望本书能够成为广大读者了解世界近现代超级工程的窗口，激发更多人对科技、工程和人类文明的探索热情。

超级工程覆盖领域广、建设周期长，涉及的工程数据、技术资料浩如烟海。受数据采集渠道多元、信息整合难度大等客观因素影响，书中数据难免存在偏差与疏漏，恳请广大读者海涵指正。

《世界近现代超级工程排行榜》编撰工作组

2023 年 11 月 2 日

目 录 CONTENTS

MEGA PROJECTS

43 阿波罗号宇宙飞船

全　　称 阿波罗号宇宙飞船

外文名称 Apollo Spacecraft

阿波罗号宇宙飞船，是继水星号与双子星号系列飞船后，美国研制使用的第三代载人宇宙系列飞船，是美国阿波罗计划的重要组成部分。阿波罗号各代飞船为美国创下了许多"第一次"：阿波罗4号是阿波罗计划中第一次使用土星5号运载火箭发射的航天任务；阿波罗5号是第一次使用登月舱的航天任务；阿波罗7号是阿波罗计划中第一次载人飞行任务；阿波罗8号是人类第一次绕月球航行的太空任务；阿波罗11号宇宙飞船，实现了人类第一次成功的登月任务。阿波罗号宇宙飞船登月的成功，是人类第一次离开地球而到达别的天体，是人类文明向太空渗透的里程碑，也是航天事业的一次飞跃。1984年12月8日，美国阿波罗登月与中国成昆铁路、苏联第一颗人造卫星上天被联合国并称为"象征20世纪人类征服自然的三大奇迹"[1]。

阿波罗号宇宙飞船的建造设想来源于1961年5月25日肯尼迪总统宣布的美国将执行阿波罗计划。1965～1972年，共发射17艘阿波罗号宇宙飞船：1～3号为模拟飞船，4～6号为不载人飞船，7～10号为绕地球或月球轨道飞行的载人飞船，11～17号为载人登月飞船。1972年，阿波罗计划结束，由后续的阿波罗－联盟测试计划接替。

阿波罗11号航天飞机从肯尼迪航天中心起飞

3

阿波罗号宇宙飞船，总质量45吨，由指令舱、服务舱和登月舱组成。指令舱为圆锥形，高3.2米，底面直径3.1米，重约6吨；服务舱前端与指令舱对接，舱体呈圆筒形，高6.7米，直径4米，重约25吨；登月舱由下降级和上升级组成，宽4.3米，最大高度约7米。阿波罗计划从1961年5月开始，至1972年12月第6次登月成功结束，历时约11年，总耗资255亿美元。阿波罗号宇宙飞船共进行17次飞行试验，包括6次无人亚轨道和地球轨道飞行，1次载人地球轨道飞行，3次载人月球轨道飞行，7次载人登月飞行。共12名航天员先后登上月球，月面停留时间总计305小时20分钟，最大舱外活动半径为30千米，进行了成功登月和安全返回、考察地月空间环境、考察月表环境及月球构造、在月球上安装科学仪器和驾驶月球车等科学实验，共带回3817千克各种月球岩石和土壤。在工程高峰时期，参加工程的有2万家企业、200多所大学和80多家科研机构，总人数超过40万人[2-4]。

1958年7月29日，艾森豪威尔总统签署了《美国公共法案85-568》，即《美国国家航空暨太空法案》，创建了美国国家航空航天局（National Aeronautics and Space Administration, NASA），统一组织协调美国的航天发展。1960年7月，时任美国国家航空航天局副局长休·拉蒂默·德莱顿宣布启动阿波罗计划，并开始对飞船的可行性进行研究。8月，美国国家航空航天局收到了14份投标意向。最终，通用动力公司与康维尔公司、通用电气公司、格伦·L.马丁公司收到了合约。经过科学家与工程师的不懈努力，阿波罗计划取得了成功[5]。

阿波罗号宇宙飞船具有极强的影响力，它帮助人类第一次离开地球而到达别的天体，使人类在外星探索的道路上迈出了坚实的一步。在阿波罗计划执行过程中，科学家越来越懂得如何摆脱宇宙的桎梏，为探索其他星球做了重要铺垫。

一、工程背景

20世纪50年代，苏联与美国的太空竞争异常激烈。1960年11月，肯尼迪成为美国第35任总统，他竞选时便承诺要使美国在太空探索和导弹防御上全面超越苏联。但肯尼迪的这个计划并没有落实，因为他对美国航天业的发展状况不太熟悉，而且太空计划还会消耗大量的资金。1961年4月12日，苏联宇航员尤里·加加林顺利升入太空，这一壮举引起美国的不安，激励美国占领航天领域的高地。

1961年5月25日，肯尼迪提出要在20世纪60年代结束前将美国宇航员送上月球。此后，美国于1966~1968年进行了6次不载人飞行试验，在近地轨道上检验飞船的指挥舱、服务舱和登月舱，考验登月舱的动力装置；1968 ~ 1969 年，先后发射了阿波罗 7 号、8 号、9 号飞船，进行载人飞行试验，包括环绕地球、月球飞行和登月舱脱离环月轨道的降落模拟试验、轨道机动飞行和模拟会合、模拟登月舱与指挥舱的分离和对接，检查飞船的可靠性；1969 年 5 月 18 日发射的阿波罗 10 号飞船进行了登月全过程的演练飞行，绕月飞行 31 圈，两名宇航员乘坐的登月舱也降至离月面 15.2 千米的高度 [3]。

1969 年 7 月 16 日，土星 5 号超重型运载火箭载着阿波罗 11 号飞船从美国卡纳维拉尔角肯尼迪航天中心点火升空，开始了人类首次登月的太空征程。美国宇航员尼尔·奥尔登·阿姆斯特朗、巴兹·奥尔德林、迈克尔·柯林斯驾驶着阿波罗 11 号宇宙飞船跨过 38 万千米的征程，承载着全人类的梦想踏上了月球表面。宇航员在月球上停留了 21 小时 18 分钟，他们在月面上放置了一台激光反射器、一台月震仪和一个捕获太阳风粒子的铝箔帆，拍摄了月面、天空和地球的照片，采集了月球土壤和岩石标本。阿波罗 12 号和 14 号均成功完成了登月任务，但美国并不满足于登月本身，如何采集更多外星资源也是美国所追寻的目标 [6]。阿波罗 15 号是阿波罗计划中的第九次载人任务，也是人类第四次成功登月的载人登月任务，与前几次任务相比在月球上停留更久，科学研究的意义更大。

阿波罗计划的成功使人类第一次离开地球而到达别的天体，是人类开拓新的疆域的里程碑，也为人类今后开发利用月球创造了有利条件。

二、工程价值

阿波罗号宇宙飞船载人登月工程影响十分深远，它对促进科学发展、推动科技进步等起到了巨大的作用，并将永载人类史册。

1. 工程主要成果

阿波罗号宇宙飞船登月过程产生了 3000 多项专利技术，至今人类仍然受益匪浅，投入产出比是 1：14，即投入 1 美元，产出 14 美元。

2. 工程管理创新

在研制阿波罗号宇宙飞船过程中，美国政府、企业部门、大学结成一体，举国上下参与和支持实施登月计划，他们运用系统工程的方法，特别是采用计划评审技术、关键线路法等新的管理技术，使用电子计算机进行各种模拟和仿真，确保各项实验研究准确按期完成，终于使这项举世瞩目的宏伟目标得以如期实现。因此，载人登月飞行的成功，不仅是科技史上更是航天科技史上一项具有划时代意义的成就，而且也是管理上的一次革命（被称为"管理学的革命"），标志着人类在组织管理方面已经走向一个新时代。

3. 工程科学价值

（1）阿波罗号宇宙飞船登月实现了多项重要的技术突破，包括火箭发射技术、航天器结构设计、环境控制系统等。这些技术在之后的太空探索任务中得到了进一步的发展和完善，为之后的载人航天计划提供了重要的基础。

（2）阿波罗号宇宙飞船成功登陆月球，使人类对月球的认识从远古神话进入科学探索的新纪元，人类对月球的起源、地质、地貌、物质成分等方面的认识得到了极大的丰富和提高。搭载的许多科学仪器，对月球的辐射环境、太阳风、月球磁场等进行了详细的记录，这些记录为人类对太阳系的认识提供了宝贵的数据。

4. 工程社会价值

阿波罗号宇宙飞船的建造完全是由政治因素决定的，但它的意义却远远超出政治之外，在经济、科技、文化、社会等多方面都产生了重大影响，极大地推动了经济和社会发展。阿波罗号宇宙飞船的成功研制，直接带动了美国微波雷达、遥控作业、无线电制导、超高强度和耐高温合成材料、新型电子计算机、药物及生物工程等一大批高科技工业群体。人工智能、机器人和遥控作业等许多技术成果又转移到民用领域，促进了科技与工业的整体发展和繁荣，其二次开发应用的效益，远远超过阿波罗计划本身所带来的直接经济与社会效益。

蔡司报告指出，阿波罗计划使美国经济增长率提高 2%，物价指数下降 2%，创造 80万个就业指标；美国 1958 年国民收入为 4062 亿美元，1968 年达到 8640 亿美元，1970年增至 9046 亿美元，10 年翻了一番，这是阿波罗计划刺激的结果。宏观经济学研究表明，阿波罗计划技术研发的花费对固定产出（经济效益）的影响是：投入产出比从过去的1：7 变为 1：14。在阿波罗计划结束后的 20 年内，阿波罗计划仍然对经济发展有推动作用，估计产出比是 1：9。

从某种意义上说，20 世纪 70 ～ 80 年代支撑美国经济高速发展的技术，主要来自对月球探测技术的消化、优化和二次开发。今天美国航天工业、国防工业和许多民用工业的关键技术，很大部分来自阿波罗计划的第二代或第三代技术，或这些技术衍生的技术，通过月球探测发展起来的技术，已融入人们的日常生活和整个工业体系。据不完全统计，从阿波罗计划中派生出了大约 3000 项应用技术成果。

三、工程启示

1. 成功关键因素

（1）决策者的良好素质是成功的关键。肯尼迪果断做出登月风险决策所表现出的非凡的直觉和洞察力，登月方案制定者和执行者在方案选择和准备工作中所表现出的严谨、严密、高效的工作作风，以及面对失败所表现的冷静、果敢、百折不挠的顽强精神，都说明了阿波罗计划实施过程中，决策者的良好素质具有至关重要的作用。

（2）寻求最佳方案是成功的前提。阿波罗计划的提出之初虽然具有强烈的政治背景，但计划的制定与实施也经过了严格的科学论证，有关部门对美国科学、技术、经济等领域进行了全面的调查、分析与研究。最佳登月方案的确定建立在对各种方案深入调查、充分论证、量化分析、利弊权衡、综合优化的基础上，而不是凭直觉或经验进行判断。

（3）失败与挫折为成功积蓄了力量。阿波罗号宇宙飞船在迭代过程中经历了几次危机。阿波罗1号测试时发生了大火，三名宇航员死亡；阿波罗13号发射两天后，服务舱的氧气罐发生爆炸，严重损坏了航天器，三名宇航员在太空中经历了缺少电力、正常温度以及饮用水的问题，但仍然成功返回地球。这些危机没有阻碍阿波罗计划的实施，科学家和工程师积极查明事故原因，为后续登月行动积累了宝贵经验。

2. 工程哲学启示

阿波罗号宇宙飞船的成功发射与返回，以及它所完成的一系列太空探索任务，都充分体现了系统观念在工程设计和实施中的重要性。系统观念作为工程设计中的核心思维方式，强调以整体性和联系性的视角分析、解决问题。它把宇宙飞船看作一个复杂的系统，由推进系统、导航系统、生命保障系统、通信系统等多个子系统组成，这些子系统既相互独立又相互依赖。在设计和建造阿波罗号宇宙飞船的过程中，设计师充分运用系统观念，对飞船的各个部分进行了全面而深入的分析和研究。他们不仅关注每个子系统的功能和性能，还着重探讨了各子系统之间的相互联系和作用，以及它们对整体性能的影响。这种系统性的思考方式，使得设计师能够从全局角度出发，对飞船的设计和建造进行最优化的安排和决策。

阿波罗号宇宙飞船的成功，离不开系统观念的指导，这不仅体现了工程哲学的思想，还可以帮助人们更好地理解事物的本质和规律，为未来的太空探索任务提供了宝贵的经验。

3. 工程立国思考

危机感和忧患意识是一个民族、一个国家不断发展的源动力。阿波罗计划的提出源于美国和苏联之间的较量。苏联在人造卫星与载人飞船领域的捷足先登，给美国带来了巨大的挑战。美国在太空航天领域的失利，激起了美国人强烈的忧患意识，促使美国进行深刻的自省，并重新估量自己在经济、科技、教育等领域的真实实力。为改变美国和苏联间的"空间差距"，美国不失时机地连续执行阿波罗计划。举世瞩目之下，美国仅利用 8 年的时间，阿波罗号宇宙飞船就成功登上了月球，其意义远远超出了政治较量本身。不仅使美国在空间技术领域遥遥领先，在政治和军事上得到好处，对美国的科技进步乃至经济发展也起到了巨大的推动作用。正是民族忧患意识，推动美国不断改革与创新，化解了一次又一次的危机，使其迄今仍保持着超级大国的地位。

4. 未来发展指导

阿波罗计划的成功实施有多种因素，其中专家集体智慧的运用是一个重要因素。从登月构想方案设计到方案优选，无不体现出了专家群体智慧集成的积极作用。国家重大超级工程往往体现国家的意志与行为，需要众多领域科学家与工程技术人员的共同参与，其优秀设计方案的形成是集成众多专家智慧的结果，阿波罗计划就是这方面的一个典型案例。

参考文献

[1] 宁靖. 飞向太空的人类文明——阿波罗探月计划. 百科探秘(航空航天), 2018(Z2): 44–49.

[2] 郭长春. 阿波罗登月工程. 中学物理教学参考, 2010, 39(4): 37–38.

[3] 林冬. 阿波罗工程(上). 中国工程师, 1997(1): 12–13.

[4] 黑皮. 航天梦想之阿波罗飞船. 农村青少年科学探究, 2017(5): 49.

[5] 李慕南, 姜忠喆. 青少年爱科学 时光奥秘. 长春: 北方妇女儿童出版社, 2012.

[6] 李哲. 科学发现的历程. 北京: 中国画报出版社, 2012.

波音 747

44 波音 747 大型商用宽体运输机

全　　称 波音 747 大型商用宽体运输机，简称：波音 747，又称：珍宝客机

外文名称 Boeing 747 Wide-Body Commercial Transport Aircraft

波音 747 是美国波音公司研制的大型民用运输机，在航空史上创造了多个"全球首个"，全球首个载客量超过 400 人的客机，全球首个大批量生产的双通道宽体客机，全球首个使用大涵道比涡扇发动机的民用运输机，全球首个按洲际飞机航程要求设计的客货运两用宽体飞机，曾长期占据全球洲际飞机市场领先地位，保持单机载客量最大的世界纪录长达 37 年，拥有"空中女王"的美誉。

波音 747 从 1966 年 4 月开始研发，1968 年 9 月首架飞机总装下线，1969 年 2 月首飞，同年 12 月获得美国联邦航空管理局（Federal Aviation Administration，FAA）的型号合格证，1970 年基本型 747-100 投入运营。经过多年的发展，先后发展出 747-200、747-300、747-400、747-8 等多个型别，客运型最大载客量达到 680 人，货运型最大载货量 138 吨，截至 2021 年底共交付 1500 多架，取得了巨大的商业成功。其最新型号 747-8 机长 76.4 米，是当今世界最长的客机，翼展 68.5 米，机高 19.5 米，最大起飞重量 448 吨，可实现 14815 千米的长途飞行。

波音 747 基本型的研制费用超过 10 亿美元（1970 年币值，换算到 2020 年币值约 70 亿美元），超过当时波音公司的净值，投入 5 万名人力。波音公司还花费 2 亿美元建造了当时全球最大的工厂，专门用于波音 747 的总装。

波音 747 来源于美国泛美世界航空公司 1965 年提出的超大型洲际客机需求，波音公司首席执行官威廉·艾伦牵头决策，波音公司承担设计工作，波音艾弗里特工厂负责生产线的组建和飞机生产，总工程师是乔·萨特（Joe Sutter），适航监管部门为美国联邦航空管理局。

波音 747 是世界上第一款研制成功的宽体民用飞机，保持了多年最大载客量的世界纪录[1]。波音 747 显著降低了洲际航空客运成本，推动开辟更多洲际航线，提高了全球航空客运效率。波音 747 的客运机型颠覆性地使用了"宽体双通道"概念，将载客量增加一倍多，每位乘客每千米的运输成本降低了 30%，让航空旅行变得更便捷、更经济，为世界各地运送了近 40 亿人次的旅客，让"洲际旅行"成为普通人生活的一部分。货运型采用可向上开启的机鼻货舱门，可以更便捷地装载大尺寸货物，对于推广民航运输、振兴经济、促进社会交流起到了重大推进作用。采用的超大型机身在当时属于"庞然大物"，拥有超大的商载和机舱空间，超出了大部分航空业和乘客的想象，被媒体称为"巨无霸飞机"。

一、工程背景

20 世纪 60 年代，西欧经济完全摆脱了第二次世界大战的影响并开始腾飞，对于横跨大西洋航线的需求量也随之大幅上涨。当时关于民用航空的未来发展方向出现了重大分歧，一部分走"速度路线"，支持发展超声速客机，可以大幅缩短飞行时间，但是油耗高、安全性也不稳定；一部分走"效率路线"，坚持采用亚声速客机，但为了提高运输效率、降低运输成本，需要发展大型化、高运载能力的客机。

当时全球最大的航空公司——美国泛美世界航空公司总裁胡安·特里普就持第二种观点，他认为当时载客量已达 270 人的最大客机——道格拉斯 DC-8 仍然无法满足民航市场的需要。美国空军在 1963 年启动的巨型军用运输机研制计划让他看到了希望，该运输机最大载重达到 80 吨以上，能够运载 750 名士兵，最后发展出了 C-5 大型军用运输机[2]。竞标结束后，特里普立即向参与竞标的洛克希德·马丁公司和波音公司建议发展同样大小的大型民用客机。赢得竞标的洛克希德·马丁公司并未回应，但败北的波音公司首席执行官威廉·艾伦则积极响应，特里普当场拍下 5.5 亿美元的定金，订购 25 架。这是当时历史上最大的一笔客机采购，特里普要求波音公司在 1969 年底之前交货，波音公司只有三年时间完成全新飞机的设计、新总装厂的筹建、试飞和适航认证。泛美世界航空公司作为波音 747 的催生者，对后者的设计有着决定性影响，至今没有任何单一的航空公司对任何一架主要民航客机的设计有如此之大的影响。

二、工程价值

波音 747 是当时全球载客量最大的洲际运输机，波音公司克服了规模大、周期短、技术新、要求高等困难，成功研制出这种划时代的机型，取得了显著的成果和技术进步，彻底改变了航空运输市场的格局，还因其出色的设计和巨大的运载能力，成为被广泛应用的特种作业平台，是为数不多实现商业成功的超大型运输机，在其服役的几十年间成为民用航空的代表性机型，创造了非凡的经济和社会价值。

1. 工程主要成果

波音 747 因其划时代的意义、卓越的设计和出色的性能而获得了多项奖项，其中波音传奇航空工程师乔·萨特因其领导了划时代的波音 747 的研发而获得了首届飞行国际终身成就奖，该奖项是由《飞行国际》杂志在 2010 年范堡罗航展上颁发的。

2. 工程主要技术

波音 747 在客舱布局、气动和结构、安全性和发动机设计、生产制造等方面应用了大量创新性和颠覆性技术，许多方法都是国际首例，引领了后续波音 767、777、787 及空客 A330、A380 等大型民用运输机的发展 [3]。

（1）波音 747 创造性地提出单层客舱宽体双通道方案。机舱宽度几乎是波音 707 的两倍，能够并排放置 10 个座位。同时，将驾驶舱提升至主甲板上方，方便在机鼻部位设置可向上打开的货舱门，形成特有的"鹅头"形状。这种布局不仅大幅提高了客舱的容量和舒适程度，还方便了货物的装卸，顶部驾驶舱后面的空间还可以布置头等舱休息室或经济舱座位，后来顶部机舱长度不断加长，甚至达到整个机身长度的一半，进一步提高了载客量。

（2）波音 747 采用了"4 套液压系统，4 个主起落架"，使得飞机起降具有极高的安全裕度。波音 747 的液压系统由 4 个独立的系统组成，分别与相应的发动机相连，为不同的飞机子系统提供液压，即使有两套液压系统完全失效，也可以保证基本的飞行控制。主起落架采用 4×4 组合的复杂构造，即 4 组起落架（两前两后，两左两右），每个起落架上 4 个轮子。这不仅降低了飞机起降时跑道所受压强，更重要的是只要一边还有一个起落架，波音 747 就能完成起降。

（3）波音 747 首次应用了大涵道比涡扇发动机。波音 747 是首款能兼容全球三大发动机制造商（通用电气公司、普拉特·惠特尼集团公司、罗尔斯 - 罗伊斯公司）产品的民用飞机。世界上第一种大涵道比涡扇发动机是通用电气公司的 TF39，涵道比达到 8，用于 C-5 军用运输机。但由于通用电气公司无暇顾及波音公司的需求，波音 747 选择了普拉特·惠特尼集团公司的 JT9D 发动机，涵道比达到 5.5。JT9D 早期的可靠性不足，波音 747-100 在试飞过程中总共更换了 55 台发动机，甚至在首次亮相时发动机位置装的是配重。在后续 747-200 上，通用电气公司的 CF6 和罗尔斯 - 罗伊斯公司的 RB211 也成为其动力选项，三大发动机制造商竞争的模式不仅有力地促进了技术进步，给航空公司带来了更大的选择空间，也为民用客机动力竞争走出了第一步。

（4）波音 747 首次应用了惯性导航装置。1969 年奔赴巴黎航展时，波音 747 正是凭借惯性导航装置，在大雾天气和没有无线电信号的情况下，准确飞抵了巴黎勒布尔歇机场。随着惯性导航的出现，之前客机上的领航员成为历史职业，驾驶舱乘员减少到 3 人（机长、副驾驶、机械师）。对于千方百计要降低运营成本的航空公司来说，这自然是最好不过的。

（5）波音 747 采用了复杂的三缝式襟翼。波音 747 完全打开时，可使机翼面积增加 21%，升力系数提升 85% 以上，大幅提高了飞机的起降性能。与双缝式襟翼相比，三缝式襟翼能将波音 747 的降落速度降低 120 千米 / 小时，低至 277 千米 / 小时，能够在 2400 米内停下；失速速度更是只有 170 千米 / 小时，甚至低于重量不到其 1/5 的波音 737。更短的起降距离意味着波音 747 能够在更多的机场使用，这是巨无霸级别的波音 747 无比畅销的又一重要原因。

3. 工程管理创新

波音 747 的工程管理创新是建立了遍布世界各地的供应链体系，同时制定了严格的供应商资质认证标准，加强了对供应商的管理，建立了一个完善、高效的供应链协同管理信息化平台[4]。波音公司的专业化、社会化程度很高，其主承包商主要进行总体设计和系统集成，并研发、制造少数核心技术的关键分系统和零部件，其余大量的分系统和部件主要靠社会上其他专业化公司转包和分包。波音公司制定了严格的供应商资质认证标准，对供应商所提供的零配件的质量、进度等各方面有着严格的要求，优质的原材料及各种配件为波音公司制造一流的产品提供了前提和保障。

4. 工程社会价值

波音 747 宽大舒适的客舱、覆盖全球的航程、超强的运力和极佳的经济性对世界航空旅行产生了巨大影响，凭借其豪华和魅力吸引了大量乘客，让世界上更多的人可以飞得更远。波音 747 还曾在 1976 年以历时 46 小时的飞行刷新了环球旅行新纪录，把世界连接成了"地球村"，跨越大陆和海洋从未如此容易，世界从未如此紧密地联系在一起[5]。

波音 747 以巨大的载客量、超长的航程和较高的巡航速度，很快成为民航界"身份"的象征，成为各国航空公司机队中无可争议的旗舰飞机，用于高流量或需要"为国争光"的航线。尽管许多机场为了能起降波音 747 需要进行大量改造，但能够接受波音 747 也成为机场和所在城市身份的象征，波音 747 带来的"更舒适、更便宜、更快捷"，不仅吸引了更多的旅客，还增加了机场的收入，提升了城市形象。

除了民航的客机和货机，波音 747 的巨大载重量还使它成为特种飞机的平台，其中包括国家领导人专机、航天飞机载机、新型发动机试飞平台、飞行天文台、灭火飞机、飞机结构大部件运输机等角色，发挥了巨大的社会价值。最有名的军用波音 747 是目前美国总统的座机 VC-25A "空军一号"，是 1987 年由两架波音 747-200 改装而来的，用以替换在肯尼迪时代开始使用的波音 707。在奥巴马时代，美国空军开始研制新一代 VC-25B "空军一号"，最终选择了波音 747-8，计划于 2027 年交付，将作为总统专机服役 30 年。

5. 工程文化价值

波音 747 问世后不仅成为民用航空的象征，还成为流行文化的一部分，出现在很多电影、电视剧，甚至是歌词中。此外，波音 747 还有着巨大的国际社会影响力。1991 年 5 月 24 日，一架以色列的波音 747 在转运埃塞俄比亚犹太人的人道主义救援中，运载人数达到 1122 人，创造了单机载客量的世界纪录。从某种意义上说，波音 747 已经是美国实力和形象的象征，且延伸至整个西方[6]。

三、工程启示

1. 成功关键因素

（1）波音公司对民航市场发展趋势的前瞻性判断、坚定不移的信念以及对客户需求的准确把握，是波音 747 得以诞生并成为一代传奇的先决条件。波音 747 以时任波音公司首席执行官威廉·艾伦的决策为开端，这是一个要冒着巨大财务风险的决定，很多人都说这种"赌上了整个公司"的飞机无论在工程上还是在经费上，都不可能支撑其飞起来，波音公司为此承担了巨大的资金风险，甚至创下了当时所有公司借贷数额之最 [7]。同时，波音公司充分听取和挖掘客户需求，以满足泛美世界航空公司执飞远程枢纽间航线的需求为起始，坚持客货机并行发展，并针对日本、比利时、荷兰等特殊市场，研制了短程大客流的747SR、客货混运的 747 Combi 等型号，不断扩大其市场占有率。

（2）波音 747 总设计师卓越的技术功底、大胆的创新精神和出色的领导能力，是波音 747 成功的重要推动力。被称作"747 之父"的乔·萨特领导了整个研发团队，凭借其出色的领导力，在初期只有 100 名设计人员，而且还面临其他项目严重挤压的情况下，实现了波音 747 从提出概念到飞机下线仅用 29 个月的奇迹。他还参与了波音 707 和 737 等项目，提出了许多足以改变民用飞机发展方向的重大工程创意，并最终担任了波音民机公司的副总裁，他的创新精神、先驱者气概以及惊人成就激励着波音公司一代又一代的员工。

（3）波音 747 规范了波音公司转包研制的工作模式，使其在较短的研发周期内保证按计划目标实现生产。由于波音 747 体型庞大、结构复杂，大约有 450 万个零件，而且研制期限短，为了提高效率，波音公司首次采取了风险与利益共享模式，将部分飞机零部件的制造工作委托给其他飞机制造商承包或转包，并投入大量的人力对外包产品进行设计更改并使之标准化，再将更改结果发送给供应商并确保其按要求更改产品的设计，保证按计划目标实现生产。这也为后来波音 767、777、787 项目的转包生产和新的风险合作模式铺平了道路。

2. 工程哲学启示

波音 747 工程研发过程中应用了辩证统筹的工程方法。波音 747 在分析处理技术性和非技术性复杂交织的矛盾问题时，进行了多层次统筹论证和决策，具体对机身设计方案的抉择、民航市场的发展前景、短期利润及投资回报率等多要素进行利弊权衡，运用战略思维，多层次、多维度、反复地协调妥协、辩证预判，努力寻求多方效益的最大公约数，最终做出全局性、战略性的统筹集约决策，创造性地设计出"宽体双通道"的机身，将载客量增加一倍多，每位乘客每千米的运输成本降低了30%，让航空旅行变得更便捷、更经济，这也是工程规划方法论的精髓所在。

3. 工程立国思考

波音 747 的生产需要高度的技术和工艺水平，涉及众多高端制造业领域，如航空材料、机械制造、电子工程等。波音 747 的研发和生产得到了美国政府的支持和主导，不仅推动了美国高端制造业的发展，也带动了相关产业链的成长。波音 747 的成功使得波音公司在全球航空市场中占据了重要地位，增强了美国的国际竞争力，同时，也成为美国出口的重要产品之一，为美国的贸易顺差做出了贡献。波音 747 充分展现了美国在工程和技术领域的强大实力，同时也反映了美国通过技术创新和高端制造业来巩固其全球领导地位的战略意图。

4. 未来发展指导

大型商用客机设计师的工程师文化不能让位于为资本服务。在波音 747 发展后期，波音公司过度追求股东利益和资本市场的表现，在新产品研发和生产制造方面投入严重不足，导致设计验证和生产质量大幅下滑，737MAX 接连发生空难、787 屡次出现质量事故，导致在 2019 年被空中客车公司夺走了全球最大商用飞机制造商的位置，反映出波音公司未能一直坚守工程师文化的"初心"，已经失去了研发波音 747 时的锐气和激情，也将逐步失去其在民用飞机市场安身立命的根本。

参考文献

[1] 《世界飞机手册》编写组. 世界飞机手册. 北京: 航空工业出版社, 2011.

[2] 乔·萨特, 杰伊·斯宾塞. 未了的传奇. 北京: 航空工业出版社, 2008.

[3] 西翼. 改变世界的客机 波音747的兴衰迭起. 航空世界, 2021(12): 17–22.

[4] 宁靖. 从失败中诞生的空中"巨无霸". 百科探秘(航空航天), 2016(Z1): 39–42.

[5] 刘成龙. 走进波音公司的质量管理模式. 现代班组, 2011(6): 26–27.

[6] 王巍. 超大型宽体客机路在何方. 大飞机, 2016(5): 59–62.

[7] 沈叶华. 波音747: 空中巨无霸. 第二课堂(B), 2019(Z1): 35–39.

土星 5 号运载火箭

45 土星 5 号运载火箭

全　　称 土星 5 号运载火箭，又称：月球火箭

外文名称 Saturn V

土星 5 号运载火箭是 NASA 在"阿波罗"登月和天空实验室两项太空计划中使用的多级可抛式液体燃料火箭，是人类历史上使用过的自重最大、体积最大、功率最强的运载火箭[1]，也是发射成功次数最多的火箭之一。土星 5 号运载火箭是世界上最强大的火箭，推力达到 3408 吨，曾创造出吉尼斯世界纪录。1967 ~ 1973 年共发射了 13 枚土星 5 号运载火箭，保持着完美的发射纪录。其中，有 9 枚土星 5 号运载火箭将载人的"阿波罗"号宇宙飞船送上月球轨道，顺利实现了人类登月的梦想，造就了人类历史上从未有过的壮举。

土星 5 号运载火箭于 1962 年开始研制。1963 年 NASA 确定土星 5 号作为"阿波罗"计划的运载火箭。1967 年 11 月首次飞行，共发射 17 次，成功率达到 100%。其中，第 1 ~ 3 次是不载人模拟环地飞行，第 4 次是不载人试飞，从第 7 次开始是载人飞行。1968 年 12 月 21 日发射的"阿波罗"8 号载着 3 名宇航员完成了人类第一次绕月飞行，随后又发射了 7 次登月飞船。土星 5 号的最后一次发射是在 1973 年，这次发射将"太空实验室"送入了近地轨道。

土星 5 号运载火箭是迄今世界上最庞大的运载火箭，总重量约为 2970 吨，最大直径 10 米，连同尾翼在内共达 18 米，零部件有 560 万个之多。火箭本身高达 86.6 米，安装"阿波罗"飞船和救生火箭后，总高度达到 110.6 米，相当于 36 层楼房。它由三级组成，第一级为 S-1C，高 42 米，直径 10 米，有 5 台发动机，装有 2075 吨液氧煤油推进剂，一旦发动机点火，2000 多吨的"饮料"，仅用 2 分 34 秒就可以全部"喝"干，产生的高温气体以 2900 米/秒的速度喷射，可产生 3500 吨推力；第二级为 S-2，直径也是 10 米，有 5 台发动机，装有 450 吨液氢液氧低温高能推进剂，产生 500 吨的推力；第三级为 S-4B，直径 6 米，采用 1 台第二级使用的液氢液氧推进剂发动机，可产生 100 吨的推力。土星 5 号运载火箭还是个名副其实的"大力士"，其起飞重量 2950 吨，起飞推力 3400 吨，能够将 47 吨的有效载荷送上月球，或将 139 吨的有效载荷送上近地轨道。它的成功少不了美国政府的大量投资。1964 ～ 1973 年，土星 5 号的总拨款高达 65 亿美元，1966 年达到年度最高，仅这一年就拨款 12 亿美元，而 NASA 的年度政府拨款高达 45 亿美元，约为当时美国国内生产总值（GDP）的 0.5%。如此大规模的投资反映了美国对航空航天领域的高度重视，很大程度上保证了土星 5 号超级工程的研发质量。

1961 年 5 月 25 日，肯尼迪总统宣布美国将在 1970 年之前将宇航员送上月球。NASA 响应了时任总统的号召，制定了"阿波罗"计划，企图完成一系列的登月任务。土星 5 号运载火箭是"阿波罗"计划的重要组成部分，由马歇尔太空飞行中心总指挥沃纳·冯·布劳恩与他的德国火箭团队担任设计研发工作，主要承包商包括波音公司、北美人航空公司、道格拉斯飞行器公司以及 IBM。

土星 5 号运载火箭对于人类登月和太空探索具有重要的历史意义和科学价值。它是首次将人类送上月球并成功返回地球的关键工具，为后续的太空站建设、深空探测等任务提供了技术基础和经验借鉴。土星 5 号运载火箭也展示了人类对自然界最复杂、最强大力量的掌握与利用能力，为未来可能实现更清洁、更高效、更安全的能源供给方式开辟了新的可能性。

一、工程背景

第二次世界大战结束之后，美国和苏联之间的斗争并没有画下句号。两国存在的严重冲突与分歧并没有结束，仍然在争夺世界霸权的道路上你来我往，但是双方都不想再一次发生世界范围的大规模战争。因此，两国的斗争形式发生了变化，从真枪实弹变成了"相互遏制，不动武力"的冷战，在科技和军备竞赛、太空竞赛、外交竞争等方面开辟了新的战场。太空竞赛是美国和苏联在冷战时期为了争夺航天实力的最高地位而展开的竞赛。第二次世界大战结束后，两国获得大量德国火箭技术及人员，太空竞赛就以导弹为主的核军备竞赛拉开了帷幕，随后美国和苏联相继将自己的卫星送入太空，太空竞赛得到了进一步发展。载人航天阶段的竞争，更是将这场太空竞赛推向了白热化。

20 世纪 60 年代初期，苏联在太空竞赛中领先于美国。1957 年，苏联发射了第一颗人造卫星斯普特尼克 1 号。1961 年 4 月 12 日，苏联宇航员尤里·加加林成为第一个进入太空的人类。为了在太空领域超越苏联，1961 年 5 月 25 日，肯尼迪总统宣布美国将在 1970 年之前将宇航员送上月球。当时，美国唯一的载人太空任务是艾伦·谢泼德的水星——红石 3 号，仅在太空停留了 15 分钟，且未进入近地轨道。基于此，美国人提出了庞大的"阿波罗"计划。为实现这一宏伟计划，美国需要解决火箭的问题。

1960 ～ 1962 年，马歇尔太空飞行中心为执行不同的航天任务而设计了不同的几类火箭。C-1 火箭（土星 1 号火箭的原型）是早期的多级火箭，由于其推力未达预期，这枚火箭需要若干次发射才能将登月所需要的各个部件送入轨道。多次更新迭代之后，C-4 火箭仅需两次发射就可以完成地球轨道交会的任务。为了将发射次数降低到 1 次，1962 年 1 月 10 日，NASA 宣布建造 C-5 火箭的计划。这枚火箭由三级组成，第一级包括 5 个 F-1 发动机，第二级包括 5 个 J-2 发动机，而第三级是另外一个 J-2 发动机。C-5 火箭的运载能力更强，可以直接完成一次月球任务。1963 年，NASA 决定选择 C-5 火箭作为"阿波罗"计划的运载火箭，同时给了这枚火箭一个新的名字——土星 5 号。

土星 5 号运载火箭彰显了美国在航天领域的科技水平，让人类登月的梦想照进了现实，是美国火箭技术发展之路上的一次成功探索，经过科学家和工程师的精妙设计，只需要 5 个 F-1 发动机便能把超过 3000 吨的土星 5 号运载火箭推起，为日后其他型号火箭的设计提供了宝贵的经验。在紧张的世界格局下，土星 5 号运载火箭及其系列火箭的发明打破了苏联在航天领域的领先地位，在国际竞争中取得胜势，具有深远的政治意义。2019 年，为了纪念登月 50 年，土星 5 号运载火箭被全尺寸投影在华盛顿纪念碑上，沉睡了数十年的它化身成了一座光彩夺目的丰碑。

二、工程价值

1. 工程管理成果

1967 ～ 1973 年，共有 13 枚土星 5 号运载火箭发射升空，被视为推动人类探索宇宙的重要工具，展示了美国在航空航天领域的强大实力和技术实力，对美国在全球舞台上的地位产生了积极影响。

土星 5 号运载火箭的设计和建造得到了许多奖项的认可：1971 年，被授予美国国家工程院（National Academy of Engineering，NAE）的德雷珀奖，这是美国工程界的最高荣誉之一。1972 年，土星 5 号运载火箭的设计团队获得了美国国家科学奖章，这是美国科学界的最高荣誉之一。1973 年，获得了国际宇航联合会（International Astronautical Federation，IAF）的冯·布劳恩奖章，这是国际宇航界的最高荣誉之一。1996 年，土星 5 号运载火箭的设计团队获得了美国航空航天学会（American Institute of Aeronautics and Astronautics，AIAA）的科利尔奖，这是美国航空航天领域的最高荣誉之一。

2. 工程主要技术

土星 5 号运载火箭的燃料箱、发动机壳体等许多部分都使用了复合材料，如碳纤维等，这在当时是非常先进的技术，这种材料比传统的金属材料更轻，但强度更高，能够大大减轻火箭的重量，提高火箭的运载能力；液氢液氧发动机的燃料是液态氢和液态氧，比传统的火箭发动机更高效，能够提供更大的推力；计算机控制的自动化仪表在土星 5 号运载火箭的应用是火箭控制系统的重要创新，计算机的应用使得火箭的控制更加精确，提高了火箭的发射和运行效率；土星 5 号运载火箭使用了大推力发动机技术，使火箭能够携带更多的有效载荷，对于提高火箭的运载能力和适应性具有重要意义；土星 5 号运载火箭是第一枚完全集成设计的火箭，从火箭的各个部分到整个系统都是一体化设计，这种集成设计大大提高了火箭的性能和可靠性；使用先进的热保护系统能够在火箭发射过程中保护火箭不受高温的影响。

3. 工程科学价值

土星 5 号运载火箭成功将人类送往月球，实现了人类对地球以外天体的探索，使人类对月球及近月空间有了首次直接的研究和认识。科学家表示，他们对月球和整个太阳系的了解很多都是由“阿波罗”11 号的宇航员证实和揭示出来的，此外对带回来的月球岩石和尘埃的研究也起了很大作用。登月任务带回来了部分月球土壤样本，为外星球土壤研究开创了先河。据美国有线电视新闻网（Cable News Network，CNN）、《今日美国》等外媒报道，2022 年 5 月 12 日发表在《通讯生物学》杂志上的一项新研究显示，佛罗里达大学的研究人员首次在 NASA“阿波罗”计划任务期间收集的月球土壤中种出了植物。这是植物第一次在月球土壤中发芽生长，为月球上种植提供植物奠定了基础。

4. 工程社会价值

土星 5 号运载火箭可看作美国与苏联竞赛的特设计划，但也同样是人类向太阳系扩张的第一步，其目的就是实现载人登月飞行和人类对月球的实地考察，为载人行星飞行和探测进行技术准备。这些技术不仅为后来的航天计划奠定了基础，而且广泛地用于国民经济领域。NASA 也因此取得了一系列大型工程计划设计、实施和管理的宝贵经验。

蔡司报告指出，"阿波罗"计划使美国经济增长率提高 2%，物价指数下降 2%，创造了 80 万个就业指标；美国 1958 年国民收入为 4062 亿美元，1968 年达到 8640 亿美元，1970 年增至 9046 亿美元，10 年翻了一番，这是"阿波罗"计划刺激的结果。该工程的实施，带动了美国液体燃料火箭、微波雷达、遥控作业、无线电制导、超高强度和耐高温合成材料、新型电子计算机、药物及生物工程等一大批高科技工业群体。后来，该工程的人工智能、机器人和遥控作业等许多技术成果又转移到民用领域，促进了科技与工业的整体发展与繁荣，其二次开发应用的效益，远远超过"阿波罗"计划本身所带来的直接经济与社会效益。

5. 工程文化价值

（1）展示国家形象。土星 5 号运载火箭的成功发射与回收，对美国进展缓慢的航天计划起到了巨大的激励作用。在土星 5 号运载火箭的加持下，美国顺利完成登月任务，在冷战中占据先机，打破了苏联在太空竞赛中一直领先的格局。这犹如一针"强心剂"，终于使美国在航天技术的许多方面确立了领先地位，产生了极大的声誉，促使美国的载人航天任务接连传来捷报，彰显了大国在航天领域的领先地位。

（2）象征探索精神。土星 5 号运载火箭的发射和回收系统是一项全新的技术，代表了人类不畏艰险，开始走出地球，追求科技进步、挑战自然、探索未知领域的决心和勇气，开启了人类对太空的探险历程，推动了人类对宇宙的好奇心和求知欲。

（3）推动科幻文化。土星 5 号运载火箭的设计和使用成为科幻文化的重要元素，被广泛地描绘在科幻小说和电影中，用来教育下一代对科学、技术、工程的热爱，推动了科幻文化的发展。电影《星际穿越》中的"太空电梯"就是以土星 5 号运载火箭为原型的。

三、工程启示

如今，在宇宙中遨游似乎不是什么难事，但在 20 世纪 60 年代，科技远不如今天发达，从土星 5 号运载火箭发射，再到人类登上月球，其间所经历的艰难险阻可想而知，其成功原因与启示表现在以下几个方面。

1. 成功关键因素

（1）深厚的科研底蕴是成功的基础。美国的火箭技术起源于 20 世纪 40 年代的火箭技术研究，经过几十年的发展，美国已经掌握了一系列先进的火箭技术，包括液体燃料火箭发动机、固体燃料火箭发动机等。此外，美国也是世界上第一个成功发射地球卫星的国家，这些成就证明了美国在火箭技术领域的强大实力。

（2）政府强大的资金支持是成功的关键。土星 5 号运载火箭的研发、制造、测试等各个阶段都需要大量的资金投入，这些资金主要来源于美国政府的预算。如果没有充足的资金支持，土星 5 号运载火箭的研发工作可能会因为资金短缺而无法进行，或者研发效率降低，这无疑会严重影响土星 5 号运载火箭的研发进度和最终的成功率。

（3）独特的管理模式是成功的有力保障。NASA 在土星 5 号运载火箭的研发过程中，动员了 120 所大学、2 万家企业、40 万人参加。一定意义上，土星 5 号运载火箭的成功是由于"管理上的革命"——将政府、工业部门和大学结合成一体，并发明了新的系统和质量控制技术，同时指挥着 40 万人的活动，并充分发挥每个人的特长。

2. 工程哲学启示

土星 5 号运载火箭的建造是人类与自然界交互的典型案例，充分体现了人类与自然界之间的依赖、挑战、合作、冲突与影响的工程哲学关系。人类在设计和制造土星 5 号运载火箭的过程中，依赖自然界的资源和规律，用于制造其燃料与各种结构部件；其在建造过程中克服自然界的重力、空气阻力等多重限制的挑战，将大量有效载荷送入太空，其强大的推力和精确的控制超越了自然界的限制，这是自然界的力量无法做到的；在这个过程中，人类与自然界并非孤立存在，而在一定程度上又是相互合作的，如火箭的发射需要借助自然界合适的气象与地理条件，才能完美升入太空；土星 5 号运载火箭不仅帮助人类实现了探索太空的目标，发射和运行过程中会产生大量的温室气体、太空垃圾等污染物，又对自然界产生了不可忽略的影响。土星 5 号运载火箭的建造充分体现了人类与自然界复杂辩证关系的工程哲学思想。在未来的工程实践中，我们需要继续探索和优化工程实践的方式与方法，实现人类与自然界的和谐共处。

3. 工程立国思考

土星 5 号运载火箭的成功与美国政府制定的国家战略密不可分。土星 5 号运载火箭的辉煌延续到了 20 世纪 70 年代，美国依靠土星 5 号运载火箭登上月球，在太空竞赛中制霸苏联，在东西方两大阵营对抗中重夺主动权。然而，1975 年前后，苏联和美国签订了一系列协议中止太空竞赛，双方撤掉了大量的航天项目，土星 5 号运载火箭就这样失去了原有的价值。随后，由于苏联解体等原因，美国无须借助土星 5 号运载火箭来彰显自己超级大国的地位，再加上土星 5 号运载火箭需要消耗大量的资金，于是将投资目光转向他处。因此，每项超级工程的成功都需要依托发展的眼光来制定战略发展体系，明确投资规模。国家战略并非一成不变，投资也不是无止境的黑洞，应根据国家实际情况做出调整，实现良性发展。虽然土星 5 号运载火箭退出了历史舞台，但它对于美国航空航天领域的发展具有重大意义。长期以来，美国也在分析土星 5 号运载火箭的优点与弊端，以期研发出性价比更高的火箭，继续执行接下来的太空任务。

4. 未来发展指导

良性竞争与优质合作是科技发展道路上的催化剂。在太空竞赛中苏联一直扮演这个角色，与美国一起你追我赶，互相进步，最终激励美国实现登月任务，成为人类科技历史上的一段佳话。国与国之间科技的较量，促使它们互相进步，造福全人类。仅仅是竞争还不够，合作更是科技进步的重要一环，美国的航天"大厦"正是各方力量共同构建的，土星 5 号运载火箭这个庞然大物才能成功地飞向太空。2020 年 10 月，NASA 与英国、加拿大、澳大利亚、意大利、日本、卢森堡和阿拉伯联合酋长国 7 个国家的航天机构签署了《阿尔特弥斯协议》，截至 2023 年 12 月，扩展至 33 个国家，旨在"为全人类创造一个安全、和平、繁荣的太空未来"。

参考文献

[1] 罗丹. 最大的火箭"土星五号". 国外科技动态, 2003(8): 1.

46 萨扬－舒申斯克水电站

全　　称	萨扬－舒申斯克水电站
外文名称	Саяно-Шушенская ГЭС

萨扬－舒申斯克水电站位于叶尼塞河上游，是苏联和亚洲 20 世纪已建最大水电站，也是世界最高的重力拱坝。大坝坝体混凝土使用量居世界之冠，且具有世界上落差最大的水跃消能设施。

萨扬－舒申斯克水电站于 1963 年开始建设，1968 年 9 月开始建设第一期围堰，1978 年首台临时转轮机组发电，至 1985 年全部 10 台机组投产，大坝工程于 1987 年竣工，总工期达 19 年。为提高水力结构的可靠性和安全性，2005 年开始建造河岸式溢洪道，2010 年建设完成，2011 年 10 月 12 日正式投入运营。整个建筑群直到 2000 年才完工，建设总历时 37 年[1]。

萨扬－舒申斯克水电站控制流域面积 18 万平方千米，年径流量 467 亿立方米。混凝土坝最大坝高 245 米，坝顶长 1066 米，是世界最高的重力拱坝。坝体混凝土量达到 850 万立方米，居世界大坝坝体混凝土量之冠。总库容为 313 亿立方米。坝后式厂房内安装了苏联设计制造的最大水轮发电机组，单机容量 64 万千瓦，总装机容量 640 万千瓦，年发电量 235 亿千瓦时。溢洪道设计泄量为 13600 立方米／秒，具有世界上落差最大的水跃消能设施。大坝可抵御里氏 8 级地震。施工高峰期共使用 6000 名工人，总成本约 12.5 亿美元[2]。

萨扬－舒申斯克水电站由圣彼得堡水电工程设计院设计。1961 年 11 月，水电工程设计院的第一批地质调查队对三个拟选坝址进行了勘探工作。1962 年 7 月，苏联国家委员会选定了卡尔洛夫斯基坝址[3]。

萨扬－舒申斯克水电站是俄罗斯最大的水电站，也是世界上最大的水力发电站之一，为俄罗斯提供了大量的清洁能源，满足了国内日益增长的能源需求。水电站的建设和运营带动了区域经济的繁荣和发展，对经济发展起到了巨大的推动作用。在萨扬－舒申斯克水电站的建设过程中，技术难题的解决推动了科技创新和发展。

一、工程背景

萨扬－舒申斯克水电站位于西伯利亚偏远地区的叶尼塞河上游，交通不便，年平均气温较低。叶尼塞河是俄罗斯水量最大的河流，是流入北冰洋的三大西伯利亚河流之一，也是西伯利亚水能资源最丰富的地区之一。20 世纪 60 年代初期，苏联在政治和经济方面面临许多挑战。为了促进国家经济的发展和解决能源短缺问题，苏联政府决定大力推进水电站的建设，以增加电力供应并缓解能源短缺的压力。

水电站的初步设计和准备阶段始于 20 世纪 50 年代中期。这一阶段主要是进行地质勘测、气象和洪水预报等基础工作。为此，苏联政府成立了专门的水电设计院和水电站建设指挥部。主体工程分两期完成，一期为右岸基坑工程，包括导流底孔坝段、消力池、上游纵向围堰、隔墙、下游右岸挡土墙；二期为左岸基坑工程，包括厂房坝段和水电站厂房。一期施工导流是通过围堰束窄天然河床的 58% 来完成的。二期施工时，利用一期纵向围堰抛石立堵进占，首先形成石戗堤，然后在二期上游围堰滤水坝址处进行最后的河床截流，截流后河水从导流底孔通过。

水电站的大坝施工阶段始于 1963 年。这一阶段的主要工作是在河流上建设大坝和水电站厂房等建筑物。1968 年，水电站开始建设围堰。这个阶段是水电站建设的关键阶段之一。在围堰建设阶段完成后，水电站就进入了主体工程建设阶段。这个阶段包括大坝的建设、水轮发电机组的安装和调试、泄洪设施的建设等。1978 年，混凝土浇筑速度加快，大坝总混凝土量达到 38%。在这一年，为了加快混凝土浇筑速度，达到所设混凝土拌合楼年生产能力 120 万立方米，使大坝混凝土浇筑量高达 32.2 万立方米，大坝前缘达到 386 米高程。在大坝总混凝土量中，有 38% 的混凝土是于 1978 年浇筑的。

水轮发电机组于 1978 年和 1979 年提前发电，是萨扬－舒申斯克水电站建设过程中的重要里程碑。水电站从修筑围堰工程起，至首台临时转轮机组发电为 10 年。至 1985 年全部 10 台机组投产，大坝工程于 1987 年竣工，完成土石方开挖量 169 万立方米，混凝土浇筑量 96 万立方米，总工期达 19 年[4]。

二、工程价值

1. 工程主要技术

萨扬－舒申斯克水电站作为世界上在尺寸和结构复杂性方面独特的水力结构，建设过程中形成了一系列创新性、先进性的科学技术。

（1）首次采用新技术直接在现场安装涡轮发电机定子。涡轮机和发电机是当时世界上最强大的，而且是最经济的，水轮机的效率提高到 95.8%，发电机的效率提高到 98.3%。

实践提供了重要的参考和借鉴。这些创新也进一步体现了工程方法论在解决实际问题中的重要性和应用价值。

3. 工程立国思考

首先，水电站的建设是一项国家战略工程，体现了政府对国内能源需求的重视。这项工程可以为国家提供大量的清洁能源，减少对化石燃料的依赖，降低碳排放并满足国内电力需求。这有助于提升国家的能源独立性，保障国家的能源安全，同时也为经济发展提供了可靠的电力支持。其次，水电站的建设对于地方经济和社会发展具有重要意义。该项目的实施为当地创造了大量的就业机会，提高了居民的生活水平，促进了周边地区的经济繁荣。同时，也带来了道路、桥梁和通信网络的建设，这些都对地方社会的发展和现代化起到了推动作用。此外，水电站作为清洁能源的生成方式，几乎没有二氧化碳排放，可以用于灌溉农田和供应清洁饮用水，促进农业发展。

4. 未来发展指导

萨扬－舒申斯克水电站不仅促进了能源密集型产业的创建，而且为当地城市的发展奠定了基础，推动了当地旅游业的发展，形成了一个强大的生产综合体。

产业是发展的重要载体，创新是引领发展的第一动力。随着水电开发的深入推进，如何带动地方经济发展并避免库区产业单一化等问题逐渐成为水电开发面临的主要挑战。因此，探索构建水电建设与工业、旅游开发融合发展新模式，以开发建设促进乡村振兴，增强自身的"造血"能力，实现地区跨越式发展和可持续发展，这是未来发展的必由之路。

随着科学技术的不断进步，水电站运行的自动化程度越来越高。如何实现多种可靠的监控手段和综合方法，始终保证水电站在系统安全监控的状态下运行，如何科学地建立水电站安全监控指标，采用什么方法建立以及建立后能否起到应有的作用等问题，仍需要我们认真思考和深入研究。

参考文献

[1] 萨扬－舒申斯克水电站——20世纪俄罗斯已建的最大水电站. 河北水利, 2020(1): 26.

[2] 王国秉. 关于俄罗斯萨扬·舒申斯克水电站事故的思考. 山西水利科技, 2010(2): 1–5, 15.

[3] 浴火重生的萨扬－舒申斯克水电站. 能源, 2014(12): 20–23.

[4] 从俄罗斯萨扬－舒申斯克水电站事故看水电站运行管理. 大坝与安全, 2009(5): 3.

47 抽水蓄能电站工程群

全　　称 抽水蓄能电站工程群

外文名称 Pumped Storage Power Station Engineering Group

截至 2022 年底，中国已纳入规划的抽水蓄能电站资源总量约 8.23 亿千瓦，已建抽水蓄能装机容量 4579 万千瓦，形成了世界上规模最大的抽水蓄能电站工程群，其中长龙山抽水蓄能电站额定水头居世界第二、中国第一[1]。

抽水蓄能电站工程群可追溯到 1968 年，中国在河北岗南建成第一座抽水蓄能电站。20 世纪 90 年代，建成十三陵、广州、天荒坪等 7 座电站。2000～2020 年，累计开工建设 58 座电站，建成投运 25 座电站，并持续快速发展。尤其是 2021 年以后，中国抽水蓄能产业迎来爆发式增长，2022 年全国新核准抽水蓄能电站项目 48 个，装机 6890 万千瓦，全年新投产 880 万千瓦，超过了 2016～2020 年 5 年核准量的总和。

抽水蓄能电站工程群工程规模大，以地下工程为主，施工爆破作业多、施工组织复杂，单个电站土石方开挖量约 1200 万立方米，建设周期 7～8 年，平均投入约 2500 万工时，工程所需人力物力巨大。全国已建成投运的电站投资规模约 1200 亿元，正在建设的电站投资规模约 3000 亿元。中国抽水蓄能电站已发展成为电网结构的重要组成部分。

抽水蓄能电站工程群主要由电网企业（如国家电网

江苏宜兴抽水蓄能电站上水库

有限公司和中国南方电网有限责任公司）投资开发建设，部分发电企业和民营企业也参与了抽水蓄能电站工程的开发建设。工程均由国家发展和改革委员会核准，在国家实施"简政放权"后下放至省级发展和改革委员会核准。工程设计主要由中国电力建设集团所属水电设计院承担。工程施工主要由中国电力建设集团有限公司、中国能源建设集团有限公司、中国安能建设集团有限公司、中铁建设集团有限公司等公司承建。

抽水蓄能电站工程群是一种具有储能和调节能力的特殊水电站，具有启停迅速、运行灵活可靠的特点，是保障大电网安全运行和新能源消纳最为成熟、有效的储能方式，是构建清洁低碳、安全稳定、经济高效的现代电力系统和服务经济社会发展的重要基础设施，重点表现为抽水蓄能是电网重要的"黑启动"电源，保障电力系统在极端条件下快速有序恢复；具有调峰填谷、调频调相等重要功能，保障电网安全稳定运行；具有灵活的储能调节性能，可有效促进新能源消纳；工程投资规模大，有力带动了工程建筑业、装备制造业以及区域经济发展。

一、工程背景

抽水蓄能技术源于瑞士，一般由具有一定高差（200～700米）的两个水库、可逆式水泵水轮机组和输水系统组成，电力过剩时采用电动机－水泵模式运行，利用多余电能将水以势能方式存储，电力短缺时采用水轮机－发电机方式将储存的水能转化为电能。世界上第一座抽水蓄能电站于1882年诞生在瑞士苏黎世。20世纪60年代以后，世界上抽水蓄能电站得到迅速发展[2]。与欧美发达国家（地区）相比，中国抽水蓄能电站的建设起步较晚，20世纪60年代后期才开始研究抽水蓄能电站的开发，1968年和1973年在华北地区先后建成岗南和密云两座小型混合式抽水蓄能电站。

20世纪80年代中后期，随着中国改革开放后社会经济快速发展，中国电网规模不断扩大，广东、华北和华东等地区电网以火电为主，受地区水力资源的限制，可供开发的水电少，电网缺少经济的调峰手段，电网调峰矛盾日益突出，缺电局面由电量缺乏转变为调峰容量缺乏，修建抽水蓄能电站以解决火电为主电网的调峰问题逐步达成共识。

20世纪90年代，伴随经济进一步发展，抽水蓄能电站建设也进入快速发展期。为配合核电、火电运行，先后兴建了广蓄一期、北京十三陵、浙江天荒坪等几座大型抽水蓄能电站。2001～2005年，中国为满足电网调峰调频、事故备用需要，又相继开工建设了河北张河湾、山西西龙池、湖北白莲河等一批大型抽水蓄能电站。

2011年以来，为适应新能源、特高压电网快速发展，满足电网安全稳定运行需要，抽水蓄能发展迎来新的高峰，相继开工了安徽绩溪、河北丰宁等 36 座抽水蓄能电站。特别是 2015 年以来，每年新开工建设 4 ～ 5 座抽水蓄能电站，建设规模快速增长。中国抽水蓄能产业用 50 年的时间，实现了从无到有、从探索到蓬勃发展的历史性跨越。

二、工程价值

中国抽水蓄能电站建设起步虽晚，但通过集中资源和力量研究开发关键技术，依托工程群建设迭代改进，工程技术、质量、建设效率持续提高，多座电站处于世界先进水平。

1. 工程主要成果

依托抽水蓄能电站工程群建设，通过国内主机设备厂和产业单位合作，中国单机容量 25 万千瓦、30 万千瓦、35 万千瓦、37.5 万千瓦、40 万千瓦的大型抽水蓄能机组，其水泵水轮机、发电电动机以及辅助系统设备等均实现了自主可控。40 万千瓦级大型抽水蓄能机组关键技术研究与应用，获得 2017 年水力发电科学技术奖一等奖。泰山、宜兴、黑麋峰三座电站获得中国建设工程鲁班奖，仙游、洪屏电站获得国家优质工程金奖，宜兴电站获得国家改革开放 35 年百项经典工程。

2. 工程主要技术

1）研制了超高水头、高功率机组

抽水蓄能机组不同于常规水电，水头高达常规水电站的 2 ～ 6 倍，转速高达常规水电站的 6 倍多，水力开发设计难度大，并需同时兼顾水轮机与水泵特性，技术复杂性较强；发电工况和抽水工况转换频繁，机组过渡工况复杂，机组及厂房的振动控制困难，机组选型、设计、制造、安装和调试等方面均存在较多技术难点。通过多年工程实践和技术攻关，已成功实现 700 米级水头和 40 万千瓦级抽水蓄能机组等核心装备的研制和应用，使中国装备制造达到世界先进水平。依托工程建设推动了水电施工建设能力和施工装备水平升级[3]。

2）形成了成熟的抽水蓄能电站建设施工技术体系

抽水蓄能电站额定水头一般在 200 ～ 700 米，输水系统一般长 2000 ～ 4000 米，每项工程平均约 50 条隧洞、总长约 25 千米，地下隧洞纵横交错，开挖、衬砌工程量大，4 台装机的电站地下洞室开挖工程量近 200 万立方米。通过抽蓄工程群建设实践中的探索和积累，逐步建立了一套施工技术体系，施工能力大幅提升，2015 ～ 2020 年的在建项目是 2011 ～ 2015 年的 3 倍。工程机械化施工装备水平不断提高，多臂钻机、反井钻机

等先进设备全面应用，现场信息化系统普遍部署，安全质量管控能力显著提升，水库库盆防渗等关键施工技术处于世界先进水平。

典型抽水蓄能电站工程三维透视图

3. 工程管理创新

中国积累了丰富的建设管理经验，逐步形成了"抽水蓄能电站群"建设管理理念，具体体现在"集约""标准""共享"三个方面，值得在类似"工程群"中借鉴应用[4]。

1）"集约"理念

抽水蓄能电站主要由电网公司开发建设，为集约管理创造了条件。电网公司通过专业子公司对所属电站群开展统一开发建设，实现专业人才在不同工程之间的有序流动，相互交流支援，可降低人力成本；可形成规模建设效益，削减招标采购成本，压缩备品备件库存，增强业主单位协调力度，有利于建设推进；可及时共享技术创新、管理创新成果，促进建设水平和管理水平的共同提升。

2）"标准"理念

电站群建设有利于积累建设经验，形成统一的管理标准，并经过工程实践不断改进提升，增加工程安全、质量、技术等管控能力。抽水蓄能因势而建，枢纽布局、参数特性各异，难以标准化设计，但抽水蓄能电站建设充分研究不同工程的"共性特征"，对地下厂房形成了数种典型设计，对进出水口等关键局部形成标准设计，目前已初步形成抽水蓄能电站工程"三通一标"（通用设计、通用设备、通用造价、标准化工艺应用），有力促进了工程质量提升，开创了水电行业先河。

3）"共享"理念

抽水蓄能电站对地质地形、水资源等自然条件要求较高，电力系统需求与站址资源分布不匹配，如浙江、安徽等地优良站址资源多，江苏、上海等地站址资源少，通过华东区域统一调度应用，在区域范围内最大化地发挥了抽蓄功能作用。随着特高压输电和新能源大规模发展，为在更大范围内发挥抽水蓄能的调峰调频、事故备用作用，进入"十三五"后，抽蓄电站普遍实施了区域化应用，由区域电网电力调控中心开展统一调度，实现调节资源的跨省运用、共享。抽水蓄能"共享"范围越广、机制越灵活，系统整体效益越优。

4. 工程社会价值

抽水蓄能是成熟、经济可靠并商业化运行的超大规模储能方式，同时是电力系统中不可缺少的生产资源和经济资源。抽水蓄能通过对不同价值、不同质量电能的时空移动，将低价值能源转换为高价值能源，可以产生比其消耗的能源多得多的经济价值，提高系统运行的经济性。

1）具有显著的资源节约效益和环境保护效益

该技术是绿色、环保、可持续循环的能源，能有效降低火电煤耗，减少系统燃料消耗，是构建资源节约型、环境友好型社会的典型工程代表。抽水蓄能电站建设周期长，又属于资本密集型的大型基础设施工程投资项目，具有带动力强、中长期经济效益显著等优势。建设期可直接拉动设计咨询、机械、建材、设备制造、工程劳务等多个上下游产业，运行期每个电站每年可增加地方财政收入约1亿元，并带动当地商业、旅游业配套发展，促进地区经济全面发展。

2）成为电力系统安全防御体系的重要组成部分

常规电源因其调节能力不足，不能完全满足系统在故障运行工况下的需求，抽水蓄能电站特有的大容量灵活调节能力，是电网运行安全的重要保障。十三陵、张河湾、泰山、宜兴、天荒坪、桐柏、响水涧、宝泉、白莲河9座电站是当地省级电网第一黑启动电源，是极端事故条件下电力系统快速有序恢复的坚强保障。

3）抽水蓄能具有双倍调峰能力

具有容量、电量和动态效益，既能调峰，又能填谷，能极大地提高电网能源利用率及火电等电源运行效率。以 180 万千瓦装机抽蓄电站为例，发电转抽水工况下相当于调停 12 台 30 万千瓦机组。

4）促进新能源大规模开发和消纳

抽水蓄能可有效解决新能源并网对电网的冲击和系统转动惯量不足问题[5]。随着网内光伏等新能源大量接入，部分电站运行由"两发一抽"调整优化为"两发两抽"等方式，更有效地兼顾了新能源电量消纳。2020 年华东电网光伏装机已超 4000 万千瓦，午间光伏大发时段电网调峰困难，通过安排宜兴、桐柏、仙居、响洪甸等抽蓄电站在午间增加一次抽水，有效助力华东地区实现新能源全额消纳。东北电网、华北电网通过调用辽宁蒲石河、吉林白山、山东泰山、河北张河湾、山西西龙池等抽蓄电站，大大缓解了低谷时段新能源消纳困难，新能源利用率均达到 98% 以上。2018～2019 年，中国抽水蓄能电站工程群年均消纳新能源发电量约 320 亿千瓦时，为新能源健康发展做出了突出贡献。

三、工程启示

伴随能源结构的调整优化和电力系统的转型升级，抽水蓄能电站作为一种特殊的水电资源，在国家政策引领下不断发展壮大。

1. 成功关键因素

1）抽水蓄能电站工程群的建设发展离不开国家和行业政策的支持

抽水蓄能为电力系统提供公共服务，有效保障电力系统安全稳定运行和提升新能源利用水平，从经济学角度看，抽水蓄能提供的产品属于电力系统的公共产品，服务于整个电力系统，新能源、火电、核电及用户广泛受益。国家和各省地方政府在抽水蓄能产业政策、项目核准、工程建设等方面给予了大力支持，是抽水蓄能电站工程建设快速推进的重要因素。抽水蓄能电站工程群建设也带动了水电科研、装备制造和施工建设等上下游产业的发展。

2）国家主导的重大设备自主化为中国抽水蓄能健康发展奠定了扎实基础

抽水蓄能技术源于国外，为提高中国抽蓄电站机电装备工业水平，2003 年国家发展和改革委员会依托国家电网有限公司河南宝泉、湖北白莲河和中国南方电网有限责任公司广东惠州电站，通过统一招标和技贸结合方式，为国内主机设备厂引进机组设备设计和制造技术。2005 年，依托辽宁蒲石河、湖南黑麋峰电站采用国产制造、外方技术支持形式，促进了国内主机厂掌握抽水蓄能机组核心技术。2008 年，依托安徽响水涧电站、福建仙游电站，再次提升机组装备自主研发水平，东方电气集团东方电机有限公司、哈尔滨电气集团有限公司完全实现自主设计制造，完全掌握了抽水蓄能主机设备核心技术。

2. 工程哲学启示

以往的工程管理和项目管理两方面都偏重以局部的物为对象，重视技术层面，采取还原论方法来处理问题，而现在"人"的因素在工程中的重要性凸显，工程系统变得更加复杂和系统，工程的最终目的是满足人的需求，需要协调各方面的利益与要求，而不仅是达到某些技术指标。抽水蓄能电站的建设也是如此，应从工程系统观的角度来综合考量，需要考虑整体和局部的平衡，包括水力资源与电力需求的平衡、上游与下游的平衡、经济效益与社会效益的平衡、现在与将来的平衡等，不能只关注局部而忽略整体，也不能只关注整体而忽略局部。

3. 工程立国思考

能源安全是立国的根本，清洁能源是长久之策。抽水蓄能电站作为一种储能设施，可以有效地稳定电网运行，提高电网可靠性，降低煤耗。同时，可以在新能源大规模并网过程中发挥重要的调峰作用，因此，抽水蓄能将是国家电力工业安全稳定的重要保障，未来还将在能源向清洁化、电气化转型中扮演更重要的角色。抽水蓄能建设投资规模大、投资持续时间长、产业带动力强，具有良好的节能减排效益，能够有效促进中国绿色经济发展和生态文明建设，服务地方经济社会发展、促进民生改善，也将更好地支撑中国全面建成社会主义现代化强国。

4. 未来发展指导

抽水蓄能电站工程群之所以能够实现可持续发展，其关键是以绿色发展为基础。抽水蓄能本身是以水为介质的绿色可再生能源，工程建设过程中生态环境保护工作同步推进，工程运行期几乎"零排放"，其生产运行发挥的效益又大大降低了火电机组的燃煤消耗，实现节能减排 [6]。抽水蓄能工程是绿色经济的典型代表，这指导我们，超级工程要以绿色为发展底色，坚持走绿色可持续发展的道路，这一绿色发展思想也是中国未来能源转型发展的总基调。

"双碳"目标对加快构建清洁低碳、安全高效的能源体系提出了更高要求。随着中国能源结构转变，电网负荷持续增大，新能源发展将更加迅速，电力系统对大规模储能和调节能力的需求将更加迫切，要支撑电网和新能源发展，还需要充分挖掘抽水蓄能站址潜力，建设更大规模的抽水蓄能电站，降低单位造价建设成本。

　　未来，抽水蓄能还要从传统型向复合型发展，直接利用现有常规水电资源，以常规水电现有水库作为抽水蓄能下水库，在库边周围建设上水库，将抽水蓄能储能效益发挥到最大化。抽水蓄能作为最成熟的储能方式，具有生态环保、超大容量、系统友好、经济可靠等优势，在储能技术中占据不可替代的位置。在未来相当长一段时间内，中国抽水蓄能电站装机将保持持续较快增长，以有效保障高比例新能源电力系统安全稳定运行和电力有序供应。"新能源＋抽水蓄能"的联合电源模式将成为人类未来能源的重要解决方案。

参考文献

[1]　林章岁, 李仪峰, 刘峻. 福建电网建设抽水蓄能电站的必要性论证. 电网技术, 2006: 53-58.

[2]　邱彬如. 世界抽水蓄能电站新发展. 北京: 中国电力出版社, 2006.

[3]　孙铭伟. 抽水蓄能电站建设项目设计管理研究. 工程技术研究, 2023, 5(1): 100-102.

[4]　王海忠, 于尔铿. 抽水蓄能电站群短期优化调度. 电网技术, 1996, 20(2): 4.

[5]　路振刚, 黄悦照, 王洪玉, 等. 抽水蓄能及水电站项目群建设智慧管控系统总体构想. 水电与抽水蓄能, 2019, 5(4): 1-5.

[6]　吴汉江, 戴志国, 戴建清. 浅析安徽岳西抽水蓄能电站群工程开发必要性//华东六省一市电机工程(电力)学会输配电技术研讨会论文集, 2007: 8.

阿斯旺高坝

48 阿斯旺高坝

全　　称　阿斯旺高坝

外文名称　Aswan Dam

阿斯旺高坝位于埃及开罗以南 800 千米的尼罗河畔，是一座大型综合利用水利枢纽工程，具有灌溉、发电、防洪、航运、旅游、水产等多种功能，其体积相当于开罗西郊胡夫金字塔的 17 倍，是世界上透水地基最深的土石坝，被公认为世界七大高坝之一。

阿斯旺高坝全长 3600 米，坝高 111 米，坝底宽 980 米，顶部宽 40 米，将尼罗河拦腰截断，形成了蓄水深 20 多米、长 550 千米、水域面积 5250 平方千米的纳赛尔水库，是世界第七大水库。1960 年 1 月 9 日动工建设，1970 年 7 月 15 日全部机组安装完成并投入使用，同年全部竣工。

阿斯旺高坝总投资约 15 亿美元，该工程主要由主坝、溢洪道和发电站三部分组成，高坝所使用建筑材料约 4300 万立方米，总库容 1689 亿立方米，相应水位 183 米，其中可调节库容为 900 亿立方米。采用洪峰流量为 15100 立方米 / 秒、洪水量为 1340 亿立方米的千年一遇防洪标准，拥有 12 组 175 兆瓦发电机，装机容量 210 万千瓦，设计年发电量为 100 亿千瓦时，最高峰时发电量可占埃及全国的一半，甚至可向邻国输出电力。

阿斯旺高坝的最早提出者是埃及总统纳赛尔。在 1952 年开始高坝的设计，但是面临着资金不足的问题，直到 1958 年，苏联加入这一工程，提供了约 1/3 工程造价的资助以及工程师和重型机械，解决了这一问题。高坝的设计工作由苏联工程师尼基塔·赫鲁晓夫

（Nikita Khrushchev）领导的苏联设计团队完成，该设计团队在高坝的设计和建设中发挥了关键作用。

阿斯旺高坝解决了尼罗河洪水对埃及的威胁，使埃及由泛滥性灌溉变为可调节的人工灌溉，大幅度提高了可灌溉的耕地面积，适应了人口的快速增长，改善了尼罗河的水资源管理，使埃及更好地管理尼罗河的水流，确保了各个领域的用水需求得到满足，包括农业、工业和城市用水；拥有巨大的发电能力，为工业化提供了充足又廉价的能源，是埃及走向现代化工业的重要动力；调节了河流的径流量，有利于内河航运的发展。

一、工程背景

埃及大部分地区属于热带沙漠气候，炎热干燥，全国 90% 以上都是沙漠。尼罗河纵贯南北，全长 6670 千米，在埃及境内长 1350 千米，其大部分流经区都是沙漠地区，主要由维多利亚湖、白尼罗河、青尼罗河等几条上游支流供水。埃及的耕地和城市主要分布在尼罗河两岸的狭长地带和河口三角洲。尼罗河流域雨量稀少，每年汛期泛滥，对耕地进行天然漫灌，使得土地变得肥沃。埃及严重缺水，埃及人民希望通过水利建设掌握自己的命运，修建高坝、拦截尼罗河水加以利用。在埃及的尼罗河以西，是世界上最干燥炎热的利比亚沙漠，东边是阿拉伯沙漠。广阔沙漠上空的干燥和酷热，把从地中海上升的水分都吸收了，导致埃及雨量稀少。埃及全境每年平均降雨量只有 150 毫米，对于农作物生长的需要是绝对供不应求的。在埃及南部的阿斯旺一带，几乎一直是处在无雨状态下。由此，在尼罗河上兴建阿斯旺水坝对于改变埃及的自然地貌，改善埃及人民的生活，具有重大的意义 [1]。

19 世纪下半叶，埃及大国梦碎，逐步沦为英国的殖民地，成为英国的棉花基地。为了让埃及种出更多棉花，英国翻新和建造了一系列水利工程，其中就有了第一座阿斯旺大坝。为了区别于更出名的那座，这座水坝往往被称作旧坝。1898 年，埃及人民在英国的帮助下，在阿旺斯修建了旧坝，于 1902 年完工，长 1900 米，高 54 米，蓄水量约 50 亿立方米，坝身设有 108 个泄水孔，属于中型重力坝，可以抵御大洪水，水库良好运行了 50 年，每年由水库泄出的 1.35 亿吨泥沙大部分被送至下游两岸肥田。之后由于原设计的不足，已于 1907 ~ 1912 年和 1929 ~ 1933 年两次加高，但在 1946 年洪水几乎漫坝，使得人们决定在旧坝上游 6.4 千米处建造新坝，而非再次加高旧坝。1952 年，希腊 – 埃及工程师阿德里安·达尼诺斯（Adrian Daninos）开始制定阿斯旺新坝的计划。尽管堤坝在 1946 年几乎被淹没，但法鲁克国王政府对达尼诺斯的计划并不感兴趣 [2]。相反，英国水文学家哈罗德·埃德温·赫斯特（Harold Edwin Hurst）的尼罗河谷计划受到青睐，该计划提议将水储存在蒸发量低得多的苏丹和埃塞俄比亚。由包括纳赛尔在内的自由军官运动领导的君主制被推翻后，埃及的立场完全改变了。自由军官确信尼罗河水由于政治原因不得不存在于埃及，两个月内，达尼诺斯的计划就被接受了。新坝的建设地点位于旧坝上游 6.4 千米处，尽管有着苏伊士运河的收益，但是建设高坝需要资金近 10 亿美元，因此面临着资金缺乏的问题，起初美国答应贷款 2.7 亿美元，但由于西方国家拒绝向埃及出售武器帮助其实现军事现代化，于是纳赛尔向苏联寻求帮助，而美国和苏联正处于冷战的状态，因此美国取消了这笔贷款。埃及政府因此计划用苏伊士运河的收入来继续这项工程。在 1958 年时苏联加入，提供了大约 1/3 工程造价的资助，以及工程师和重型机械。在苏联的帮助下，解决了资金的问题，在苏联专家和埃及专家的齐心设计下，阿斯旺高坝于 1960 年开始修建。

阿斯旺高坝的建造得到了埃及举国上下的支持，被称为驯服尼罗河的"百年圣战"[3]。在高坝即将建成所举行的庆典中，参加者不仅有当时的埃及总统，还有国外嘉宾，如苏联、伊拉克与苏丹等国家的首脑。当纳赛尔与赫鲁晓夫等乘船驶过尼罗河时，两岸成千上万的观众欢呼万岁。纳赛尔总统称"阿斯旺高坝将把埃及带入天堂"。高坝的建造得到了人们很高的评价："足以与金字塔、苏伊士运河相媲美"，"巩固了埃及在阿拉伯世界的地位"和"是埃及经济史上一项最佳的投资"等。

阿斯旺高坝在防洪、抗旱、灌溉和发电等方面都发挥了巨大的作用，它对埃及的兴衰起到了举足轻重的作用，同时受到了全世界的关注，引发了一场关于生态环境旷日持久的争论。

二、工程价值

1. 工程主要成果

阿斯旺高坝采用了钢筋混凝土结构，相比阿斯旺旧坝的砖石结构更为坚固，工程规模更大，防洪、蓄水能力显著增强，能够承载灌溉、发电、防洪、航运、旅游等多重功能，充分实现了水资源的综合利用。

2. 工程主要技术

（1）基岩开挖和回填技术：在坝基下挖 21 米深的缓倾角夹层，挖除后进行了回填混凝土。这种技术可以提高坝基的稳定性，防止坝基滑动。

（2）固结灌浆技术。在坝基中钻孔，然后注入混凝土和化学药剂的混合物，进行固结灌浆，这种技术的深度可达 15 米。固结灌浆可以改善坝基的物理性质，提高其承载能力。

（3）防渗帷幕灌浆技术。在坝基中钻孔，然后注入混凝土和化学药剂的混合物，进行防渗帷幕灌浆，这种技术的深度为 1/2 水头。这种技术可以有效防止坝体渗漏，保证坝体的稳定性。

（4）排水孔幕技术。在坝体中钻孔，然后注入混凝土和化学药剂的混合物，形成排水孔幕，这种技术的孔深为 1/3 水头、孔径为 76 毫米、孔距为 3 米。排水孔幕可以有效地排出坝体内部的积水，防止积水对坝体产生不利影响。

这些技术的应用有助于提高坝体的稳定性、增强防洪能力，并能有效防止渗漏，保证了阿斯旺高坝的安全可靠。

3. 工程社会价值

阿斯旺高坝有防洪、灌溉、发电等功能，具有很高的社会价值。埃及著名水资源专家努尔丁称，高坝为埃及带来了无限发展的机会。

（1）解决了旱涝灾害对埃及长期困扰的难题。尼罗河是世界第二大河，全长 6670 千米，流域面积 280 万平方千米，每年在苏丹和埃及边境的流量近 850 亿立方米，两国的农业都依赖于尼罗河水泛滥给土地带来丰富的腐殖质。在尼罗河涨水期间，常常会造成水灾，在旱季则严重缺水，影响耕种。1975 年和 1978 年的大洪水，洪水量达到了 1000 亿立方米以上，1979 ~ 1987 年发生了大干旱，都因高坝的存在才使得埃及人民免遭灾难。

（2）满足了埃及人口快速增长的需要，促进了农业的发展。20 世纪 70 年代中期，埃及的人口总数由 20 世纪初的 1120 万人增长到 3700 万人，增长了 2.3 倍。阿斯旺高坝是利用现代科学技术筑造的，使埃及 90% 以上的耕地得到灌溉，农田的复种指数大大增加，农业单位面积产量迅速提高，棉花平均产量达 50 万 ~ 60 万吨 / 年，水稻为 400 万吨 / 年。阿斯旺高坝使埃及灌溉面积增加了 1300000 万 ~ 2000000 万平方米，700000 万平方米的每年一季作物地区变成永久性灌溉的多季作物地区，灌溉面积增加 25% ~ 30%，棉花增产 50%，可用耕地大幅增加，埃及成为大米输出国。阿斯旺高坝使得埃及农业从此迈向了现代化，粮食产量成倍增加，为埃及的发展奠定了坚实的基础。

（3）解决了埃及电力稀缺的问题。阿斯旺高坝不仅是一座水坝，还是一座水力发电站。

它利用尼罗河水流来产生电力，为埃及提供了稳定的电力供应。对于国家的工业化和现代化进程至关重要，有助于满足不断增长的电力需求。埃及早期的电力以火力发电为主，1970 年全国发电量为 20 亿千瓦时，阿斯旺水电站年发电量为 100 亿千瓦时，推动了埃及工业现代化的发展，极大地改善了人民的生活。阿斯旺高坝发电站发出的巨大而廉价的电能，使埃及全国的 4000 个村庄都相继实现了电气化。阿斯旺高坝发电 80 千瓦时 / 年，为全国提供了用电总量的 70%，成为埃及的电力基地。

4. 工程生态价值

阿斯旺高坝对生态环境的影响曾引发了一场旷日持久的争议 [4]。

尼罗河水在流动中夹带淤泥达 1 亿吨 / 年，淤泥中含有的大量腐殖质为埃及农业提供了丰富的天然肥料，但在阿斯旺高坝建成后，这些肥沃的淤泥被阻挡住，全部留在了纳赛尔水库区，使得下游土地的肥力降低，给下游地区农业生产带来诸多不利影响，同时由于淤泥不能再随河水流向地中海，也使尼罗河三角洲受到严重影响，使得三角洲的水土流失现象日趋严重，拉希德和杜姆亚特两河河口每年分别被海水冲刷掉 29 米和 31 米，使那里的海岸线不断缩进。阿斯旺高坝同时还面临着水涝和盐碱问题，高坝周围大约有 35% 的农业耕地受到盐碱的影响，盐碱率每年以 10% 的速度递增。尼罗河下游的河床遭受严重侵蚀，尼罗河出海口处海岸线内退。高坝建成后，尼罗河下游河水的含沙量骤减，水中固态悬浮物由 1600ppm[①] 降至 50ppm，浑浊度由 30 ~ 300 毫克 / 升下降为 15 ~ 40 毫克 / 升。河水中泥沙量减少，导致尼罗河下游河床受到侵蚀。高坝建成后的 12 年中，从阿斯旺到开罗，河床每年平均被侵蚀掉 2 厘米。预计尼罗河道还会继续变化，大概要再经过一个多世纪才能形成一个新的稳定的河道。河水下游泥沙量减少，再加上地中海环流把河口沉积的泥沙冲走，导致尼罗河三角洲的海岸线不断后退。高坝也严重扰乱了尼罗河的水文，原先富有营养的泥沙沃土沿着尼罗河冲进地中海，而原本在尼罗河入海处产卵的沙丁鱼如今已经绝迹。

上游水位的上升，严重威胁岸边的古迹神殿，有不少沉入湖中 [4]。联合国教育、科学及文化组织为此发动了一系列救援活动，虽然抢救回部分古迹，但仍有非常珍贵的文化遗产惨遭灭顶。于是，有人认为高坝是"生态上的一次大灾难"、"从结果来说是失败的工程"和"破坏生态、破坏文化遗产的典型"等。

---

① ppm 表示百万分之一。

三、工程启示

1. 成功关键因素

（1）阿斯旺高坝的成功在于纳赛尔的坚强领导。在第一次中东战争遭受惨败后不久，纳赛尔组建了意图推翻埃及法鲁克王朝的埃及自由军官组织。1952 年 7 月 23 日，纳赛尔和他的埃及自由军官组织发动了军事政变，推翻了埃及法鲁克王朝的统治。1953 年 6 月 18 日，埃及共和国正式成立，纳赛尔当选为埃及共和国的副总理并兼任内政部长，之后先后成为埃及共和国的总理、总统以及革命指导委员会的主席。1956 年，纳赛尔正式当选为埃及的总统和总理。法鲁克王朝的覆灭和纳赛尔成为埃及的领导者为阿斯旺高坝的修建奠定了政治基础 [5]。为了使得埃及共和国更上一层楼，充分发挥尼罗河对国民经济的推动作用，纳赛尔提出修建阿斯旺高坝这一举措。纳赛尔优秀的外交能力对高坝的成功建成发挥了重要的作用，纳赛尔始终坚持着独立自主的外交理念，恪守中立原则，因此在建设初期英国、美国、苏联等国也为他提供了一定的支持 [6]。

（2）阿斯旺高坝的成功在于苏联的资金与技术支持。尽管纳赛尔凭借铁腕手段收回了苏伊士运河，苏伊士运河的利润可以给修建高坝提供一定的资金，但还远远不够，对于当时的埃及来说，独立修建高坝是一件几乎不可能的事，不仅仅是资金上的匮乏，而且还有技术能力的不足。苏联为阿斯旺高坝的修建提供了大量的资金和众多专业工程师的支持，因此苏联的物质与技术支持也是阿斯旺高坝能够成功的重要原因之一。

2. 工程哲学启示

阿斯旺高坝工程阐述了工程本体论的实质，启示我们工程活动的本质是自然因素、社会因素和多种社会因素的复杂统一。工程实践中必须将工程经验、工程理论和工程实际有效结合，面对多重目标和利益时进行综合权衡和取舍、重视价值判断在决策中的作用，要将技术与伦理相结合以实现可持续发展。作为一个复杂的工程项目，涉及防洪、灌溉、发电及生态环境等多个目标和利益，在决策过程中，不仅需要考虑这些目标和利益之间的平衡和妥协，还需要综合考虑技术和伦理的因素，最小化对环境和人类的影响，实现工程和社会的可持续发展，从而帮助人类更好地面对自然环境挑战并实现改造和掌控自然的目标。

3. 未来发展指导

尽管阿斯旺高坝的建设给埃及带来了巨大的利益，但由于环境保护的不足，也产生了一系列问题。

　　阿斯旺高坝这一工程启示我们，在大型基础设施项目中需要更加关注环境可持续性和社会影响，采取措施来减轻负面影响。发展工程要权衡利弊，在保证利益最大化的同时也应注意环境保护，不能为了眼前的利益而牺牲环境，环境的破坏是不可逆的，绿水青山就是金山银山。不仅如此，阿斯旺高坝的建设还涉及多国合作，特别是埃及和苏联之间的合作。这强调了国际合作在大规模工程项目中的重要性，以共同应对跨国河流和水资源管理挑战。阿斯旺高坝的建设过程中需要解决多种工程技术问题，包括土木工程、水利工程、电力工程等。面对复杂和多变的工程环境，需要不断进行技术创新和方法优化，这不仅能提高项目的完成质量，还可能推动相关科技和工程领域的发展。高坝的建设导致大量当地居民被迫迁移，同时一些不可替代的文化和历史遗迹也受到影响。社会和文化因素往往是工程项目中容易被忽视的方面。合理的规划和充分的社会评估是确保项目长期成功的关键。

　　总体而言，阿斯旺高坝工程是一个多维度和复杂的项目，它的经验和教训对其他工程项目具有极高的参考价值。从规划到执行，再到后期维护，每一个环节都需要全面和细致的考虑。只有这样，工程项目才能真正达到预期目标，同时最大限度地减少负面影响。阿斯旺高坝的工程启示我们，需要综合考虑水资源管理、环境保护、社会影响和国际合作等多个方面，以确保大型基础设施项目的可持续性和成功实施。

参考文献

[1] 冼伟雄, 谭煜垣. 尼罗河上的阿斯旺高坝. 科学大众, 1957(1): 4-5.

[2] 王维周. 阿斯旺高坝的利弊. 阿拉伯世界, 1988(2): 76-77.

[3] 杨绍初. "阿斯旺"——一座成功的高坝. 水利天地, 2002(12): 38.

[4] 吴凡. 阿斯旺高坝的利与弊. 海河水利, 2001(4): 45-46.

[5] 阿斯旺坝——世界上透水地基最深的土石坝. 河北水利, 2020(1): 27.

[6] 朱诗鳌. 阿斯旺坝与阿斯旺高坝. 湖北水力发电, 2005(2): 78-80.

49 长庆油田

全 称 长庆油田

外文名称 Changqing Oilfield

长庆油田位于鄂尔多斯盆地，行政隶属陕甘宁蒙晋五省区，是中国第一大油气田。2022年，长庆油田全年生产油气当量达到6501.55万吨，创造了中国油气田年产油气最高纪录。2010年，长庆油田天然气产量突破200亿立方米，跃居中国最大产气区，此后，先后突破300亿立方米、400亿立方米、500亿立方米产量节点，连续13年蝉联中国最大产气区[1]。

长庆油田始建于1970年，当年10月国务院、中央军委决定成立陕甘宁地区石油勘探指挥部，石油勘探指挥部总部地址设在甘肃省宁县的长庆桥镇，揭开了鄂尔多斯盆地石油大会战的历史帷幕。到1979年，长庆油田年生产原油突破100万吨；20世纪90年代油田开发向东发展，油气并举，开发了亿吨级安塞油田、靖安油田及靖边气田，油气当量突破500万吨；进入21世纪，发现并成功开发了苏里格气田、西峰油田、姬塬油田等大型油气田，推动了长庆油田的快速发展，2003年油气当量突破1000万吨，2013年油气产量跨越5000万吨；2018年以来，规划并加快实施"二次加快发展"战略，发现了探明储量超10亿吨的页岩油庆城大油田，建成了中国首个400亿立方米大气区，2022年底油气当量实现6500万吨，攀上了中国油气田产量的新高峰[2]。

长庆油田自建设50年来，累计完成投资7274亿元，累计实现利税8428亿元、工业总产值1.677万亿元，扶持地方中小企业近5000家，促进就业近百万人，有力助推了地方经济社会发展。2013年底，长庆油田年产油气当量突破5000万吨，并连续8年保持5000万吨以上稳产。2020年底，年产油气当量突破6000万吨[3]，这是继大庆油田1976年突破5000万吨之后，时隔44年中国油气田产量在5000万吨之上第一次换字头，极大地鼓舞了百万石油人攻坚克难、为国兴油的热情，在中国石油工业发展史上具有里程碑意义。截至2020年底，长庆油田累计探明石油储量59.44亿吨，天然气探明储量4.14万亿立方米，累计生产原油超4亿吨，生产天然气超5000亿立方米，石油年产量占全国的1/8，天然气年产量占全国的1/4，成为保障国家能源安全的主力军[4]。

长庆油田油气当量上产6000万吨的历史突破，源自中国政府的重大战略决策，由中国石油天然气集团有限公司策划，长庆油田组织实施，中国石油川庆钻探工程有限公司、中国石油集团东方地球物理勘探有限责任公司、中国石油集团测井有限公司等 10 多家工程建设、技术服务单位共同参与建设，并与壳牌、道达尔等知名国际石油公司区块合作开发，长庆油田利用市场化机制，吸引近 5000 家企业、20 多万人共同参与油气田建设。

　　长庆油田从低渗透油田起步，突破特低渗、再战超低渗、解放致密气，到实现页岩油规模有效开发，先后经过近 50 年的基础研究、科技攻关，创新形成了独具特色的五大成藏地质理论和四大开发技术体系，打造了一批工程利器，研发了系统配套的装备，创造了油气产量持续快速增长和低成本开发两大奇迹，为世界上同类低渗透油气藏的勘探开发探索了解决方案。在 2020 年 12 月 27 日的长庆油田突破 6000 万吨新闻发布会上，国务院国有资产监督管理委员会新闻发言人表示，"长庆油田实现年产油气当量 6000 万吨的历史性跨越，既是中国石油工业发展史上的大事，也是中国国有企业高质量发展的大事"[1]。从 1970 年会战开始，特别是 21 世纪以来的持续快速发展，长庆油田已经建成了世界级特大型油气田，成为继大庆油田之后中国又一个最重要的油气生产基地。长庆油田是中国石油企业高质量发展的集中体现和缩影，在中国石油工业和国有企业发展历程中具有里程碑意义。

一、工程背景

　　鄂尔多斯盆地是中国第二大沉积盆地，油气资源丰富，也是中国陆上最早进行油气勘探的地区。盆地油气资源具有典型的低渗、低压、低丰度"三低"特征，低渗透致密油气、页岩油气资源占盆地油气资源的 95% 以上。地表数百米厚的黄土层阻隔了地震波的传输，在这里找油找气无异于大海捞针；而地下岩层致密如同"磨刀石"，要实现规模有效开发则难上加难。世界知名能源咨询公司由此直接判定其为"边际油气田"，常规技术根本无法实现经济有效开发。

　　1970 年 9 月 26 日，陇东石油勘探处 3208 钻井队在庆阳县马岭乡钻探的庆 1 井，试油获得日产 36.3 立方米的纯油，成为长庆油田第一口具有工业开采价值的出油井，也是长庆油田的发现井，由此拉开鄂尔多斯盆地大规模石油勘探会战序幕。

　　1970 年 10 月，中共中央决策部署成立陕甘宁地区石油勘探指挥部，各路石油大军和解放军指战员"跑步上陇东"，展开鄂尔多斯盆地石油大会战。在陕甘宁地区石油会战启幕之际，中央首长在听取相关汇报后指出"庆阳石油有希望"。邓小平也曾专门听取长庆油田汇报，对油田勘探开发给予热切关心和高度支持。领导人的关心和支持，为中国石油人在鄂尔多斯盆地的拼搏奋斗注入了无穷的动力，为他们克服困难，推动技术创新

---

[1]《中国石油报》2020 年 12 月 28 日报道《长庆油田油气当量突破 6000 万吨》。

增添了强大的力量。

在油气勘探上，长庆油田由侏罗系油田向更深层三叠系找油和古生界找气战略转移中，遇到了前所未有的挑战。在攻克探明储量超 15 亿吨的全国最大低渗透油田——姬塬油田时，曾五次无功而返；在攻坚 4 万亿立方米储量苏里格气田时，历经艰难曲折；拿下探明储量 10 亿吨级庆城页岩油田的理论探索和技术攻关，历时近 20 年。长庆石油人坚守高原大漠，专注于盆地地质演化、油气生成、富集机理研究和技术攻关，在实践中终于掌控了获取油气资源主动权。

长庆油田的显著特点是"井井有油，井井不流"，井不压裂不出油，储层不注水没产能，经济有效开发属世界性难题。从 20 世纪 80 年代初，长庆油田在陕北革命老区安塞谭家营打下的第一口探井，到 20 世纪 90 年代安塞油田投入规模开发，经过 8 年技术攻关，终于开创了中国特低渗油田经济有效开发之先河。以苏 6 井试气获得日产 120.16 万立方米无阻流量为起点，苏里格气田历经 20 年持续攻关，建成中国产气量最大的致密气田，其开发模式被国内工程界树立为"工程创新的典范"。

21 世纪以来，国民经济的快速发展对油气资源的需求年均增长 2000 万吨以上，在中国本土建成年产油气当量 5000 万吨的大油气田，对保障国家能源安全起着举足轻重的作用。

按照国家"稳定东部、发展西部"的油气资源战略，2008 年 9 月长庆油田规划实施生产油气要跃上 5000 万吨目标。为此，国家相关部委做出了开发特低渗－致密油气的重大部署，在"十一五""十二五""十三五"期间连续设立国家科技重大专项，攻关特低渗－致密油气规模储量发现与低成本开发等世界级技术难题，建设新的特大型油气田，占领特低渗－致密油气资源勘探开发的制高点，为未来同类油气田开发起到技术示范和引领作用。2009 年长庆油田油气当量跃上 3000 万吨产量，2013 年提前两年突破 5000 万吨年产量。

21 世纪 20 年代，中国油气对外依存度持续攀升，突破了国际公认的警戒线，保障国家能源安全刻不容缓。2018 年，习近平从国家战略全局出发，做出关于大力提升国内油气勘探开发力度的重要批示。长庆油田坚决扛起油气安全保供的政治责任，将原定"十三五"5000 万吨持续稳产规划，调整为到 2023 年实现 6000 万吨年产量。规划之上再加压，连续三年净增油气当量超 200 万吨，2020 年底提前三年实现 6000 万吨年产量目标，跃上中国石油工业历史新高度，为保障中国油气战略安全发挥着压舱石、顶梁柱作用。

二、工程价值

长庆油田的建成对保障国家油气战略安全、带动当地经济社会发展具有重大而深远的意义，为中国在新时期构建新发展格局、推动高质量发展注入了强大动力。

1. 工程主要成果

截至2020年底，长庆油田获国家专利2681件（其中发明专利751件），软件著作权536项，中国石油天然气股份有限公司自主创新重要产品33项；参与制定国家标准33项，形成行业标准121项、企业标准135项；获国家奖30项，省部级奖504项。其中，"5000万吨级特低渗透－致密油气田勘探开发与重大理论技术创新""苏里格大型气田发现及综合勘探技术"荣获国家科学技术进步奖一等奖。2013年在北京召开的第六届国际石油技术大会（IPTC）上，长庆油田"苏里格大型致密砂岩气田高效开发成套技术及工业化应用项目"被评为全球卓越执行项目，是中国首个获得此荣誉的项目。

2. 主要工程技术

（1）突破了"三低"油气田勘探开发的瓶颈制约和国外技术封锁，实现了科技不断创新、资源有序接替和油气田良性开发。资源勘探取得了从构造油气藏到岩性油气藏，从侏罗系到三叠系，从陆相找油到海相找气，从低渗透到超低渗再到致密气，页岩油的一次又一次战略突破，为国内同类低渗透油气田的勘探开发探索了解决方案[5]。

（2）着眼"找到、多找、快找"优质油气资源，形成了大型陆相三角洲成藏、致密砂岩气成藏和源内页岩油成藏等五大理论体系。苏里格气田、姬塬油田、庆城页岩油等一批特大型油气田横空出世，累计发现48个油气田，形成了5个十亿吨级油田和4个万亿立方米气田的超大规模油气区，2010～2020年新增油气探明储量占全国的1/3。

（3）建立低渗透油气勘探开发国家工程实验室，攻关形成了黄土塬三维地震、水平井优快钻井、大规模体积压裂、综合稳产方案等破解非常规油气"撒手锏"技术。针对低渗透油藏、致密气和页岩油开发特点，发展和完善了非达西渗流理论，创新形成超前注水、井网优化、大井组布井等多项开发关键技术，建成了中国首个300亿立方米整装致密气田和首个百万吨页岩油国家级示范区，多项工程技术指标迈入世界领先行列，两项技术成果获得国家科学技术进步奖一等奖，打破了国际石油公司关键核心技术垄断。

3. 工程社会价值

（1）竖起了中国石油工业发展新的里程碑，为保障国家能源安全赋予了厚重底气。在

50 多年的奋斗历程中，长庆石油人始终把油田发展与国家命运紧密相连。随着勘探开发不断深化，资源品质持续变差，加之油气田不可抗拒的自然递减，产量增长如同逆水行舟，不进则退。特别是 2020 年，面对新冠疫情、国际超低油价带来的双重挑战，长庆石油人逆势突围、化危为机，在全球油气产业纷纷减产的背景下，油气产量突破 6000 万吨，创下中国油气田产量新纪录。大油田要有大样子，大油田要做大贡献，作为中国油气上产的"排头兵"，长庆油田更加深切地践行着"国之大者"的担当。以每年新增 30 亿立方米的幅度加快天然气上产，建成了国内最大天然气生产基地。西气东输、陕京管道等 12 条国家天然气主干线在长庆交会，成为中国陆上天然气管网枢纽中心和"一带一路"能源合作的国内重要支点。长庆天然气穿山越岭奔赴神州大地，向京津冀、长三角、粤港澳等地输送，为国民经济高质量发展注入了新的动能。

（2）成功探索了"四化"发展新模式，实现了传统能源企业向新型工业化转型发展。长庆油田围绕"高质量、高效率、低成本"发展思路，对低渗透 - 致密油气勘探开发超级工程建设进行顶层设计，统筹推进，实践油气田开发全生命周期项目管理，高度融合"产、学、研、用"，加强管理体制和机制创新，构建形成了以归核化、智能化、市场化、精益化为核心的勘探开发管理体系。通过归核化催生现代化油公司新机制，将资金、技术、人力资源投入到油气主业，3 万人转岗生产一线，主业从业人员占比达到 80% 以上，主业投资占比达到 95% 以上，实现了集约高效发展。通过智能化推动油气田生产管理新变革，建成中国第一个数字化油气田，将分散在大漠深处、梁峁之间的 12 万口油气水井、2800 座站库、8 万千米管线及上百万台生产设备装进计算机、接入互联网，实现了自动操控、远程管理和智能指挥。通过市场化开创多方资源共建大油田新格局，构建了多个主体共同参与、平等竞争的市场格局，汇集了数倍于自身的建设力量，吸引近 5000 家企业、20 多万人共同参与油气田建设，从工程建设逐步延伸到科技攻关、人才服务、物资供应、交通运输等方方面面，形成了全链条协同、多业务共享的大市场机制。通过精益化开辟油田低成本高质量发展新模式，推动油田从"生产型"向"经营型"转变，实现了规模速度和质量效益的有机统一，压缩了 70% 的建设周期，降低了 20% 的建设投资，实现了产量、效益齐头并进，贡献了能源中央企业创建世界一流的长庆方案[6]。

（3）带动了西部地区特别是革命老区经济社会繁荣发展，搭建了企地共建共享的"连心桥"。长庆油田坚持把人民群众对美好生活的向往和实现全体人民共同富裕作为奋斗目标，强化企地融合发展。助力精准扶贫，与地方政府联手推进"一村一户一策"和"三年帮扶计划"，实施养殖、道路建设等帮扶项目近 130 个，定点帮扶的 9 个贫困村 1258 个贫困户，提前一年摘掉"穷帽子"。心系民生福祉，以自身发展带动地方工程建设、建材物流、餐饮服务、劳务输出等产业发展，10年间支援地方物资供应、资助办学、架桥修路、饮水工程等项目386个，让多个贫苦地区土路变油路、苦水变甜水、土窑变砖房。融入中国"一带一路"倡议、西部大开发战略等，实施"陕北硬稳产、陇东快发展、宁夏再深化、内蒙古稳增长"的区域油气发展规划，引领构建了中国最大的油气产业集群。在陕西，为全省追赶超越和居民能源消费升级贡献力量，被列为"保增长"重点企业；在甘肃，全力推进陇东千万吨级油气生产基地建设，为当地贡献90%以上工业增加值；在宁夏，打造自治区首个产值超百亿元采油企业，成为宁夏工业发展的"领头羊"；在内蒙古，以天然气开发催生天然气发电、化工等工业集群迅速崛起。陕甘宁蒙大地上，油气产业已经成为当地经济社会发展的重要支柱。

4. 工程生态价值

长庆油田坚定不移建设"资源节约、环境友好"型典范企业，用美丽长庆装点了中国西部秀美山川。牺牲环境为代价的油一滴也不要，不惜数十亿元经济损失，先后关停封堵自然保护区、水源地内的油气水井近千口，关停站库44座。在延安市王窑水库，对库区400余口油井进行关停搬迁和连片治理，修建6道阻断闸、6座拦污坝，让百万老区人民喝上放心水。保护生态环境的投入一分也不省，制定了《长庆油田黄河流域生态环境保护实施方案》，构建"三防四责"体系，探索林缘区、水源区、沙漠区等8种生态保护模式，建成8036个清洁文明井场，筑起"中国石油长庆林"等10多个大型生态屏障，打造4个国家级绿色矿山，油气区每年新增绿地300万平方米以上，绿化覆盖率达到95%，实现了现代化工业文明与生态文明和谐共生。实现"双碳"目标的行动一刻也不能停，出台新能源发展规划，新能源替代率达到25%。强力推进节能减排，做到"原油不落地、废气不上天、废水全利用"，推行大井丛水平井开发模式，用地需求减少3/4。

三、工程启示

长庆油田建成6000万吨级特大型油气田，是一部"我为祖国献石油"的创业史，是一部"磨刀石上闹革命"的奋斗史，完成这一国家重大工程，是几代长庆石油人"忠诚担当、创新奉献、攻坚啃硬、拼搏进取"的历史性贡献。

1. 成功关键因素

（1）响应国家战略需求，国家领导人的高度重视和科学规划是成功的基础。长庆油田的发展是中国石油新时代高质量发展的缩影，长庆油田高质量建设西部大庆，始终得到国家的密切关注。习近平总书记在油田发展的两个关键时刻给予极大的勉励和指引。2009年，习近平总书记视察长庆油田，提出"创和谐典范、建西部大庆"，极大地鼓舞了长庆人建设中国最大油气田的信心决心；2018年，习近平总书记做出"大力提升国内油气勘探开发力度"重要批示，长庆油田制定实施"二次加快发展战略"，推动长庆油田建设发展不断取得辉煌成果。正是在国家的正确领导下，长庆油田2020年油气当量一举突破6000万吨，在中国石油工业发展史上具有里程碑意义。

（2）石油精神是石油企业高质量发展的精神力量[7]。铭记历史才能行稳致远，传承精神才能再创辉煌。长庆油田的发展与中国经济发展脉络相一致，是大庆精神、铁人精神的传承弘扬和与时俱进。弘扬石油精神具有重大的政治意义、历史意义和现实意义。作为增储上产的主力军，长庆油田在保障国家油气战略安全中，大力弘扬伟大精神，持续赋予"忠诚担当、创新奉献、攻坚啃硬、拼搏进取"的长庆精神以新的内涵，并将其作为新时代新征程上长庆油田高质量发展的信念之基、动力之源，凝聚蓬勃力量，攻坚克难、知重负重，不断铸就油田改革发展的新辉煌。

（3）理论创新和技术攻关是石油企业高质量发展的核心动能。长庆油田每次大的油气勘探发现，都源于地质理论认识上的突破。依托国家重大专项等科研项目，创建大型致密气规模成藏、内陆拗陷湖盆中部成藏、源内页岩油（致密油）成藏三大理论认识，实现天然气勘探从盆地中部向全盆地，石油勘探从古地貌找油向三叠系岩性找油、从湖盆周边三角洲向湖盆中部、从源外低渗透向源内非常规页岩油的三次重大战略转移。面对"三低"油气田"井井有油，井井不流"的尴尬局面，长庆油田自主打造了黄土塬三维地震、水平井优快钻井、工厂化体积压裂等一批享誉国内外的技术利器，最大限度地打通地下油气渗流通道。其开发的致密气、页岩油，单井水平段可达5000米以上，单井油气产量增加了7～8倍。单就压裂工具的创新攻关，目前长庆油田已研发应用到第五代水力喷射新型压裂工具系列产品，实现了关键装备、工具自主化，打破国际公司技术垄断。正是关键技术、核心技术的牵引力，创造了低渗透油气田高效开发的世界奇迹。

2. 工程哲学启示

长庆油田超级工程面对工程的综合性、复杂性、长期性、不确定性，创新提出了"三个重新认识"的哲学思考，是工程哲学中系统观研究的具体体现。长庆油田的开发涉及多个领域和学科，也涉及众多因素和变量，包括地质、采油、地面建设、生产管理等，这些领域之间相互联系、相互影响，同时由于地质条件复杂多变，长庆油田工程面临着很多不确定性因素和风险，如勘探风险、技术风险、管理风险等，需要精细管理、科学决策和辩证考虑，这些哲学思想为油田工程建设提供了重要的指导和借鉴。

3. 工程立国思考

石油是重要的战略资源，是国家安全的重要组成部分，石油工业的发展是提高国家能源安全保障水平、维护国家安全的重要基石。同时，石油作为现代社会的基础能源之一，是许多行业的重要燃料和原料，也是带动相关产业进步，促进经济发展的重要引擎。因此，应该站在国家战略的高度，大力支撑石油工业发展，充分发挥石油化工"压舱石"的作用，积极引导石油工业的绿色低碳转型。

4. 未来发展指导

共建共享、绿色低碳是石油企业高质量发展的本质追求。长庆油田地处黄河流域腹地，生态环境脆弱，在推进发展过程中始终践行"绿水青山就是金山银山"的理念，积极推动能源绿色转型，累计关停水源区50多万吨原油产能，建成清洁文明井场8000余个，加快清洁能源开发，累计生产天然气超5000亿立方米，在改善中国能源消费结构、打赢蓝天保卫战、构建清洁低碳安全高效的现代能源体系中发挥了重要作用，为中国石油推进"清洁替代、战略接替、绿色转型"战略积累了有益经验[8]。鄂尔多斯盆地虽被誉为中国油气资源的聚宝盆，但却属中国西北内陆"老、少、穷"地区。长庆油田在这里建成中国第一大油气田，形成中国最大的油气产业集群，它将绿色发展理念贯穿高质量发展的全过程，正确处理油田生产与生态环境保护的关系，拉动区域工业经济走科技含量高、经济效益好、资源消耗低、环境污染少的可持续发展道路，实现企业与生态环境和当地经济社会发展的和谐共进，形成既有利于企业发展又惠及地方建设的共赢局面。

参考文献

[1] 彭旭峰.西部大庆崛起——写在长庆油田年油气当量跃上5000万吨之际.中国石油企业, 2013(12): 20-24.
[2] 长庆油田开发50年: 植根甘肃庆阳老区 产油气逾7亿吨. (2020-10-21) [2024-11-22]. https://www.Chinanews.com/ny/2020/10-21/9318237.shtml.
[3] 长庆油田年产油气当量突破6000万吨 创历史纪录. (2020-12-28) [2024-11-22]. http://www.jjckb.cn/2020-12/28/c_139622533.htm.
[4] 6000万吨: 能源央企的责任和担当. (2020-12-18) [2024-11-22]. http://www.jjckb.cn/2020-12/28/c_139622554.htm.
[5] 五十载攻坚克难献石油 长庆油田: 以科技创新驱动高质量发展. (2020-10-23) [2024-11-22]. http://

gov.cnwest.com/sqkb/a/2020/10/23/19210553.html.

[6] 张宏鹏, 赵杰, 孙战军, 等. 建成"西部大庆"再攀发展新高峰——长庆油田"三步走"再度创新发展思路与发展方式. 中国石油企业, 2013(4): 34−35.

[7] 李棐. 传承铁人精神 奏出先锋强音 争做建设西部大庆的找油找气主力军——记中国石油东方地球物理公司长庆物探处. 东方企业文化, 2012(13): 184.

[8] 李逵. 在习近平新时代中国特色社会主义思想指引下, 弘扬石油精神和大庆精神铁人精神 高质量建设西部大庆. 中国石油企业, 2021(8): 14−16.

50 科拉超深井

全　　称 科拉超深井，也称科拉超深钻孔，简称：SG-3 井、СГ-3 井
外文名称 Кольская Сверхглубокая Скважина，Kola Super-Deep Borehole

科拉超深井是苏联在摩尔曼斯克州佩琴加地区（Pechenga）的科拉半岛上施工的一口科学探井，其钻进深度达 12263 米，是目前世界上垂直井深最深的钻井，也是目前到达地球最深处的人造构筑物。1997 年该井入选"地球最深钻探"吉尼斯世界纪录。

科拉超深井于 1960 ~ 1965 年进行谋划，1965 年开始设计，1968 年确定井位。为了纪念列宁 100 周年诞辰，1970 年 5 月 24 日开钻，1979 年 6 月 6 日钻达井深 9884 米，打破了当时美国伯特·罗杰斯油井（Bertha Rogers Well）9583 米的世界纪录，1983 年底钻至 12066 米，超越了世界上最深的马里亚纳海沟。钻井团队准备参加 1984 年在莫斯科召开的国际地质大会，导致钻井工作暂时停滞。1984 年 9 月 27 日重新钻进，不久后钻具断裂，钻井被迫从 7000 米深处造斜，钻分支井。1990 年新井眼钻至 12263 米，钻具再次断裂，钻井工作被迫停滞。1992 年，钻井工作全面停滞，整个钻井过程历时 22 年。1995 年，对科拉超深井的国家财政支持全部停滞。2008 年，科拉超深井地表所有设备拆除，井口被生锈的金属帽盖严 [1-3]，科拉超深钻孔被牢牢封严，一代传奇终于落幕。

苏联地质部用了 5 年时间（1960 ~ 1965 年）为科拉超深井制定了 198 项任务。到 1980 年，共召开了 80 次学术会议和 75 次现场会议专门讨论科拉超深井所要解决的问题 [4]。科拉超深井的井场建有 16 个实验室以及岩心库、维修厂和科研城等，约有 500 名生产及科研人员在现场工作 [4]。科拉超深井所使用的乌拉尔 -15000 钻机，钻塔有效高度 58 米，总高度 70.2 米，相当于 20 层楼高，钻塔大钩载荷 400 吨，钻机总功率达 5650 千瓦，钻井液用量约 500 立方米，铝合金钻杆用量约 200 吨 [5]。科拉超深井曾成功地在 7700 米以下钻了 3 个侧孔，加上其他纠斜孔，井内的孔身总数达 14 个，井底最高温度达 212 摄氏度。日本《科学》杂志曾估计，截至 1992 年完钻，科拉超深井总耗资约 100 亿日元，按当时美元和日元之间的汇率计算，总耗资约为 0.794 亿美元 [6]。但值得注意的是，在苏联科拉超深井属于政府严格限制进入的地区，实际的施工成本属于机密数据，无从查实。科拉超深井的所有投资均来自国家财政 [7]。

科拉超深井是苏联深部超深钻井计划的一个重要组成部分，是经苏联部长联席会议审议，由苏共中央总书记赫鲁晓夫批准，苏联国家科技委员会和地质部负责领导，具体由苏

联地质部负责组织实施，受苏联地质部部长叶夫根尼·科兹洛夫斯基的直接领导。科拉超深井由苏联地质部专门组织的科拉地质勘探联合体（1986 年改名为地球深部联盟）负责实施，总工程师是伊万·瓦西里琴科。全苏联共有 150 余个研究单位和工业部门参加了该项计划[8]，许多著名院士和教授参加了此项工作。

在科拉超深井的钻探过程中，苏联科学家获得了独一无二的波罗的地盾深部结构的地质与地球物理资料，在深部岩层年代、金属矿物与成矿作用、深部岩石物性、气体和矿化水等方面取得了丰硕的科学成果，为研究深部地质开辟了新的途径，也为提高地球物理勘探的准确性和可靠性打下了坚实的基础。同时，研发的多项超深井钻探技术，已成功推广应用于油气钻井中，极大地促进了超深井油气钻探技术的发展，有力地推动了深部油气资源的勘探开发。

一、工程背景

科拉超深井的立项带有明显的"冷战"色彩。20 世纪 50 ~ 80 年代，美国和苏联两个超级大国处于激烈的冷战对抗和竞争中。在科技竞争的背景下，美国提出了钻穿地壳获取上地幔样品的想法，并建造了"格洛玛·挑战者"号科学钻探船，开始实施深海钻探计划[3]。

在美国深海钻探成就的刺激下，苏联在 20 世纪 60 年代提出了"地球深部研究和超深钻探"计划，其着眼点不在海洋，而在大陆，目的是在全苏联境内开展深部大陆结构的探测并完成一系列超深钻井。当时，仅深度超过 6000 米的超深井就有 10 口，如萨特雷超深井、舍甫琴科超深井、阿拉尔索尔超深井以及比克亚尔斯基超深井等[2]，设计深度为 15000 米的超深井有 3 口，分别是 СГ-1 井、СГ-2 井和 СГ-3 井，但最终实施的仅有 СГ-3 井。通过该计划，苏联试图打败美国，率先钻探到莫霍洛维奇不连续面（地壳和地幔的分界面）。

科拉超深井就是在这样的时代背景下启动的，其设计深度为 15000 米，主要的科学目标如下：研究科拉半岛地区波罗的地盾太古代结晶基底和含镍佩琴加杂岩的深部结构，查明包括成矿作用在内的地质作用的特点；查明大陆地壳内地震界面的地质性质并取得有关地球内部热状态、深部水溶液和气体的资料；获得岩石物质成分及其物理状态的信息，揭露和研究地壳花岗岩层和玄武岩层之间的边界带；完善现有的和创立新的超深钻进技术和工艺，以及深部岩石地球物理研究方法[9]。

二、工程价值

1. 工程主要成果

科拉超深井工程形成了系列先进超深井钻机、钻具、钻杆及岩心的取心工具等技术成果[10]，创造了以超前孔裸眼钻进方法为代表的先进施工方法，共同构成了迄今仍然最先进的成套超深钻孔关键技术。

2. 工程主要技术

（1）发明并应用了世界最先进的超深井钻机。科拉超深井0～7263米应用乌拉尔-4Э钻机[11]，7263米至井底改用乌拉尔-15000钻机，都为苏联国产超深井钻井设备。乌拉尔-15000钻机钻进能力为15000米，起重能力4000千牛。该钻机功率大，可靠性高，带有自动升降机构，升降12000米钻杆柱需16～18小时。

（2）发明并应用了多级涡轮钻具。多级涡轮钻具总长46米，实现了钻头回转而整个钻杆柱不回转的超深井钻进模式[12]，提高了机械钻速。此外，还研制了能在地表有效监测和接收井下信号并控制涡轮钻具的系统，并用于生产实践。此后，俄罗斯陆续研发了大直径涡轮钻具、小直径涡轮钻具、耐高温涡轮钻具等系列产品，形成了独具特色的井下涡轮钻具技术体系。

（3）发明并应用了轻质高强铝合金钻杆。科拉超深井2000米至井底采用该种钻杆，它是创造世界超深井纪录的关键技术之一[13]。铝合金钻杆采用梯形丝扣与钢接头连接，通过高温装配工艺实现过盈配合，从而提高接头的抗疲劳强度。

（4）研发并应用了新型取心工具。研发了可拆卸的取心筒与涡轮钻具一体化取心工具，可有效保护已磨损的岩心并提升至地面，使超深条件下的岩心收获率比传统方法提高了1～2倍。在复杂地层井段，岩心收获率为10%～20%，而一般地层井段达80%～90%，全井段为40.1%，共获取岩心长度3703.32米。

（5）形成了一套超前孔裸眼钻进方法。超前孔裸眼钻进方法是苏联科学超深井施工的技术特色之一[14]。最初钻井时只下少量套管，但为后续下套管的留有余地。钻井时，首先以裸眼和小直径钻头钻超前孔，然后下一层与钻井直径相近且可回收的活动套管。当遇到复杂情况需要下套管护壁时，回收活动套管后扩孔，将套管下到更深处并固井。

3. 工程科学价值

科拉超深井取得了丰富的科学成果，极大地促进了人类对地壳深部的认知，甚至改写了有些地质教科书的内容。

（1）揭示了深部岩层的成岩年代。钻探揭露的剖面由两套变质岩组成。元古代杂岩（0 ~ 6842 米）的年龄为 16 亿 ~ 20 亿年，太古代杂岩的年龄（6842 ~ 11662 米）为 25 亿 ~ 30 亿年[15]。岩石的成分及其物性随深度有规律地变化，建立了国际上第一条可信的前寒武纪地壳的地质 – 地球物理 – 地球化学垂直剖面。

（2）发现了金属矿物与成矿作用。各种类型矿物的分布是按沉积作用、岩浆作用、变质作用和热液作用的顺序更替的。在 600 ~ 1100 米深处发现了地幔成因的低温热液黄铁矿 – 黄铜矿 – 磁黄铁矿矿物。1540 ~ 1800 米，成矿作用呈现含硫化物铜镍矿的超基性岩层及含铁石英岩、变质岩的岩浆钛铁矿。6500 ~ 9500 米，出现了以前认为只有近地表才能见到的低温热液矿化带（含 Cu、Pb、Zn、Ni、Ag 等）。9500 ~ 11000 米，发现低温热水矿化作用的破碎岩带，对 9500 米处采样分析有磁铁矿、白云母、金云母和各种金属（Cu、Pb、Zn、Ni、Co 等）的硫化物。这表明，地壳超深部也存在良好的成矿条件。

（3）首次发现了地壳深部存在着矿化的地下裂隙水。地壳深部显示了垂直的水文地质分带性，深部水含氯化钙，浅部水含碳酸钠。此外，在深部地层中还发现了 H_2、He、CH_4 等气体。气体成分表现为深部 H_2、He 的增加，而主要产在元古代杂岩的沉积岩系中的 CH_4 气体含量较少。

（4）阐明了地球物理与岩石属性。获得深达 12000 米的有关岩石物性和成分的实际资料。首次在钻探实践中测定了 20 多种地球物理参数。在元古代贝辰加杂岩体深部[15]，发现了一条由叠加在玄武岩之上的低温变质作用所控制的地震低速带，这是地球物理研究的一项重大成果。科拉超深井是第一个穿透地震波速发生突变界面的钻孔。但是与人们的期望相反，未发现任何由玄武岩组成的岩层。在地震波速突变的界面以下，岩石平均成分与界面以上大体相同。

（5）发现了三种岩层界面与康拉德面（Conrad discontinuity）。科学家一直认为地壳由沉积岩、花岗岩和玄武岩三大岩层组成，因此，穿过三种岩层界面是科拉超深井的主要任务之一。地震测量表明，该地区的沉积岩 – 火山岩的深度为 4.7 千米，预测 7 千米深度处为康拉德面。康拉德面为大陆地壳中地震波传播速度变化的不连续面，上层纵波速为 5.9 ~ 6.3 千米 / 秒，下层纵波速为 6.5 ~ 7.6 千米 / 秒，是上地壳与下地壳的界面，该面之上为花岗岩层，其下为玄武岩层。实际钻探证实沉积岩底面深度为 6.8 千米，以下为花岗岩，实际也仍未钻遇康拉德面，这是地壳构成的重大发现。

科拉超深井的科研成果引起了欧美科学家的广泛关注。随后，全球地学界开展大陆科学钻探的声音越来越强烈。正是在这样的背景下，1996 年 2 月 26 日，中国、德国、美国三国签署备忘录，正式启动国际大陆科学钻探计划（ICDP）。目前，ICDP 已经成为国际地学领域具有广泛影响力的一项科学研究计划。

4. 工程文化价值

科拉超深井作为迄今世界最深钻探井，是苏联人民的骄傲，是苏联地质科学和技术发展的标志性成果，反映了当时地球科学发展的前沿水平，代表了苏联科学家突破技术瓶颈、探寻地球奥秘的能力和决心。

科拉超深井是计划经济时代举国之力完成的一项宏伟工程，彰显了社会主义国家发展科学研究事业的无比优越性。作为一项伟大的工业遗产，科拉超深井也从侧面反映了当时苏联的社会经济面貌。科拉超深井是在冷战背景下上马的科研项目，具有浓厚的政治色彩。尽管出于政治目的，但科拉超深井所取得的科研成果和技术成就是举世公认的，其作为地球科学研究的一个里程碑，具有无可替代的地位。

三、工程启示

1. 成功关键因素

科拉超深井的成功主要依赖钻探技术的不断创新。针对深井钻进时的高温高压、钻孔弯曲强烈、钻杆和套管损坏严重、取心率低等技术难题，苏联科研和工业部门在比较短的时间内研发生产了包括乌拉尔 -15000、多级涡轮钻具、轻质高强铝合金钻杆等在内的 30 多种新型钻探技术与装备，形成了一套独特的适用于坚硬结晶岩超深井钻探的技术体系。因此，一整套钻探技术新成果是科拉超深井钻探至 12263 米深度的重要保障[3]。

社会主义制度的优越性即集中力量办大事，这也是科拉超深井成功的主要因素之一。整个科拉超深井由苏联地质部统筹组织，全苏联 150 多个部门参与，集合了当时苏联最优秀的科技力量，各单位各司其职，共同完成了这项宏伟的工程。科拉超深井前后历时 22 年，若没有苏联在资金、人力和物力上不计成本的持续投入，是绝不可能完成的。

2. 工程哲学启示

在人－社会－自然这个大系统中，人类社会与自然环境之间是相互制约、相互影响和相互作用的辩证关系。工程开发应正确调控顺应自然和盲目冒进之间的尺度，在尊重自然的科学理论基础上为开发活动确立指导思想，制定关键措施。工程系统作为开放系统，必须与自然系统、社会系统协调发展。工程活动应建立在符合客观规律（包括自然规律和社会规律）的基础上。科拉超深井于 1983 年钻进至 12066 米，为了 1984 年在莫斯科召开的第二十七届国际地质大会上向国际社会宣传苏联成果，让与会者参观超深井现场，决定中途停钻，直至 1984 年 9 月才恢复钻进。恢复钻进后只钻了 9 米便在 12000 米以下发生了断钻杆事故，经过 7 个月处理事故未成，不得不从 7000 米处重新钻进，用了 6 年时间井深才接近 12000 米，于 1990 年达到最大深度 12263 米。为在国际地质大会上展示苏联成就的政治目的而长时间中断钻进，违背了深井必须连续作业的工程哲学与自然规律，给科拉超深井继续钻进留下后患，这是后人必须吸取的教训。违反自然界运行法则的非理性行为，最终都将毫无例外地遭受自然界的回击。

3. 工程立国思考

科拉超深井是苏联在科学技术领域取得的一项世界领先水平的重要成就，其成功建设体现了苏联依靠工程立国的决心和努力。科拉超深井的建设和运行也为苏联在科技领域的发展提供了重要的机遇和平台，不仅为苏联在地球深部研究提供了重要的支撑，也为苏联地球物理学发展带来了新的机遇，更重要的是为美苏竞争中苏联在科学技术领域取得了又一项领先，反映其在工程领域中不断追求卓越、追求创新的精神。

4. 未来发展指导

科拉超深井科学钻探工程取得了举世瞩目的成就，创造的世界纪录至今无人打破。我们在学习其经验的同时，也应当吸取工程中的教训。未来，开展超深科学钻探工程，首先，应确立明确的科技目标，制订详细的连续作业计划，并提供长期稳定的财政支持。其次，必须高度重视超深井轨迹弯曲的危害并做好防止井斜和处理事故的预案。科拉超深井中的一个分支孔就因为井斜控制不当，在 11543 米时井斜角达到 31 度。最后，必须创新组织管理，并根据所选井位地层条件，举全国之力研发一整套相匹配的超深钻探技术体系，为确保钻探至预定的深度提供技术支撑。

参考文献

[1] 杨明清, 杨一鹏, 卞玮, 等. 俄罗斯超深井钻井进展及技术进步. 石油钻采工艺, 2021, 43(1): 15-20.
[2] 鄢泰宁, 张涛, 刘天乐. 俄罗斯СГ-3超深井钻探工程的启示. 探矿工程(岩土钻掘工程), 2013, 40(9): 1-5.

[3] 汤凤林. 俄罗斯的深部地质研究和超深井钻探. 探矿工程译丛, 1998(1): 8-12.

[4] 帕诺夫 Б С, 刘大为. 科拉超深钻的地质结果. 黄金, 1986(5): 10-12.

[5] 潘元振, 李桂莲. 俄罗斯科拉半岛的超深钻探: 探索地壳深部的构造. 地震科技情报, 1993(7): 17-19.

[6] Kozlovsky Ye A, 杨主恩. 科拉超深钻: 中期结果和展望. 杨主恩译. 地震地质译丛, 1983(4): 59-62.

[7] Kozlovsky Ye A, 黄林. 科拉超深钻探: 阶段结果与展望. 黄林译. 地质地球化学, 1984(9): 24-26.

[8] 刘峰, 耿瑞伦. 苏联科拉半岛地质超深井(СГ-3)钻探取心简介. 国外地质勘探技术, 1988(10): 1-14.

[9] 科兹洛夫斯基 Е А. 科拉超深钻井(上). 北京: 地质出版社, 1989.

[10] 科兹洛夫斯基 Е А. 科拉超深钻井(下). 北京: 地质出版社, 1989.

[11] 王达, 张伟, 汤松然. 俄罗斯科学深钻技术概况和特点: 技术考察系列报道之二. 探矿工程(岩土钻掘工程), 1995(2): 54-55.

[12] 王达, 张伟, 汤松然. 俄罗斯科学深钻技术概况和特点: 技术考察系列报道之三. 探矿工程(岩土钻掘工程), 1995(3): 52-54.

[13] 王达, 张伟, 汤松然. 俄罗斯科学深钻技术概况和特点: 技术考察系列报道之四. 探矿工程(岩土钻掘工程), 1995(4): 53-56.

[14] 王达, 张伟, 汤松然. 俄罗斯科学深钻技术概况和特点: 技术考察系列报道之一. 探矿工程(岩土钻掘工程), 1995(1): 53-55, 57.

[15] 莫杰. 科拉超深钻的重大成果. 地质与勘探, 1987(5): 27-28.

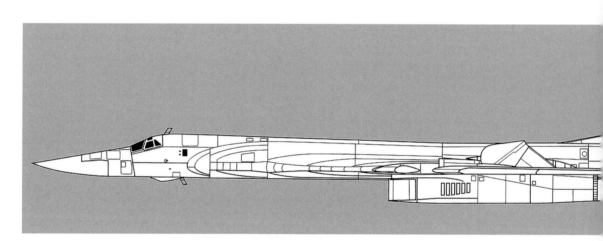

图 160

图 160

51 图 160

全　　称 图-160 战略轰炸机，简称：图 160
外文名称 Ty-160（英文 Tu-160），北约代号为 Blackjack（海盗旗）

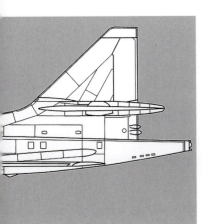

图 160 因优雅的外形和白色的涂装而被称为"白天鹅"。图 160 是俄罗斯空军现役的超声速可变后掠翼远程战略轰炸机，拥有强大的远程、超声速飞行能力和负载能力，被誉为"民族的武器"、"俄罗斯空中奇迹"和"世界上最有力的打击系统"[1]。作为世界上最重的轰炸机，它是俄罗斯陆海空"三位一体"核威慑当中空基力量的核心部分，可在高空用巡航导弹进行防区外攻击或超声速突防攻击，在低空使用近距攻击导弹和核弹等武器实施高亚声速突防攻击。

图 160 项目需求于 1967 年提出，1972 年提交竞标设计方案，1976 年确定方案后开始全面研制，1981 年首飞，1987 年开始服役，1988 年形成初始作战能力。

图 160 作为一种大型、复杂的飞机，从设计、研发到生产都需要巨大的资金投入，但是关于这一项目的具体研制经费仍属于保密范围，因此很难获取准确的数字。苏联一共生产了 25 架图 160，单机价格根据购买力折算相当于现在的 8.5 亿美元。

图 160 由苏联政府决策研制，由图波列夫设计局设计。苏联举全国之力推进研制工作，共约 800 家企业、组织和上千名设计师、专家参与其中。图 160 制造工艺复杂，其中机翼和发动机舱由沃罗涅日飞机制造厂制造，进气道由伊尔库特飞机制造厂制造，机身、中心部分、可变后掠翼控制台和总装工作在戈尔布诺夫喀山飞机制造厂进行。

图 160 历经 30 多年风雨飘摇，依旧占据全球轰炸机前沿地位，是苏联轰炸机先进技术的结晶，也是俄罗斯复兴轰炸机设计制造能力的标志，是当前俄罗斯保卫国家安全和利益的坚实后盾。

一、工程背景

第二次世界大战结束后，美苏冷战开始。拥有传统优势的美国继续发展战略航空，依托遍布全球的海外基地实现关键核力量投送。由于经济条件和技术积累相对较弱，苏联决定优先发展新兴导弹技术，以抵消美国的海空力量优势。

但是，在 20 世纪 60 年代，美国开始研制 B-1 可变后掠翼战略轰炸机，苏联为了与美国竞争全球霸权，也开始新型轰炸机的研发。苏联认为其现有的图 -26 轰炸机不足以满足战略需求，因此决定研发一种更先进、更强大的轰炸机。

在此推动下，苏联部长会议于 1967 年提出新型战略轰炸机研制项目。由于缺少海外基地，无法依靠空中加油扩展打击范围，苏联空军要求飞机具有洲际飞行的远航能力和高速突防的超声速能力，实现空基核力量与常规力量的有效投射。

最初苏霍伊设计局和米亚西舍夫设计局参与竞标，米亚西舍夫设计局的 M-18 可变后掠翼方案胜出，但由于该设计局规模太小，苏联政府最后决策由具有轰炸机技术优势的图波列夫设计局继续完成设计工作，形成了图 160 的最终设计方案，开始批量生产并进入空军服役。

图 160 为可变后掠翼常规布局，采用翼身融合体设计，机长 54.10 米，机高 13.20 米，最大翼展 55.70 米，配装四台 NK-32-01 三转子涡扇发动机，最大载弹量 40 吨，最大平飞速度马赫数 2.05，标准武器载荷下实际航程为 14000 千米，最大武器载荷下航程为 10500 千米。

在服役期间，图 160 经历了多次改进和升级。其中最值得一提的是，在冷战期间，苏联为了突破北约的防线，对图 160 进行了特殊改装，使其具有超低空飞行能力，能够在敌方雷达监测范围之外进行突袭。此外，图 160 还配备了先进的武器系统，包括各种类型的炸弹、导弹和核武器等，以应对不同的作战需求。

苏联解体对图 160 的生产造成了不利影响，俄罗斯曾利用苏联时代遗留的机体等零部件自行组装了 2 架，但因为资金问题最终放弃生产。在艰难抉择后，俄罗斯决定集中大量资源，通过重建生产线复产图 160，以强化自身空基核打击能力。

图 160

二、工程价值

1. 工程主要成果

图 160 的主要成果是研发了喷气式发动机、雷达和电子战系统等军用装备，这对苏联航空工业的发展起到了促进作用。图 160 的研制成功，带动了苏联航空工业的技术发展。它采用了许多新技术，如喷气式发动机、高超音速飞行、雷达和电子战系统等。这些技术的研发和应用，提高了航空工业的整体技术水平。图 160 的出现，为军事装备现代化提供了新的选择。它不仅具备核打击能力，还具备常规战略投送能力，能够执行多种任务。这不仅为苏联的军事战略提供了更多的选择，还促进了其军事装备的现代化进程。图 160 的研制成功，带动了苏联航空工业的产业升级。它不仅带动了相关产业的发展，如发动机、材料、电子等，还促进了航空工业的产业升级。

2. 工程主要技术

（1）图 160 采用了先进的气动结构技术。图 160 为可变后掠翼常规布局，采用翼身融合体设计，兼顾了飞机亚声速性能与超声速性能，既降低了阻力，又增加了升力和内部容积。在气动布局设计阶段先后制造了 70 种不同组合的比例模型，进行了 2200 小时的高速风洞试验，计算了海量数据才得到最佳的气动性能。与机身融合的中央翼段为固定段，外翼段为可变后掠段，前缘后掠角最小 20 度，最大 65 度。当机翼全后掠时，两侧后缘襟翼的内段向上竖起，伸出机翼翼面，如同一对大翼刀。作为目前世界上最大的轰炸机，其机体重量的 20% 为钛合金，机身比美国 B-1B 轰炸机长出约 20%，不进行空中加油的作战半径也比 B-1B 大 [2,3]。

（2）图 160 采用了新的动力系统技术，有效提升了航程。图 160 每侧中央翼段下方有两个紧邻并列的发动机短舱，共配装 4 台 NK-32-01 加力涡扇发动机，单台最大推力为 137.2 千牛，加力推力为 245 千牛。每对发动机的垂直楔形可调进气道呈 V 形，喷管露出在中央翼段后缘之外。燃油装载在中央翼段和外翼段的 13 个油箱中，总燃油容量约为 200000 升。图 160 四台发动机开加力时的推力比 B-1B 大 65%，保证了图 160 具有强大的远距超声速飞行和负载能力。在图 160 现代化改型过程中，发动机改型也是制约轰炸机改型的核心因素，升级后的 NK-32-02 发动机可使图 160 飞行距离增加 1000 千米。

（3）图 160 具有当时先进的武器系统。图 160 在机腹串列布置两个武器舱，每个长约 12 米、宽 1.92 米、容积高达 43 立方米，可挂普通炸弹、地雷／水雷、近距攻击导弹或巡航导弹等。图 160 还能挂载 Kh-555 和 Kh-101 常规巡航导弹，以及 Kh-102 核巡航导弹。

3. 工程管理创新

（1）图160的研制采用了集成开发团队的方法。该方法将不同领域的专家和团队整合在一起，以实现高效的协作和信息交流。这种集成团队的方式有助于减少沟通障碍和提高工作效率。同时，图160研制过程采用了敏捷开发方法，通过迭代和增量式开发，使得项目可以更快速地响应需求变化并进行及时调整。这种敏捷方法有助于提高项目的灵活性和适应性。

（2）图160引入了先进的项目管理技术。该机型引入了计划编制、资源分配、风险管理和进度控制等项目管理技术，这些技术的应用有助于确保项目按时交付，并达到预期的质量标准。此外，图160研制之初就制定了明确的目标和指导方针，以确保整个团队对项目的愿景和目标有清晰的理解。这有助于团队成员在工作过程中保持一致和协同。

4. 工程军事价值

（1）图160具有战略威慑作用。该机型可以携带大量核武器，包括氢弹、常规炸弹、导弹等，这些武器可以用于打击敌方军事力量和基础设施。图160具有远程打击能力，可以飞行数千千米，对敌方进行远程打击，从而产生战略威慑作用。图160还可以执行战略投送任务，将战略物资、人员等投送到敌后方，支援地面部队作战，从而增强其战略威慑作用。

（2）图160还具有战术优势。该机型具有机动性好、突防能力强等作战特点，它可以在复杂的地形和气象条件下飞行，具有较强的适应性。此外，它还可以与其他空中力量进行协同作战，提高作战效率。

（3）图160提升了国家荣誉感。作为世界上最大、飞行速度最快的战略轰炸机，其在苏联时代带来的"压美国B-1B轰炸机一头"的国家荣誉感和民族自豪感也不容小觑，有力增强了民众信心，展现了国家工业实力，对国家发展具有增益效果。

三、工程启示

1. 成功关键因素

（1）苏联军方及时对技术指标进行合理调整是图160轰炸机研制成功的前提。在新型轰炸机招标之初要求最大飞行速度指标为3200～3500千米/小时，相当于马赫数2.61～2.86。如此严苛的技术指标超越了当时苏联的技术水平，如若真的"赶着鸭子上架"，可能会一无所获[4]。因此，在方案竞争的第二阶段，苏联空军在坚持对关键的航程

图 160

和起降能力要求的同时在最大飞行速度上进行了妥协，最终形成了符合平衡苏联国防要求和工业能力的图 160 轰炸机。

（2）苏联政府对工业力量的集中合理调配是图 160 轰炸机生产成功的关键一环。在选定方案后，苏联军方指派实力雄厚的图波列夫设计局主持设计工作，保证了研制工作的有效推进，减少了工程延期等问题。同时，协调多达 800 家各个领域的企业与机构，共同进行图 160 的设计生产工作。

2. 工程哲学启示

图 160 的研制过程体现出工程哲学的工程认识论，这是一个不断探索、认识和创新的过程。研制人员通过不断研究和探索新的技术、新的材料和新的设计，不断突破技术瓶颈，实现了轰炸机的军事性能提升和功能扩展。研制中，不仅考虑了轰炸机的技术问题，还考虑了轰炸机在作战环境中的实际应用需求，不断调整和改进设计，使得轰炸机在作战中能够更好地适应不同的作战需求，同时，还考虑了各个装备子系统的性能和相互配合，使得整个轰炸机系统能够更好地协调工作。

3. 工程立国思考

图 160 为苏联提供了强大的战略威慑力量，同时也提高了其在国际政治和军事事务中的地位和影响力。图 160 是苏联制衡西方威胁、实现空基战略威慑能力的关键武器装备，是大国的国之重器。图 160 具有较大的载弹量和航程，可以执行多种任务，如战略轰炸、战术侦察等。该轰炸机还具有较强的防空能力和突防能力，可以有效地保护国家安全，同时，也对外部产生了强大的战略威慑作用。从某种意义上来说，图 160 是苏联国际地位的一种象征。

4. 未来发展指导

图 160 的研制和改型充分体现了举国体制、集中力量办大事的优势。不论是苏联对图 160 的研制，还是俄罗斯目前对图 160M 的改型升级，都突破了诸多技术难题。图 160 需要具备高超音速飞行能力，这需要先进的飞行控制系统、发动机系统、气动布局和材料技术等方面的改进。通过整体领导、通力合作，各先进企业发挥优势专长，不断实现研发技术突破、加工制造工艺升级、产业升级等，为后续大型项目的开展奠定基础。这种研发体制，也对世界其他国家的大型工程建设具有重要指导意义。

参考文献

[1] 高广东, 李暾, 魏立英. 俄罗斯的"空中利剑"——战略轰炸机. 当代世界, 2006.

[2] Александр Михайлович Затучный, Владимир Георгиевич Ригмант, Павел Михайлович Синеокий. Авиационные комплексы Ту-142, Ту-95МС, Ту-160, Ту-22М3.Москва: Полигон Пресс, 2018.

[3] 子喻. 图-160轰炸机.百科探秘(航空航天), 2018(11): 12-13.

[4] 穆重怀, 思宇. 图-160战略轰炸机. 航空知识, 1994(11): 4, 15.

52 古里核电站

古里核电站

全　　称 古里核电站，又称：古里原子能发电所

外文名称 KoRi Nuclear Power Plant

古里核电站位于韩国釜山附近，隶属于韩国水利核电公司，是韩国也是世界上目前在运行的最大的核电站之一。

古里核电站 1 号机组是韩国首座核电站机组，始建于 1972 年，1978 年 4 月正式服役。这座反应堆在满 30 年运行寿命时一度停运，但获韩国政府批准升级安全系统，运行期延长了 10 年。古里核电站服役时间是韩国 21 座商用核反应堆中最长的。2 号机组发电容量为 65 万千瓦，启用于 1983 年，使用时间之长居第三位。此外，还有 3 号和 4 号机组，其中古里 3 号机组服役时间是 1985 年 9 月；古里 4 号机组服役时间是 1986 年 4 月。2011 年 4 月 4 日，古里 3 号机组因更换燃料和检查主要设备停止运行。同年，技术人员在古里 3 号机组内检查电气设备时，因操作失误导致高压线接地，断路器自动跳闸后，古里 3 号机组和 4 号机组的部分设备被同时断电，5 月 5 日全部恢复运营。2014 年，因为核电站的设计图、说明书等重要资料遭到泄露，给韩国电力系统造成致命打击，到 2017 年韩国永久关闭了古里核电站 1 号机组[1]。

古里核电站第一个反应堆自 1978 年首次运行以来，多年来增加了 6 个机组，7 个运行中的反应堆机组包括中小型 WH-60 和 WH-F 反应堆以及更大的 OPR-

1000 压水堆，发电量为 640～1340 兆瓦，总装机容量达到 7489 兆瓦。韩国第四座核电机组由美国西屋电气公司建造，投资 12 亿美元（1985 年）。机组的压水堆由美国西屋电气公司提供，汽轮发电机由英国通用电气公司供货。该机组设计的 37% 由当地承担，29.4% 的设施由当地提供，这为韩国节省了 2.7 亿美元的外汇。

古里核电站 1 号商业核反应堆由美国西屋电气公司与韩国合作共同建设，该设施由韩国电力公司的子公司韩国水电与核电公司拥有和运营。20 世纪 80 年代初，先后有 6 座核电机组开始动工建设，韩国前 8 座压水堆分别从美国和法国进口。2005 年，韩国在自有技术韩国标准核电站（Korea standard nuclear plant，KSNP）的基础上，制造出千万千瓦级的 OPR-1000 核反应堆。2005 年，韩国核电机组利用率达到 96.5%，位居世界第一。2006 年，韩国批准建设两座第三代 APR-1400 核电机组，新古里 3 号和 4 号机组。

古里核电站是韩国核能产业中的重要组成部分，其建设和运营则是韩国核能产业发展的重要里程碑[2]。在韩国电力供应紧张的情况下，古里核电站的稳定运行能够缓解电力供应的压力，保障韩国电力系统的稳定运行。韩国在核能领域的研究和发展已经具有较高的水平，古里核电站的建设和运营对于韩国核能产业的发展和国际合作产生了重要影响，提高了韩国在国际核能领域的影响力和地位。

一、工程背景

韩国发展核电产业可以追溯到 20 世纪 50 年代。1956 年，韩国与美国签署了和平利用核能的合作协定[3]，派出大量人员到美国接受核能研究方面的培训，以此奠定了核能研究的基础。1958 年韩国制定了《原子能法》，其目标是规范和促进原子能的发展、保护核设施的安全和辐射防护。

韩国 90% 以上的能源依赖进口，为保证能源供应安全，早期韩国就制定出核电发展战略，且逐年不断完善。其核心主要有两点：一是将核电作为国内电力生产的一个主要能源，促进核能发展，以增强稳定的能源供应；二是培育核电及相关产业作为战略出口产业，通过核技术的进步、自主创新，获取国际竞争能力，打入国际市场。

在这种环境下，韩国开始建造核电站——古里核电站，通过引进国际先进技术和严格执行标准以及结合自身情况进行创新，在当时取得了一定的成就。福岛核事故之后，韩国依然坚持发展核电，并提出 2030 年国内 59% 的电力将来源于核电和成为世界第三大核反应堆出口国的目标。

二、工程价值

1. 工程管理创新

古里核电站工程在建设过程中实现了管理体系与管理体制两方面的创新。

（1）制订了清晰的工程管理体系，责任权利明确。韩国与核能相关的活动由多个组织机构计划和执行。1958 年韩国制定了《原子能法》，并逐年根据实际情况不断修改，根据《原子能法》成立的原子能委员会是核能政策的最高决策机构，由 9 ~ 11 名成员组成，代表政府、学术界和产业界的各个部门。原子能委员会的主席由该国总理兼任。原子能委员会的主要任务是制定、贯彻、实施包括安全在内的各项有关和平利用原子能的政策，协调各部门的关系，分配国家有关和平利用原子能方面的预算，制定有关核燃料和反应堆方面的法规，确定核废物处置措施，开展主席和委员会决定的有关事宜等[4]。

（2）采用工程管理专业化分工与合作相结合的管理体制。韩国核电建设的管理采用单一体制，由韩国电力公司作为唯一的核电业主，对核电项目进行管理和运营。2011 年，韩国正式成立新的独立的核安全监管机构——核安全与安保委员会。该监管机构直接受总统领导，全面负责韩国核安全、安保及保障工作，包括核电许可、检查、执行、事故与应急响应、防止核扩散与安全保障、进出口管制和物理保护等。产业通商资源部（原知识经济部）主要负责能源政策、核电站的建设与运营、核燃料供应与放射性废物管理[5]。韩国电力公司、韩国水电与核电公司等一些重要工程单位都隶属于产业通商资源部。教育科学技术部负责核能研发和核能推广应用工作。

2. 工程科学价值

古里核电站在建设和维护过程中，从最初引进其他先进国家的核电技术，到后来的自主创新，迈出了重要一步。韩国在建设古里核电站中积累了宝贵的经验，在此基础上不断发展创新，目前韩国发展的主力堆型 APR1400 具有先进的设计概念及安全特性，其电功率为 1450 兆瓦，设计寿命长达 60 年，抗震设计标准达到 0.3g，采用了先进的堆芯保护技术和事故缓解措施，安全性能突出。与欧洲压水堆和 AP1000 等先进核电技术相比，APR1400 甚至在某些方面更为出色。韩国正在开发的三代加 APR+ 是一种可供出口的更先进的核电设计，其电功率达到 1500 兆瓦，安全水平是 APR1400 的 10 倍，经济性比其高出 10%，施工周期进一步缩短到 36 个月。技术是核心竞争力，韩国核电技术的先进性是其走向世界的一项硬实力[6]。

3. 工程社会价值

古里核电站是韩国发展核电事业的开端，为韩国核电事业繁荣、能源供应安全以及核电产业走出去奠定了坚实的基础。2010 年 1 月 13 日，韩国产业通商资源部向政府提交了《核电出口产业化战略》。通过古里核电站的修建，韩国在核电产业方面形成了长期稳定的国际合作，与美国西屋电气公司等建立了长期的商业联盟关系[7]。韩国大力培养供应商和承包商，积累出口经验。韩国从 1978 年引进美国西屋电气公司的古里 1 号项目开始，便以提高国产化为中心，通过采用零散分包来代替总承包，以获得技术，并培养了大量有经验的核电供应商和承包商，这些举措都有利于核电事业的发展。

三、工程启示

20 世纪中期，韩国与美国签署了和平利用核能的合作协定，并派出大量人员到美国接受核能研究方面的培训，为韩国奠定了核能研究的基础。

1. 成功关键因素

古里核电站能够顺利建成与韩国政府的努力密切相关，韩国高层坚定不移地推进核电国产化。为加快核电国产化，韩国尽量利用国际现有的先进技术，早日形成自己的核电品牌，减少不必要的重复进口[8]。

（1）完善的核能发展法规体系是古里核电站建成的重要保障。1958 年韩国制定了《原子能法》，并逐年根据实际情况不断修改，其目标是规范和促进原子能的发展、保护核设施的安全和辐射防护。《原子能法》《电力事业法》《环境影响评价法》和其他有关法律是韩国管理原子能利用的国家法律。《原子能法》的实施保证了韩国核电顺利快速的发展。

（2）政府参与，合理引导和大力支持培育研究和创新能力是古里核电站建成的重要支撑。在韩国核工业的发展过程中，韩国政府始终给予了合理引导和大力支持。在古里核电站的建设初期，韩国政府便对国内工业水平和能力做了粗略估计，制定出不同阶段技术转让所采取的政策。同时，对国内投入核电厂建设的力量给予支持和鼓励，对核设备进口给予优惠，实行减少或免收关税的政策。在核电技术引进、消化、吸收和自主化过程中，韩国政府对本国有关部门预先做出安排，指定接受技术转让的对口单位，并派出相应的工程技术人员出国进修或培训，以便尽快掌握核技术。在核电发展过程中，韩国政府还加强对各工业部门的联系和协调，规定国内参加核电厂建设的单位、厂家之间要加强合作与相互支持，并共同维护政府政策的严肃性与一致性，对部门之间出现的竞争进行干预，对人、财、物投入的重叠采取措施予以纠正。

2. 工程哲学启示

古里核电站系统把握了工程风险与创新的关系，提升了核电工程的核心能力。古里核电站在工程技术创新上，遵循工程建设规律，科学把握创新和核安全的辩证关系，确定和坚持正确的思想方法及其与之相适应的制度安排、流程控制、实验场地和成果转化以及风险锁定，因而既提高了核工程的先进性，又确保了核工程的可靠性。事实上，韩国核技术产业实现了从引进创新到消化吸收再创新再到自主集成创新的三大步，随着韩国核工程建设水平越高，技术水平、装备水平也越先进，不仅提升了韩国核电产业的竞争力，而且有力地推动了韩国机械制造业、自动化等相关产业的技术进步。

3. 工程立国思考

在古里核电站建设过程中，韩国通过自主研发和引进核电技术，成功实现了能源自主，提高了国家的能源安全性。韩国作为一个土地面积有限的半岛国家，自然资源相对稀缺，97% 的能源靠进口。核电是韩国所有能源发电中成本最便宜的，对于韩国的能源自主和经济发展具有重要意义。韩国从引进国外核电技术开始，逐渐消化吸收并形成自己的核电品牌。在自主研发过程中，韩国采用了"国内公司主导"的方式，最大限度地实现国产化和技术自主，成功开发出自主化核电技术，与多个国家签署核电站建设联合公报，展示了其在国际核电市场上的竞争力，成为继美国、法国之后第三个能够自行研发第三代核电技术的国家。

4. 未来发展指导

1）核安全与核技术需要协同发展

古里核电站的建设是韩国满足电力需求、优化能源结构、保障能源安全、促进经济持续发展的重大战略举措，古里核电站的发展不仅能减少韩国对能源的消耗，还能够极大地降低环境污染，因此发展核电是很有必要的。但核电事故同样危害极大，需要进一步提高对核安全重要性的认识，核安全无小事，核安全是核电发展的前提和基础，核安全是核电发展的生命线。古里核电站将核安全作为核电发展的重要组成部分，这些理念深入人心，并已经落实到工作中，同时进一步提高了安全标准，并且得到了全面有效执行。核事故反映出人类社会当前对自然灾害的认识还存在局限，由于核事故的后果非常严重，所以有必要进一步提高核电站的设防标准，并进一步加强核安全的监管，尤其是要建立一个强有力的核安全监管机构，要保证这个机构有完整的独立性、强大的技术队伍、坚实的技术基础和充足的资源保障。

2）创新是核电高质量发展的核心驱动力

核电作为技术密集、资金密集、人才密集型的产业，是经济社会发展所必需的战略性资源。古里核电站在建设方面不断探索和创新，最终发展壮大。核电产业链的各个环节都具有丰富的科学、技术和工程内涵，是世界高新技术的集成，是科技创新体系的重要组成部分，是综合国力和创新能力的具体体现，古里核电站在保障核工业产业链人才队伍的稳定和持续发展的同时，有效带动并提升了国家重大装备及关键材料等领域的创新发展，进而提高了整个核电产业链的核心竞争力和国家的综合战略实力。

参考文献

[1] 薛新民. 韩国成功发展核电的启示. 中国核工业, 2008(3): 24-27.

[2] 崔娜. 韩国核电"走出去"的经验与启示. 中国核工业, 2014(7): 52-55.

[3] 陈观锐, 邹树梁. 韩国核电产业"走出去"战略启示. 南华大学学报(社会科学版), 2010, 11(2): 6-8.

[4] 郭延杰. 韩国积极建设核电站. 能源研究与信息, 1993(4): 58-59.

[5] 韩国新古里核电站3号机组开始装料. 电站辅机, 2015, 36(4): 16.

[6] 南朝鲜第四座核电机组投入商业运行. 国外核新闻, 1985(5): 11.

[7] 魏楠, 时芝萍, 梁双印. 世界电源建设与发展趋势. 华北电业, 1997(7): 44-47.

[8] 薛新民. 韩国核电发展模式的启示. 中国电力企业管理, 2010(19): 30-32.

53 北海油田

全　　称 北海油田

外文名称 North Sea Oilfield

北海瓦尔霍尔(Valhall)油田生产平台

　　北海油田地处设得兰群岛、大不列颠岛、荷兰低地、日德兰半岛和斯堪的纳维亚半岛南端之间的北海，总面积约 57.5 万平方千米，是著名的石油集中出产区，当时最大的海上油田，是欧洲能源的心脏，世界五大油气产区之一[1-3]。北海油田的石油产量位居世界第四位，仅次于沙特阿拉伯、美国和俄罗斯；天然气产量位居世界第三位，排在美国和俄罗斯之后。北海油田所开采的石油天然气为沿岸的英国、挪威、丹麦、荷兰和德国所享有。

　　北海油田中的格罗宁根大气田是在 1959 年由 NAM 公司发现的，这一重大勘探成果预示了北海海域的油气储量远景，鼓舞着人们将勘探开发的步伐迈向北海。1965 ～ 1966 年，北海周边六个国家依照《联合国海洋法公约》划定了各自的海上边界，为未来大规模开发北海扫清了法律障碍。英国率先开始了在北海海域的油气勘探开发工作，于 1965 年宣布发现了北海英国海域的首个气田——西索尔气田。挪威紧随英国之后，于 1968 年发现了科德凝析气田。1969 年底，菲利普斯石油公司在北海挪威海域发现埃科菲斯克大油田，极大地增加了人们勘探找油气的信心。1970 ～ 1975 年，北海油田进入油气勘探的丰收期。在英国海域，相继发现福蒂斯、布伦特、奥克、奥瑞尔、派帕、科莫兰特和尼尼安等油田；在挪威海域，发现弗里格、斯塔特福约德和埃斯彭等油气田；此外，丹麦、荷兰等国海域也陆续发现多处油气田。由此，集紧邻经济发达优越地理位置、高标准原油品质于一体的北海油田正式诞生，并逐渐发展成为世界著名的巨型油气产区，深刻影响着国际原油市场交易。

北海油田勘探开发50余年，累计投资超过2278亿美元，发现油气田超过1730个，探明和控制地质储量超过205亿吨，年峰值产量高达3.2亿吨。2018年，北海海域钻井平台数量为184座，超过墨西哥湾（175座）和波斯湾（159座），位居世界第一。巨大规模的油田勘探开发建设工程带动了浩大的人力资源投入。据统计，2019年，北海英国海域的全部从业人员总数超过26.9万人，而其中直接从事海上油气勘探开发的人员总数超过3.06万人。

北海油田其成功开发主要归功于各大跨国石油公司。其中，英国石油公司和壳牌功勋赫赫，埃克森美孚公司、菲利普斯石油公司、康菲石油公司、雪佛龙股份有限公司、道达尔能源公司、德士古公司都做出了卓越贡献。它们不仅投入了大量资金和人力，而且依靠雄厚的技术实力，进行了一系列海上油气生产的技术创新。另外，不容忽视的是，英国、挪威、丹麦和荷兰等国政府为北海油田的勘探开发建设工程提供了坚实的政策保障和支持。

北海油田项目建设在增加政府财政收入、带动区域经济发展等方面也具有重要意义，使油气资源原本相对匮乏的北海沿岸部分国家一跃成为产油气大国和净出口国。例如，英国于1986年原油产量达到1.29亿吨，成为全球第五大石油净出口国。同时，由于英国拥有布伦特原油作为市场参考价格，从而成为全球石油期货交易的中心。苏格兰第三大城市阿伯丁的发展就是代表，北海油田的开发建设极大地充实了当地政府的财政收入，推动其成为集储运和炼化于一体的石油工业中心，并享有"欧洲石油之都"的美誉。

一、工程背景

第二次世界大战后，西方主要国家的工业化发展迅猛。石油的需求量和消费量与日俱增并逐渐取代煤炭成为世界第一能源。西欧各国顺势而为，加速动力、装备等从煤炭驱动向石油驱动升级转换，但本土贫油一直是困扰西欧国家最大的能源问题。

一方面，第二次世界大战之前，以英国为代表的西欧国家可以完全依靠在中东建立起来的石油霸权获得稳定的石油供应；战后，美国的经济、军事实力显著增强，西欧国家在与其石油霸权争斗中的表现越来越力不从心，美国逐渐成为中东石油权益分配的主导者，西欧国家在中东地区的石油霸权不断被蚕食。

另一方面，随着战后中东地区民族解放运动浪潮的兴起，中东国家陆续收回了属于本国的石油权益，西欧国家在中东的石油霸权彻底土崩瓦解，与此同时，中东国家作为西欧国家稳固、可靠的石油供应地的历史也正式宣告终结。1960 年，随着石油输出国组织（欧佩克）的建立，国际石油体系的主导权逐渐由消费国转向生产国，形势对于西欧国家更加不利。与之相对的是，西欧国家石油消费量越来越大，石油对外依存度居高不下（1970年英国进口石油对欧佩克国家的依存度达到 89%），无时无刻不在威胁着西欧国家的政治与经济安全。因此，只有稳定、低成本的石油供应，才能保障西欧各国经济安全和政治稳定。在这样的时代大背景下，北海油田应运而生。

二、工程价值

1. 工程主要成果

北海油田是世界上最大的海上油田之一，获得了众多的专利和奖项，主要奖项有英国皇家化学学会颁发的"卓越奖""年度企业奖"等。

2. 工程主要技术

在北海油田勘探开发建设工程过程中，创新型技术层出不穷[4,5]。

（1）海洋工程突破性技术。从半潜式钻井平台、钢筋混凝土重力平台、张力腿平台到浮式采油系统，这一系列技术成果的应用都是北海油田不断追求技术革新最真实的见证。

（2）数字化和智能化技术。近年来，在认识到大数据、机器学习和人工智能等数字技术的进步可以为行业带来巨大回报后，国际石油巨头纷纷加紧数字化转型的步伐。道达尔通过应用数字包技术，使其在北海油田中的运营成本下降近 10%。此外，道达尔还利用无人机执行北海油田生产巡查任务，同样的工作量使用无人机不仅显著缩短工时，成本也仅相当于人工巡查的 10%。雪佛龙股份有限公司利用机器人对管道内部进行清理检查，不仅加快了工作进度，也大幅提升了北海油田产量。

3. 工程管理创新

（1）北海油田采用了数字化管理。通过建立数字化平台，实现了对油田生产全过程的实时监控和数据采集，不仅提高了生产效率，还降低了生产成本。

（2）北海油田建立了完善的标准化管理体系。通过对不同岗位和不同工种的工作流程进行标准化管理，实现了对油田生产全过程的标准化控制，不仅提高了生产效率，还保证了生产质量。

这些创新措施不仅提高了油田的生产效率和管理水平，也为其他石油企业的管理创新提供了有益的借鉴和参考。

4. 工程科学价值

北海油田勘探开发建设的科学价值在于形成了油气地质理论。北海油田 50 多年的勘探历程总结形成了裂谷系统的形成与演化模式、裂谷盆地的沉积充填和层序地层学特征、盐底辟和砂岩侵入体的成因与构造演化，以及火山作用对油气成藏的影响等大量开创性、具有广泛应用价值的地质认识和理论。

5. 工程社会价值

北海油田勘探开发建设工程的社会价值体现在极大地促进了地区经济的发展 [6,7]。

（1）增加了政府财政收入。政府在北海油田通过税收和股份红利收入的方式获取了长期性收益，极大地充实了政府财政。

（2）改善了国际收支。以英国为例，第二次世界大战后，英国国际收支常年处于逆差状态，造成英镑多次贬值和黄金 / 外汇储备大减，从而削弱了英国的国际地位，自从北海英国海域油田开发投产后，特别是自 1981 年英国从石油净进口国转变为净出口国，稳步增长的石油对外出口逐渐扭转了英国对外贸易中大量逆差的窘困局面。

（3）带动了相关产业人员就业。研发了一整套从勘探到投产的生产装备，如采油平台、海洋工程船、海底输油管道、海面装油浮筒、大型转运站、油气初加工系统等，为海洋工程相关领域的发展开辟了广阔的市场，从而带动了机械制造、电力、化工、建筑和运输等有关产业的发展。北海油田大开发极大地促进了沿岸国家一批与此相关的新兴工业区的蓬勃发展，同时带动了人员就业。仅 1974 年，北海油田的开发就为苏格兰 19000 人解决了就业问题。阿伯丁成为苏格兰乃至英国的繁荣经济中心，实现了经济增长率和就业率同步增长。

三、工程启示

1. 成功关键因素

（1）国际油价居高不下是北海油田成功开采的外部动力。一方面，1973 年的石油禁运和欧佩克成员国实行石油工业国有化，促使跨国石油公司到欧佩克以外的地区去寻找油气资源；另一方面，居高不下的石油价格极大地抵消了北海海域油气勘探开发的高成本。

（2）巨大的油气资源消耗促进了北海油田规模化开发。在地理上北海是西欧和北欧的"内海"，被发达的工业化国家所环绕，是世界上除北美外最大的石油天然气市场，具有规模化开发建设的地理优势。

（3）协同合作为北海油田顺利开发提供了技术支撑。北海周边 6 个国家通过协商，很快就海域划界达成一致，为北海油田的开发建设工程奠定了基础。受西风带影响，北海海域的整体海况环境并不理想，风暴天气十分普遍，海域最大水深为 200 米，在 20 世纪 60 ～ 70 年代的石油工业技术条件下，深水作业具有较高难度，对钻井船和生产平台作业构成巨大威胁。在这样的条件下，勘探风险与开发难度显著增加，促使石油公司走向合作，技术上扬长避短，经济上共担风险。北海油田绝大部分勘探开发工程都是多家公司联手共建的。

2. 工程哲学启示

（1）北海油田体现了工程哲学方法论中系统性和综合性的思想。首先，北海油田是一个复杂的石油生产系统，包括石油勘探、开采、生产、加工、运输和销售等环节，需要考虑地质、工程、技术、经济、环境和社会等因素之间的相互作用、相互影响；其次，北海油田勘探中需要地质学家、地球物理学家等的合作；开采中需要钻井工程师、采油工程师等的合作；在加工和运输中，需要化学工程师、机械工程师等的合作。

（2）北海油田体现了工程哲学世界观中可持续发展的思想。在北海油田的开发过程中，注重环保、节能、安全等方面的问题，以保障人类社会和自然环境的可持续发展，使得北海油田成为一个可持续发展的石油生产系统，为人类社会和自然环境的和谐发展做出了重要贡献。

3. 工程立国思考

北海油田是欧洲最重要的石油和天然气产地之一，对于欧洲国家的能源战略具有重要意义。通过开发北海油田，欧洲国家可以减少对外部能源的依赖，提高能源安全性，同时带动了相关产业的发展，如工程、制造、物流等，提供了就业机会和税收收入，促进了当地经济的增长。

4. 未来发展指导

北海油田对未来油田建设发展的指导意义主要体现在以下几个方面：

（1）强化技术创新。北海油田的成功开发得益于技术的不断创新和进步，未来油田建设发展需要不断加强技术创新，包括勘探技术、开采技术、环保技术等方面，以提高石油开采的效率和安全性，降低对环境的影响。

（2）注重可持续发展。北海油田在开发过程中，注重环保和可持续发展，采取了多种措施减少对环境的影响。未来，油田建设发展需要继续注重可持续发展，采取更加严格的环保措施，减少对环境的影响，实现经济、社会和环境的协调发展。

（3）提高智能化和数字化水平。北海油田在运营过程中，采用了智能化和数字化的技术和设备，提高了生产效率和管理水平。未来，油田建设发展需要进一步推广智能化和数字化的技术和设备，实现生产和管理的高效化和智能化。

参考文献

[1] 叶德燎，易大同. 北海盆地石油地质与勘探实践. 北京：石油工业出版社，2004.

[2] 杨金玉，杨艳秋，赵青芳，等. 北海盆地油气分布特点及石油地质条件. 海洋地质前沿，2011(12)：1-9.

[3] 刘政，何登发，童晓光. 北海盆地大油气田形成条件及分布特征. 中国石油勘探，2011(3)：31-43.

[4] Johnson H D, Stewart D J. Role of clastic sedimentology in the exploration and production of oil and gas in the North Sea. Geological Society, London Special Publications, 1985, 18(1): 249-310.

[5] Underhill J R, Richardson N. Geological controls on petroleum plays and future opportunities in the North Sea Rift Super Basin. AAPG Bulletin, 2022, 106(3): 573-631.

[6] 邢之国. 英国北海油田的开发及影响(1964-1985). 郑州：河南大学，2017.

[7] 吴林强，张涛，徐晶晶，等. 油气勘探开发的未来在深海——全球海洋油气勘探开发形势分析与展望. 中国矿业报，2020-03-12.

54 美国世贸大厦

全　　称 美国世界贸易组织大厦，简称：美国世贸大厦，又称：世贸中心

外文名称 The Tower of the World Trade Center，简称 WTC

世贸大厦双子塔

美国世贸大厦自 1974 年启用以来即成为纽约的地标之一，有"世界之窗"之称，是美国纽约最高、楼层最多的摩天大楼，在历史上也是辨识度最高的建筑之一，曾是世界上最高的建筑物之一，直到 1996 年 2 月 13 日，才被吉隆坡石油双塔超越。

美国世贸大厦位于美国纽约曼哈顿岛西南端，西临哈得孙河，以其独特的双塔结构和玻璃幕墙而著称。世贸大厦由 2 座 110 层并立的塔式摩天楼与 1 座 8 层、2 座 9 层、1 座 22 层、1 座 47 层的大楼组成[1]，整个建设周期长达 17 年。世贸大厦一、二号大楼"Twin Towers"（双子塔）为两座外观相同，高 110 层的摩天大楼，于 1966 年 8 月 5 日正式开工，一号大楼于 1972 年完工，二号大楼于 1973 年 7 月完工，1974 年对外开放，其余几幢大楼在 1975～1983 年先后建成投用。

美国世贸大厦耗资约 7 亿美元，大部分建设资金是在 1962～1976 年由纽约与新泽西港口事务管理局通过发行债券和政府补助等方式筹集的。此外，一些私人企业也提供了部分资金支持，其中包括一些银行、保险公司、房地产开发商等。世贸大厦占地达 6.5 万平方米，它是由 7 幢建筑物组成的综合体，其主楼呈正方形，塔柱边宽约 63 米，大楼采用钢结构，用钢约 7.8 万吨，

楼的外围有密置的钢柱，墙面由铝板和玻璃窗组成。其中，最为著名的双子大厦，建造时挖出了 90 多万立方米的泥土和岩石，用了 20 多万吨钢材和 32 万多立方米的混凝土，澳大利亚还专门为修建它设计制造了 8 台起重机，建造地基挖出来的泥土后来填海建造了曼哈顿西侧的炮台公园城[2]。大楼有 84 万平方米的办公面积，可容纳 5 万名工作人员，同时可容纳 2 万人就餐。其楼层分租给世界各国 800 多个厂商，还设有为这些单位服务的贸易中心、情报中心和研究中心，在底层大厅及 44、78 两层高空门厅中，有种类齐全的商业性服务行业。楼中共有电梯 104 部，地下有可供停车 2000 辆的车库，并有地铁在此经过设站。第 107 层是瞭望厅，极目远眺，方圆可及 72 千米。一切机器设备全由计算机控制，被誉为"现代技术精华的汇集"。

美国世贸大厦最早由大卫·洛克菲勒提出修建，该项目是他城区改造计划的一部分，其兄长纳尔逊当时正在纽约州担任州长一职，为了保证该项目的资金来源，纳尔逊把世贸大厦的部分空间预租给政府相关部门。1962 年纽约与新泽西港口事务管理局集资，决定兴建世贸大厦，目的是促进纽约和新泽西州的商业贸易。世贸大厦建筑设计师是美籍日裔建筑师雅马萨奇（Minoru Yamasaki，山崎实）。

美国世贸大厦作为纽约的地标建筑和世界贸易中心的主要运营者，在国际贸易和商业活动中发挥着举足轻重的作用。它代表了全球贸易和经济发展的重要地位，吸引了大量的企业、银行、保险公司、运输公司和通信机构等聚集在此，为国际贸易提供了一站式服务，成为一个全球性的商业生态系统，对全球贸易和经济具有深远的影响力，是繁盛时期美国的象征，也是人类建筑史上的宝贵遗产。

一、工程背景

20 世纪 60 年代，美国面临经济危机、通货膨胀、严重的环境污染、深陷越南战争，这些都摧毁了美国人的自信。当时，纽约正面临着城市发展的挑战，尤其是高速公路和办公楼的建设，导致曼哈顿地区的交通拥堵和空气污染问题日益严重。为了解决这些问题，纽约市政府决定在曼哈顿下城建设一个新的商业区，以吸引企业入驻，提高城市活力。同时，纽约市政府也希望通过建设世贸大厦，提升纽约市在国际上的地位。

1962 年，纽约与新泽西港口事务管理局开始物色建筑设计人员，他们对 40 多家建筑师事务所进行了深入调查，最后决定聘请山崎实担任世贸大厦的总建筑师。受委任项目之后，山崎实事务所与埃默里·罗斯父子（Emery Roth & Sons）事务所将主要精力投入其中。由于曼哈顿人口密度极高且寸土寸金，世贸大厦整体布局非常重要，山崎实事务所用了一年的时间进行调查研究和准备工作，前后共提出 100 多个方案，在垂直方向上取得了更多空间并解放了土地资源，最大化地使用都市空间。由于世贸大厦的方案将会显著影响曼哈顿下城的城市脉络，因此引起了极大的争论。场地占地 17 英亩①，原来由 14 个小而不规则的街区组成，街区内大多为零售的小店铺，由狭窄的街道划分。山崎实希望借机简化交通、改善行人的流通空间，在这个原先显得拥挤的场所创造出一片绿洲般的公共空间。为了弥补道路面积的减少，3 条邻近的道路将宽度拓宽了 3 倍，行人道也被加宽。由于大楼的面积需要达到 110 多万平方米这一极端值，为了减轻如此高的一个结构给周边带来的压迫感，场地中同时需要一个大型而开阔的广场。此外，还需要设计几个环绕大楼外围的较低层建筑，将广场与繁忙的交通隔开。因此，世贸大厦最终设计为由 2 座 110 层、高 411 米的塔式摩天楼和 4 幢办公楼及 1 座旅馆组成。

世贸大厦双子塔于 1972 年和 1973 年相继落成，三号大楼于 1981 年建成，大厦定位为酒店专用建筑，曾由 VISTA 希尔顿集团和 Marriott 万豪酒店前后接手，接待来访游客下榻。四号大楼在 1975 年建成，位于世贸大厦南塔东部。五号大楼、六号大楼、七号大楼先后在 1983 年前陆续建成。

美国世贸大厦的建成展现了纽约的自信，它就像一台巨大的呼吸机，维持着城市的生命，帮助纽约重焕生机，世人也将世贸大厦视为美国的象征。

二、工程价值

美国世贸大厦是一座具有历史意义的建筑地标，象征着美国经济和建筑技术的卓越成就，代表着人类对科技进步和经济繁荣的追求，同时也展示了人类对于战胜复杂困难和挑战的决心和能力。

1. 工程主要成果

美国世贸大厦的建设被视为建筑学和工程学的典范，获得了许多建筑和工程奖项。1973 年获得美国钢结构学会颁发的"杰出工程总统奖"、1993 年获得美国混凝土学会颁发的"混凝土建筑卓越奖"。除了奖项外，世贸大厦的建设还吸引了大量建筑行业从业者和学者对其进行研究和探讨，成为建筑学和工程学教学中的重要案例。

2. 工程主要技术

美国世贸大厦在设计和建造过程中运用了大量的新技术和创新方法，对推动建筑行业

---

① 1 英亩 =4046.86 平方米。

的技术创新和发展起到了积极的作用。

（1）采用筒中筒设计技术。即外圈的密柱深梁框筒和内部的框架式核心筒，这种结构提供了一种高效率的受力传递方式，将整座建筑的重量和压力分散到两个主要的结构元素上。外圈的密柱深梁框筒由 240 根钢柱组成，柱距 1.02 米。这些钢柱的外形尺寸从上到下保持不变，通过改变壁厚来适应结构在不同受力条件下的需求，这种设计增强了建筑的竖向抗剪强度，减少了剪力滞后效应；内部的框架式核心筒由 47 根钢柱组成，主要承担重力荷载。框架柱采用 450 毫米 ×450 毫米方管，从上到下，外形尺寸不变，靠改变壁厚来适应结构不同的受力条件。核心筒的设计也考虑到了空间的利用效率，采用模块化的设计结构方便快速建造，并且能够承担加在上面的载荷[2]。内外筒通过每层楼的水平桁架相连，在 9 层以上的部分，外柱间距为 1 米，每根柱子宽 0.457 米，相邻柱子的距离只有 0.558 米。这种密集的钢柱设计使得建筑具有非凡的稳定性。在 9 层以下的部分，将 3 根柱合并为一根柱，柱间距为 3 米，创造了较大的入口开间，合并处设计为拱状，具有哥特式建筑的风采，这种设计既美观又实用。此外，设计师还利用每隔 32 层所布置的设备楼层，沿框筒各设置一道 7 米高的钢板圈梁，进一步加强了建筑的结构安全性[1]。

（2）采用二级电梯系统。这种设计的目的在于提高电梯的使用效率，在当时是比较新颖的一种设计方式。美国世贸大厦建筑面积约 110 万平方米，塔高达到 110 层，升降机占用了大量的建筑面积。在二级电梯系统中，有两个专门用来换电梯的楼层，被称为"空中招待厅"，分别位于两座高楼的第 44 和 78 层，它们保障楼内的电梯可以高效率地使用，通过在建筑物的某些楼层设置专门的换乘点，乘客可以在这些点从大面积的高速电梯换乘到局部电梯，从而直达目的楼层，避免了在建筑物内多次换乘的麻烦。同时，由于减少了电梯管道的数量，每层的可用面积从 62% 提高到 75%，这为建筑物节省了宝贵的空间资源，并提高了空间利用率。

（3）采用防风减振技术。大楼顶部的风速按 255 千米 / 小时计算，所产生的风压达到 400 千克 / 米。为了防止大风引起的振动和位移，世贸大厦的第 7 ~ 107 层中桁架下面都装了减振器[1]。当达最大风速时，测得顶部的位移量仅为 0.28 米，这种技术的应用对于确保该建筑的安全性和稳定性起到了重要的作用。

3. 工程社会价值

美国世贸大厦的建成，彰显了美国的经济繁荣和国际地位，为纽约市乃至美国的经济、社会发展带来了重要的推动作用，体现了巨大的社会价值。

（1）世贸大厦的建设和运营对美国经济产生了重要的推动作用。美国世贸大厦在整个纽约市中占据着统领地位，为建筑业、服务业、金融业等多个领域带来了巨大的经济价值，极大地推动了纽约市和美国经济的发展，吸引了大量的国际贸易和投资，促进了纽约市的商业繁荣和美国的社会融合，不仅创造了大量的就业机会，还吸引了众多的公司和商业机构进驻，美国世贸大厦的主要业务是控制进出口等国际贸易，担负着美国国际贸易的发展重任，除贸易公司之外，也有运输公司、通信机构、银行、保险公司、海关等公、私机构和市长紧急事务指挥中心等，凡与贸易及港湾有关的活动均集中于此，成为纽约市的一个重要的商业和金融中心，进一步促进了经济的发展。

（2）世贸大厦的建造和运营为纽约市带来了显著的社会效益。世贸大厦作为一个地标性的建筑，其独特的双塔设计和醒目的位置使其在曼哈顿的天际线中独树一帜，是许多美国人以及世界各地游客的必访之地，人们可以通过参观学习到关于国际贸易和城市发展的知识。作为一个重要的旅游景点，为城市形象和品牌宣传做出了贡献，提升了纽约市乃至整个美国的形象。

4. 工程文化价值

美国世贸大厦的建造始于20世纪70年代，是当时全球贸易和经济发展的重要象征之一。它的设计和建造代表了当时最先进的工程技术和社会文化，反映了20世纪后半期美国城市设计、建筑技术的发展，体现了美国在全球贸易中的领导地位，具有重要的历史背景和纪念价值。美国世贸大厦具有重要的文化符号意义，它代表着纽约市的文化多样性和开放性，世贸大厦的地理位置和建筑设计也使其成为国际文化交流的中心，许多国际会议和展览都在这里举办，吸引着全球范围内文化爱好者前来参观和交流。同时，世贸大厦也是电影、文学、音乐等多种文化艺术形式的热门主题，展示了其文化价值的广泛影响。

三、工程启示

1. 成功关键因素

（1）先进的设计理念和结构创新为世贸大厦的安全性和稳定性提供了可靠的保障。美国世贸大厦的设计理念先进，结构创新独特。例如，采用套筒式和楼板结构设计，使得该建筑具有出色的抗震性能，采用了钢管混凝土框架－剪力墙结构，使得大厦具有高强度、高刚性和高稳定性等特点。此外，建筑师和工程师采用了多项先进的技术和设备，如动态风力分析、地震模拟等技术，确保了建筑的安全性和稳定性。

（2）优质的建筑材料和施工方法为世贸大厦的成功建设提供了坚实的支撑。在建筑材料方面，世贸大厦的钢框架结构使用了高质量的钢材，经过精细的加工和焊接，确保了其强度和稳定性。此外，使用了高性能混凝土，这种混凝土具有高强度、抗腐蚀和防火等特点，为建筑提供了有效的保护。在施工方面，世贸大厦的施工采用了逆作法，在地面上首先建造地下结构，然后逐步进行地上结构的施工，提高施工效率并减小对周边环境的影响。此外，还采用了液压滑模技术、空中对接等施工工艺，这些工艺的运用不仅提高了施工效率，还保证了施工质量。

2. 工程哲学启示

美国世贸大厦的设计和建设既体现了工程认识论中创新驱动思维的重要性，又展示了实践创新和可持续发展在工程建设中的关键作用。在设计和建设世贸大厦时，设计师挑战传统的设计理念和方法，突破传统思维的局限，提出新颖、实用、安全和经济的方案，开辟新的设计思路和方案，实现了世贸大厦的创新发展；在技术应用和工程实践中不断探索和改进，经过了多次尝试和改进，最终实现了技术创新和工程实践的完美结合。此外，在世贸大厦的设计和建设中，采用了多种环保、节能等可持续发展的技术和理念，如绿色建筑、节能照明等，为全球高层建筑的可持续发展树立了新的典范，进一步体现了创新思维与可持续发展相结合的重要性。

3. 工程立国思考

美国世贸大厦的建成提升了纽约市作为全球金融中心的地位，促进了美国在国际贸易和金融领域的领导地位。作为世界上最高的摩天大楼之一，展示了美国在建筑、技术和工程方面的卓越能力，它代表了美国在20世纪末期和21世纪初期的经济实力和技术水平，同时也是美国在全球舞台上自信和实力的象征。不仅见证了纽约市的发展和繁荣，也成为美国国家形象的重要组成部分，有助于提升美国在全球舞台上的形象和影响力，吸引更多的人才、投资和文化交流。

4. 未来发展指导

美国世贸大厦作为人类建筑史上的宝贵遗产，为未来摩天大楼工程规划、设计等方面提供了重要的指导和借鉴。

（1）未来的摩天大楼要考虑功能定位和城市规划的协调。深入研究城市的发展趋势和需求，以确定建筑的功能和定位。同时，需要考虑与周围环境的协调，包括高度、风格、颜色等方面。

（2）未来的摩天大楼在建筑设计方面需要注重创新和实用性。摩天大楼作为现代城市的标志性建筑之一，需要体现当代建筑设计的最新成果和创新思维，充分考虑实用性和功能性，确保建筑内部的空间布局和设施能够满足使用需求。

（3）未来的摩天大楼要进行风险防控方面的深入研究和设计，确保其安全性、稳定性和可持续性。首先要使用更高强度和耐火性的钢材，以确保结构的安全性和稳定性。其次要注意抗震、抗风、抗爆等方面的研究和设计，包括采用隔震技术、风洞试验和爆炸防护等措施，降低这些因素对建筑的影响。

（4）未来摩天大楼的运营需要智能化的管理系统来提高效率。通过采用先进的楼宇管理系统、智能安防系统等，实现楼宇设备的自动化控制和智能化管理，提高楼宇的使用效率和管理水平，降低运营成本。

参考文献

[1] 李湘洲. 美国纽约世贸大厦倒塌原因分析与建筑超高层建筑的思考. 建筑论坛, 2002(3): 16-17.
[2] 金磊. 美国世贸中心倒塌及其启示. 工程设计CAD与智能建筑, 2002(1): 42-44.

55 罗 贡 坝

全　称 罗贡坝

外文名称 Rogun Dam

　　罗贡坝坝址位于塔吉克斯坦阿姆河支流瓦赫什河上、努列克坝上游 70 千米处，是一座土石坝，以灌溉和发电为目的，是瓦赫什河水电梯级开发的第 6 级，建成后将是世界最高的土石坝，也是世界最高坝。

　　罗贡坝早在 1959 年就被提出修建，1965 年完成技术方案设计，1975 年开工建设直至 1991 年，后因苏联解体和塔吉克斯坦内战爆发而暂停。1994 年，俄罗斯承诺将协助塔吉克斯坦完成罗贡水电站项目的建设。在随后的十余年，受制于内战破坏、资金短缺、意见分歧等诸多原因，罗贡水电站建设始终没有进展。2008 年，塔吉克斯坦政府决定依靠本国力量恢复罗贡水电站项目建设。从 2012 年起，塔吉克斯坦政府逐步开始进行一些施工现场的恢复与维修工作。2016 年 10 月，瓦赫什河实现截流。2018 年，罗贡水电站建设顺利实现了第一阶段的目标[1]，2019 年 9 月，罗贡水电站第二期发电机组正式启动，将在 2026 年全部建成投运。罗贡坝整体工程计划于 2032 年竣工。

　　罗贡坝工程的主要建筑物是一座土石坝，坝高 335 米，坝顶长 660 米，坝顶宽 20 米，坝底宽 1500 米，坝体体积 7550 万立方米，水库库容 133 亿立方米，水电装机 360 万千瓦。此外，还包括一座地下发电站，导流隧洞和交通隧洞，有表孔和低孔的正常泄水建筑物，保护盐层防止其流失以及防御泥石流的构筑物等。罗贡坝填筑体积 8500 万立方米，明挖体积 3100 万立方米，地下开挖 510 万立方米，地面浇筑混凝土 350 万立方米，地下浇筑混凝土 180 万立方米，机械设备和金属结构 8.7 万吨。罗贡坝建设过程中，共有超过 3600 台机器设备、22000 多名专家和工人参与施工。罗贡坝的总计划投资额达 39 亿美元，分四部分完成，造价最高的是土石坝部分，计划投资约 19.5 亿美元，目前已花费了大约 16 亿美元[2]。

　　罗贡坝最早由全苏水利工程勘测设计研究院设计修建。苏联解体后，2004 年 10 月，塔吉克斯坦与俄罗斯铝业联合公司签署了一项协议，该公司同意完成罗贡水电站的设施建设。2007 年 8 月，塔吉克斯坦正式撤销了与俄罗斯铝业联合公司的合同，指责其未能履行合同中的建设工作。为完成罗贡水电站的建设，2008 年 4 月，塔吉克斯坦成立了罗贡联合股份公司，负责筹集资金完成罗贡坝的建设，2016 年，罗贡水电站的建设任务分配给了意大利公司 Salini Impregilo（目前为 Webuild）。从开始建设至今已经有超过 50 家来自中国、伊朗、俄罗斯、德国和乌克兰的公司参与了罗贡坝的建设[3]。

罗贡坝建成以后将实现对瓦赫什河水资源的高效利用。它不仅可以扩大瓦赫什河的阶梯发电量，更重要的是可使其全天候工作，除夏季正常运行发电外，还可在电力最短缺的冬季发电，以及保证乌兹别克斯坦、土库曼斯坦、阿富汗的农业用水，使其免受年度降水的影响。

一、工程背景

罗贡水电站位于塔吉克斯坦中部瓦赫什河上游狭窄的峡谷中。瓦赫什河因其独特的水利资源优势，在苏联时期一直是开发建设水电站的重点区域。20 世纪 50～60 年代罗贡水电站项目被提上议事日程，1982 年开工建设直至 1991 年，后因苏联解体和塔吉克斯坦内战爆发而暂停。1994 年，俄罗斯总统叶利钦与塔吉克斯坦总统拉赫莫诺夫达成协议，承诺俄罗斯将协助塔吉克斯坦完成罗贡水电站项目的建设。但在随后的十余年，受制于内战破坏、资金短缺、意见分歧等诸多原因，罗贡水电站建设始终没有进展[4]。在这种情况下，2008 年塔吉克斯坦政府决定依靠本国力量恢复罗贡水电站项目建设，2010 年初在国内发行罗贡水电站股票，并号召全民购买支持。

2013 年 6 月，应塔吉克斯坦政府请求，世界银行组织有关专家对罗贡水电站进行评估，包括技术与经济可行性研究、项目的环境与社会影响。2014 年 9 月，世界银行公布了相关研究数据和研究报告。世界银行专家报告认为：罗贡地区适合修建符合国际安全标准的大坝，且与其他途径相比，通过罗贡水电站项目满足塔吉克斯坦的电力需求将是花费最小的途径，可能造成的社会环境影响可降低至不超出国际标准要求。值得注意的是，罗贡水电站项目的最初目标是支持区域灌溉和水力发电，而在世界银行的评估报告中，罗贡水电站的建设还被认为能够控制淤积，增加水流调剂，保护下级水电站项目免受影响[5]。在得到世界银行专家评估报告认可之后，塔吉克斯坦加快了独立建设罗贡水电站的步伐。在这一过程中，共有超过 3600 台机器设备、22000 多名专家和工人参与施工，其中 90% 以上为塔吉克斯坦人员。

2016 年 10 月 29 日，瓦赫什河实现截流。2018 年，罗贡水电站建设顺利实现了第一阶段的目标，启动的首台发电机组在 12 月运行功率为 150～200 兆瓦，2019 年 9 月，罗贡水电站第二期发电机组正式启动，所有发电机组将在 2026 年全部建成投入运行。

二、工程价值

1. 工程主要成果

罗贡坝是迄今世界最高的土石坝，虽然仍在建设过程中，但罗贡坝仍然是一项伟大的工程成就，建成后将成为全球水利工程史上的一个里程碑。

2. 工程主要技术

（1）罗贡坝施工中采用了土石坝施工的连续循环技术 [6]。此项技术在采料场和坝区联合使用车辆和皮带运输系统，在采料场使用斗容为 5 立方米和 8 立方米的履带式动力铲，把材料装进载重 27 吨和 40 吨的自卸卡车，用这些卡车把材料送到设在地面上的受料厂，然后由一个复杂的材料运输系统把材料送到坝上，在这个系统中有受料厂、皮带机和送料终端。土工运输使用有皮带机的连续循环技术具有很多优点，包括能够按预定的给料率供应材料等。就罗贡坝的条件而言，这是一项合理而又经济高效的技术，仅小砾石的运输一项，也将大大节省设备、劳力和财力。

（2）罗贡坝工程处于高强度地震区，地震是设计中主要的荷载，因此特别注意该工程所有结构的抗震稳定性。坝坡稳定分析根据标准采用满足第一类建筑物的地震荷载。在设计地震加速度作用下，采取以下保证坝体稳定的措施，在坝体外部填筑渗透系数不小于 10^{-3} 厘米／秒的级配石料。在坝壳填筑材料应压实到这样的程度，既可以防止在地震作用下发生沉陷度变形，也可以防止上游坝壳内孔隙动水压力的增高。

3. 工程管理创新

罗贡坝在工程管理方面的创新是大坝采取连续循环（continuous cycle technique）施工，并将其管理工作合并到统一的大坝自动管理系统。该系统规定收集本系统各工段（采料场、运输段、回填区）的情报资料，对其进行整理，然后根据计划规定的目标对被采用的方案提出建议。整个系统有 12 个作业控制站和一个装有计算机的中央调度室。各控制站都装备有衡量器，用以称量传送带和汽车运输的材料流通量，各站对资料数据进行初步整理。这种工程管理方法将降低土石坝造价并加快其施工速度。

4. 工程社会价值

罗贡水电站的成功并网发电是塔吉克斯坦独立以来国家发展进程中最为重要的大事，这一事件对塔吉克斯坦内政外交将产生重大影响。

（1）罗贡坝将切实改善塔吉克斯坦人民生活条件，促进国家社会经济发展。水力发电在塔吉克斯坦能源中的占比超过 60%，对水电的严重依赖导致塔吉克斯坦的电力供给严重受制于瓦赫什河径流量的季节性波动。罗贡坝建成后，塔吉克斯坦的年发电量由目前的 170 亿千瓦时提高至约 300 亿千瓦时。此外，由于罗贡坝水库库容高达 133 亿立方米，可以实现"调峰调枯"目标，缓解国家冬季电力短缺问题。罗贡水电站建成之后，不但能够满足国内工业用电的需求，确保铝业生产等支柱性产业持续发展，同时，富余电力也可向阿富汗、巴基斯坦等周边国家出口，有利于塔吉克斯坦将本国打造成区域电力出口大国。除此之外，罗贡水电站本身的建设和运转，以及与组建全国电网、电力外送相配套的基础设施建设，也会成为未来社会经济发展的重要推动力，并创造大量的国内就业机会，这对于塔吉克斯坦来说尤为重要 [7]。

（2）罗贡水电站的成功建设进一步提升了塔吉克斯坦民众的凝聚力和对政府的认可度。这样的社会环境不仅有利于政权稳定，而且有利于保证国家整体建设规划的持续性。罗贡水电站的成功建设也将会对塔吉克斯坦的对外交往产生重要影响，罗贡水电站在极端困难的情况下，几乎完全依靠本国意志迈出的重要一步将使得塔吉克斯坦今后在规划设计国家发展、与国际社会对接援助合作方案时，更加独立与自信；另外，罗贡水电站也会成为一枚实实在在的"筹码"，提升塔吉克斯坦的国际地位。

（3）罗贡坝将为瓦赫什河全流域带来显著的经济效益。据研究，当罗贡坝蓄水达到设计目标时，可满足农业灌溉、水力发电、旅游、生态等多目标要求，使上下游利益相关方达到效益最大化。此外，罗贡坝还能提高国家对流域内瓦赫什河的调节能力，减缓下游泥沙沉积，延长努列克坝的运行寿命，通过出口超额电力增加塔吉克斯坦的经济收益。

5. 工程生态价值

罗贡坝工程对于当地的生态环境有着重要的影响和贡献，通过保护水资源、改善水质、保护水生生物以及调节气候等多方面的作用，促进了当地的生态平衡和可持续发展。罗贡坝工程有效地调节了水资源，通过蓄水调节作用，合理调配和优化了水资源的利用。此外，罗贡坝的建设，形成了一定规模的水库，不仅改变了局部地区的气候条件，如温度、湿度等，还通过拦截和净化作用，减少了水中的污染物含量，提高了水质标准，形成了一定的水生生物栖息地，有利于水生生物的繁衍生息。

三、工程启示

罗贡坝的建设过程并非一帆风顺，这为众多大型工程的建设提供了一定的启示。

1. 影响工程的主要因素

罗贡水电站争端集中体现了中亚国家间水资源矛盾的棘手和复杂性。同样的矛盾也出现于乌吉、哈吉之间，甚至下游国家乌哈、乌土乃至各国国内的各地区之间。多年来中亚国家间的水资源争议之所以久拖不决，变得非常棘手甚至严重到影响国家间关系和地区稳定的地步[8]，其原因有以下几个方面。

（1）乌塔政府在水资源归属的核心利益问题上不妥协的态度，使得罗贡坝问题变得非常尖锐，一时难以解决。水资源的归属问题本身非常敏感，属于国家的核心利益，是国际社会公认的难题。中亚地区在历史、地理、地缘等方面具有自己的独特性，使得这一问题更具复杂性。水资源问题关系到中亚各国的生存与发展，是经济问题，更是政治问题。乌塔政府将罗贡水电站建设视为"国家理想"，将水电站建设与国家主权同等看待就证明了这一点。自独立以来，乌塔政府在涉及本国核心利益问题上一贯采取强硬、不妥协立场，从而使这一问题变得更为突出。

（2）俄罗斯、美国、伊朗等区外大国纷纷插手罗贡坝建设，使问题变得愈加复杂难解。鉴于水资源对中亚的重要意义，区外大国都将水资源视为对中亚施加影响的有力手段而争相介入，使本来就复杂的问题更加难解。

（3）乌塔之间在边界划分、领土、民族等问题上存在诸多矛盾，导致双方在解决水资源问题上，不能走一体化道路。然而中亚国家独立时间不长，各国对主权和独立都倍加珍视。塔吉克斯坦多年来一直指责乌兹别克斯坦通过调解塔吉克斯坦内战而介入本国内政，乌兹别克斯坦在乌塔边界埋设地雷经常造成塔吉克斯坦边民伤亡。这些都对两国关系造成很大损害，导致两国上层政治精英间缺乏必要的信任，从而对解决双方争议问题愈加不利。各国出于对主权问题的敏感和担心因此受制于人，暂时还没有做好让渡一部分利益的心理准备。

2. 工程哲学启示

运用工程价值论分析罗贡坝工程活动，工程活动不仅追求经济价值，还要寻求科学价值、生态价值、伦理价值等，工程活动的本质是自然因素、技术因素和多种社会因素的复杂统一。罗贡坝工程的实施引起了瓦赫什河流域生态环境变化以及水资源归属的社会利益结构变化，而这些变化是对罗贡坝工程社会评价的重要内容。罗贡坝工程并不是单纯的技术应用或技术"集成"的过程和结果，同时也是对工程进行社会选择或建构的过程和结果。罗贡坝的建设和运行，不仅改变了瓦赫什河流域的自然状态、生态环境、自然资源的分布状况，也改变了瓦赫什河流域塔吉克斯坦及乌兹别克斯坦水资源利益的分配状况。罗贡坝工程在国家与国家、国家与地方、地方与个人的利益分配关系中呈现出不同的作用和效益，因此罗贡坝对水资源分配利益的争执最终影响到罗贡坝工程自身的建设进展。工程的价值取向和工程合理性需要高度统一，才能推动工程活动的进步。

3. 未来发展指导

工程建设不可急于求成、一蹴而就，不仅需要攻克"卡脖子"技术问题，更要全方位考虑政治、经济、环境、资源、国际关系等因素。由于塔吉克斯坦处于中亚众多河流的上游地区，修建罗贡坝不可避免地会对下游国家的生态、社会和经济造成影响，引发国际争端。地缘政治斗争为罗贡坝建设带来一定的不确定性，因此大型工程建设对本国状况进行客观评估至关重要。据估计，罗贡坝的建设费用将超过塔吉克斯坦国民生产总值的 50%，而该国超半数的人口仍生活在贫困线以下，这将引发财政压力和政治不稳定。世界银行就在 2018 年建议塔吉克斯坦改进其对于罗贡坝的管理方式，并重视相关金融风险。自 2016 年罗贡坝重启建设以来，塔吉克斯坦与乌兹别克斯坦两国为保障罗贡坝发挥最大效益多次召开会议，达成了一定程度上的共识，才使得曾一度中断的罗贡坝再次开工建设。

参考文献

[1] 施瓦特 R, 朱晓红. 塔吉克斯坦罗贡一期工程完建可行性研究. 水利水电快报, 2008(3): 5-8, 34.

[2] 沙符琴柯夫 Н Г, 卡列斯尼勒柯 А И, 蔡兆庆. 降低土石坝造价及加快其施工速度的途径. 江西水利科技, 1988(3): 89-94.

[3] 莫依塞耶夫 I, 解守根. 在复杂环境下建设世界上最高的坝. 人民长江, 1988(6): 60-62.

[4] 肖庸. 正在兴建的世界上最高的坝——苏联罗贡坝. 水利水电技术, 1987(5): 62-64.

[5] 皮加廖夫 А С, 刘正启. 高坝水利枢纽分期施工探讨. 水利水电快报, 2004(21): 7-10.

[6] 邓新, 王晓红. 塔吉克斯坦罗贡水电站建设及其政治影响探析. 新疆社会科学, 2020(2): 69-75.

[7] 宋志芹. 乌兹别克斯坦与塔吉克斯坦水资源之争. 西伯利亚研究, 2017, 44(2): 38-42.

[8] 钟家驹. 谈谈土石坝发展的特点. 陕西水利, 1987(5): 12-16.

伊泰普水电站

56 伊泰普水电站

全 称 伊泰普水电站

外文名称 Itaipu Hydropower Station

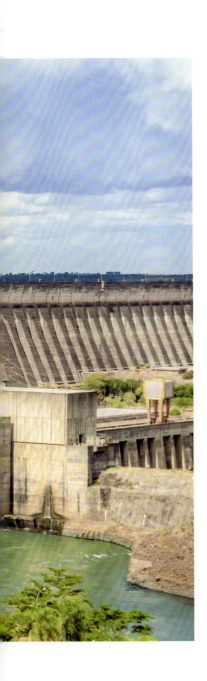

伊泰普水电站由巴西与巴拉圭共建，位于巴西与巴拉圭交界的巴拉那河（世界第五大河），发电机组和发电量由两国均分，它是世界装机容量、发电量第二大水电站，仅次于中国的三峡水电站[1]。伊泰普水电站气势宏伟壮观，是在国际河流上进行跨国水电开发的典范。

伊泰普水电站从1975年10月开工，1984年5月第一台机组发电，到1991年5月第18台机组运行，耗时16年。2002年又扩建了两台7万千瓦的机组，装机容量扩大到14万千瓦，年均发电量达到900亿千瓦时[2]。巴西和巴拉圭两国政府签订的有关协议对水电站的重大问题做出了明确规定。巴西和巴拉圭两国电力频率不同，分属巴西和巴拉圭的机组分别采用60赫兹和50赫兹的频率。高压交流输电线为750千伏。巴拉圭目前只能消费水电站发电量的2%，故按规定（50年内，巴拉圭分得电力的多余部分必须卖给巴西，50年后可以自由转售）剩余48%的电卖给巴西。

伊泰普水电站库长170千米，蓄水面积1460平方千米，总库容290亿立方米。水电站主坝为双支墩混凝土空心重力坝，高196米，长1500米，为巴拉圭提供了近75%的电力，使巴拉圭成为世界主要电力出口国。2020年，电力出口排名全球第五名。巴西25%以上的电力来自伊泰普水电站。伊泰普水电站是现在世界上同类坝型中最高的，右侧接弧形混凝土大头坝，左侧接堆石坝和土坝，整个坝身长7.7千米。伊泰普水电站耗资 196 亿美元，全部工程量包括开挖土石方约 6385 万立方米，浇筑混凝土约 1257 万立方米，钢筋和钢结构量 48.8 万吨。施工期间，职工人数最多时达到 4 万人[3]。伊泰普水电站建设之初，巴西和巴拉圭两国约定双方各付 50% 的启动资金，但因巴拉圭经济困难，启动资金只能向巴西贷款，因此伊泰普水电站的所有建设启动经费其实均来自巴西。根据双方协定，到 2023 年，巴拉圭还清贷款。

伊泰普水电站由美国旧金山国际工程公司和意大利米兰电力咨询公司提供咨询并于 1971 ~ 1974 年完成了总体规划、导流工程、水轮发电机组选用等关键性设计。发电机组全部由德国和巴西的合资企业在巴西制造[4]。巴西和巴拉圭两国政府为开发伊泰普水电站组成伊泰普联营公司（Itaipu Binacional），负责施工建设和经营管理。伊泰普水电站由巴西福纳斯公司（Furnas）中心调度所负责调度。

伊泰普水电站具有规模大、国际河流开发、两国共建共享的特点，在巴西和巴拉圭能源供应和经济发展中发挥着举足轻重的作用，伊泰普水电站的成功建设为两国和其他地区提供了宝贵的经验和教训，成为世界上其他大型水电站工程开发、建设的典范。

一、工程背景

巴西是一个煤和石油相对缺乏，水能资源丰富的国家。20 世纪中叶经济起飞后，巴西先后经历了两次电力短缺。为了尽快摆脱能源危机，满足国家未来经济与社会发展的能源需求，巴西计划以水能逐渐代替石油和其他燃料。伊泰普大坝建设的最初设想是由阿根廷提出的[5]。1966 年，经巴西和巴拉圭两国协商，克服了针对领土和巴拉那河国界的争端，共同签署了《伊瓜苏协议》，决定联合建设一个当时世界上最大的水利工程——伊泰普水电站。1970 年，美国旧金山国际工程公司和意大利米兰电力咨询公司联合编制完成项目可行性研究报告。设计工作开始于 1971 年 2 月，1973 年 4 月巴西和巴拉圭签署了水电开发巴拉那河的法律文书《伊泰普协议》，1975 年 10 月工程动土兴建[6]。两国约定大坝主体工程和伊泰普水电站由巴西与巴拉圭共同建设、管理和运营，建成后的伊泰普大坝左岸属巴西，右岸属巴拉圭，其电厂的发电机组和发电量由两国均分。

全长 5290 千米的巴拉那河是南美洲第二大河，流经巴西、巴拉圭和阿根廷三国，蕴藏着丰富的水力资源，年均径流量 7250 亿立方米，为水电站的建设提供了充足的水能资源[4]。同时，伊泰普水电站的建设还考虑了地理位置和地势落差的因素。由于伊泰普水电站位于巴西和巴拉圭两国的边境地区，地势落差大，水流湍急，从而为水电站的建设提供了有利的地理条件。

伊泰普大坝被公认为现代工程最伟大的作品之一，水电站的建成是拉丁美洲国家间相互合作的重要成果。伊泰普枢纽为巴西和巴拉圭两国提供了丰富的水电资源，2008 年最高年发电量达 948 亿千瓦时，有力支撑了两国经济发展[7]。同时，伊泰普水电站也成为主要旅游景点之一，目前在旅游排行榜中位列巴西第三名和南美洲第六名。2019 年，伊泰普水电站接待了超过 100 万游客[8]。现今，巴拉圭的东方市在巴拉圭是仅次于首都亚松森的第二大城市。巴西侧的伊瓜苏市从当年只有 2 万多人的小城，发展为仅次于圣保罗和里约热内卢的第三大旅游城市。

二、工程价值

伊泰普水电站是一个大型水电项目，在提供大量清洁能源的同时，也为经济和社会的可持续发展做出了重要贡献。伊泰普水电站在建设和运营过程中，推动了相关产业的进步，促进了当地经济发展，它的建设和管理经验是全世界人民的宝贵财富。

1. 工程主要成果

伊泰普水电站举世瞩目，是人类水利工程史上的一大奇观，被美国土木工程师学会评为"现代工程建筑的七大奇迹"之一。2011 年，伊泰普大坝荣获"国际里程碑混凝土坝工程奖"。

2. 工程主要技术

（1）采用了先进的坝体结构设计技术。伊泰普水电站在坝体结构设计方面进行了重要的创新，采用了具有更高抗压强度和耐久性的高强度混凝土和先进的锚固技术。通过优化设计坝体的形状和结构，将大坝与地基紧密连接在一起，提高了抗震性能和稳定性，实现了更高的蓄水能力，使其不仅能承受极端自然条件和长期水力的考验，还能确保大坝在地震和其他自然灾害下的安全[9]。

（2）采用了高效能的水轮发电机组。伊泰普水电站的水轮发电机组采用了先进的空气动力优化设计，融入了空气动力学的理念，通过对水流和空气动力性能的优化，降低了水流摩擦和热能损失，提高了水轮机的能源转化效率。在制造高效水轮发电机组的过程中，应用具有出色的机械性能和耐腐蚀性的高强度钢和钛合金，保证了机组在复杂水力环境下的长期稳定运行。

战略的首选。巴西和巴拉圭看到伊泰普水电站蕴藏的巨大经济利益和发展前景，由此两国提出合作开发大型水电站的设想。从现实主义外交原则出发，搁置历史积怨，直面现实与未来，开展跨国性质项目，实现了国际河流上的多国联合水电开发，推动了全球经济的繁荣和稳定。伊泰普水电站的成功建设体现了国际合作精神，提高了国家的工程建设和管理水平，并促进了国家间的友好关系和互利共赢的局面。

4. 未来发展指导

伊泰普水电站的建设推动了能源结构的优化，为未来能源发展提供了方向。伊泰普水电站的建设提高了清洁能源的比重，以更高效的方式满足经济发展和人民对生活能源的需求，实现了可持续发展，保护了生态环境。对于未来的能源发展，不能仅依靠传统的火力发电，还需要综合考虑能源结构的优化，降低化石能源的比重，开发新能源项目，推进绿色制造体系建设，以更环保的方式促进国家能源安全，提高能源供应的稳定性。

参考文献

[1] 张志会, 贾金生. 水电开发国际合作的典范——伊泰普水电站. 中国三峡, 2012(3): 69−76.

[2] 兰迪 J, 朱晓红. 伊泰普电站扩建的经济和技术效益. 水利水电快报, 2000(2): 20.

[3] 伊泰普水电站——20世纪建成的世界最大水电站. 河北水利, 2020(1): 26.

[4] 牛运光. 巴西水电工程参观印象. 水利水电技术, 1982(9): 37−40.

[5] 郭宗彦. 伊泰普水电站施工的几个特点. 水力发电, 1980(1): 58−64.

[6] 韩琦. 拉美基础设施建设中的国际合作精神: 以伊泰普水电站为例. 拉丁美洲研究, 2016, 38(6): 6−19.

[7] Lorenzon A S, Ribeiro C A A S, Dos Santos A R, et al. A new methodology for royalties distribution of the Itaipu hydroelectric plant: The hydrographic basin as the unit of analysis. Journal of Environmental Management, 2018, 217: 710−717.

[8] 陈明致. 巴西水电考察综述. 东北水利水电, 1996(5): 3−14.

[9] 李先镇. 伊泰普水电站的截流工程. 中国三峡建设, 1996(5): 29−31.

[10] 刘毅. 伊泰普水利枢纽的鱼梯试验. 水利水电快报, 1995(1): 28−29.

57 柏崎刈羽核电站

全　　称 柏崎刈羽核电站，简称：刈羽核电站，日文名称：柏崎・刈羽原子力発電所

外文名称 Kashiwazaki-Kariwa Nuclear Power Station

刈羽核电站，位于日本新潟县柏崎市刈羽村，共有 7 台机组，总发电量 821.2 万千瓦，是日本最大的核能基地，是世界上发电能力最大的核电站[1]（发电能力相当于东京地区所消耗电力的 20%），也是世界上第一家将先进沸水反应堆（ABWR）用于商业用途的工厂。

刈羽核电站，于 1969 年 11 月成立柏崎・刈羽核电准备事务所，1975 年 3 月申请安装 1 号机组反应堆，1978 年 12 月 1 日机组开始动工，并在 1985 年 9 月开始商业运营。最后一个机组是 7 号机组，自 1993 年 2 月开工至 1997 年 7 月 2 日投入商业运行，刈羽核电站全部建设完成。2011 年福岛核事故发生后，受地震影响，刈羽核电站被关闭。2021 年 4 月，日本原子力规制委员会作出正式决定，禁止该核电站继续运营。

刈羽核电站，总用地面积为 420 万平方米，相当于约 90 个东京巨蛋。1～4 号机组在柏崎市一侧，5～7 号机组在刈羽村一侧。1～7 号机组总建设成本约为 25710 亿日元，按照投资当年平均汇率计算，折合 153.78 亿美元。

刈羽核电站，其运营方是东京电力公司。东京电力公司是日本九大电力公司之一，公司运营着 3 个核

刈羽核电站

电站共 17 座反应堆，分别分布在位于福岛县的福岛第一核电站、福岛第二核电站和位于新潟县中部的柏崎刈羽核能发电站。柏崎刈羽核电站共 7 个机组，其中 1～5 号机组分别由东芝和日立建造，日本国产率达到 99%；6、7 号机组除东芝、日立外还引入了美国通用电气，日本国产率为 89%。

刈羽核电站，在运营期间为日本提供了大量的电力资源，对国家的能源供应起到了重要作用 [2]。然而，该核电站曾经遭遇过一次严重的地震，这次地震是日本历史上最强烈的地震之一。尽管该核电站没有直接损坏，但为了确保安全，所有机组都被关闭进行了全面的安全检查 [3]。这次地震使刈羽核电站成为了社会舆论的焦点，引起了人们对核能安全的广泛关注。地震对核电站的影响引起了人们对核电站的安全性和应急响应能力的担忧，也促使了核电站安全标准和监管体系的严格审查和改进。为了确保刈羽核电站的安全，日本政府和核能机构采取了一系列措施，加强了核电站的安全性能和监管措施，并提高公众对核能安全的认知和参与度 [4]。

一、工程背景

第二次世界大战后，日本的所有原子能研究和开发均被盟军总司令部禁止，直到 1952 年 4 月旧金山和约生效才解除了禁止条例 [5]。1953 年，原首相中曾根康弘受到美国哈佛大学基辛格的熏陶，回国后开始宣传核能开发的重要性，于次年 3 月向国会提交了核能开发预案并通过；1955 年 12 月，日本通过了以"民主、自主、公开"三原则为基础的原子能基本法，为核电发展奠定了国际和国内的政治基础。

20 世纪 60 年代以前，由于煤炭与水力在日本得到大规模开发与利用，当时其能源自给率达到近 60% 的高位。但到 20 世纪 60 年代，日本国内进入战后高速经济增长时期，经济发展带来的能源需求激增，石油、煤炭进口量大幅增长，日本一次能源自给率"断崖式"下跌，第一次石油危机爆发前夕的 1970 年降为 15.3%，危机爆发时进一步降到 9.2%，从此日本国内能源供给安全保障开始较大程度受制于国际能源市场的波动 [6]。迫于国际形势和国内需求的双重压力，日本政府提出了一系列鼓励发展利用核能发电的措施，将其作为国家能源战略的重要组成部分。

日本政府认为核电是一种高效、可靠的能源，可以减少对环境的污染，同时也可以提高能源的利用效率。相比于传统的化石燃料发电方式，核电在发电过程中几乎不产生二氧化碳等温室气体，因此对于环境保护具有积极的作用。相比于其他可再生能源，核电可以降低日本的电力成本，提高国家竞争力。同时核电的发展还可以带动相关产业链的发展，创造更多的就业机会。由此，刈羽核电站被提上日程。

二、工程价值

日本是世界上最大的核能利用国家之一，其能源需求的 80% 以上依赖进口，刈羽核电站为日本提供稳定的电力供应，缓解其能源短缺的问题。同时，该核电站的建设对当地的经济具有很大的拉动作用[7]。相比于化石燃料，核能发电更加清洁，能够减少温室气体的排放，对环境更加友好。然而，虽然核电站具有很多优点，但也存在核事故的风险[8]。

1. 工程主要技术

刈羽核电站使用了当时先进的核能发电技术，建成后成为了当时世界上发电能力最强的核电站。

1）在发电技术方面，采用了大量前沿技术

刈羽核电站 1 ~ 5 号机组采用沸水反应堆（BWR），6、7 号机组使用先进沸水反应堆（ABWR）。其中 6、7 号 ABWR 型机组的工程成果尤其值得关注[9]，主要包括：

（1）改进堆芯设计。为了保持良好的运行操作性能，改进了堆芯燃料棒结构和分布。将初装燃料棒分为高、中、低浓缩度棒 3 种，并将其合理分布，将大部分低浓缩度棒布置在控制棒周围和堆芯四周区。

（2）扩大机组容量及提高热效率。ABWR 型机组采用了湿份分离加热的再热循环系统、加热器疏水回注系统，使机组热效率从 33% 提高到 35%。

（3）采用内置循环泵（RIP）。RIP 不需要防止管道破裂的堆芯冷却系统，检查和维修工作量减少，工作人员受到的辐射剂量也减少。此外，还可使安全壳的外形尺寸、厂房体积相应减小。

（4）采用微动型控制棒驱动机构（FMCRD）。在正常运行中采用电动机驱动，在应急状态下则可采用液压驱动，从而提高了安全可靠性。

（5）改进应急用堆芯冷却系统（ECCS）。将应急用堆芯冷却系统分为独立的 3 部分；有堆芯隔离冷却系统（RCIC）、高压堆芯淹没系统（HPCF）、高压堆芯淹没系统（HPCF），每部分中都配备了低压堆芯淹没系统（LPFL）。

（6）采用钢筋混凝土安全壳（RCCV）。采用了钢筋混凝土圆形安全壳，其钢筋混凝土结构起承压作用，其钢板内衬则起密封作用，同时还便于自由选择安全壳的形状和平直布置管道和设备，安全壳内空间可有效利用。安全壳整体重心降低，有利于抗震设计。

2）在工程建设方面，日本沸水堆核电工期具有较大优势

优化设计的厂房与高度的模块化施工、开顶施工等方案，采用了大量的大型结构和设备模块。

（1）采用了标准化设计。借鉴了日本国内对沸水堆机组多年的标准化设计经验，在设计阶段，ABWR 就被设计为一台全球通用的标准化沸水堆机组，借鉴了在旧沸水堆机组中的运行与维修经验，尽可能地优化了厂房与设备的设计，降低了施工、设备制造的难度，减少了相应的建造、制造成本。

（2）采取了高度模块化的施工方案。在设计阶段 ABWR 就被设计为一款采用高度模块化施工方案的商用核电机组，沸水堆机组较之压水堆机组结构相对简单，厂房布置较为紧凑，可极好地适应模块化设计。随着重型吊装设备科技的发展，大型模块化吊装问题得到解决，模块化施工方案是缩短核电机组建造工期的通道之一。

（3）采取了开顶式施工方案。沸水堆机组在厂房布置上较之压水堆机组更为紧凑；在适应于大型模块化施工方法的基础上，开顶式施工方案是 ABWR 建设中必需的施工方式，结合结构模块的地面阻焊、整体吊装，以做到高度的平行施工，从而缩短工期。

（4）制定了合理的冬季施工方案。柏崎刈羽核电站位于日本新潟县柏崎市刈羽村，北纬 37 度 25 分，日本的西海岸，冬季常伴有大雪与强风，无法进行露天施工工作。故在柏崎刈羽 6、7 号机组施工过程中，采用了临时的厂房屋顶，在需要吊入重型设备与模块的时候予以打开。在冬季时可以构成完整的厂房结构，为冬季室内施工提供条件，在重型设备与模块吊装完毕之后，临时厂房屋顶将拆除，并进行厂房屋顶钢结构吊装。

2. 工程管理创新

为了使建设工程顺利进行，保证质量和安全，对设计、施工质量、安全等方面进行了深度全面地管理和控制。

（1）设计变更管理。对于新的设计和设计变更项目均由设计评审委员会进行分类审查，其审查内容包括系统的性能、作用、运行条件、控制系统；设备的性能、结构、材料强度、设备可用性、可控性和可维修性；各台机组在制造、安装、运行各阶段应达到的性能等。

（2）安全预评价。采用新设计、新施工方法前，必须进行安全预评价，其评价内容包括审查安全管理制度，确认干扰物的状态、对周边设备的影响，确认临时设施的强度、作业顺利实施和中止的条件，对预计的灾害具体的安全措施等都要作出详细评价。

（3）制定设备和系统全面检查制度。全面检查的目的是要确认设备和系统的制造和安装合乎标准要求，确认其可用性、可控性、可维修性等，提出可改善的项目。检查分三个阶段进行，即压力容器水压试验前、初次装燃料棒前、投入运行前。检查工作由建设、运行、制造、施工等四方面联合进行。

3. 工程社会价值

刈羽核电站为日本的经济和能源保障做出了巨大的贡献，推动了地区的发展。然而，由于核能开发存在的风险（如福岛核事故等），刈羽核电站也引发了社会对核能开发的争议和关注。在福岛核事故后，刈羽核电站被关闭，并在 2021 年 4 月被日本原子力规制委员会以存在"严重安全缺陷"为由禁止重启，这引发了人们对核能安全和未来发展的新一轮讨论。

三、工程启示

虽然刈羽核电站的价值和作用体现在能源供应和经济发展方面，但其存在的风险和挑战也引起了社会的广泛关注。

1. 成功关键因素

东京电力公司决定采用 ABWR 用于刈羽核电站 6 号和 7 号机组是大胆而有远见的。ABWR 的成功运行标志着先进反应堆首次实现商业化，为日本乃至整个世界建造先进核电站树立了榜样。东京电力公司开发利用 ABWR 实现了以下目标：提高安全性和可靠性，减少职业辐射照射量和放射性废物，提高可操作性，改善了经济性。电力公司最关心的是核电站的安全性和经济性。东京电力公司的实践表明，ABWR 的经济性要优于上一代的核电厂。随着电厂设计的标准化，预计后续 ABWR 电厂的建设和营运会更经济。

2. 工程哲学启示

刈羽核电站引发了人们对核电工程伦理的思考和讨论。核电工程体现了人类对掌握自然力量、利用能源、实现可持续发展等方面的追求，从工程价值论的角度是没有问题的。然而，核的危害性也有目共睹，核电为人类造福的前提是安全有序地运营，一旦出现差池，后患无穷。这就要求决策者和管理者高度保持忠诚、安全责任、诚实等具体的伦理原则。刈羽核电站也引发了我们对技术发展与环境保护之间平衡问题的关注，在追求经济发展的同时，不能忽视环境保护的重要性。如何在确保能源供应的同时，尽可能减少对环境的负面影响，是当今社会面临的重要挑战之一。

3. 工程立国思考

核电站建设要坚持核技术的自主开发。刈羽核电站反应堆国产自主能力达到 90% 以上，并形成了自主管理能力。中国核电自 20 世纪 80 年代开始起步，核电建设取得了长足进展，并掌握了一定的关键核心技术，奠定了中国核电继续发展的基础。核电站建设要在引进与吸收国外先进技术的同时，发展和研发具有自主知识产权的核电技术，做到核心技术的国产化，创造具有国际竞争力的自主品牌，实现核电工业的跨越式发展，带活整个国产核电产业链。

4. 未来发展指导

（1）要关注先进堆型的发展。日本通过引入通用电气共同研发，使刈羽核电站成为世界上第一家将先进沸水反应堆用于商业用途的工厂。在快中子增殖反应堆（以下简称快堆）方面，中国实施"热堆—快堆—聚变堆"三步走战略，中国实验快堆于 2010 年首次临界，2011 年并网发电，2014 年首次满功率运行。中国示范快堆工程也于 2017 年底开工建设。在快堆研发过程中，要吸取刈羽核电站沸水反应堆的管理经验，保障设备设计的合理性，并制定明确计划保障资金的合理利用。另外还要完善后处理体系，使之与快堆匹配发展，增加科研投入，进一步提升安全性与经济性。

（2）汲取核电站教训，提高核能安全性。刈羽核电站在 2007 年新潟县地震时曾出现机组故障，于 2011 年福岛核事故之后被关闭，并被严禁重启。刈羽核电站从运行高峰到最终被关闭的历程给今后的核电抗震设计与评价带来重要启示。各国应完善核电站纵深防御体系，进一步增加安全裕量，防止严重事故的发生。另外还要加强对新型核电、核燃料技术方面的投入，从技术方面提升抵抗严重事故的能力。核安全的监督管理审查工作亦不容松懈，要建立健全核安全法律和监管体系，并且提高应急响应能力。

参考文献

[1] 张玉颖.日本新能源政策研究.北京:对外经济贸易大学,2010.

[2] 张乃丽.日本核电力资源开发的特点及问题.现代日本经济,2007(4): 5.

[3] 孙新巧.日本应对福岛核危机的外交分析.北京:外交学院,2012.

[4] 杨昊林,刘霞光,汪捷.日本沸水堆核电站建造技术分析.商品与质量,2016, 000(008): 207.

[5] 微亮.日本今年夏末将开始建造世界第一座先进沸水堆.中国能源,1991(12): 8.

[6] 庞中鹏.试析日本重视发展核能的深层原因及其面临的挑战.当代世界,2017(8): 69-72.

[7] 潘蓉. 日本柏崎·刈羽核电厂新潟地震震害经验. 核安全, 2008(1): 4.

[8] 刘乙竹. 日本近期核能发展研究分析. 全球科技经济瞭望, 2020, 35(6):8.

[9] 谭德明. 国外核电站建设对我国核电发展的启示. 南华大学学报: 社会科学版, 2009, 10(2): 4.

58 诺克·耐维斯号

全　　称 诺克·耐维斯号，又称：诺克·耐维斯号油轮

外文名称 Knock Nevis

诺克·耐维斯号属于超大型原油运输船（Ultra Large Crude Carrier，ULCC）等级的超级油轮。由于其体积巨大，制作难度高，耗时久，耗费大量人力物力，闻名于世界各国。

诺克·耐维斯号于 1976 年 12 月在日本横须贺市的追浜造船所（已改名为横须贺制造所）开始建造。船体编号为 1016 号，被命名为"海上巨人号"（Seawise Giant）。1990 年 10 月，该船被更名为"快乐巨人号"（Happy Giant）。1991 年，它被改名为"亚勒维京号"（Jahre Viking）。在历经十余年的服务后，该船现被改名为诺克·耐维斯号（Knock Nevis）[1]。

诺克·耐维斯号的载重吨位为 564763 吨，总注册吨位为 260941 吨，吃水深度为 24.61 米，船长为 458.45 米。其巡航速度为每小时 13 节（每小时 24 千米），最高可达每小时 16 节（每小时 30 千米）。其排水量为 825344 吨。建造诺克·耐维斯号花费了 4.5 亿美元，耗时 3 年。在建造期间，超过 10000 名工人和 200 多家供应商参与其中[2]。

最初诺克·耐维斯号的船主是一名希腊船运业者。然而，在 1979 年后，这位船主因为经营不善而破产，不得不将油轮转让给东方海外货柜航运公司的香港籍商人、船王董浩云。经过董浩云的改造，这艘油轮花费了 7 年的时间才真正下水试航。

诺克·耐维斯号曾是世界上最大的油轮，其在石油工业和海洋运输领域的影响力是无可比拟的。其建造创造了世界上最大载重量的油轮的纪录，并且在运营期间为全球石油工业做出了巨大的贡献。

一、工程背景

由于迫在眉睫的原油运输需求，超级油轮应运而生。诺克·耐维斯号的建造历程可以被称为一段漫长而充满传奇色彩的旅程。这艘油轮由日本住友重机械工业的追浜造船所于 1974 年开始建造，船体编号为 1016 号，并被命名为"海上巨人号"。

海上巨人号最初是由一名希腊船运业者订购的。然而，在船只尚未完工之前，这位船主因经营不善而破产，不得不将这艘船转卖给了香港籍的著名船王董浩云。董浩云对这艘船进行了改造，将原本已有 48 万吨水位的海上巨人号加长了数米，并增加了 8.7 万吨的

水位，使其总承载后重量高达 825466 吨，从而正式成为世界上最巨大的船只。

1981 年，海上巨人号完工下水，主要任务是在墨西哥湾与加勒比海一带运输原油。当时两伊战争严重地影响了波斯湾地区石油的生产与运输，但海上巨人号仍然冒险进入波斯湾海域执行运输任务。然而，1988 年 5 月 14 日，海上巨人号在航经霍尔木兹海峡时遭遇袭击被击沉，沉没在伊朗的卡克岛海岸外的浅海海域。1989 年，海上巨人号被以3500 万美元转卖给挪威的诺曼国际海运公司，船只在打捞起来后被拖至新加坡的吉宝造船厂，于 1990 年 10 月起进行大规模修复工作，这次的维修耗费 3200 吨的钢原料，更换掉的管线长达 32 千米，修缮费用约 6000 万美元。船只修复后被改名为快乐巨人号后重新复出。

诺曼国际海运公司实际营运快乐巨人号的时间并不久，1991 年时将船以 3900 万美元的价格卖给挪威亚勒海运船公司，船同时也改名为亚勒维京号（Jahre Viking）。在历经十余年的服务后，船又被转卖给了新加坡籍的第一奥森油轮（First Olsen Tankers）公司，并且改名为诺克·耐维斯号。诺克·耐维斯号在 2004 年 3 月进入卡达干坞进行浮动储油与卸油单位（FSO）化的改装，并于同年 6 ~ 7 月完成改装并启用。2009 年 12 月，该船被出售给印度的拆船业者，改名为蒙特（Mont）。2010 年 1 月，该船于印度古吉拉特邦亚兰市（Alang）拆解，其 36 吨重的船锚则保存于香港海事博物馆用作展览。

诺克·耐维斯号历经几十年更换多个名称之后完成其光荣和传奇的一生，在它消亡7 年之后，直到 2017 年才由普雷路德号接过人类历史上的最大船舶的宝座。从 1981 年改装之后取得"人类历史上的最大船舶"的王座到 2017 年失去王座，一共在位 36 年。

诺克·耐维斯号如此巨大的体积让它当之无愧地成为世界上最大的船只，排水量相当于 8 艘美国福特级航母，航母在它面前只能算小儿科。作为一艘运油船，诺克·耐维斯号一次能直接运送 56 万吨的原油，可以说这一艘船就能直接影响国际原油价格。

二、工程价值

1. 工程主要成果

诺克·耐维斯号作为人类有史以来建造的最大可移动物体，保持着四项吉尼斯世界纪录：第一，诺克·耐维斯号是目前人类建造的最大船只；第二，在其退役时，它仍然保持着世界最大报废船只的世界纪录；第三，诺克·耐维斯号还是世界上最长的船只，其长度甚至超过埃菲尔铁塔的高度；第四，诺克·耐维斯号也是人类制造的最长的水面漂浮物。

2. 工程主要技术

建造诺克·耐维斯号采用了许多先进的技术和材料，以确保其在恶劣海况下保持稳定和安全。

（1）船体采用了双壳体设计，这种设计可以增加船体的强度和稳定性，减少船体在海上的摇晃和振动。双壳体设计是一种广泛应用于大型船只的设计理念，它通过将船体包裹在两个外壳之间，提高了船体的整体强度和稳定性，能够更好地抵御海浪和恶劣天气的冲击。

（2）船体大量使用了高强度钢和钛合金等材料，这些材料能够承受海上各种复杂的环境条件，保证船体的坚固耐用。高强度钢和钛合金等材料具有出色的强度和耐腐蚀性，能够更好地保护船只免受海水的侵蚀和冲击。这些材料的应用使得船体更加坚固耐用，能够长时间在海上航行。

（3）采用了先进的动力系统。日本住友重机械工业提供了 50000 马力[①] 的蒸汽涡轮机作为动力系统，这种动力系统可以使船只以高达 16 节的速度航行。先进的动力系统为船只提供了强大的推力，使得船只能够以更高的速度航行。同时，这种动力系统还具有高效、可靠、环保等优点，为船只在海上航行提供了更好的保障。

（4）配备了巨型螺旋桨。三台巨型螺旋桨是船只的重要部件之一，能够提供强大的推力，使得船只能够在海上平稳航行。这些螺旋桨的设计和制造需要经过精密的计算和控制，以确保其能够提供最佳的推力和稳定性。

（5）采用了先进的燃料储藏系统。可以储藏多达 7605 立方米的燃油，这种储藏系统可以保证船只在长时间内不需要加油。先进的燃料储藏系统为船只提供了足够的燃料储备，能够在长时间内为船只提供稳定的能源供应。这种储藏系统具有高效、安全、环保等优点，为船只在海上航行提供了更好的保障。

3. 工程科学价值

（1）体现了先进的船体设计和工程创新。为了满足石油运输的需求，这艘油轮体型庞大，可以装载大量的石油，同时其非常坚固的船体结构，可以承受极端的海洋环境和其他风险。在建造过程中，焊接技术、3D 建模技术和虚拟现实技术等被采用，这些技术的应用使得船体的建造更加高效和精确。

（2）注重石油运输的安全和环保问题。在建造诺克·耐维斯号的过程中，为了确保油

---

① 1 马力 =745.7 瓦。

轮的安全运营和减少对环境的污染，许多新的安全和环保要求被引入到油轮的建造和运营中。例如，制定详细的应急预案以应对突发的石油泄漏事故；为了减少碳排放，开发许多新型发动机和燃料。

（3）印证了供应链和物流优化在工程中的重要性。由于这艘油轮尺寸巨大，需要大量的原材料和零部件，因此需要建立一个庞大的供应链来满足其需求。同时，为了将油轮建造所需的所有原材料和零部件从世界各地运输到造船厂，需要物流运输的优化。这些问题的解决有助于降低成本和提高效率。

（4）开创了大型设备海上运输的新方式。由于这艘油轮的尺寸巨大，无法通过陆路运输到目的地，因此需要采用大型设备的海上运输方式。在诺克·耐维斯号建造完成后，人们首次使用了大型设备的海上运输的新方式。这一创新方式为未来的大型设备海上运输提供了新的思路和方法。

4. 工程社会价值

首先，诺克·耐维斯号作为世界上最大的油轮，具有重要的运输价值。它能够装载大量的石油，使得石油公司能够更加高效、快速地运输石油，满足全球对于石油的迫切需求。其巨大的运输能力使得石油公司能够更好地调控全球石油市场，对稳定油价和保障能源供应起到了重要作用。其次，诺克·耐维斯号的建造为当地经济带来了巨大的推动作用。建造过程中需要采购大量的钢材、设备和劳动力，这些资源的采购和利用对于当地经济的发展具有重要意义。同时，油轮的运营和维护也需要大量的人力资源，这为当地创造了大量的就业机会，带动了相关产业的发展。再次，诺克·耐维斯号的建造推动了船舶制造业的发展。它的设计和建造需要先进的工程技术、设备和材料，这促进了船舶制造业的技术进步和产业升级。同时，诺克·耐维斯号的成功建造也证明了大型化船舶的可行性，为未来更大规模的油轮设计建造提供了宝贵的经验。此外，诺克·耐维斯号的成功运营也提高了人们对于石油运输安全和环保的重视程度。

5. 工程文化价值

诺克·耐维斯号的建成，不仅代表着石油工业和海洋运输业的发展和壮大，更象征着人类对于技术的不断探索和挑战。这艘巨轮的诞生，充分展示了人类智慧和创造力，也体现了人类对自然界的挑战和征服。其次，它的建成也反映了当时的社会风貌和时代精神。在那个时期，随着社会的发展和经济的繁荣，人们对石油的需求不断增长，石油公司和政府都非常重视石油的运输和储存。在这种背景下，诺克·耐维斯号的建造既得到了政府的大力支持，也反映了当时社会对于石油工业的关注和支持。同时，作为海洋运输的重要工具，油轮在海洋运输中扮演着重要角色，它的建成也反映了人类对于海洋的探索和开发。

三、工程启示

1. 成功关键因素

诺克·耐维斯号成功的最主要因素是其超前的规划和设计，以及政府的大力支持。作为世界上最大的油轮，诺克·耐维斯号具有极大的装载能力和运输效率，为满足全球对于石油运输的需求提供了支撑。此外，其设计也十分先进，采用特种钢材作为船体材料，并配备各种先进的设备和系统，使得其能够适应各种环境的需求。另外，当时政府对于石油运输的重视和大力支持也是其成功的重要因素之一。

2. 工程哲学启示

通过诺克·耐维斯号的建造和运营，我们可以看到人类对海洋工程技术的认知和发展，可以看到人类对自然规律的掌握和利用，也反映了人类对未知世界的探索和创新精神，这些都是对工程认识论的完美诠释。

在诺克·耐维斯号的建造和运营过程中，采用了许多先进的工程方法和高科技设备，是对工程方法论深入理解、灵活应用的充分展现。数字化技术和三维建模技术的应用提高了工程师的计算能力和设计效率；模块化和标准化的方法提高了设备的互换性和可靠性，降低了维修和更换的成本。这些先进技术和方法的应用不仅提高了船只的性能和质量，也为我们未来的工程技术发展提供了重要的参考。

作为世界上曾经最大的油轮，诺克·耐维斯号在商业上巨大的成功，对全球经济的重大影响，是工程价值论的完美体现。诺克·耐维斯号不仅展示了其在经济发展和社会稳定中的重要价值，也让我们能够看到人类社会的技术水平和创新能力的提高，以及社会经济的繁荣和发展。同时，它的价值还体现在环保意义上，这也是我们未来发展的重要方向之一。

3. 工程立国思考

诺克·耐维斯号的成功建造，不仅展示了新加坡在造船和航运领域的实力，有助于提升新加坡在国际上的地位和影响力，吸引更多的国际投资和合作伙伴。同时，它也带动了钢铁、机械、电子等相关产业和领域的发展和技术进步，对新加坡的经济发展具有重要的推动作用。通过油轮的建造，有助于加强新加坡与其他国家之间的经济联系、贸易往来和国际合作。

4. 未来发展指导

一项超级工程的决策与设计不仅要考虑当下的社会和经济发展需求，还要充分考虑国际、国家和区域未来的发展动态与形势，充分考虑工程项目后期的运维机制与计划等。不是最高、最大、最长就代表着先进，只有符合发展需要的超级工程才能更好地为人类服务，才能成为未来超级工程建设的典范与榜样。

现如今，随着游客对邮轮娱乐休闲功能的要求越来越高，大型邮轮除了商业用途以外，还会被设计成具有游玩功能的大型邮轮，这对于邮轮的安全性和稳定性提出了更高的要求。同时，这也为我们建设自主品牌的邮轮产品提供了借鉴和参考。

参考文献

[1] AP moeller-Maersk to utilize the oil tanker knock Nevis as an oil storage facility at the Al Shaheen field. Arab Oil & Gas, 2004(789): 33.

[2] FSO Knock Nevis sold. Marine Engineers Review, 2010(Dec./Jan.): 6.

"和平号"空间站

59 "和平号"空间站

全　　称 "和平号"空间站，简称："和平号"

外文名称 космическая станция "Мир", Space Station Mir

　　"和平号"空间站是苏联建造的一个轨道空间站，苏联解体后归俄罗斯。它是人类首个可长期居住的空间研究中心，同时也是首个第三代空间站，经过数年建造，由多个模块在轨道上组装而成。

　　第二次世界大战结束后，美苏揭开了冷战的序幕，苏联在登月项目的竞争中落败后，掀起了空间站建设的竞争。1976年，苏联官方开始论证第三代空间站，这正是"和平号"空间站的前身[1]。1986年2月20日，苏联用质子K火箭把"和平号"空间站的核心舱舱段送上轨道，标志着"和平号"空间站项目的开始。1987年3月31日，"量子号"天文物理实验舱发射；1989年11月26日，量子2号实验舱发射；1990年5月31日，"晶体号"遥感实验舱发射；苏联解体后，俄罗斯接手"和平号"的建设，美俄在空间站领域由竞争转为合作，1993年宣布了"航天飞机－和平号"计划；1995年5月20日，由美国出资扩建的"光谱号"实验舱发射，为"航天飞机－和平号"计划做准备；1995年11月12日，对接节点舱发射，以适应"航天飞机－和平号"计划。1996年4月23日，"和平号"空间站最后一个舱段"自然号"地球观测实验舱发射。至此，"和平号"空间站完全建成[2]。

　　"和平号"空间站采用积木式构造，由多舱段空间交会对接后组成。其核心舱有6个对接口，用来与实验舱和"联盟号"飞船及"进步号"货舱对接。"和平号"空间站体积约400立方米，重约137吨，其中科研仪器重11.5吨，当时造价约为35亿卢布。"和平号"空间站的建设动员了数千名工程师、科学家和技术人员，他们来自苏联及其合作伙伴国家的航天机构和研究机构。这些专业人员分别从事设计、模块制造、火箭发射、舱内设备安装、航天飞行员训练等各个环节，共同推进空间站的建设。

　　"和平号"空间站是由苏联国家航天局负责决策、策划和组织的太空工程。科罗廖夫设计局（NPO Energia，俄罗斯能源火箭公司的前身）提出了关于建设"和平号"空间站的意见与建议，并且获得批准。空间站的设计涉及许多工程师和科学家的合作。著名设计师包括谢尔盖·科罗廖夫（Sergei Korolev）和弗拉基米尔·切洛梅（Vladimir Chelomey），他们领导了设计团队，确保空间站的结构和功能达到预期目标。

　　"和平号"空间站的建设和运营为太空技术和航天领域带来了巨大的进步。它为长期载人航天任务提供了宝贵的经验和数据，加深了人类对太空环境和人类适应性的理解。在"和平号"空间站上进行的各种实验和研究推动了太空医学、物理学、生物学等领域的发展。在"和平号"空间站的生命周期中，有 104 位航天员访问了这里，做了不计其数的科学实验，为人类文明的科技进步做出了极大贡献。

一、工程背景

"和平号"空间站是苏联在 1976 年决定研发的第三代空间系统，用以取代之前的礼炮计划 DOS-17K 空间站 [2]。1979 年 2 月，"和平号"空间站综合了弗拉基米尔·切洛梅管理的"金刚石计划"，坞站的接口能力得到加强，以适应 TKS 宇宙飞船。科罗廖夫能源火箭航天联合股份公司 [3] 负责空间站的整体设备，但是，整个计划分包给了礼炮 KB，当时赫鲁尼契夫国家航天研制中心的研发部门正在忙于能源、礼炮 7 号、"联盟号"以及"进步号"的工作 [3]。礼炮 KB 从 1979 年末开始实施，"和平号"空间站原先的图纸在 1982 ~ 1983 年被放弃。新的系统吸收了"礼炮计划"的数字计算机飞行控制以及回转陀螺仪（来自"金刚石计划"）、自动对接系统、牛郎星通信系统、氧气发生器以及二氧化碳过滤器等技术。

1984 年初，"和平号"空间站的计划几乎陷于停顿，所有的资金被转移至"暴风雪计划"，以支持暴风雪航天飞机的早日升空。不过资金又很快回到计划中。1984 年 3 月，瓦朗坦·格卢什科在苏共第 27 届党代表大会上表示，"和平号"空间站一定要在 1986 年初升空。

1984 年 4 月 12 日（宇航员节）这一天，空间站被运送到拜科努尔航天发射场，做最后的系统整合与测试。1985 年 5 月 6 日，"和平号"空间站到达发射场。赫鲁尼契夫国家航天研制中心的地面模型测试结果表明，空间站需要更换或者重做 2500 根缆线中的 1100 根。1985 年 10 月，"和平号"空间站被推到无尘室。发射的第一次尝试是在 1986 年 2 月 16 日，但是由于通信问题而失败，第二次尝试是在 1986 年 2 月 19 日，空间站成功发射升空，满足了当时苏联的政治需求。

"航天飞机-和平号"计划是 1993 年由美国副总统阿尔·戈尔和俄罗斯总理维克托·斯捷潘诺维奇·切尔诺梅尔金共同宣布的一项新的空间站计划，之后该计划逐渐演变成现在的国际空间站。他们还一致同意，美国今后也将会参与到计划中。航天飞机将参与运送物资以及宇航员到"和平号"空间站，美国宇航员将在"和平号"空间站上生活若干月，并且允许美国宇航员和俄罗斯宇航员分享航空飞行经验。

美国的参与也为"和平号"空间站计划带来了新的资金来源，最显著的成果是之后发射了"光谱号"和"自然号"。而且，"亚特兰蒂斯号"运送的对接舱，也使得"和平号"空间站与航天飞机的对接变得更为容易。

"和平号"空间站在它长达15年的服役期间，共发生了近2000处故障，其中近1000处故障一直未能排除，其中央计算机也已经老化到必须完全更换的地步。空间站的温度调节系统也故障不断，航天舱内的局部温度有时高达53摄氏度。空间站上的蓄电池也曾有过两次异常放电，导致其与地面短暂失去联系。

二、工程价值

1. 工程主要成果

"和平号"空间站在15年运行时间里，为国际上的科学研究做出了突出贡献。"和平号"空间站先后接待了包括阿富汗、奥地利、保加利亚、法国、德国、日本、叙利亚、英国和美国等十几个国家24个乘组的62位科学家，开展了大量实验和研究，取得了一大批空间科研成果[4]，覆盖学科领域非常广，包括人体研究与生命科学研究、微重力物理科学、天文观测、地球观测，以及新技术开发验证等，迄今已开展了3600多项研究，发表了3000多篇高水平论文，获得了120多项专利。在医学领域，研究了在太空使用的药物处方、宇航员飞行后的体力恢复方法。在生物学领域，研究了蛋白质晶体生长、高效蛋白质精制、特殊细胞分离、特种药品制备等。在材料和空间加工领域，进行了600多种材料实验，制造了半导体、玻璃、合金等35种材料。在对地观测领域，发现了10个地点可能有稀有金属矿藏，117个地点可能有油脉存在。

2. 工程主要技术

（1）"和平号"空间站采用了模块化结构设计技术。模块化设计是"和平号"空间站的重要特点之一，也是苏联在空间探索领域的一项创新。这种模块化设计使得空间站的建造、发射和扩展更加灵活和高效。"和平号"空间站由多个独立的模块组成，这些模块包括核心舱、科学实验舱、居住舱，每个模块都有其特定的功能。这些模块在发射时分阶段进入轨道，然后在空间中进行对接和扩展，最终形成了一个完整的空间站。"和平号"空间站的每个模块都采用相同的接口标准，使得不同模块之间的对接和扩展成为可能。这种设计方式大大提高了空间站的灵活性和可扩展性，可以根据需要进行模块的替换和升级。

（2）"和平号"空间站采用了先进的导航和姿态控制技术。"和平号"空间站需要精确的导航技术来确保其轨道的稳定性和准确性。该空间站使用了一系列先进的导航技术，包括自主导航、卫星导航、惯性导航等。这些技术能够提供高精度的位置、速度和姿态信息，从而确保空间站的轨道能够与预定轨道保持一致，满足科学实验和研究的需求。空间站的姿态稳定性对于其正常运行和科学实验的准确性至关重要。为了维持稳定的轨道和定位，"和平号"空间站采用了高精度姿态控制技术。这种技术涉及多种手段，如使用陀螺仪、加速度计等传感器进行姿态测量和反馈控制，利用推进器进行姿态调整等。通过这些技术手段，空间站能够维持良好的稳定性和姿态，确保观测精度和准确性。

3. 工程管理创新

"和平号"空间站采用了模块化和分阶段的项目管理概念，使得其能够逐步建设和扩展。"和平号"空间站由核心模块和多个附加模块组成，这种设计允许宇航员在轨道上进行模块的添加、替换和升级。该空间站是第一个长期进行国际合作的太空站。俄罗斯与其他国家或组织，包括美国、欧洲航天局和日本等共同参与了该项目，这种合作形式为空间站的运行、维护和科学研究提供了更多资源和专业知识。空间站设计寿命最初只有 5 年，但它成功运行了超过 15 年。这得益于对维护和修复的持续投入，并通过定期发射补给物资来支持宇航员的生活和实验需求。空间站在其运行历史上经历了多次事故和故障。为了解决这些问题，工程师开发了一系列紧急救援计划和自主维修技术，再加上其本身的模块化结构，使得空间站能够有效地应对各种情况。

4. 工程科学价值

在"和平号"空间站 15 年的航天过程中，宇航员进行了极为广泛的空间生命科学研究、对地观测研究、天体物理学研究等。

（1）开展了空间生命科学研究，为太空生活提供了重要医学数据。在"和平号"空间站上曾对宇航员进行过多次长期实验、监测，研究人在失重环境中出现的反应及防止受到伤害的办法。现已解决了防止心脏体积增大、骨组织失钙和肌肉退化等问题，并确定宇航员应每天进行 2 小时的体育锻炼（早晨 1 小时，晚上 1 小时），这样能保持血液循环和肌肉调节达到可接受的状态。锻炼的主要方法是骑脚踏式自行车；一天穿 8 小时"企鹅服"，能使身体承受住轴向载荷；在返回地球前，穿上真空服可帮助血液流到下肢。"和平号"空间站上的宇航员进行了多次太空行走，在舱外空间停留的总时间达几百小时。这些活动不仅创造了新纪录，还为宇航员在太空长期飞行提供了经验和重要的医学数据。"和平号"空间站还利用动物和植物进行了生命实验，也获益匪浅。

（2）开展了对地观测研究，为地球资源探测提供了重要手段。"和平号"空间站的轨道倾角是 51.6 度，因而是极好的观地平台。利用"和平号"空间站获取的遥感数据，苏联建立了一个包括国家矿藏资源、农田季节性变化、全球海洋生物变化等的数据库，仅在 1986 ～ 1989 年就创收 1000 万卢布以上。"和平号"空间站上的宇航员还直接拍摄了海湾战争的全过程，取得了大量有用信息。

（3）开展了空间科学研究，为天文学和高能天体物理学的研究做出贡献。"和平号"空间站上装有五花八门的观测仪器，宇航员用它们观测到了日地现象及其相互作用、宇宙射线、地球电离层和磁层的变化等，从而预测了地震和火山爆发的时间和地点。1990 年，一名宇航员携带仪器在舱外测量了宇宙射线对"和平号"空间站产生的辐射。通过"和平号"空间站拍摄的各种恒星和行星的图片，为天文学和高能天体物理学研究作出了重要贡献。它还获得了长期、连续的超新星辐射的光谱数据，为探索天体的演化过程提供了重要信息。

三、工程启示

1. 成功关键因素

（1）苏联的科技实力是"和平号"空间站成功的必要条件。苏联在航天领域拥有一定的科技实力，在空间站的建造和运行方面有着丰富的经验和技术储备。在空间站的建造过程中，苏联使用了模块化设计、高精度导航和姿态控制技术等。这些创新技术的应用，使得空间站的建造更加高效和可靠。

（2）苏联政府的支持是"和平号"空间站成功的重要基础。在苏联时期，航天事业被视为国家的重要战略领域之一，得到了政府的大力支持。在美苏冷战的大背景下，空间探索成为一个重要的政治竞技场。苏联通过在空间探索领域的领先地位，向美国展示了其科技实力和国力，这对于苏联的政治利益和国际地位有着较大的提升。为此，苏联政府投入了大量的人力、物力和财力，为"和平号"空间站的研发和建设提供了强有力的保障[5]。

2. 工程哲学启示

"和平号"空间站的建设过程中，积累了大量的工程实践经验和科学知识，这体现出工程哲学中的工程认识论。"和平号"空间站的建造是实践性的，它基于实践中的技术、经济、社会和文化等因素的认识和考虑，通过不断的实验和修正，使得空间站得以成功建设和运行。通过实践来增强认识，通过认识来指导实践，这样的循环过程，使"和平号"

空间站创造了许多新技术，如模块化设计技术、导航系统和姿态控制技术等，这些新技术的应用促成了"和平号"空间站的成功。

3. 工程立国思考

"和平号"空间站的建成为苏联的科技发展提供了重要推动力，并提升了其国际影响力。"和平号"空间站代表了苏联在航天技术领域的最高水平，它不仅是一个太空实验室，也是一个科技展示窗口。苏联在"和平号"空间站的建设中，投入了大量的资金和资源，用于研究和开发太空技术。"和平号"空间站的成功，展示了苏联在太空技术领域的实力和潜力，为苏联的科技发展提供了重要的推动力。同时，"和平号"空间站的成功发射和运行，也引发了国际社会对苏联的关注和评价，进一步增强了其在国际上的影响力。

4. 未来发展指导

（1）"和平号"空间站的建设，对未来大型空间平台的发展有重要指导意义。"和平号"空间站的成功建造，为多模块化大型空间平台的发展提供了重要的经验，多模块化设计可以方便地扩展和更新空间站的组件，提高其可靠性和可持续性。这种设计也使得空间站能够更好地适应不同的任务需求，为未来的太空探索和应用提供更多的可能性。

（2）"和平号"空间站的运行，对未来国际合作模式有重要指导意义。"和平号"空间站的建造和运行过程中，多个国家和组织参与其中，形成了广泛的国际合作和技术交流。这种合作模式对于未来的太空探索和发展也具有积极的指导意义。通过国际合作和技术交流，可以共享资源、技术和经验，促进太空技术的进步和发展。

参考文献

[1] 毛新愿. 人类的太空筑梦之旅——空间站的崛起. 百科探秘(航空航天), 2019(6): 4-12.

[2] 张振威. 和平号: 第一座"长寿"的空间站. 太空探索, 2021(5): 42-47.

[3] 张万周. 科罗廖夫能源火箭航天公司. 中国航天, 2003(9): 18-19.

[4] 士元. 恋恋不舍和平号. 中国科技月报, 2001(4): 6-10.

[5] 广龙. 和平号空间站柳暗花明. 中国航天, 2000(5): 4.

法国 TGV

60 法国 TGV

全　　称 法国 TGV，简称：TGV

外文名称 Train à Grande Vitesse

法国 TGV 是世界上最快的高速铁路之一，以其卓越的速度、先进的技术和豪华的内饰而闻名于世。TGV 在运行速度上引领世界，拥有国际上第一速度的称号，2007 年 4 月 3 日，TGV 以 574.8 千米的时速创造了轮轨列车的最快纪录，其在世界高铁领域有着举足轻重的地位。

法国 TGV 最早于 20 世纪 60 年代提出，第一列样板车"TGV 001"以柴油作为动力，并以气体涡轮推动，后转而使用电力机车。1974 年，第一列 TGV 电动原型车制成，1976 年，法国政府资助 TGV 计划，第一条高速铁路线（lignes à grande vitesse，LGV）——法国高速铁路东南线随之开始建造，1980 年 4 月 25 日第一列正式生产的 TGV 列车交货。

法国 TGV 高速铁路网的发展经历了几个阶段，第一阶段是巴黎—里昂 TGV 高速铁路线，全长 426 千米，于 1976 年 10 月开始修建，1981 年建成通车。最高时速 260 千米，其后甚至达到 300 千米。第二阶段是巴黎—勒芒的 TGV 大西洋线，全长 308 千米，于 1985 年开始修建，1989 年建成。第三阶段是巴黎—里尔北线，全长 300 千米，于 1992 年建成。第四阶段是巴黎—布鲁塞尔—阿姆斯特丹的大力士列车（Thalys）线，全长 360 千米，于 2001 年建成。第五阶段是 TGV 东南线延伸至马赛，被命名为地中海线，全长 510 千米，于 2001 年建成。截至 2021 年，法国 TGV 高速铁路网总长度已达到 3415 千米。

　　法国 TGV 由阿尔斯通公司和法国国营铁路公司设计建造，前者主要负责列车及轨道铺设，后者负责高速铁路系统运营。

　　法国 TGV 已形成以巴黎为中心、辐射法国各城市及周边国家的铁路网络。同时，法国 TGV 为提高速度特别设计了 LGV，该铁路线没有急转弯，使用高功率电动机和铰接车架，轮轴高度较低且机车信号内置，运行在 LGV 上的 TGV 列车可以获得与磁悬浮列车相同的速度，这使得性价比较高的 TGV 彻底挤掉了造价高昂的磁悬浮列车。享有"全球第一速"美誉的 TGV，对法国人的生活和出行习惯产生了巨大影响。坐上法国 TGV 既免去了堵车的烦恼，又能享受省时带来的轻松。由于法国 TGV 在传统轮轨领域的技术领先于欧盟各国，1996 年，欧盟各国的国有铁路公司经联合协商后确定采用法国技术作为全欧高速列车的技术标准。

一、工程背景

　　建造 TGV 的设想始于 20 世纪 60 年代，之前日本新干线已于 1959 年动工。当时法国政府热衷于采用气垫列车或磁悬浮列车，而法国国营铁路公司（SNCF）则开始研究基于传统轨道的高速列车。

　　在最初的计划中，TGV 将由燃气涡轮 - 电力机车牵引。但最终燃气涡轮发动机因体积小、单位功率高且能长时间提供高功率牵引力而被采用。第一款原型机车 TGV 001 是 TGV 中唯一采用这种引擎的机车。随着 1973 年能源危机爆发，石油价格高涨，燃气涡轮发动机因此被弃用，TGV 转而使用电力机车，电力通过架空线从法国新建的核电站输送而来。

　　TGV 列车改用电力牵引后，原先的设计也随之进行了巨大的调整。第一款电力牵引原型机车于 1974 年完成，被称为"泽比灵斯"（Zébulon）。泽比灵斯进行了集电弓、悬挂和刹车等测试，共运行了约百万千米。1976 年，法国政府资助 TGV 计划，第一条 LGV——法国高速铁路东南线也随之开始建造。两列量产前的列车经过充分的测试和修改后，第一列正式生产的 TGV 列车于 1980 年 4 月 25 日交货。1981 年 9 月 27 日，运行于巴黎与里昂之间的 TGV 系统正式向公众开放。

　　从那以后，越来越多的高速铁路在法国建成，包括法国高速铁路大西洋线（巴黎至勒芒，1985 年动工、1989 年运营）、北线（巴黎至加来和比利时边境，1989 年动工、1993 年运营）、罗讷—阿尔卑斯线（东南线至瓦朗斯，1990 年动工、1992 年运营）、地中海线（瓦朗斯至马赛，1996 年动工、2001 年运营）和东线（巴黎至斯特拉斯堡，2002 年动工、2007 年运营）。比利时、荷兰和英国也建成了基于 LGV 技术、与法国铁路相连的高速铁路线路。"欧洲之星"于 1994 年投入运营，通过英法海底隧道将欧洲大陆与英国连接起来。

二、工程价值

1. 工程主要成果

TGV 列车是全球最快的高速列车之一，其商业营运的最高速度为每小时 320 千米（TGV-R、TGV-D 与 TGV-POS），最高试验速度则可达到每小时 574 千米。TGV 的"V150"列车，在 2007 年 4 月 3 日的试验时更达到每小时 574.8 千米的纪录，虽然未能超越日本 JR 磁悬浮列车创下的陆上交通工具世界纪录（每小时 581 千米），但在轮轨列车上仍是"全球第一速"。

2. 工程主要技术

为了使 TGV 实现高速、稳定、安全运行，其在设计和制造过程中采取了多种创新性技术 [1]。

（1）采用铰接式中间转向架 [2]。铰接车架使得列车的各个部分能够灵活地连接成一个柔性的整体，任何一个单节车都不会自己倒下，即使是脱线后也会连在一起，单节车不会从整体中分离出来无序运行，具有极高的安全性。连接两个车体之间的四个纵向油压减振器同时起到了抑制车体垂向振动、横向振动、点头振动和摇头振动的作用。车体上部与活动框架之间的横向油压减振器则起到了抗侧滚的作用，再加上转向架上的抗蛇行减振器、横向减振器和垂向减振器等，使列车高速运行的稳定性大大提高，乘客舒适度也大幅提升。

（2）采用动力集中方式。动力集中式维修比较容易，并有利于降低客室噪声。列车两端为两辆四轴动力车，车头和车尾机车驱动，这种设计使得列车在行驶时更加稳定，也能够提供更高的速度。采用了高功率电动机和低轮轴设计，高功率电动机能够提供强大的动力，使得列车能够达到高速运行，同时减少了列车在高速运行时的空气阻力，使得列车在高速状态下仍能保持良好的稳定性，提高了列车的速度。使用铝合金车体，使得车身更加轻便，提升了加速能力和负载能力。

（3）使用了空气悬挂系统。当列车通过颠簸的路段时，空气悬挂系统可以减少乘客的不适感，同时保证列车的稳定性，提高乘客的旅行舒适度。

（4）使用电子控制系统。能够实现精确的列车速度控制，从而提高了列车的安全性和效率。同时，电子控制系统还可以实时地向驾驶员提供有关列车运行状态的信息反馈，使得驾驶员能够更好地掌握列车的情况。

3. 工程管理创新

（1）在项目规划方面，法国政府采取了长远的规划策略。从第一条高速铁路的立项到正式通车，经历了 12 年的时间，前期技术研发阶段甚至接近 30 年。这种长时间、科学的项目规划策略确保了高铁的质量和长期运行的稳定性。

（2）法国在高速列车的研制开发过程中，特别重视建立自己的一套完整的先进的技术标准体系。这套技术标准体系以国家与企业联盟的形式出现，在从第一代高速列车 TGV-PSE 到第二代 TGV-A，第三代 TGV-2N，第四代 AGV，随着技术的发展而不断修改与验证并得到深化，对市场保护起到重要作用。其特点是：配套性强，每项标准均有验证和实验的依据，对实验方法有详细的规定，判定质量的合格有全面完整的条款，重视产品可靠性考核 [3]。

（3）特别注重对标准的研究和专利的保护。采用联合开发研究标准，在标准输出的同时形成大量的专利，在联合体内达成专利互换和共享的协定。参与企业为制定企业标准投入了大量的人力物力，标准的技术含量相对较高，并积极参与国家、行业的关键技术标准的制定，采用"技术专利化—专利标准化—标准许可化"的战略思想，形成了关键技术标准的垄断。法国是欧盟成员国，如果在执行欧盟有关涉及进口商品的安全和技术标准时，则是先将欧盟有关指导性规定转换成本国法规后再执行，彻底保护本国的市场和利益。

4. 工程社会价值

由于法国 TGV 在传统轮轨领域的技术领先于欧盟各国，1996 年，欧盟各国的国有铁路公司经联合协商后确定采用法国技术作为全欧高速火车的技术标准 [4]。这一决定让无数法国人感到振奋，法国国营铁路公司客运部负责人吉尧姆·贝比称 [5]，欧洲铁路客运的重要线路势必全都经过法国，因为法国在地理上占据着欧洲中心的位置。随后 TGV 技术被出口至韩国、西班牙和澳大利亚等国，成为运用最广泛的高速轮轨技术。

阿尔斯通公司在 2008 年推出的最新一代超高速列车 AGV，其运营时速达到 350 千米，与同类主要高速列车相比，AGV 的能耗节省 15%。据法国《论坛报》报道，国际高速列车市场潜力巨大。法国将利用 AGV 进军巴西、印度等新兴经济体。

三、工程启示

1. 成功关键因素

（1）政府的大力支持。法国政府为 TGV 项目提供了大量的资金支持，这包括初始的建设资金以及后续的维护和升级费用。例如，减免税收、降低地价等政策上的优惠，法国政府通过立法保障了 TGV 项目的顺利实施，这包括保障铁路建设的土地使用权、确保铁路建设的法律程序顺畅进行等。法国政府对 TGV 项目进行了有效的监管和指导，确保了项目的质量和进度，同时也保障了公共利益。同时，还通过各种推广活动，如旅游推介会、国际展览等，积极宣传 TGV 项目，提高了其国际知名度。

（2）优秀的运营管理。法国国营铁路公司采取了一系列创新策略，TGV 的调度系统非常高效，能够根据车流量实时调整运行计划，确保列车准时、有序的运行。其乘务员都接受过专业的培训，能够提供优质的服务，如协助乘客使用车站设施、处理乘客投诉等，这些都为乘客提供了良好的乘车体验。TGV 的车站和列车内都配备了各种配套设施，如自动售票机、安检系统、站内指示牌等。TGV 的物流系统也非常先进，能够高效地运输货物和邮件，这大大提高了运输效率。

（3）良好的企业形象和品牌效应。TGV 作为法国国营铁路公司旗下的品牌，凭借其高品质的服务和优秀的性能，在国内外建立了良好的口碑，吸引了大量乘客，这为 TGV 的成功提供了有力的支持。

2. 工程哲学启示

法国 TGV 高速铁路的建设充分体现了工程哲学中的理念、方法、目标和文化的特点，为人类交通运输事业的发展做出了重要贡献。TGV 的建设以实现高速、高效、环保和可持续发展的目标，体现了人类对科技进步和社会发展的追求，其设计和建设充分考虑了工程理念中的安全、高效、环保、便捷和经济等因素，同时也考虑了以人为本的理念，为乘客提供了良好的旅行体验。同时，TGV 的建设也代表了一种工程文化，这种文化强调创新、合作和奉献精神。在 TGV 的建设过程中，工程师不断创新，采用先进的技术和方法解决问题；同时，他们也注重合作，与多学科领域的专家合作，共同解决工程中的难题。

3. 未来发展指导

法国 TGV 高速列车研发和运行的成功经验给了我们很多启示。首先，在注重新技术使用的同时，要保证列车运行的安全性，不但要预防安全事故的发生，也要考虑到采用何种技术，才能在事故发生时保证损失最小，避免人员伤亡。其次，新技术的推广与使用，要善于分享，将自己的相关经验分享给不同地区有相似需求的人或企业。积极参与当地的高速列车设计与建设，在更大的范围内测试自己的技术，同时学习更先进的技术与理念。

参考文献

[1] Metzler J M. 法国TGV的经验: 在成功中不断学习. 世界轨道交通, 2005(9): 2.

[2] Daffos J, 胡晓军. 法国TGV—A列车Y237型转向架. 国外铁道车辆, 1991(4): 19–22.

[3] 吴国栋, 李碧波. 法国TGV的发展历史和技术特点. 国外铁道车辆, 2007, 44(1): 4.

[4] Bressy F. 法国TGV高速列车的社会经济效益. 中国铁路, 1998(10): 7.

[5] 吴国栋, 李碧波. 法国TGV的发展历史和技术特点. 国外铁道车辆, 2007, 44(1): 4.

61 · 941 型战略核潜艇

全　称 941 型战略核潜艇，又称：台风级战略核潜艇

外文名称 Project 941《Shark》，проекта 941《Акула》

941 型战略核潜艇是隶属于苏联 / 俄罗斯海军的一型核动力弹道导弹潜艇，是苏联 / 俄罗斯第三代 / 第四代弹道导弹核潜艇。941 型战略核潜艇创造了多项世界第一，包括：目前已知建造和服役的体积最大、排水量最大的核潜艇；破冰能力最强的水下潜艇；唯一一款在舱室内配备游泳池的核潜艇；唯一一款被设计成在潜航状态下能够绕地球航行一圈的潜艇；服役之初是世界上携带核弹威力最强的水下平台。

941 型战略核潜艇首艇于 1977 年开工建造，1981 年建成服役，最后一艘于 1989 年服役，前后共建造了 6 艘。目前，已知名称的包括首艇"德米特里·顿斯科伊"号、三号艇"乌里扬诺夫斯克"号、四号艇"阿尔汉格尔斯克"号、五号艇"阿尔汉格尔斯克"号和六号艇"谢韦尔斯塔利"号。2023 年，最早一艘服役的 941 型战略核潜艇"德米特里·顿斯科伊"号退役。

941 型战略核潜艇全长 172.8 米，宽 23.3 米，水上满载排水量可达 24500 吨，水下满载排水量 46000 吨，整个核潜艇堪称"深海巨兽"。941 型战略核潜艇是 20 世纪 80 年代造价最为昂贵的武器之一，其单艘造价约为 6 亿卢布[1]，该时期卢布与美元的汇率为 1：2，即一艘 941 型战略核潜艇当时的造价约为 12 亿美元。

941 型战略核潜艇为当时列宁格勒第 18 中央设计局（现为俄罗斯红宝石设计局）开发设计。1969 年，苏联海军下达了研制"941 工程"的战术技术任务书，苏联科学院院士 C.H. 科瓦列夫被任命为 941 工程的总设计师，他同时也是苏联 658 型战略核潜艇（北约称 H 级）、667 型战略核潜艇（北约称 Y 级）和德尔塔级核潜艇的总设计师，基本上苏联所有弹道导弹核潜艇都出自他一人之手。1977 年 3 月 3 日，941 型战略核潜艇首艇在当时世界上最大的潜艇制造厂北德文斯克造船厂开工建造[2]。

941 型战略核潜艇是苏联 / 俄罗斯水下核潜艇力量中的王牌，是其战略核威慑力量的重要组成部分。941 型战略核潜艇从 1981 年服役开始，一直到今天都是世界上体积最大的核潜艇，超过了一些国家轻型航空母舰的排水量。这个深海巨兽是不折不扣的"灭国神器"，它可携带 20 枚射程达到 8300 千米的 SS-N-20"鲟鱼"弹道导弹，每枚导弹核弹头当量都超过 10 万吨三硝基甲苯（TNT）。若只采用单一弹头发起攻击，至少有 20 个百万

人以上的大城市会被夷为平地；若采用分导弹头，破坏力还会呈现几何倍增加。

一、工程背景

冷战时期，苏联和美国展开了激烈的军备竞争，1968 年美国决定在新型运载武器的基础上发展三叉戟战略导弹系统，随后 1972 年相应审查了 100 多个方案，并于 1976 年开始建造俄亥俄级战略核潜艇。

苏联得知该情况后，作为回敬，要求当时的列宁格勒第 18 中央设计局立即研制一型新的弹道导弹核潜艇，于是其拿出了 667BDR 型战略核潜艇，但是苏联对德尔塔 III 型的性能相当不满意，命令设计局除了继续对德尔塔级进行改良外，要以最快的速度研制一级"全新的弹道导弹核潜艇"，这样苏联在继续抓紧 667BDRM 型战略核潜艇研制工作的同时，又开展了新一代弹道导弹核潜艇"941 工程"的研制工作 [3]。

1972 年，"941 工程"完成了初步设计后立即转入技术设计，技术设计得到批准后，于 1976 年完成施工设计。1977 年 3 月，"941 工程"首艇"德米特里·顿斯科伊"号在当时世界上最大的潜艇制造厂北德文斯克造船厂开工建造，1980 年 9 月下水，之后经过了一系列海上试航。1981 年 12 月，首艇正式服役。至 1992 年，完工的 6 艘 941 型战略核潜艇被俄罗斯编成一个支队，驻泊于科拉半岛涅尔皮奇亚海湾的北方舰队潜艇基地，并经常处于战斗值班状态。

恰逢当时苏联总书记勃列日涅夫在符拉迪沃斯托克与美国时任总统福特会谈时，曾提到过新型弹道导弹核潜艇的名称是"台风"，由此西方国家将其命名为"台风"级战略核潜艇，而苏联国内称其为"鲨鱼"级。

1991 年 9 月 27 日，一艘舰艇在白令海进行演习射击时，导弹没有从发射筒发射出来，导致严重事故，发射筒盖损坏。后来，经济困难的俄罗斯担负不起每年每艘约 2700 万美元的维护费用，不得已使其中三艘陆续提前退役，送入拆船厂。2003 ~ 2006 年，两艘因弹道导弹匮乏而被列为服役备用，长期停泊在基地码头。最后一艘，即首艇也因导弹问题早已不再进行战略巡逻任务，而是改造发射筒后专门作为"布拉瓦"海基洲际弹道导弹（即 RSM-56 弹道导弹）的试射平台，以及水声和其他武器试验平台。

二、工程价值

1. 工程主要技术

（1）在艇型结构方面，941 型战略核潜艇消除了"龟背"现象，采用双壳体设计，耐压壳体和鱼雷舱使用钛合金制造、其余部分由钢材制成。在非耐压壳体外表面敷设有一种专用橡胶水声消声瓦，降低了噪声，提高了隐蔽性。941 型战略核潜艇的水声隐蔽性接近并稍逊于美国的俄亥俄级战略核潜艇，是苏联所有战略导弹潜艇中最优异的。

（2）在动力系统方面，941 型战略核潜艇使用了 OK-650 型核反应堆，能在较高功率时将一回路系统切换到自然循环的工况模式，也就是不需要启动主泵，这就能更有效地降低动力装置的噪声。

（3）在武器系统方面，941 型战略核潜艇使用艇艏设有 6 具 533 毫米鱼雷发射管以及快速装填装置，可配置 22 枚鱼雷，也可以换装水雷，主要用于自卫。同时，还准备了新型的潜射弹道导弹 P-39 型和配套独特的 Д-19 导弹系统。

（4）在水声系统方面，941 型战略核潜艇水声系统为 МГК-501 综合声呐，这一系统包括 МГК-500 "鳐-KC" 声呐和一个拖曳基阵；猎雷声呐为 МГ-519 "阿尔法-M"；空泡测定站为 МГ-512 "螺旋桨" 型，回声测冰仪为 МГ-518 "北方" 型，МГ-553 声速站，还有 2 型导航声呐。

（5）在艇电系统方面，941 型战略核潜艇使用了 "托鲍尔-941" 型综合导航系统，这一系统中包括了 "交响乐" 型卫星导航系统。作战指挥系统为 "公共马车-1" 型，通信系统为 "闪电-Л1" 型或 "闪电-MC" 型和其中的卫星通信系统 "海啸"。拖曳天线为 "大鲼鱼" 型，拖曳天线收放装置为 "燕子" 型。

2. 工程军事价值

941 型战略核潜艇是典型的冷战产物。苏联解体后，俄罗斯成为最大继承者，然而在继承物资的同时，俄罗斯也继承了苏联衰败的经济和巨额的债务，因此俄罗斯独立后，经济发展十分困难。但一直以来俄罗斯仍然能使美国忌惮不已，主要依靠的就是以 941 型战略核潜艇为代表的军事力量。毫不夸张地说，941 型战略核潜艇是俄罗斯的 "大杀器"，有力地维护了俄罗斯的大国地位，具有重要的军事价值。

3. 工程社会价值

作为世界第一大核潜艇，941 型战略核潜艇开创了苏联 / 俄罗斯核震慑力量发展进程的新阶段，是苏联 / 俄罗斯国家安全稳定的基石。单是它携带的 20 枚 R-39 洲际弹道导弹，就有毁灭一个中等国家的威力，即使是美国，若是被一艘 941 型战略核潜艇全力攻击，包括纽约、洛杉矶、旧金山等核心城市也必然会遭受灭顶之灾。而且，当初苏联足足建造了 6 艘，可见当时苏联对美国的核威慑有多么强大。此外，941 型战略核潜艇最大下潜深度达到 500 米，也让其极难被侦测到，而且它是目前世界上唯一能够在 20 厘米厚的冰层下发射导弹的核潜艇。因此，这款深海巨兽完全可以隐藏于北冰洋数不胜数的冰盖下，在他国毫无防备时发动毁灭性打击[4]。

4. 工程文化价值

941 型战略核潜艇自建成以来，以其巨大的吨位和神秘的"体形"被人们所熟知，对它的追捧超过了世界上任何一级战略核潜艇，很多书籍和游戏作品都与它相关，甚至以它命名。例如，由日本漫画家川口开治所作的漫画《沉默的舰队》；由马克·约瑟夫所作的图书《猎杀波将金号》和《台风》；由 WestWood 公司开发的游戏《红色警戒 2》中苏联阵营中可以建造台风级潜艇；由大型游戏（Big Huge Games）公司开发的游戏《国家的崛起》资料片"王座与爱国者"的"冷战"战役中苏联也可以使用台风级潜艇；由 Eugen System 公司开发的游戏《战争艺术：叛国罪》中，苏维埃阵营同样有台风级潜艇；最著名的是由汤姆·克兰西所著的小说《猎杀"红十月"号》（The Hunt for Red October），该书有同名的游戏，甚至还被拍成了电影。

三、工程启示

1. 成功关键因素

（1）精准的战略布局是 941 型战略核潜艇成功的前提。941 型战略核潜艇的设计工作开始时，苏联的核战略有所改变，采取了抑留战略，弹道导弹核潜艇不参加早期的相互核攻击，而是隐蔽待命，作为后备核威慑力量或者是第二次核打击力量，并作为以后战争阶段讨价还价的筹码。因此，941 型战略核潜艇的任务书要求该型艇具有在冰下发射战略核武器的高度可靠性，尽量降低潜艇的物理场强度，提高艇员的战斗能力和艇的机动性，不要求有水下高航速，必须有基本的防空能力。正因为 941 型战略核潜艇在建造前就制定了精准的战略布局，才使得该款核潜艇具有如此优异的作战性能。

（2）潜艇技术及结构方面的改革与创新是 941 型战略核潜艇成功的保障。941 型战略核潜艇在设计研究初期遇到了如设计技术空白、自卫武器的布设、20 个导弹发射筒的布设等很多困难，在总设计师的带领下红宝石设计局迎难而上，彻夜钻研，采用新型双壳体耐压艇型结构，钛合金材质，独特的发射系统，装配最先进的导弹，在各个方面都达到了世界级领先的位置，最终圆满造出了全世界最大体积和吨位的潜艇。

2. 工程哲学启示

运用工程哲学中辩证思维方法分析 941 型战略核潜艇，表明工程活动更新具有渐进性和跃迁性的特点，是一个从量变到质变的过程。从 941 型战略核潜艇首艇建成服役来看，它的产生即标志着一个新的存在物的诞生，这个新事物也要经历发展、消亡的过程即更新与再造的过程，后期陆续建造的其他 5 艘核潜艇，是 941 型战略核潜艇的继承和发展，是一个量变过程，量变表现为对工程的局部改造，这个过程是工程自身的否定之否定，其结果是一个更为先进的工程的诞生，苏联在 941 型战略核潜艇之后，又研制了新一代战略核潜艇——955 型"北风之神"级战略核潜艇，是苏联战略核潜艇工程在量变的基础上凸显出来的新质变，这个凸显过程就称为"跃迁"。工程实践需要掌握量变和质变的辩证关系，通过控制量变的积累和达到一定程度后的质变，推动工程项目的顺利完成。

3. 工程立国思考

941 型战略核潜艇是苏联 / 俄罗斯舰队协同作战的重要力量，也是一个大国综合国力的具体体现，是苏联在冷战时期维护国家安全和强国地位所设计制造的核大国的象征。即使在科技发展的今天，全世界同时拥有常规潜艇、攻击型核潜艇和战略导弹核潜艇的国家也只有中国、美国、俄罗斯、英国、法国和印度 6 个国家。941 型战略核潜艇的设计和制造，在 20 世纪，无论从技术上还是国际形势上，都绝对是大国的实力展示，是全世界最先进军事力量和军事技术的集合。

4. 未来发展指导

未来，战略核潜艇的设计重心应该是追求高性能的被动声呐探测能力和尽量出色的隐身能力。前者可以先敌探测，提前采取相应的规避措施，而隐身能力可以保证本艇不易被敌人的探测手段所发现，自卫武器则是在被敌人发现之后，不得不使用的最后手段。大潜深和高航速是核潜艇的两个重要指标，由于海水屏蔽作用对潜艇有保护作用，下潜深度越大，隐蔽性越好，越不容易被敌人发现；在保证规避反潜攻击的基本航速前提下，提高航速没有增大下潜深度的必要性大，即效费比低，因此大潜深比高航速更重要，更有必要发展。此外，战略核潜艇还需要将提高作战指控系统的性能、装备先进的导航设备、增强水下通信能力、降低潜艇噪声等作为其现代化发展的目标。

参考资料

[1] 现代舰船杂志社. 资料－"阿库拉"名实之辨. 现代舰船, 2001(4): 7.

[2] 舰船知识杂志社. 二战后苏俄潜艇全记录. 舰船知识, 2006(增刊): 50−55.

[3] 施征. 多才多艺的红宝石设计局(2)弹道导弹核潜艇成名. 现代舰船, 2003(1): 40−41.

[4] 海风. 逝去的荣耀: 苏联海军弹道导弹潜艇的建造与发展. 现代舰船, 2005(5B): 22−29.

三北防护林（承德塞罕坝）

62 三北防护林工程

全　　称 三北防护林工程，简称：三北工程

外文名称 3-North Shelter Forest Program

三北防护林工程是指在中国三北地区（西北、华北和东北）建设的大型人工林业生态工程。三北防护林的建设规模之大、速度之快、效益之高均超过美国的"罗斯福大草原林业工程"、苏联的"斯大林改善大自然计划"和北非五国的"绿色坝工程"，在国际上被誉为"中国的绿色长城""世界生态工程之最"。

三北防护林工程建设始于1978年。中国政府于1979年决定把这项工程列为国家经济建设的重要项目。工程规划从1978年开始到2050年结束，历时73年，分三个阶段、八期工程进行。目前，已完成前五期工程建设任务，正启动第六期工程的建设。

三北防护林工程东起黑龙江宾县，西至新疆的乌孜别里山口，北抵北部边境，南沿海河、永定河、汾河、渭河、洮河下游、喀喇昆仑山，包括新疆、青海、甘肃、宁夏、内蒙古、陕西、山西、河北、辽宁、吉林、黑龙江、北京、天津等13个省（自治区、直辖市）的559个县（旗、区、市），总面积407万平方千米，占中国陆地面积的42.4%。三北防护林工程规划造林面积35.08万平方千米，其中人工造林面积26.37万平方千米，占总任务的75.2%。工程规划到2050年，三北地区的森林覆盖率将由1979年的5.05%提高到14.95%。工程规划总投资约为80亿美元[1]。工程区森林覆盖率由5.05%提高到13.57%，活立木蓄积量由7.2亿立方米提高到33.3亿立方米。

三北防护林工程是中国政府站在中华民族生存与

发展的战略高度做出的重大决策。三北防护林建设领导小组首任组长由时任国家农业委员会第一副主任张平化担任。1979 年 1 月，国务院批准正式成立国家林业和草原局西北华北东北防护林建设局（简称三北局）[2]，承担三北防护林体系建设工程的组织实施工作。

三北防护林工程是生态文明建设的一个重要标志性工程，是全球生态治理的成功典范。三北防护林工程巩固和发展了中国北疆绿色生态屏障，为建设美丽中国、实现中华民族永续发展做出了突出贡献。三北防护林工程不仅促进了区域经济发展，增强了民族团结，实现了各民族共同繁荣，而且对维护国家安全，巩固国防建设起着积极的作用。

一、工程背景

长期以来，中国西北、华北及东北西部，风沙危害和水土流失严重，木料、燃料、肥料、饲料俱缺，农业生产低而不稳。三北地区分布着中国八大沙漠、四大沙地和广袤戈壁，总面积达 148 万平方千米，约占全国风沙化土地面积的 85%，形成了东起黑龙江西至新疆的万里风沙线。这一地区风蚀沙埋严重，沙尘暴频繁。据调查，三北地区在 20 世纪 50～60 年代，沙漠化土地每年扩展 1560 平方千米；70～80 年代，沙漠化土地每年扩展 2100 平方千米。从 20 世纪 60 年代初到 70 年代末的近 20 年间，有 1300 多万公顷农田遭受风沙危害，粮食产量低而不稳，有 1000 多万公顷草场由于沙化、盐渍化，牧草严重退化，有数以百计的水库变成沙库[3]。

三北地区水土流失面积达 55.4 万平方千米（水蚀），黄土高原的水土流失尤为严重，每年每平方千米流失土壤万吨以上，相当于刮去 1 厘米厚的表土，黄河每年流经三门峡 16 亿吨泥沙，使黄河下游河床平均每年淤沙 4 亿立方米，下游部分地段河床高出地面 10 米，成为地上"悬河"。

1950 年起，中国在东北西部、内蒙古东部开展防护林建设，同时，在河北西部一些河流的两岸、河南东部的黄河故道、陕西北部榆林沙荒和新疆等地进行了防护林建设。已建成的防护林对改善当地生产、生活条件起到了重要作用。实践证明，大力造林种草，特别是有计划地营造带、片、网相结合的防护林体系，是改变这一地区农牧业生产条件的一项重大战略措施。

1978 年 5 月，国家林业总局有关专家向党中央提出了"关于营造万里防护林改造自然的意见"，中央领导同志立即做出重要批示。国家林业总局根据中央领导同志的批示精神，在深入调研和反复论证的基础上，编制了《关于西北、华北、东北风沙危害和水土流失重点地区建设大型防护林的规划》。1978 年 11 月 25 日印发的《国务院批转国家林业总局关于在三北风沙危害和水土流失重点地区建设大型防护林的规划》，标志着三北防护林体系建设工程正式启动，开创了中国大规模生态建设的先河。

二、工程价值

1. 工程主要成果

中国三北防护林体系建设工程是当代世界规模最大、时间最长、效果最突出的林业生态工程，堪称绿色万里长城，全球生态治理的成功典范。1987 年，三北防护林主管单位国家林业局三北防护林建设局，被联合国环境规划署授予"全球环境保护先进单位"奖章、"全球 500 佳"奖章[4]。1996 年 12 月，三北防护林体系建设总体规划获国家科学技术进步奖三等奖。2003 年，三北防护林工程荣获"世界上最大的植树造林工程"吉尼斯证书；2018 年，三北防护林工程荣获联合国森林战略规划优秀实践奖。

2. 工程主要技术

三北防护林工程旨在建设大规模的防护林带，抵御风沙侵袭，保护农业生产，改善生态环境，该工程采用了多项创新技术[5,6]。

（1）树林建设采用沙地造林技术。针对黄沙漫天、植被稀疏的沙地环境，采用特殊的造林技术，如定向造林、混交造林等，有效增强了沙地植被的抗风固沙能力。防风固沙林、水土保持林、农田防护林、牧场防护林以及薪炭林和经济林等，形成了乔、灌、草植物相结合，林带、林网、片林相结合，多种林、多种树合理配置，农、林、牧协调发展的防护林体系。

（2）树林维护采用水肥一体化技术。在防护林带内建设水肥一体化系统，通过收集雨水、有机肥料的利用，实现节约用水和肥料的循环利用，降低生产成本，提高效益。

（3）树木栽种采用智能植树技术。采用先进的无人机、机器人等智能设备，实现植树的自动化和精准化，提高植树效率和质量。

3. 工程管理创新

三北防护林建设过程中不断进行工程建设管理机制创新[7]，一是积极推行招标制，对重点建设项目公开招标，专家评议，民主决策，择优扶持。二是推行合同制，层层签订建设任务合同书，根据任务完成情况兑现国家补助资金，做到任务、资金和责任三落实。三是推行监理制，加强质量监督。严格资金管理，实行专款专账专用，单独管理，定期或不定期进行专项检查。四是全面推行质量管理，建立技术干部承包责任制，做到责权利相结合；实行质量检查验收制度，对造林质量全过程跟踪管理，定期进行多方位质量评估；建立重点项目通报制度，将检查验收结果进行通报。

4. 工程社会价值

三北防护林工程实施 40 多年来取得了巨大成就，工程区生态状况明显改善，年森林生态系统服务功能价值达 3600 亿美元，为维护国家生态安全、促进经济社会发展发挥了重要作用 [6,8]。

（1）生态效益显著，重点治理区风沙侵害和水土流失得到有效治理。截至 2021 年，累计营造防风固沙林 788.2 万公顷，治理沙化土地 33.6 万平方千米，保护和恢复严重沙化、盐碱化的草原、牧场 10 余万平方千米。全国荒漠化和沙化监测结果显示，2014 年以来，工程区沙化土地面积连续缩减，实现了从"沙进人退"到"绿进沙退"的历史性转变，年均沙尘暴天数从 6.8 天下降到 2.4 天，其中毛乌素、科尔沁、呼伦贝尔三大沙地得到初步治理，实现了土地沙化的逆转，沙化土地面积持续净减少。累计营造水土保持林 12 万平方千米，治理水土流失面积 44.7 万平方千米，年入黄河泥沙减少 4 亿吨左右。累计营造农田防护林 1.6 万平方千米，有效庇护农田 30 万平方千米，防护效应使工程区粮食年均增产 1060 万吨。

（2）经济效益明显，促进了区域经济发展和农民增收致富。三北防护林工程始终坚持走生态经济型防护林体系建设之路，找准了兴林与富民的结合点，在坚持生态优先的前提下，建设了一批用材林、经济林、薪炭林、饲料林基地，促进了农村产业结构调整，推动了农村经济发展，有效增加了农民收入，实现了生态建设与经济发展"双赢"。40 多年来，工程区营造用材林折合木材储备量 18.3 亿立方米，经济价值 9130 亿元。截至 2021 年，累计营造经济林 463 万公顷，形成了一批重要的干鲜果品生产基地，年产干鲜果品 4800 万吨，1500 万人依靠特色林果业实现稳定脱贫。工程区还形成了以森林公园网络为骨架，湿地公园、沙漠公园等为补充的生态旅游发展新格局，年接待游客 3.8 亿人次，旅游直接收入 480 亿元。

5. 工程文化价值

自三北防护林工程建设以来，三北地区各族人民在中国共产党的带领下，扎根三北大地，勠力同心、和衷共济，用艰苦和拼搏与燥风狂沙斗争，用勤奋与智慧在沙漠中播撒绿色种子，经过几代人的艰辛奋斗，亿万株树木抵抗了风沙，上千亩的沙地变为良田，不仅扭转了三北地区恶劣的生态环境，更改变了三北人民的命运。在这个过程中不仅涌现了许多可歌可泣的英雄事迹，造就了以石光银、牛玉琴、王有德等为代表的英雄模范人物，培育了陕西榆林、内蒙古通辽等先进典型，更是铸就了艰苦奋斗、顽强拼搏，团结协作、锲而不舍，求真务实、开拓创新，以人为本、造福人类的"三北精神[9]"。"三北精神"既体现了三北人民勇担使命的初心，不畏艰辛的决心，也展现了三北人民久久为功的恒心。

三、工程启示

1. 成功关键因素

（1）社会主义制度优越性，集中力量办大事是三北防护林工程成功的重要保障。三北防护林工程建设过程中，国家调动一切积极因素，实行"国家、集体、个人一起上"。国务院成立了三北防护林建设领导小组，研究确定工程建设的重大事项。国家林业和草原局主管，其三北防护林建设局具体负责工程规划、计划、督导、检查，各级林业部门成立专管机构，负责当地工程建设，形成了从中央到地方，从决策到实施紧密结合的工程管理体系。先后制定了工程建设技术、计划、资金等管理办法、规程，使三北防护林工程从种苗准备到检查验收全过程都有章可循。

（2）实行因地制宜、开展技术创新，是三北防护林工程稳步推进的重要支撑。大力开展技术创新，从三北地区干旱少雨的实际出发，组织科研、教学单位开展科技攻关，推广应用了以抗旱造林技术为主的系列适用技术，使造林成活率提高了23%，在飞播造林技术上突破了年降雨量200毫米以下不宜飞播的"禁区"。大力开展技术推广，实行由推广单项技术向综合配套技术的转变，组装配套造林、营林、经营等综合技术措施，建设科技试验示范区，从工程建设国家专项投资中拿出10%的资金，截至2021年，先后推广了先进适用技术1200多项，推广面积达到300多万公顷，造林保存率由60%提高到85%以上。大力开展造林模式创新，按照防沙治沙、水土保持和农田防护林建设的要求，总结推广应用了100多种造林模式，并按照功能布局，推广了生态防护型、生态经济型、生态景观型模式。

2. 工程哲学启示

在三北防护林工程中，工程哲学的系统思维体现在多个方面。工程活动是一个有机整体，各个组成部分之间相互联系、相互影响。三北防护林全面阐释了工程的系统性和整体性。首先，该工程是一个大型的生态系统工程，考虑了自然环境、气候变化、植被分布等多种因素，同时也考虑了人类活动和社会经济因素，充分尊重了当地群众的利益与意愿，实现了人与自然的和谐共生，这也是工程生态观的生动体现。其次，在工程建设中，考虑到工程的长期性和复杂性，制定出了科学合理的规划方案，并进行持续的监测和管理。此外，在工程建设中还注重了整体性和协调性，如在树种选择和空间布局上考虑到了整个防护林体系的稳定性和功能性。

3. 工程立国思考

三北防护林工程这一项宏伟的生态建设工程，是中国林业发展史上的伟大壮举，是人类历史上规模最为宏大、时间跨度最为久长的一次改造自然行动。它不仅是中国生态环境建设的伟大创举，也是全球生态环境建设的重要组成部分。可以说，三北防护林工程是一项为国分忧、为民造福、利在当代、功在千秋的宏伟工程，不仅提升了中国的国防建设，也关系着中华民族的永续发展。

4. 未来发展指导

（1）防护林建设需要增强发展林草植被，努力减轻沙尘暴危害。研究表明，影响沙尘暴的主要因素是掠地风速、沙尘源和地表干燥度。防治沙尘暴的基本原理是通过增加沙尘源地面的粗糙度，降低掠地风速，进而减少扬尘或者缩短扬尘距离。应当将耐高粉尘类的植被修复作为工作重点。

（2）防护林建设需要增加城乡绿化的功能性植物，为削减雾霾做贡献。造林种草能改变地表粗糙度，降低掠地风速，对地表50米以上中高空风速几乎没有影响，对自然风吹散雾霾丝毫没有影响。但是植物都有吸附尘埃的功能，一些植物还具有吸附有害气体的功能。在城乡绿化中应当注意发展延绿增彩、吸附尘埃和有害气体的植物。

（3）防护林的退化林修复工作需要久久为功，以建设稳定的生态系统。由于自然环境影响、植物生理限制、病虫及火灾危害、人为干扰等多种因素，人工林和天然林都会出现退化老化，所以我们经常看到单棵的古树名木，却几乎看不到成片的古树林。修复退化林是提高三北防护林工程建设效能的关键，必须久久为功，毫不松懈，抓紧抓好。

参考文献

[1]　朱金兆, 周心澄, 胡建忠. 对三北防护林体系工程的思考与展望. 水土保持研究, 2004(1): 189–192.
[2]　张英团, 邹翠翠, 陈俊松, 等. 三北防护林工程科学绿化策略研究. 中国林业经济, 2023(4): 27–32.

[3] 吴昊, 周玉. 三北地区防护林体系建设现状与发展对策. 林业勘察设计, 2022, 51(2): 18–21.

[4] 豆天宝. 三北防护林典型工程区对生态环境的影响效应研究. 兰州: 西北师范大学, 2023.

[5] 赵实. 三北防护林的退化林分修复技术实施效果评价. 新农业, 2022(7): 18–19.

[6] 李世东, 冯德乾. 世界著名生态工程——中国"三北防护林体系建设工程". 浙江林业, 2021(9): 9–11.

[7] 洪家宜, 曹前发, 武爱民, 等. 筑起中国北方的"绿色长城"——三北防护林工程建设笔谈. 炎黄春秋, 2020(12): 29–38.

[8] 洪家宜, 安琪. 绿色长城 守望"三北"——中国"三北"防护林体系建设工程. 地球, 2021(2): 32–39.

[9] 朱宁. 探究"三北精神"融入高校思政课的价值意蕴与实现路径. 内蒙古农业大学学报(社会科学版), 25(4): 1–8.

63 杰贝勒阿里港

全　　称　杰贝勒阿里港

外文名称　Jebel Ali Port

杰贝勒阿里港位于阿联酋迪拜，毗邻杰贝勒阿里港自由区，建有 65 个泊位，跨度达 15 千米，是全球最大的人造港和中东地区最大的港口之一。

杰贝勒阿里港于 1976 年由迪拜酋长签署法令正式建造，1979 年 2 月 26 日由英国女王伊丽莎白二世揭幕，1984 年基本建成开放。

杰贝勒阿里港集装箱年吞吐量在 1000 万标准箱左右，能够满足尼米兹级的航母和若干战斗群船舶停靠。拥有 65 个泊位，面积为 134.68 平方千米，岸线长度 4265 米，最大水深 14 米。现代化集装箱货运站设施总面积为 134343 平方米，包括 11900 平方米的有盖存储区和 122443 平方米的露天存储区[1]。1 号集装箱码头容量为 900 万标准箱，是最繁忙的码头之一，拥有 15 个泊位和 51 台码头起重机，是杰贝勒阿里港成为全球十大港口之一的基础。2 号集装箱码头拥有 32 台码头起重机和 8 个泊位，容量为 650 万标准箱。3 号集装箱码头于 2014 年落成，以其卓越的技术成就而闻名，是世界上最大的半自动化码头之一，有 5 个泊位和 380 万标准箱的容量。4 号集装箱码头容量达到 2240 万标准箱[2]。杰贝勒阿里港与迪拜的高速公路系统国际机场货运村相连，货物从船只到飞机的中转只需 4 小时。

杰贝勒阿里港由迪拜拉希德·本·赛义德·阿勒

杰贝勒阿里港

马克图姆酋长签署法令正式建造，以补充拉希德港的设施。

杰贝勒阿里港主要为自由贸易区服务，也为海湾中转服务，为迪拜乃至整个阿联酋的经济发展做出了重要贡献。该港口的物流和供应链效率直接影响全球贸易的运作，吸引了许多跨国公司和商家在此设立基地，进一步促进了迪拜和周边地区的经济发展。该港与拉希德港合并成立迪拜港务局（Dubai Ports Authority），合并后的迪拜港集装箱吞吐量超过百万标准箱，成为世界二十大集装箱吞吐港之一。

一、工程背景

杰贝勒阿里港位于阿联酋迪拜，是全球最大的人工港口和物流中心之一。迪拜是阿拉伯世界最富有的地区之一，这与其石油资源的发现和利用密切相关。然而，随着石油资源的逐渐枯竭，迪拜开始寻求其他可持续的经济发展方向。建造杰贝勒阿里港的主要原因是为了提升迪拜及周边地区的经济发展和物流运输能力。

1976 年，迪拜酋长签署法令，决定在迪拜建造杰贝勒阿里港。最初的建设目标是在波斯湾建设一个人工港，以提供更多的货物装卸设施。1975 年迪拜市政府与美国麦克莱伦公司签署了合作协议，开始规划建设杰贝勒阿里港。1979 年，一期工程开工建设，包括 13 个集装箱泊位和两个油轮泊位。1983 年，二期工程开工建设，增加了 12 个集装箱泊位和两个散货泊位。1984 年，杰贝勒阿里港的建设基本完毕，建成 65 个泊位，跨度达 15 千米。这个港口已成为全球最大的人造港和中东地区最大的港口之一。1985 年，迪拜在港口基础之上又建设了杰贝勒阿里港自由区（JAFZA）[3]。这个自由区为杰贝勒阿里港增加了更多的物流和贸易功能，使其成为一个重要的国际贸易和物流中心。1986 年，三期工程开工建设，增加了 10 个集装箱泊位和两个油轮泊位。20 世纪 90 年代初，杰贝勒阿里港进行了多次扩建和升级，包括增加深水泊位、扩大堆场面积、提升装卸设备等。

从 1997 年开始，杰贝勒阿里港一直位列世界前十大港口之列。到 2000 年初，杰贝勒阿里港继续进行扩建和升级，包括增加集装箱转运中心、扩大仓储设施、提高物流效率等。2004 年，杰贝勒阿里港成功接纳了世界上最大的集装箱船只"爱玛马士基"号，进一步提高了其在全球物流领域的影响力。2010 年，杰贝勒阿里港继续扩建和升级，包括增加液化天然气泊位、扩大原油仓储设施等。到 2014 年，杰贝勒阿里港每船每小时处理 131 个动作，包括装载、卸下和移动集装箱，同比增加 10%，在全球 771 个港口中排名第一，集装箱吞吐量达到 1520 万标准箱[4]。

在杰贝勒阿里港的建造和发展过程中，还经历了许多重大事件。例如，港口曾多次遭遇沙尘暴袭击，全球经济危机对港口建设产生了影响，迪拜房地产泡沫破裂也对港口发展造成了一定的影响。然而，通过合理的规划和科学的管理，迪拜市政府和港口管理当局成功克服了这些困难和挑战，不断推进杰贝勒阿里港的建设和发展。

二、工程价值

1. 工程主要成果

2011年4月，杰贝勒阿里港获得阿联酋民用海港和机场安全高级委员会颁发的最佳海港金奖。

2. 工程主要技术

（1）地理信息系统和遥感技术。这些技术被用于收集、分析和呈现港口及周边地区的地理和环境数据，帮助规划和设计人员更好地了解地形、地貌、水文和气象条件，从而进行更精确的工程规划和设计。

（2）数值模拟和分析。这些技术被用于对港口建设和运营进行详细的模拟和分析，以预测和优化港口的设计和性能，包括对水流、波浪、泥沙运动等的模拟，以及结构力学和流体动力学的分析。

（3）自动化和智能化技术。例如，自动化的集装箱装卸系统、自动导引小车系统、自动化的船舶调度和运营管理系统等。这些技术提高了作业效率和准确性，降低了人力成本和操作风险。

（4）环保和可持续性技术。杰贝勒阿里港注重环保和可持续发展，使用可再生能源（如太阳能和风能）来满足部分能源需求；实施水循环利用和节水措施以减少水资源的消耗；使用绿色建筑材料和工艺，以降低对环境的影响。

3. 工程管理创新

在工程管理方面，杰贝勒阿里港采取了以下多项创新措施：

（1）与当地政府、私营企业、金融机构和非政府组织建立了合作伙伴关系。这种合作伙伴关系有助于调动各方资源，共同解决面临的问题，实现互利共赢。

（2）采取了多种资本运作方式。例如，公共私营合作制（PPP）、股票发行、债券发行等。这些创新方式为港口建设提供了稳定的资金来源，缓解了政府的财政压力。

（3）采用了全面质量管理（TQM）、项目管理知识体系（PMBOK）等项目管理创新方法。这些创新方法有助于提高项目管理的效率和质量，确保工程项目的顺利实施。

（4）应用物联网（IoT）、大数据分析、人工智能等数字化和智能化技术。这些技术有助于实现港口的数字化和智能化管理，提高运营效率、降低运营成本、优化资源配置。

4. 工程科学价值

首先，杰贝勒阿里港为其他港口的建设提供了货物贸易流通与研究的范例。作为一个重要的国际贸易枢纽，它吸引了大量的货物和船只。研究人员可以利用该港口的数据来分析全球贸易趋势、货物贸易流通模式、供应链管理等方面的问题，这对于国际贸易研究非常有价值。其次，杰贝勒阿里港实现了港口管理与物流的合理与优化。科学家和工程师可以研究这些技术和最佳实践，以改进港口管理和物流优化策略，从而提高全球货物贸易流通的效率，减少能源消耗和碳排放。同时，杰贝勒阿里港还实现了港口安全与防御的研究。港口是国际贸易的重要节点，研究港口安全和防御措施对于维护国际安全至关重要。杰贝勒阿里港可以作为研究港口安全、智能监控和防御系统的实验场所。

5. 工程社会价值

杰贝勒阿里港的社会经济效益主要体现在以下几个方面：首先，它允许入驻的公司拥有 100% 的所有权，资本可以完全自由流动。其次，杰贝勒阿里港为这些公司提供了15 年的免税期，并且还可以再延长 15 年。此外，杰贝阿里自由贸易区内的基础设施完善，包括水、电、路、通信等设施，并且已经建成了大量的建筑设施，可以出租给业主厂家用作办公、存储、配送及制造厂房。杰贝阿里自由贸易区吸引了大量的外国直接投资（FDI），几乎占该国 FDI 总流入的 32%。该自由贸易区每年为迪拜的国内生产总值（GDP）贡献 21%，并维持了阿联酋 144000 多人的就业。

6. 工程生态价值

在杰贝勒阿里港的建设和运营规划中，着重考虑了保护周边的湿地、海洋生态系统和珊瑚礁。为了尽量减少对这些生态系统的负面影响，已经着手建设人工湿地、珊瑚礁再生项目，以及海洋生物多样性的监测和保护项目。这些项目不仅有助于了解港口对周边水质、植被、野生动物等的影响，同时也改进了可持续性管理策略。这些项目还创造了新的人工栖息地，吸引了各种野生动植物。港口周边的海域也为渔业活动提供了丰富的资源，从而促进了当地的渔业发展。这不仅有助于维持当地社区的生计，更为生态系统提供了新的机会。

7. 工程文化价值

杰贝勒阿里港作为中东地区最大的人工港口之一，在中东地区的国际贸易中扮演着关键角色。这不仅加强了阿联酋与其他国家之间的贸易和经济联系，还使其成为各种文化交流的中心。来自不同国家和地区的人们汇聚于此，促进了文化、语言和宗教之间的相互理解和合作。

除了作为商业港口，杰贝勒阿里港还是一个重要的旅游目的地。游客可以在这里体验到阿拉伯文化、历史和传统，参观博物馆、文化中心和古迹。这些旅游体验不仅丰富了游客对阿联酋文化的理解和欣赏，也进一步促进了文化和艺术行业的繁荣。在港口周边地区，游客可以参加各种文化活动、参观艺术展览和观看表演，本地艺术家和创意产业也提供了展示和发展的机会。

三、工程启示

1. 成功关键因素

（1）充分借助区位优势是杰贝勒阿里港成功建设的首要因素。杰贝阿里自由贸易区毗邻杰贝勒阿里港，距离迪拜国际机场约 30 分钟车程，距离马克图姆国际机场仅 15 分钟车程。便捷的陆路、海路和空中交通，使得货物能够快速运送至中东周边、非洲和欧洲等各大消费市场。此外，迪拜市政府正在规划连接港口、自由贸易区、物流城和机场的"物流绿色通道"，货物从港口到机场只需 10 分钟。

（2）注重基础设施的改善是杰贝勒阿里港取得成功的关键因素。迪拜市政府在杰贝阿里自由贸易区的基础设施方面进行了大量的投入，包括道路、通信网络、能源供应和高速数据传输等设施。此外，员工住宅区、超市、药店、银行、保险和休闲场所等配套设施也一应俱全。杰贝阿里自由贸易区内除有空地可供出让外，还可以出租已建成的办公室、厂房、仓库等设施。众多大型物流公司的入驻，也为园区内的企业提供了便利的物流服务。

（3）高效的管理优势为杰贝勒阿里港的成功提供了重要的支撑。杰贝阿里自由贸易区的管理机构是杰贝阿里自由贸易区管理局，该机构是由港口、海关和自由贸易区联合组成的。杰贝阿里自由贸易区管理局可以直接向投资者颁发营业执照，同时提供高效和简便的一站式服务，包括行政管理、工程、能源供应和投资咨询等。杰贝阿里自由贸易区管理局还定期为园区内的企业组织商务配对活动，以创造更多的商业机会。

2. 工程哲学启示

从杰贝勒阿里港的建设过程可以看出，人们对港口建设的定位、工程方案的选取、对港口建设的认知，这些都是对工程认识论充分理解和认识后，按照工程方法论解决问题的直接体现和完美印证。通过实践，人们认识到港口建设需要考虑多方面的因素，包括地理位置、自然环境、技术条件、经济因素等。建设经历了从无到有、从小到大、从落后到先进的演化过程。在此过程中，采用了多种工程技术手段和材料，不仅提高了工程建设的效率和质量，也推动了相关领域的技术进步和创新。同时，港口在不断发展的过程中，不断适应和满足不同时期的需求和技术条件，实现了从传统港口到自动化、智能化码头的转型升级。

3. 工程立国思考

杰贝勒阿里港的建设是阿联酋政府多元化经济战略的一部分。该港口不仅依赖于石油产业，还通过成为国际贸易和物流中心来降低国家对石油的依赖。这种多元化经济战略有助于国家减轻石油价格波动对经济的冲击，从而提高国家经济的稳定性。杰贝勒阿里港的成功是国际合作和开放政策的体现。这种国际开放政策有助于吸引外部资源和人才，推动国家的经济增长。港口地区的文化多样性反映了阿联酋的社会融合政策。政府鼓励不同国籍和文化背景的人们在这里生活和工作，这有助于建立一个多元文化的社会，促进相互理解和合作。

4. 未来发展指导

杰贝勒阿里港对现代工程发展提供了一些重要的指导和启示。

第一，建设大型工程项目需要有长远的眼光和全面的计划，充分考虑未来发展的需求。未来的港口规划应注重环保和可持续发展，采取更多环保技术和措施，以减少对环境的影响。同时，应考虑使用可再生能源，如太阳能和风能等，以降低能源消耗和碳排放。

第二，未来的港口设计应注重提高物流效率和连通性，优化港口内部的装卸和转运流程，提高船舶和设备的效率，同时加强与铁路、公路和航空等运输方式的衔接和协同。这样可以提高港口的整体运营效率和竞争力。

第三，未来的港口建设应注重与政府、企业、金融机构和非政府组织等建立合作伙伴关系，共同推动港口的建设和运营。这样可以调动各方资源，共同解决面临的问题，实现互利共赢。

第四，未来的港口规划和运营应关注市场需求和趋势，根据市场需求和发展趋势来制定相应的策略。随着电商和制造业的发展，未来港口可能面临更多的集装箱和大件货物运输需求，因此应注重相关设施的建设和设备的配置。

　　第五，未来的港口建设和运营应注重安全和风险管理，建立健全的安全管理体系和风险防范机制，加强应急预案的制定和实施，确保港口的安全稳定运营。

参考文献

[1] Padron D V, Itriago J, Al Abbar A. Master plan for expansion of Jebel Ali Port. Triennial International Conference on Ports, 2007: 1−10.

[2] 陈有文, 马仁洪. 迪拜Jebel Ali自由港发展模式分析. 水运工程, 2006(S1): 37−38, 40.

[3] 常云. 迪拜杰贝·阿里自由区简介. 国际市场导刊, 2002(13): 4.

[4] 景玥, 黄培昭. 迪拜发展得益自贸区. 刊授党校, 2019(4): 1.

格拉沃利讷核电站

64 格拉沃利讷核电站

全　　称 格拉沃利讷核电站

外文名称 Gravelines Nuclear Power Station

　　格拉沃利讷核电站是目前世界上最大的核电站之一，也是西欧最大的核电站。该核电站位于法国北部格拉夫林公社附近，距离敦刻尔克和加莱约 20 千米。自首台压水反应堆发电以来，到目前为止，已拥有 6 个 910 兆瓦的压水反应堆，其发电能力约为法国总发电能力的 10%[1]，供电范围已远达比利时、荷兰、卢森堡等国。

　　格拉沃利讷核电站始建于 1977 年，由 6 座核反应堆组成。1980 年 3 月，首台压水反应堆并网发电，最后两座反应堆于 1985 年投入使用，全部建设过程耗时 10 年。2014 ~ 2028 年，该核电站拟进行升级改造，预计投资额为 40 亿欧元。这项计划包括大约 30 个项目，这些项目将使 6 个 900 兆瓦反应堆的运行超过 40 年 [2]。

　　格拉沃利讷核电站由法国电力公司拥有并运营，其建设和维护主要由法马通公司（Framatome）、布依格（Bouygues）、万喜（Vinci）、埃法日（Eiffage）等集团负责[3]。

　　格拉沃利讷核电站自 1980 年开始运营以来，对法国及欧洲的能源结构和经济发展产生了深远的影响。这种规模的能源供应在很大程度上增强了法国在欧洲能源安全领域的地位。核电站为法国带来的稳定能源供应也促进了工业和经济的发展，推动了法国在核能产业链及相关技术领域的创新与发展，提升了其在全球核能科技领域的地位。

一、工程背景

法国建设核电站的历史背景和重要意义可以追溯到第二次世界大战后。当时，法国的能源供应主要依赖于煤炭和石油，而这些资源的价格在战后初期出现了大幅上涨，对法国的经济造成了严重影响。为了确保能源供应的独立性和稳定性，法国政府开始寻求替代能源。20 世纪 50 年代和 60 年代，法国政府开始大力发展核能，以确保能源供应的安全和稳定。在 70 年代的石油危机中，法国受到了严重打击，燃油价格大幅上涨，导致电能价格也随之上涨，进一步影响了法国的经济。为了应对这种情况，法国政府决定大力发展核能，加速核电站的建设。

1967 年，法国政府通过了建造核电站的计划，该计划包括两座压水反应堆，每座反应堆的功率为 910 兆瓦。这一决策标志着法国核能发展的重大里程碑，为后续的核电站建设奠定了基础。1970 年，法国开始了大规模的核电站建设，这一过程涉及大量的人力和资源的投入，需要一个庞大的工程团队和复杂的后勤保障系统。在这个过程中，法国政府和工程师面临各种挑战，包括技术难题、资金问题和人员协调等问题。尽管面临诸多挑战，但他们依然坚持并成功地完成了这个项目。

1975 年，法国决定在格勒诺布尔附近的圣阿尔班斯建造一个新的核电站，即后来的格拉沃利讷核电站。这个决定是在法国能源需求不断增加的背景下做出的，同时也考虑了国家能源独立和环保因素。1977 年，格拉沃利讷核电站开始动工建设。在随后的几十年，该核电站的建设一直在持续进行中，其间没有发生过重大事故或停工。1980 年 3 月，格拉沃利讷核电站首台压水反应堆成功投入运行，这标志着核电站正式投入使用。在随后的几十年，该核电站的反应堆数量不断增加，直到现在已经有 6 个反应堆。

20 世纪 80 年代初期，一些环保组织和居民开始对格拉沃利讷核电站的安全性和环境影响提出质疑。他们认为，该核电站的建设存在潜在的安全隐患，并对周边地区的生态环境造成了威胁。这些质疑引起了广泛的争议和讨论，但最终通过严格的监管和安全措施的实施得到了解决。经过多年的建设和运营，格拉沃利讷核电站逐渐成为法国最重要的核电站之一。

格拉沃利讷核电站拥有 6 个压水反应堆，总功率达到 5460 兆瓦，为法国乃至欧洲的能源供应做出了巨大的贡献。2008 年，格拉沃利讷核电站的发电能力达到峰值，发电量占法国总发电量的 10% 左右。这一成就证明了法国在核能领域的领先地位，也为法国的能源发展和经济发展提供了坚实的支撑。

在 2011 年日本福岛核事故发生后，法国政府和相关部门对格拉沃利讷核电站的安全措施和运营管理进行了全面检查和改进，以确保该核电站能够抵抗各种潜在的风险和威胁。近年来，随着全球气候变化和环境保护意识的提高，格拉沃利讷核电站开始致力于降低碳排放和推动可再生能源的发展。该核电站采取增加可再生能源的使用比例、改进能源管理等措施，为应对全球气候变化做出了贡献。

至今，格拉沃利讷核电站仍然是法国能源产业的一个重要组成部分。核电站帮助法国应对气候变化并加强能源独立性，同时在创造就业机会、促进经济增长、保护人民健康等方面做出了重要贡献。

二、工程价值

1. 工程主要技术

格拉沃利讷核电站在其建设过程中采用了一系列先进的工程技术，这些技术旨在确保核电站的安全性、效率和可靠性。

（1）核电站采用了压水反应堆（PWR）技术。这种技术具有出色的安全性和稳定性，它使用轻水作为冷却剂和中子减速剂。轻水在高温高压下能够有效地冷却反应堆，同时中子减速剂能够确保核反应的顺利进行。

（2）核电站采用了闭式燃料循环系统。这种系统能够最大化地利用核燃料，并减少核废料的产生。在燃料循环系统中，核燃料被分成多个部分，并定期进行更换。更换下来的燃料被称为乏燃料，它仍然具有很高的放射性，因此需要进行妥善处理和储存。

（3）核电站使用了先进的燃料棒设计，以提高反应堆的热效率和燃料利用率。这有助于减少燃料消耗并延长反应堆的运行周期，从而降低运行成本和废物产生。

（4）核电站采用了严重事故缓解技术。这些技术包括对反应堆进行实体隔离、对蒸汽发生器进行快速排放、对反应堆冷却剂系统进行应急冷却等。这些措施能够在发生严重事故时，迅速降低反应堆的放射性输出，并减少对环境和公众的影响。这些技术的应用提高了核电站的安全性和可靠性，确保了核电站的安全运营。

2. 工程管理创新

格拉沃利讷核电站的建设采用了先进的关键路径法、风险项目管理方法，以确保项目的进度和质量。这些方法可以帮助管理人员更好地规划和监控项目的进展，及时发现和解决问题。在建设过程中，首先构建了严格的质量管理体系。从材料采购到设备安装，每个环节都进行了严格的质量检查和验收程序，以确保项目的质量和安全。任何不符合标准或规定的行为都会被立即纠正，以确保最终的建筑质量符合最高的国际标准。其次，充分考虑了风险管理和应急预案。在建设中采取了多种措施来降低风险，并准备了相应的应急预案。例如，建立了严格的安全管理制度，提高了施工质量，并定期进行安全检查和评估，以确保项目在建设期间的安全性。同时，对于可能出现的紧急情况，格拉沃利讷核电站制定了详细的应急预案。这些预案涵盖各种可能的事故和危机情况，包括设备故障、自然灾害和其他突发情况。通过这些措施，格拉沃利讷核电站确保了在任何情况下都能迅速、有效地应对紧急情况，从而保障核电站的安全和稳定运行。

3. 工程科学价值

格拉沃利讷核电站的科学价值，首先体现在实现了电力的规模化生产。从能源生产的角度来看，核电站采用了压水反应堆技术，这是一种广泛使用的核反应堆类型。它利用了核能这一高效、清洁的能源，并实现了电力的规模化生产。其次，格拉沃利讷核电站实现了安全、环保的电力生产。相较于化石燃料发电，核能发电碳排放量较低，对环境的影响也较小。该核电站已经建立了完善的安全管理体系，并采取了各种措施来确保核安全。例如，压水反应堆的设计和建造都经过了严格的安全审查，并且该核电站还实施了定期的安全演习和培训，以确保员工具备应对紧急情况的能力。最后，格拉沃利讷核电站重视加强预防性维护，强化周边防洪保护和水源储备工作。该核电站的建设和改造为核能工业发展积累了宝贵的经验，留下了丰富的资料，提供了翔实的科学支撑，其相关技术成果先后应用于法国多座核电站建设中。

4. 工程生态价值

自 2003 年起，格拉沃利讷核电站已经通过了 ISO 14001 环境标准认证，并在 2013 年再次获得认证。该电站坐落于法国，其周边地区孕育着独特的自然生态景观，生物多样性丰富，生态资源充沛。首先，在格拉沃利讷核电站的建设过程中，采用了环保设计理念，优化了设施布局，减少了用地面积。同时，采用了高效节能设备和工艺，降低了能源消耗和温室气体排放。其次，格拉沃利讷核电站的建设使用了大量可再生能源，这些能源的利用可以减少对自然资源的消耗，从而保护了生态环境。此外，核电站厂区采用了生态恢复技术，通过植树造林、草地恢复等方式，使得厂区周边生态环境得到了改善。

三、工程启示

1. 成功关键因素

格拉沃利讷核电站的成功离不开以下几个重要因素：

（1）国家战略的支持是格拉沃利讷核电站成功的首要因素。法国政府高度重视核能发展，将其作为国家能源战略的重要组成部分。政府通过制定相关政策、提供资金支持等手段，为核电站建设提供了坚实的国家层面支持。

（2）核电技术自主研发的能力是其成功的重要支撑。法国在核能领域拥有独立自主研发能力，不断推动科技创新，同时，法国在核电站建设方面拥有丰富的经验，并通过项目实践不断积累和传承。这使得核电站建设过程中能够更好地应对复杂情况。

（3）严格的法规监管体系是核电站成功的重要保障。法国政府制定了一套完善的核安全法规和监管体系，对核电站建设和运营进行严格监管。这为核电站的安全稳定运行提供了有力保障。

2. 工程哲学启示

格拉沃利讷核电站在建造过程中充分展现了系统思考、风险管理和持续改进等工程方法论的综合应用。工程师采用系统思考的方式，将核电站视为一个整体，综合考虑其受到的多系统、多因素的影响和作用，以确保核电站的安全和稳定运行；工程师运用风险管理的方法，对核电站建设和运行过程中可能面临的自然灾害、人为破坏、技术故障等风险进行全面、系统的评估和预测，并采取相应的措施来降低和应对这些风险；核电站不断进行升级和改造，积极寻求提高效率和质量的方法，推动了项目的成功实施。

格拉沃利讷核电站的明确定位和对环境、社会责任的重视，进一步印证了工程认识论中人与工程之间的关系以及工程自身的属性和特点。格拉沃利讷核电站的定位是以安全、可靠和可持续的方式提供清洁、高效的能源供应，同时更加重视对环境和社会的责任。为了确保核电站的建设和运行符合社会的要求和期望，核电站采取一切措施来减少对环境和社会的负面影响。

3. 工程立国思考

随着全球能源需求持续增长，作为欧洲最大的经济体之一，法国也面临着保障自身能源供应的挑战。建设格拉沃利讷核电站将提供大量稳定的电力，不仅能够满足法国国内的能源需求，还可以出口到其他欧洲国家，增强法国能源产业的竞争力，并提升法国在国际舞台上的影响力和地位。同时，核电作为一种清洁、高效的能源，能够减少温室气体排放，有助于应对气候变化。

4. 未来发展指导

　　格拉沃利讷核电站为未来核电站的发展提供了重要的借鉴和启示。首先，未来的核电站需要进一步提高规模和复杂性。可以进一步增加反应堆的数量，提高发电能力；需要不断地进行技术创新，提高核反应堆的效率和安全性，以适应不断变化的技术环境和市场需求；还应更加注重可持续性和环保，采用封闭式核燃料循环、减少废物排放、降低能源消耗等措施，以保护环境和公众健康。其次，安全是核电站建设的首要考虑因素。未来的核电站建设需要借鉴格拉沃利讷核电站的经验，加强安全管理和监控，确保人民的生命财产安全。此外，还需要加强国际合作和交流，促进核能技术的全球应用和发展。

参考文献

[1]　吕全成. 法国格拉弗林核电站. 世界知识, 1987(15): 27−32.

[2]　潘京全. 法国格拉沃利讷核电站放射性流出物排放与管理方法介绍. 辐射防护通信, 1991(2): 9.

[3]　姚家祥. 法国格拉沃利讷核电站的安全防护. 劳动保护, 1986(4): 20−21.

65 Alta 风能中心

全　　称 Alta 风能中心，又称：美国加利福尼亚州阿尔塔陆上风力发电厂

外文名称 Alta Wind Energy Center

　　Alta 风能中心位于美国加利福尼亚克恩县的蒂哈查皮（Tehachapi）[1]，是美国最大的风力发电场，全球第三大的陆上风力发电场。

　　Alta 风能中心于 2010 年 7 月开工建设，2013 年完成全部工程。项目建设共分为 11 期。1～5 期工程建设开始于 2010 年 7 月，结束于 2011 年 4 月并投入使用。第 6 期和第 7 期工程开建于 2011 年初，第 8 期和第 9 期开建于 2012 年 4 月，同年 12 月第 6～9 期竣工。第 10 期和第 11 期于 2013 年竣工。

　　Alta 风能中心总投资 28.75 亿美元，由弧光资本（Arclight Capital Partners）和全球基础设施合作伙伴（Global Infrastructure Partners）的子公司特拉根电力（Terra-Gen Power）公司拥有。其中，谷歌和花旗银行累计为该工程投资 3.14 亿美元。Alta 风能中心第 1 期工程由保富风能建设（Balfour Wind Energy Constructors）公司完成，第 2～11 期工程由 Blattner energy 公司作为工程总承包商（EPC）负责完成，项目负责人是柯克·特雷西（Kirk Tracey）。该项目与公用设施连接的输电线路（包括架空与地下部分）、风力发电初步设计、施工监控、无线功率控制设计和调试、数据采集与监视控制系统、公用设施互联和调试、北美

Alta 风电场

电力可靠性公司（NERC）合规性研究等均由电力工程师（Power Engineers Incorporated）公司负责完成。

Alta 风能中心占地约 13 平方千米，共安设 600 台风力涡轮机，其安装海拔为 1～1.8 千米，绝大部分机型采用了维斯塔斯（Vestas）公司生产的 3 兆瓦的风电机组，总功率 1550 兆瓦。项目包括配套设施、服务道路、电力收集系统、输电线路（包括架空和地下部分）、电气开关站和变电站等。基础设施建设包括配备数据采集与监视控制系统的数据输入输出通信电缆、气象塔、防雷系统和其他运维设施。

Alta 风能中心这一伟大工程，标志着美国清洁能源事业登上了新高度，在荒野中的风能中心不仅作为美国最大的风力发电项目向加利福尼亚州公用事业公司提供清洁能源；还创造 3000 多个制造、建筑和维护工作岗位，为当地经济贡献超过 10 亿美元；更成为加利福尼亚州地区一个重要的观光景点。Alta 风能中心的建设是美国风电事业的里程碑式建筑，极大地推动了南加利福尼亚州地区在经济和旅游观光等方面的发展。

一、工程背景

美国在 20 世纪 60 年代开始涉足风电领域，当时美国政府意识到对化石燃料的依赖是一个重大的国家安全问题，同时也是一个环境问题。因此，美国开始积极投资和推动可再生能源的发展，风能是其中一个重要组成部分。

20 世纪 70 年代，石油短缺引发了风力发电技术的复苏。美国的风电产业主要集中在西部和西南部地区，特别是加利福尼亚州和得克萨斯州。这些地区的风力资源丰富，而且当时的政策也鼓励可再生能源的发展。在这个时期，美国的风电产业主要依赖于政府补贴和税收优惠等政策来推动发展。在政府激励措施和清洁能源需求的刺激下，风力涡轮机逐渐代替了老式风车。风力发电设施变成了"农场"，覆盖数千亩的土地。

随着技术的不断进步和规模经济的实现，风电在美国逐渐成为一种具有竞争力的清洁能源。20 世纪 80 年代和 90 年代，美国的风电产业继续发展，特别是在加利福尼亚州。美国开始研发更大功率的风力发电机组，以提高风电的效率和可靠性。

进入 21 世纪，低碳环保的新能源迅猛发展。为了满足应对气候变化的承诺，风力发电量呈指数级增长。

正是在上述背景下，Terra-Gen Power 公司以 3.25 亿美元从澳大利亚基础设施基金（Allco Finance Group）收购了因破产而停工的阿尔塔 - 奥克溪英哈韦风电项目（Alta-Oak Creek Mojave），随后将其改建为 Alta 风能中心。该风电场项目在蒂哈查皮附近开发，是 20 世纪 70 年代后美国建造的第一个大型风电场，是现代风电项目规模和范围不断增长的有力例证。

二、工程价值

1. 工程主要成果

Alta 风能中心是美国规模最大、施工环境最恶劣的风力发电场，在风力发电场的位置选址、风力发电机的拓扑排布以及政府对于风电行业的监管创新等方面均开创了先例，对于整个风电行业产生了巨大的影响。

2. 工程主要技术

Alta 风能中心突破了在山口位置建立风力发电厂的一系列地质挑战。Alta 风能中心位于蒂哈查皮山脉的一个山口，蒂哈查皮山口位于蒂哈查皮山脉和内华达山脉之间，这两个地区的温差产生了风。来自沙漠的热空气上升，冷空气冲进来取代它，垭口就像一个漏斗，加快了风的速度。因此，Alta 风能中心是安装风力涡轮机的完美地点。但是，在山麓中建设工程项目，会遇到气候、交通，尤其是地质条件方面的困难。在项目施工过程中，风力涡轮机基础勘察遇到了易坍塌的无黏性土壤，并且一部分施工区域位于加利福尼亚州阿尔奎斯特－普里奥地震断层带内，需要提前进行土壤钻探、连续岩石取心、地质灾害调研、边坡稳定性评估等工作，以降低涡轮机安装和电缆铺设的风险。

Alta 风能中心实现了风力发电厂风速范围的突破。风力涡轮机的效率取决于风力强度和风速，风电场选址允许的平均风速在 20 世纪 80 年代和 90 年代通常认为在 15～16 千米／小时。根据加利福尼亚州的风势图，蒂哈查皮山脉的风速范围为 19.7～24.8 千米／小时，这为这些风力涡轮机在一个非常高效的水平上运行提供了一个极大的挑战。

Alta 风能中心在涡轮机排布与间隙设计方面做出了重要创新。为了能够让风顺利地进入风力涡轮机，必须保障该地区的障碍物尽可能少，这就是为什么大多数风力发电场不设置在城市或人口密集的地区，而是位于沙漠、山谷或其他开阔的土地上。另外，涡轮机的相互阻碍也是一个问题。因为无论风力有多强或多快，一个涡轮机的阻挡会让另一个涡轮机无法获得足够的风，这将导致发电效率降低。解决此问题的方案是在涡轮机之间保持适当的距离，而同一排的涡轮机最好是等距间隔。这些设计技术问题都在 Alta 风能中心得到了完美解决。

3. 工程管理创新

Alta 风能中心通过先期分区的工程规划，实现了分区施工、先高后低的合理施工方式。由于风力发电场占地面积很大，会涉及不同的土地所有方。另外，高海拔、复杂的地势对于设备运输也是很大的挑战。Alta 风能中心首先进行了道路修建，并使用全球定位系统（GPS）地图系统辅助进行 3D 图纸的绘制。利用 AutoCAD Civil 3D 软件进行自动化机械引导，将绘图数据直接加载到施工设备上。通过分区及先高后低的施工规划，大大减少了设备掉头施工的情况。

Alta 风能中心创新采用了智能安全施工管理模式。Alta 风能中心配备了具备主动安全系统的建筑机械，采用了先进的智能检测系统和数字化技术管理平台用以监控现场施工并提供远程技术支持，并通过快速、准确、可靠的数据收集与梳理，指导工程设备的生产、安装及调试。

4. 工程生态价值

Alta 风能中心实现了大量的碳减排。Alta 风能中心与南加利福尼亚州政府签署了为期 25 年的能源购买协议，每年为南加利福尼亚州提供 1550 兆瓦的清洁可再生能源。通过替代化石燃料，该项目减少了 520 多万吨的二氧化碳排放量，相当于减少了 61.88 万辆燃油汽车的碳排放量。

Alta 风能中心在建设过程中充分保护了野生生物。由于 Alta 风能中心选址处于海拔较高的山区或人迹罕至的地区，风力发电厂项目建设过程中发现一些野生动植物生存于此。项目地区生存着一种几乎灭绝的本土植物贝克斯菲尔德仙人掌，同时生存着加利福尼亚州地区的保护物种莫哈韦沙漠龟。工程建设方 Balfour Wind Energy Constructors 公司记录了所有仙人掌的位置并进行编号，针对其保护环境申请了施工许可证。另外，建设公司在所有工作区域安装乌龟围栏，聘请生物学家完成所有工作区域的乌龟生活环境调查，满足了加利福尼亚州地区政府的各项生态保护法规。在工程运行之后，野生动植物的数量不仅没有降低，反而较开工建设之前有所增长。

5. 工程社会价值

（1）风电是一种可再生的清洁能源，对于减少温室气体排放和应对气候变化具有重要意义。加利福尼亚州作为美国最发达的地区之一，对清洁能源的需求量很大，而风电作为一种具有经济竞争力的清洁能源，可以为加利福尼亚州提供大量的能源，同时减少对传统化石能源的依赖。

（2）风电产业的发展可以带动相关产业链的发展，创造就业机会。例如，风电设备的制造、安装和维护都需要大量的人力资源，同时，随着风电产业的发展，也会带动其他相关产业的发展，如新能源材料、智能电网等。

（3）风电产业的发展可以带来税收收入。政府可以通过对风电项目进行税收优惠或者补贴等方式，吸引更多的投资者和企业家参与风电产业的建设和发展，从而增加政府的税收收入。

（4）风电产业的发展可以带来社会效益。例如，通过发展风电产业，可以减少对传统化石能源的依赖，从而降低对石油、煤炭等传统能源的进口依赖，提高国家的能源安全性。此外，风电作为一种清洁能源，还可以改善空气质量，减少环境污染，提高人民的生活质量。

综上所述，Alta 风能中心的社会价值非常显著，不仅可以提供清洁能源，还可以带动相关产业的发展、创造就业机会、增加税收收入、带来社会效益等。

三、工程启示

1. 成功关键因素

Alta 风能中心建设成功的关键在于专业的技术团队、持续资金投入和高效的分工协作。例如，从地理条件方面考虑，600 台涡轮机中的一半必须放置在山顶，交通条件极其复杂，部分区域根本无法进入，这就要求技术团队需等待道路建成后才能开始工作。为了满足项目需求，建设方组建了专门的技术团队，其中包括 5 名地质学家和驻场工程师、2 名审查工程师（APR）、5 名项目工程师和 5 名实验室技术员。同时，为提高项目协作能力，建设方根据需要快速调动多台钻机，派遣地质学家和工程师同时负责多处区域勘探设计，以加快施工进度。在施工期间，项目勘探队开凿了 126 个深度为 10 ~ 52 英尺[①] 的钻孔以及 20 个试验坑。Alta 风能中心项目在多阶段建设规划、多部门协同、组织管理模式、风力涡轮机排布间距等方面均为后来的风力发电厂建设提供了丰富的经验。

2. 工程哲学启示

Alta 风能中心的建造体现了工程方法论中统筹兼顾、综合考虑的思想。统筹兼顾反映了整体和部分的基本系统论命题，它以整体的最优化代替部分的叠加，强调预先的理性计划和决策，以及对各个因素重要性的评估。Alta 风能中心首先统筹兼顾了风能资源和土

---

① 1 英尺 =0.3048 米。

地资源的合理利用。在选址时，需要考虑风能资源丰富、风力稳定、风向一致的地方，同时也要考虑土地使用的合理性和合法性。其次统筹兼顾了环境保护和可持续发展。风电工程在建设和运营过程中，可能会对周围环境产生一定的影响，因此需要考虑环境保护和可持续发展的要求，采取相应的措施减少对环境的影响。在 Alta 风能中心的建设和运行中运用了统筹兼顾这一重要思想，综合考虑经济、环境与建设运行技术等各种因素，获得了全局最优的解决方案。

3. 工程立国思考

以 Alta 风能中心为代表的风能电站作为一种清洁、可再生的能源，对于美国的可持续发展和能源独立具有重要意义。风能作为一种可再生能源，可以满足美国不断增长的能源需求，同时减少对环境的影响，符合可持续发展的理念。这将有助于美国实现绿色能源转型，促进经济和环境的协调发展。美国一直致力于实现能源独立，减少对进口石油的依赖。另外，风能可以为美国提供可靠的清洁能源供应，从而降低对进口石油的依赖，提高能源安全性。

4. 未来发展指导

Alta 风能中心的建设标志着大型风电场在建设与运营技术上的成熟，并开始走向市场。长期以来，化石燃料因其成本低、技术成熟的优势，一直是发电的主要能源。但在全球气候变暖、世界各国控制碳排放的大背景下，化石燃料的不可再生性、空气污染等缺点使其发展前景黯淡。发展可再生清洁能源成为许多国家减少化石燃料依赖、实现绿色发展的战略选择。风能取之不尽，没有原料成本。风力发电 1 亿千瓦时，可节约 3 万吨标准煤，减少约 9 万吨二氧化碳的排放，节约淡水 20 多万立方米。而且风能代表着未来能源的发展方向，随着更大型、性能更好的风力涡轮机组的相继推出，风电成本已经具有市场竞争力。未来的风电涡轮机尺寸和风电场面积都将继续增大，为全球的能源需求提供更多的供应来源。

参考文献

[1] 世界上几个大型风电场简况. 中国农机工业协会风能设备分会《风能产业》, 2014(3): 82.

66 哥伦比亚号

全　称	哥伦比亚号航天飞机，简称：哥伦比亚号
外文名称	Space Shuttle Columbia

哥伦比亚号是美国国家航空航天局（NASA）所属的航天飞机之一，是美国的航天飞机机队中第一架正式服役的。哥伦比亚号首飞的顺利完成，使航天飞机作为人类历史上第一种可重复使用的载人航天器的轨道飞行和着陆能力得到了验证，是人类空间探索史上的里程碑。

哥伦比亚号的制造要从 20 世纪 60 年代说起。1968 年 8 月 10 日，NASA 宣布启动可重复使用的"航天飞机"计划。1972 年 1 月，美国总统尼克松批准了"航天飞机"计划。1979 年 3 月 24 日，哥伦比亚号由一架 B747-100SCA（航天飞机运输机）运抵肯尼迪航天中心。当哥伦比亚号抵达时，3 万片隔热瓦尚有 20% 未安装，安装好的又有相当部分需要更换，外部隔热系统在研发过程中经历了重大延误，导致哥伦比亚号的首次飞行推迟了两年。1980 年 11 月 26 日，哥伦比亚号在移动发射平台（MLP）与外部油箱和固体火箭助推器连接，之后进行机械、电气接口测试。接着进行了模拟发射和模拟中止发射，同时与发射控制中心和休斯敦约翰逊航天中心进行了通信与数据交换。1981 年 4 月 12 日发射成功。

哥伦比亚号造价约 12 亿美元，总长约 56 米，翼展约 24 米，起飞重量约 2040 吨，起飞总推力达 2800 吨，

哥伦比亚号

最大有效载荷 29.5 吨。它的核心部分轨道器长 37.2 米，大体上与一架 DC-9 客机的大小相仿。

哥伦比亚号的主要决策者是 NASA，由其负责制定项目目标、安全要求以及"航天飞机"计划的执行。哥伦比亚号的制造工作由多个单位分工完成，通用动力、洛克希德、麦道、格鲁门和北美－罗克韦尔等公司被授予不同分段的研发任务。

哥伦比亚号作为美国三年来飞向空间站的飞行器中第一艘完全奉献于科学研究的航天飞机，其载有多学科的科学实验，从蛋白质晶体生长的微重力试验到蚂蚁的行为研究，再到撒哈拉沙漠尘暴的卫星观察等。这些实验不仅增进了人类对宇宙的理解，也推动了生命与物质科学研究的发展。

一、工程背景

1969 年，NASA 向美国总统尼克松提出了后阿波罗太空勘测的几项提议，所有的提议均主张派遣宇航员到远太空进行一系列步骤的综合性太空计划。这些步骤包括建造航天飞机和空间站，然后使用空间站作为往返月球，甚至火星的起点。但是尼克松认为所有这些提议的成本过高，因此他仅通过了一项太空计划——航天飞机 [1]。

哥伦比亚号是美国第一架正式服役的航天飞机。航天飞机的出现是人类探索宇宙的一次重大突破，它能够使人类在太空中停留更长时间，进行更加深入的科学研究。此外，航天飞机可以降低太空探索的成本，同时提高太空任务的灵活性，为未来的太空开发提供更多可能性。

NASA 在 1972 年正式开始研制航天飞机，以满足对近地轨道的深入探索以及对太空实验站进行长期科学研究的需求。1978 年，哥伦比亚号被选中成为第一架正式服役的航天飞机。

哥伦比亚号的制造过程涉及众多高科技领域，如热动力学、材料科学、电子学等。其建造过程中使用了大量先进的工艺和材料，如碳纤维复合材料和高效能陶瓷等。整个建造过程历时数年，其间经过多次严格的质量检测和试验，以确保其能够在极端条件下安全运行。

哥伦比亚号的建造体现了人类对未知的探索和征服。从早期的火箭发射到载人航天，再到航天飞机的研制，人类不断地拓展自己的边界，寻求对宇宙的更深入了解。哥伦比亚号的成功发射和运行，使得人类能够在更加广阔的宇宙中开展研究工作，拓宽了科学研究的领域和视野。

二、工程价值

1. 工程主要成果

哥伦比亚号的研发和飞行过程中，产生了大量的新技术、新方法和新发明。这些创新在 NASA 的技术报告和其他公开文献中都有详细的记载。据 NASA 统计，仅在哥伦比亚号项目上，就有超过 1000 项的专利被授权。

哥伦比亚号的成功飞行和科学实验，获得了许多国际著名的奖项。其中，包括 NASA 的杰出成就奖、美国总统科学奖章、美国国家科学奖章等。

哥伦比亚号的点火升空开启了 NASA 太空运输计划的序章，同时也是 NASA 目前唯一一次在新的航天系统中第一次发射进行载人实验的任务。

2. 工程主要技术

（1）哥伦比亚号采用了固体燃料助推火箭技术。不同于其他火箭载人项目，航天飞机不会使用降落伞降落，而是像飞机那样在跑道上着陆，以降低载人航天计划的成本，这就是航天飞机的核心设计理念。为了达到合适的逃逸速度，航天飞机共使用了两个助推器，它们在完成使命之后坠入大西洋，回收后可以用于其他的发射任务。而航天飞机外部的液体推进剂外储箱则是在发射 9 分钟后脱落，坠落时燃毁。

（2）哥伦比亚号采用了热防护系统技术。哥伦比亚号配置了当时先进的热防护系统，以保护机身在进入大气层时免受高温和火焰的损害。该系统由耐高温材料和隔热材料组成，能够有效地将高温隔绝在机身外部，保证航天飞机的安全。

（3）哥伦比亚号采用了先进的降落系统技术。哥伦比亚号拥有安全且稳定的降落系统，以确保其在返航时能够准确、安全地降落在跑道上。该系统包括三个主发动机和一个辅助降落伞，能够在航天飞机降落时提供必要的推力和稳定性。

3. 工程管理创新

（1）哥伦比亚号的建造采用了系统工程的方法。该方法是将整个航天飞机看作一个复杂的系统，从整体上进行规划、设计、制造和测试，得益于这种管理方式，不同部门和单位之间能够更好地协作和配合，提高了整个项目的效率和质量。

（2）哥伦比亚号的建造采用了先进的项目管理方法。NASA 对整个建造过程进行精细化的管理和控制。这种方法使得项目的进度、成本和质量都能够得到有效的控制和管理，减少了不必要的延误和错误。

（3）哥伦比亚号的建造采用了创新性的质量标准和检测方法。NASA 注重质量控制，采用了一系列创新性的质量标准和检测方法，确保每一个部件和系统都能够符合要求和标准。这种方法使得哥伦比亚号在建造过程中能够保持良好的性能和品质，减少了后期出现问题的可能性。

4. 工程社会价值

（1）哥伦比亚号的使用有助于科学研究。哥伦比亚号在多次的载人航天飞行中，完成了许多航天任务，其中包括：生命科学空间实验室计划、微重力实验室建设、部署通信卫星、天空实验室建设等 [2]。此外，哥伦比亚号还向太空运送了许多至关重要的硬件设备，最著名的设备就是哈勃望远镜。航天飞机多次维修并升级哈勃望远镜，确保科学家能够观测到前所未见的宇宙景象。

（2）哥伦比亚号的使用有助于人类空间探索。投资 1000 亿美元建造的国际空间站成为太空环境下的一个复合式平台，它的成功建造离不开哥伦比亚号，这是航天飞机首次帮助人类在地球家园之外建造了一个太空立足点。通过航天飞机，人们能够抵达太空环境，并返回地面，通过航天飞机和国际空间站，人们掌握了如何在太空环境中生活，以及如何在太空环境下进行科学实验，而这些空间站和立足点的建设，都离不开哥伦比亚号在该领域开创的先河。

三、工程启示

1. 成功关键因素

（1）哥伦比亚号成功的重要保障是 NASA 拥有的众多优秀科学家、工程师和技术专家。这些技术人员在航天领域有着丰富的经验和专业知识，对整个建造过程发挥了关键作用，为哥伦比亚号的设计和制造提供了强大的技术支持。

（2）哥伦比亚号成功的基础是美国政府为其建造提供了充足的资金保障。充足的资金使得 NASA 能够购买先进的设备和材料，雇佣优秀的技术人员，同时也能够应对意外情况和挑战，使得整个项目能够顺利进行。

（3）哥伦比亚号成功的必要条件是技术创新。NASA 在建造过程中采用了计算机辅助设计、数字化制造等，这些技术的应用提高了设计和制造的效率和精度，减少了人为错误和失误的可能性。

2. 工程哲学启示

哥伦比亚号的设计和建造过程，是人类对科技和未知的追求和探索，这种追求和探索精神是工程哲学中工程价值论的重要体现。工程价值论是从主体的需要和客体能否满足主体的需要以及如何满足主体需要的角度，考察和评价各种物质的、精神的现象及主体的行为对个人、阶级、社会的意义。哥伦比亚号是一种集成了多项高科技和创新技术的航天器，它采用了最先进的材料、发动机和电子设备，以实现安全、高效和可持续的飞行。这种科技与创新的结合，是人类对未知的探索和对科技进步的追求，体现了人类不断追求卓越的精神。这种价值观和追求不仅体现在科学家的努力和创新上，也体现在社会公众对航天事业的关注和支持上，不仅推动了航天事业的发展，也推动了人类社会的进步和发展 [3, 4]。

3. 工程立国思考

（1）哥伦比亚号对美国具有重大的科技价值。哥伦比亚号作为美国航天计划的重要组成部分，其发射成功和运营对于美国在航天技术领域的全球领先地位和国际形象具有重要意义。作为当时世界上最先进的航天器之一，哥伦比亚号的技术研究和开发为美国在航天领域的进一步发展奠定了重要基础。

（2）哥伦比亚号是美国重要的政治象征。哥伦比亚号的成功发射和运营展示了美国在航天领域的强大实力和领导地位，这对于提升美国的国际地位和政治影响力具有重要意义。同时，航天飞机的国际合作也为美国与其他国家建立友好关系提供了平台和机会。

4. 未来发展指导

哥伦比亚号的建造与成功，对未来空间科学和航天工业的发展具有重要指导作用。哥伦比亚号提供了在低地轨道进行频繁、低成本访问的经验，展示了可重复使用航天器的可行性和优势，这为未来的太空探索和科学研究铺平了道路，也为未来的太空科学、技术演示和商业应用提供了更多的机会。哥伦比亚号的设计和建造代表了当时最先进的科技和工程水平，而它所携带的科学实验和设备也推动了我们对太空的理解和探索。哥伦比亚号是人类探索太空的一次壮举，对美国和其他国家的太空政策和规划产生了深远的影响，它促使人们更加重视太空航天器的利用与研制，推动了航天科技的发展和创新，是人类探索太空了解宇宙的一座丰碑。

参考文献

[1] 约翰·杨, 罗伯特·克里本. 哥伦比亚号的光荣首航. 中国科技纵横, 2003(3): 44-54.

[2] 伊林. 网上纵谈"哥伦比亚"号. 知识就是力量, 2003(3): 6-8.

[3] 吴国兴. 对哥伦比亚号失事原因的思考. 国际太空, 2003(3): 14-19.

[4] 安立志. 祭哥伦比亚号. 阅读与鉴赏, 2003(5): 59-61.

67　大人工河

全　称 利比亚大人工河，简称：大人工河

外文名称 Great Manmade River

　　大人工河是当今世界上输水管线最长、管径最大、投资最多的远距离地下输水工程，是世界最大规模人工从沙漠地下取水的调运工程。吉尼斯世界纪录将该人工河列为世界上最大的灌溉工程。

　　大人工河[1, 2]的主要任务是抽取撒哈拉沙漠的地下淡水，再用累计全长约 4000 千米、直径 4 米的巨型钢筋混凝土管道，输送到利比亚各地。该工程始建于 1983 年，一期工程 1991 年 8 月竣工，二期工程 1998 年 6 月竣工，前两期工程把水输送到班加西、锡尔特、的黎波里等沿海中心城市，三期、四期工程于 1998 年开工。

　　大人工河工程总造价接近 250 亿美元。至 2000 年 6 月，共完成大小水池 10 座、泵站 7 座、水处理站 3 座等，总计完成混凝土量 61 万立方米，铺设预应力钢筒混凝土管[3, 4]（PCCP）425.6 千米。该工程计划在沙漠中共打井 1300 眼左右，大部分井深超过 500 米，每天从这些水井中抽取地下水约 643 万立方米，通过地下水泥管道以及沿途多级泵站，输送到北方数十座水库，能够满足北方沿海工业、城市市政用水以及 4 亿立方米的农田灌溉的需求。

　　大人工河一期、二期工程均由韩国东亚财团（DAC）承包施工，英国公司进行设计，并负责质量监督控制。1994 年 5 月铁道部中国土木工程集团有限公司（CCECC）与施工总承包方韩国东亚财团签订分包合同，通过分包方式参与大人工河项目的建设。沈阳铁路局锦州工程（集团）有限责任公司承揽了利比亚大人工河项目的施工。至今已先后派出工程技术人员、管理人员、操作人员 2000 余人次。为了使这一举世瞩目的工程得以顺利实施，利比亚成立了专门的政府机构——大人工河工程管理执行局，负责这一工程的建设管理。

　　大人工河不仅解决了北部地区的生活用水问题，也保障了工业和农业生产，实现了经济效益和社会效益的双丰收。从南部撒哈拉沙漠地区打井调水，将淡水引到北方约 644 千米以外的地中海沿岸城市。20 世纪 90 年代中期，沙漠中的淡水已经可以供应利比亚首都的黎波里，到 21 世纪初，利比亚东北部沿海城市也实现了通水。

一、工程背景

利比亚是一个位于非洲北部、地中海南岸的国家，总面积 176 万平方千米，排名世界第十六位。虽然利比亚国土广阔，但 90% 土地为沙漠地区，人口承载能力非常有限。一望无际的撒哈拉大沙漠使它在世界上享有"沙漠之国"的称号。利比亚经济中心和 90% 以上的人口均集中在北部的地中海沿岸区域，气候属于亚热带地中海气候，不过降水却比一般的地中海气候区少。长期以来，利比亚地区以农业为主，如果遇到降水较多的年份，粮食的产量可以满足日常所需，但由于自然环境使然，降水多的年份可遇不可求。

到了近代，西亚地区首先发现了石油。从此之后，随着世界对石油需求的不断扩大，西亚国家也开始了飞速发展，很快从落后的农业国变成了富裕的石油国。

看到西亚的邻国靠石油逐步发展起来，北非国家也开始了大规模的石油勘探，其中埃及并没有发现充足的石油资源，这也导致后来的埃及开始落后于其他石油国。由于西亚地区的石油多为沙漠中发现，利比亚最初也开始在撒哈拉沙漠地区进行大规模的石油勘探。20 世纪 50 年代，利比亚经过对南部沙漠的勘探之后，并没有发现可供开采的石油资源，但却发现了淡水。

根据科学研究，在 5 万年前，撒哈拉沙漠地区还是一片广袤的草原，降水非常充足，而且这一区域的岩性以砂岩为主。长久以来，丰富的降水渗入地下砂岩中，形成了一个厚度为 140 ~ 230 米的巨大的含水层，水量非常丰富。据估算，该含水层的淡水储存量为 150 万亿 ~ 370 万亿立方米，大约相当于尼罗河 200 年的总流量，是北美五大湖淡水总含量的 6 ~ 16 倍。这片地下淡水海，隐藏在埃及、利比亚、乍得及苏丹的沙漠下，是一座极为丰富的淡水宝库。20 世纪 80 年代，随着北部地区石油的发现和开采，利比亚经济有了很大的提升，逐步开始考虑开发利用沙漠地区的地下淡水资源。

利比亚政府为了结束依靠海水淡化的历史，结束对农产品过分依赖进口的局面，提出要把所属的北撒哈拉地区变成农业高产地区，使这个国家有朝一日成为世界上重要的粮食和其他食物产品出口国之一。1976 年起，利比亚在全国范围内开展了一场垦荒、改良水土、建立牧场和增加可耕地面积的声势浩大的"绿色革命"运动。大人工河项目就是"绿色革命"的重要任务之一。

利比亚农业部高级官员曾经在会见应邀访问的各国媒体记者代表团时表示，尽管大人工河工程耗资巨大，但它与通过其他方式获取水资源相比，费用还是比较低的。据有关方面测算，当时如果通过管道从最近的南欧运水，每利比亚第纳尔可获取水 0.74 立方米；通过船运方式是每利比亚第纳尔可获取水 1.05 立方米；海水淡化则每第纳尔可获取水

0.79 立方米；而通过大人工河工程采地下水则每第纳尔可获取水 9 立方米。该工程还对满足利比亚城市市政等方面的用水需求、促进该国工农业的快速发展发挥着不可估量的作用。

1983 年，卡扎菲控制下的议会通过了关于大人工河项目的最终方案，这一历史性工程开始建设。

二、工程价值

1. 工程主要成果

鉴于大人工河工程在国际上的巨大影响，1999 年联合国教育、科学及文化组织专门设立了"大人工河国际水奖"，旨在奖励那些在干旱地区用水方面有所作为的个人或团体。

2. 工程主要技术

由于管道直线距离长，所经地区施工条件比较复杂，施工难度比较大，需要采取可行的技术措施保证长距离大管径输水管道在设计年限内正常使用。

（1）大人工河应用 PCCP 铺设安装成套技术。PCCP 是一种预应力钢筒混凝土管，它是由钢筒、预应力钢丝和混凝土构成的复合管材。PCCP 具有承受内外压力、承受弯矩、结构轻便、抗震性能好、安装方便等优点，被广泛应用于大直径长距离输水管道中。在施工前需要做好现场勘查；对基础进行平整、夯实和垫层处理，以确保管道安装后的稳定性和安全性；按照施工设计要求进行摆放和连接，注意管道的接口要密封、牢固，防止漏水、漏气等问题；对预应力钢丝进行张拉，以增强管道的承载能力和抗压性能；进行水泥混凝土的浇筑，确保混凝土密实、无气泡，并对管道接口处进行特殊处理，以保证接口的牢固性和密封性。在施工过程中要注意安全操作和环境保护，实现工程的安全、环保、可持续发展。

（2）大人工河应用 PCCP 牺牲阳极法防腐技术。该方法主要是利用金属的电化学性质，将一种比 PCCP 金属更活泼的金属作为阳极，与 PCCP 连接，从而防止 PCCP 的腐蚀。阳极通常采用镁合金或锌合金。这些合金在与 PCCP 连接时，会形成原电池，其中活泼的金属作为阳极，PCCP 作为阴极，从而保护了 PCCP 不受腐蚀。该技术具有安装简单、维护方便、使用周期长等优点。同时，该方法还可以提高 PCCP 的耐久性和安全性，降低维修和更换的成本。

3. 工程社会价值

（1）项目全部完成后将充分保证利比亚粮食自给。1983 年，大人工河项目正式启动，计划用 50 年时间从 1300 口水井中将淡水引到北方约 644 千米以外的地中海沿岸城市。1989 ~ 1991 年，大约 2400 千米长的管道将淡水引向了 3 个巨大的水库，1996 年将淡水引到了的黎波里，2007 年则到达盖尔扬的东北部城镇，惠及 650 万居民。当该项目的第五阶段和最后阶段完成时，整个输水网络将拥有 4000 千米的管道，灌溉 15.5 亿平方米的土地。

（2）解决了利比亚人民的生活用水问题。在卡扎菲执掌利比亚政权的 40 年间，成功推动了大人工河这一令人难以置信的基础设施项目，在撒哈拉沙漠广袤的沙子下面铺设巨大的管道，将古老的淡水湖的水引到利比亚。利比亚政府通过大人工河项目，在一定程度上保证了本国饮用水供应，极大地缓解了当地饮用水短缺的问题 [5]。

4. 工程生态价值

大人工河项目使部分区域从沙漠变成绿洲。目前，该工程每天可运输大约 650 万立方米的水用于农业及当地人民生活，折合起来，每年可消耗 23.7 亿立方米的淡水。如果这种消耗速度维持不变，利比亚的含水层理论上可以供应这种"化石"水长达 1000 年，整个系统建成后能为 15.5 亿平方米农田提供灌溉水源，这将使大部分区域从沙漠变成绿洲。此外，大人工河建造时修建的一些储水水库，调节了当地小气候，夏天的气温有所降低。水库旁引来了鸟类，植被也有所增加，生态效益明显。

三、工程启示

1. 成功关键因素

大人工河工程融合了多个国家和地区的先进工程技术。大人工河工程建设中，利比亚政府充分利用国外先进的 PCCP 技术及建设经验，来解决本国无此技术及能力完成的事情。工程建设实行国际招标，其 PCCP 管道工程由东亚建设 + 大韩通运公司中标，韩国东亚财团承包施工，英国公司负责设计和监督，世界上多个国家的公司均不同程度地参与了工程建设。大人工河汇集了多个国家的工程智慧。利用国外的先进技术打造本国一流工程，体现了"民族的就是世界的"。这种建设模式给许多国家开展基础设施建设提供了重要的启示和借鉴。

2. 工程哲学启示

大人工河项目体现了工程哲学方法论中目标明确和世界观中系统性和综合性的思想。首先，大人工河项目不仅是解决利比亚的缺水问题，为农业和工业提供足够的水源，还要实现粮食自给和经济发展等多重目标；其次，大人工河项目是一个复杂的系统工程，包括水资源开发、输送、分配、使用和保护等多个环节，每个环节都需要进行详细的分析和研究，同时，还需要考虑利比亚的气候、地质、水文、生态环境等多种因素，以及社会经济条件和政策的影响，以确保整个系统的协调和稳定。

3. 工程立国思考

大人工河工程通过开采地下水，解决了利比亚等地表水缺乏的问题，为当地居民提供了可靠的饮用水。通过灌溉和供水，改善了农业和畜牧业生产条件，促进了工业发展，提高了当地居民的生活水平。在面对自然环境的挑战时，不仅需要发挥人类的智慧和勇气，积极寻找解决方案，也需要注重环境保护和可持续发展。

4. 未来发展指导

大人工河对未来人工河建设发展的指导意义主要体现在以下几个方面：

（1）注重水利工程的可持续发展。大人工河采用了可持续的能源和水资源管理方式，对自然环境和生态系统友好的工程技术，确保了水利设施的长久稳定运行。这种可持续性的理念对未来人工河建设发展具有重要的指导意义，鼓励设计师在考虑工程的功能性和经济性的同时，也要注重可持续性和长期效益。

（2）提高智能控制和检测系统的应用水平。大人工河采用了自动化控制系统、水资源监测系统等许多高科技的设备和系统，这些高科技的应用提高了人工河的运营效率和管理水平，鼓励设计师在考虑工程的功能性和经济性的同时，也要注重高科技的应用和创新。

（3）平衡经济效益和社会效益。大人工河项目在设计和建设过程中，注重经济效益和社会效益的平衡。它不仅提供了农业、工业和居民生活用水，还带动了当地经济的发展和就业。这种经济效益和社会效益的平衡对未来人工河建设发展具有重要的指导意义，鼓励设计师在考虑工程的功能性和经济性的同时，也要注重社会效益和经济效益的平衡。

参考文献

[1] 张亚平. 世界的输水工程: 利比亚大人工河. 北京: 中国建筑工业出版社, 2003.

[2] 徐振声. 大人工河——来自利比亚的报告. 北京: 中国书籍出版社, 2001.

[3] 王震亭. PCCP在利比亚大人工河工程中的应用. 给水排水技术动态, 1996(2): 70-73.

[4] 张泽祯. 预应力钢筋混凝土钢筒管在利比亚大人工河工程的应用. 水利水电技术, 1996(11): 62-63.

[5] 全国政协人口资源环境委员会赴利比亚考察组. 利比亚管道输水工程考察报告. 中国水利, 2002(1): 45-46.

68 扎波罗热核电站

全　　称 扎波罗热核电站

外文名称 Запорізька АЕС，Zaporizhzhia Nuclear Power Plant

　　扎波罗热核电站是乌克兰最大的核能发电厂，超过著名的切尔诺贝利核电站，也是欧洲最大的核能发电厂之一。电厂位于第聂伯河卡霍夫卡水库河畔，靠近埃涅尔戈达尔。它建有 6 座 VVER-1000 压水反应堆，各可输出 950 兆瓦的电力，总输出功率为 5700 兆瓦。

　　扎波罗热核电站自 1980 年开工建设，前五座反应堆在 1985 ～ 1989 年陆续竣工营运，第六座反应堆 1986 年开工。1994 年 2 月，乌克兰总统列昂尼德·克拉夫丘克发布指令，要求在 1999 年之前完成在建的 5 座 VVER-1000 核反应堆，包括扎波罗热核电站 6 号反应堆，该堆于 1995 年 10 月 17 日以 250 兆瓦的功率并入电网，开始正式运营，成为乌克兰独立后的首个核反应堆。2017 年 3 号机组完成了现代化改造工作，将使用寿命延长 10 年至 2027 年。2021 年，其 5 号机组完成了现代化改造工作，同样延长了 10 年的使用寿命。

　　扎波罗热核电站占地面积约 105 万平方米，其建设投资的人力物力财力均由政府（前期苏联、后期乌克兰）提供，总投资由于横跨苏联解体节点，目前已不可考。

　　扎波罗热核电站建造者、所有者及运营单位是乌克兰国家核能发电公司（英文名称为 Energoatom），是一家乌克兰国有企业，隶属于乌克兰能源部，该公司

扎波罗热核电站

经营着乌克兰境内所有 4 座核电站。

扎波罗热核电站供应了乌克兰一半以上的核能电力，约占全国总电量的 1/5。扎波罗热地区是苏联的工业战略基地之一，也是乌克兰电力工业中心。扎波罗热核电站的建成，使得乌克兰在运行的核反应堆数量、总容量和发电量世界排名第七，在欧洲排名第五。

一、工程背景

随着全球经济的快速发展，能源需求不断增加，而传统能源的供应面临诸多挑战，如资源枯竭、环境污染等问题。这使得人们开始寻找替代能源，而核电作为一种高效、清洁的能源形式，逐渐受到重视。1973 年，中东石油危机爆发，世界油价大幅上涨，这使得各国开始寻找替代能源，以减少对石油的依赖。核电技术的发展和成熟也为核电的快速发展提供了支持。核电站建设的技术难度较高，需要解决许多技术难题，如核燃料循环、核废料处理、核安全等问题。随着技术的不断进步，核电的经济性得到了提高，同时安全性也得到了保障，这使核电成为一种具有竞争力的能源形式。环保意识的提高也促进了核电的发展。传统能源的开采和利用过程中会产生大量的污染和废弃物，对环境造成严重的影响。而核电作为一种清洁能源，不产生温室气体和空气污染，因此被认为是一种可持续发展的能源形式。

苏联在电力工程建设方面有许多个世界第一，其核电站的发展始于 20 世纪 50 年代。在第二次世界大战结束之后不久的 1954 年，苏联就建成了世界上第一个核电站。当时世界处于冷战时期，尽管美国西屋公司在不久之后也建成了核电站，但苏联领先美国一步建成核电站，仍具有重要的政治象征意义。

到了 20 世纪 70 年代末期，苏联在乌克兰开始了大规模的核电站建设，1979 年苏联部长会议决定建造扎波罗热核电站。20 世纪 80 年代苏联掀起了核电站建设的高潮，扎波罗热核电站于 1980 年动工，1985 年正式运行[1]。

在扎波罗热地区建设核电站是苏联重要的战略决策。扎波罗热地区位于乌克兰东部乌克兰第聂伯河卡霍夫卡河畔，连接乌克兰和俄罗斯，在历史上经历了多次战争、海上争夺和领土争端，至今仍然是国际政治舞台上的焦点之一，其战略意义不可忽视。该地区临近径流丰富的河流，拥有充足的冷却水资源，这对于核电站的运营也是非常关键的因素。

二、工程价值

1. 工程主要成果

扎波罗热核电站目前是乌克兰最大的电力供应商，位列世界十大核电站之一。扎波罗热核电站创新采用了一种当时条件下最安全的反应堆类型，即压水反应堆，体现了当时苏联最高的核能工业技术水平。

2. 工程主要技术

扎波罗热核电站创新开发了乏燃料干式储存设施（SFDSF），并首次投入使用。电厂为压水堆核电站反应堆开发并配套建造了现场 SFDSF，该设施的商业运行于 2004 年 8 月 10 日开始。扎波罗热核电厂 SFDSF 的设计容量为 380 桶，可用于存放在整个工厂使用寿命期间从反应堆中取出的所有乏燃料组件。目前，现场已经安装了多个乏燃料储存桶。扎波罗热核电站 SFDSF 的设计通过了乌克兰立法机构所有的审查和批准。

扎波罗热核电站发明并应用了科尔佐（Koltso）信息收集与测量系统。该系统用于对扎波罗热核电站工业现场、核卫生防护区和 30 千米辐射控制区进行定期辐射监测。国际原子能机构（IAEA）的国际专家团对扎波罗热核电站的辐射安全监测做出了高度评价。2002 年，扎波罗热核电站以满分成绩完成了 IAEA 的运行安全审查小组（OSART）任务，2016 年 OSART 又对扎波罗热核电站进行了持续辐射安全审查，核电站成功通过了这次审查[2]。

3. 工程管理创新

扎波罗热核电站建立了一套以备份安全培训中心为核心的安全管理模式。为了防止切尔诺贝利的重现，1992 年扎波罗热核电站建立了由全功能模拟器组成的备份安全培训中心，这些模拟器完全模拟了 1、3、5 号机组的控制室，以为核电站操作人员提供高水平的职业培训，并在模拟的突发情况下考察操作人员的应急反应能力。以备份安全培训中心为核心构建了一套严格的核电安全管理模式，包括人员定期的脱岗培训、定期重新考核、安全设备的不定期抽检等。迄今，扎波罗热核电站保持了非常良好的安全记录。

扎波罗热核电站具有一套高效权威的工程管理体系。苏联时期能够建设如此多核设施，与其拥有一个较为成功的核工程领导决策管理机构密不可分，苏联的核工程决策管理体制，基本上就是苏联经济体制的缩影，较为高效。中国工程勘察设计的规范，很大部分也都参考了当时苏联的经验。苏联核工程的决策核心具有较高权威、分工明确的特点。有效率的决策管理机构必须有一个具有高度权威的核心，以做到令行禁止。苏联核工程的决策核心由特别委员会议组成，特别委员会主要管理核工程内部的一般性事物，而部长会议则负责工程的重大事务，两个机构均有相当高的权威，其做出的决议和政策，相关部委、各部门必须严格执行，下达的任务必须在规定期限内完成。此外，苏联核工程的执行机构非常得力，第一总局以及后来成立的第二总局是苏联核工程的管理执行机构，全权负责管理核工程下属各个企业和科研机构。

4. 工程社会价值

扎波罗热核电站为乌克兰提供了重要的能源保障。扎波罗热是乌克兰重要的工业中心，电力供应充足。世界著名的飞机发动机制造商坐落于该市，同时该市也是乌克兰主要汽车生产中心的所在地。俄国革命结束后，这座城市就已成为重要的工业中心。目前，扎波罗热仍是乌克兰地区重要的工业中心，拥有重工业和化学工业等部门。当地庞大的工业体系，意味着对电力能源的需求较高，而扎波罗热核电站的 6 个核反应堆，为乌克兰提供了 1/5 以上的电力，为当地乃至乌克兰经济发展提供重要保障。乌克兰十分依赖核能。目前，乌克兰包括扎波罗热核电站在内，至少有一半的核反应堆在满负荷地运行，扎波罗热核电站一旦运行中断，全国的电力供应都会受到影响。由于中断运作的风险太高，不到最后一秒，核电站的管理人员都不会中断核电站的运行。电力能源作为工业发展的命脉，在苏联时期受到高度重视，在 2022 年俄乌冲突中扎波罗热核电站的战略重要性进一步凸显。

5. 工程生态价值

扎波罗热核电站拥有零空气污染优势，是煤电的首选替代能源。核电不产生二氧化碳等温室气体，也不产生任何二氧化硫和氮氧化物等可导致酸雨的气体，不像煤电等化石燃料发电那样会排放巨量的污染物质到大气中，对空气的污染是"零"，即使是水电、风电、太阳能发电等可再生能源在这一点上也无法相比。甚至，其放射性污染也比煤电少得多，正常运行时所产生的辐射量小于周边自然界。国际能源署（IEA）年度《全球能源展望》报告中称，核电对应对气候变化、达成减排目标有着不可或缺的作用。

三、工程启示

1. 成功关键因素

扎波罗热核电站的成功源于社会主义制度集中力量办大事。扎波罗热核电站的建设正处于美苏争霸时期，得益于社会主义集中力量办大事的优势和苏联政治体系强大的执行力，明确了核电站建设过程的重点、次序、路径、方法，确保核电站建设的系统性、整体性和协同性。因此，核电站的建设过程较为顺利。

扎波罗热核电站的成功基于先进的电站设计方案。扎波罗热核电站是乌克兰第一个拥有 VVER 型压水反应堆的核电厂，压水堆以轻水作为慢化剂及冷却剂，反应堆体积小，燃料铀浓度较低。在压水堆核电站中，有放射性的一回路系统与二回路系统分开，放射性冷却剂不会进入二回路而污染汽轮机，运行、维护方便，需要处理的放射性废气、废水、废物量较少。此外，这些反应堆建造了现场 SFDSF，拥有多项技术创新。

扎波罗热核电站的成功因素在于极端重视核电运营安全。20 世纪 90 年代初，扎波罗热核电站建立了由全范围模拟器组成的培训中心，安全管理模式较为先进，并采用了反应堆功率控制、冷却剂温度和压力监测等方法保证核燃料棒的完整性和可靠性等。此外，核电站运营单位定期进行安全检查和维修，并邀请国际原子能机构现场鉴证安全检查。这些因素都为核电站的安全稳定运行奠定了基础。

2. 工程哲学启示

扎波罗热核电站作为苏联第一座压水堆核电站，其建造包含土建、安全、核物理等学科的融合和交叉，成功运用了工程哲学方法论中的集成创新和系统构建方法。集成创新和系统构建是指由上而下为了实现集成创新和建构功能按照特定目标及其技术要求，形成具有复杂结构的有机整体。在扎波罗热核电站的建设期，核电站关键重大事务决策涉及苏联的国家安全和国计民生，政府关键部门作为决策核心拥有高度权威，将各种资源、技术、知识和人员集成在一起，使各个系统有效协调通力合作，确保相关的决定和政策得到有效的贯彻和实施。最终使得扎波罗热核电站建成了第一座 VVER 型压水堆核电站，取得了举世瞩目的胜利。

3. 工程立国思考

扎波罗热核电站的建成及运营，是苏联核工业实力的体现，战略意义非凡。目前，扎波罗热核电站所有反应堆，除 6 号反应堆 2027 年达到设计寿命外，其余 1～5 号反应堆已达到原设计使用年限，核电站通过改造提升相继将反应堆使用寿命继续延长 10 年，核电站得以继续发电。因此对于大型项目，一次投资建设时期，应长远考虑达到设计使用寿命后该如何处置的问题，报废还是改造，未来都是重点议题。同时，随着信息技术、人工智能等技术的发展以及元宇宙概念的兴起，未来的核电站会更加智能化，极大地降低运维成本及安全风险。

4. 未来发展指导

核安全是核能发展永恒的话题。核安全不仅在狭义上包括技术安全、管理安全，更在广义上包括政权安全和政治安全。虽然核安全研究学者普遍认为乌克兰核设施的安全不该受到任何政治决定的威胁，但事实上地缘政治对核安全的影响是复杂而深远的。地缘政治的冲突和紧张局势可能导致核事故的风险增加，从而对全球和平与安全带来威胁。在紧张的地区局势下，核设施的安全和防护可能会受到威胁，从而增加核事故发生的可能性。一旦发生核事故，可能会对周边地区和国家造成严重的环境危害甚至人道主义灾难。

参考文献

[1] 张果. 乌克兰扎波罗热核电站已成为欧洲最大的核电站. 国外核新闻, 1995, 12: 14.

[2] 张泽宇. 苏联核工程的决策管理体系论述(1949～1955). 战略决策研究, 2014, 5(1): 37−47.

69 国际热核实验反应堆

全　　称 国际热核实验反应堆，简称：ITER 计划

外文名称 International Thermonuclear Experimental Reactor

卡达拉舍聚变反应堆

国际热核实验反应堆位于法国南部小镇卡达拉舍（Cadarache），是目前世界上最大的在建核聚变项目，被称为"人造太阳"计划，是世界上仅次于国际空间站的国际大科学工程[1]，是世界第一个实验型热核反应堆，也是全球规模最大、影响最深远的国际科研合作项目之一。

国际热核实验反应堆是 1985 年由苏联和美国在基加利科尔沃召开的第 33 届国际原子能大会上共同发起的，1986 年 ITER 计划成为国际原子能机构旗下的一个国际科研项目，1990 年开始进行预研和技术研发工作。ITER 工程设计于 2001 年完成，此后经过 5 年谈判，2006 年 ITER 计划进入正式执行阶段。2012 年，ITER 工程建设正式启动，于 2016 年完成土建工程。2020 年 7 月 28 日，ITER 计划重大工程安装启动仪式在法国南部卡达拉舍举行，标志着 ITER 托卡马克装置安装工程正式启动[2]。截至 2023 年，项目建设已持续了 38 年，计划在 2025 年开始首次氢离子充填，并在 2035 年开始产生电力。

国际热核实验反应堆作为世界首个电站级核聚变实验项目，设计功率为 500 兆瓦，其核心装置是一个能产生大规模核聚变反应的超导托卡马克[3]。托卡马克重达 23000 吨，直径超 30 米，由数百万个独立部件组成，

除此之外，还有一系列辅助设施，包括冷却塔、服务设施、实验平台等。ITER 计划总占地面积可能超过 1 平方千米。ITER 计划的建造者来自世界各地，包括大量的科研人员和技术工人，据估计，超过 1.5 万人参与了 ITER 计划。截至 2023 年，ITER 计划总投资预估约超过 220 亿美元，在建设成本方面，欧洲占 45.4%，中国、印度、日本、韩国、俄罗斯和美国各占 9.1%，而捐赠形式主要以 ITER 组件、系统和建筑物的形式交付，现金大概只占 10%。

国际热核实验反应堆是一个国际科研合作项目，以中国、欧盟、印度、日本、韩国、俄罗斯和美国七国（地区）为主[4]，35 个国家参与建造。ITER 项目的安装工作涉及许多复杂的步骤，包括地基建设、设备制造和运输、设备安装、系统集成、调试和测试等。各参与国的工厂负责生产 ITER 设施的各种组件和设备，在生产完成后，组件被运输到法国卡达拉舍的 ITER 工地进行组装和系统调试。

国际热核实验反应堆旨在帮助人类达成摆脱化石燃料，建立一个由核聚变能源供能的世界的梦想，是全球合作的典范。项目的建设、运行和实验研究是人类发展聚变能的必要一步，对实现核聚变能源的商业化具有重大指导意义，如果能成功实现热核聚变，那么人类将拥有一种几乎无限、无污染、无放射性废物、无温室气体排放、无地缘政治冲突的能源来源，将极大地改善人类的生活质量，促进经济社会发展，解决能源危机和气候变化等全球性问题，推动人类进入清洁能源时代。

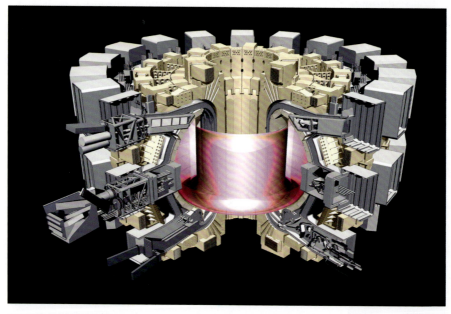

ITER 聚变研究反应堆

一、工程背景

能源短缺和环境污染是人类社会持续、稳定发展面临的两大挑战。目前，化石燃料是人类生产、生活的主要能源，随着全球能源使用量的不断增长，化石燃料等不可再生能源将日益枯竭，同时对环境产生影响，造成严重污染，这迫切要求人类开发新能源。核聚变能是清洁、安全的理想能源，是目前认识到的有望解决能源短缺和环境污染两大挑战的理想途径。研究核聚变、开发核聚变能具有重大战略意义。实现核聚变的重要手段是热核反应。热核反应本身是安全的，没有核泄漏、核辐射等潜在威胁，聚变中子对堆芯结构材料的活化也只产生少量短寿命放射性物质，不会产生核裂变生成的长期且高水平的核辐射，不存在温室气体排放问题，不污染环境。

国际上科学家对核聚变的研究已坚持不懈地进行了半个多世纪，并取得了一些突破性进展。随着研究的开展，各国充分认识到核聚变反应堆的建造和运行涉及的工程领域广、科学问题多、建造技术复杂以及建造费用高等问题，实现难度超乎寻常。无论是科学与技术上面临的挑战，还是投入的庞大人力和物力方面，均远远超出了一般国家的承受能力。因此，各国开始谋求共同研究，合作开发聚变能。

1985 年，苏联和美国提出共同建造国际热核实验反应堆，即 ITER 计划 [5]。ITER 计划开始由欧共体、美国、日本、俄罗斯四方共同承建，美国由于国内聚变研究政策的改变，在 1998 年退出了该项目，2001 年各参与方开始就 ITER 项目的实施进行谈判，主要内容包括选址、费用、采购责任、管理和运行等。加拿大于 2001 年 6 月加入项目，美国于 2003 年 2 月重返项目，同年中国、韩国也宣布加入项目。2006 年 5 月 23 日，中国、美国、欧盟、俄罗斯、日本、韩国和印度七方科学技术部部长草签了《成立 ITER 国际组织联合实施 ITER 项目的协定》，标志着历时 3 年多的关于项目场址选择、各国权利和义务、材料设备采购和分配等方面的艰苦而漫长的谈判基本结束。根据谈判结果和签署的协议，ITER 将建在法国的卡达拉舍。项目计划用时 30 年，其中前 10 年用于建设，后 20 年用于操作实验。ITER 计划将决定人类能否迅速地、大规模地使用聚变能，从而影响人类从根本上解决能源问题的进程。

二、工程价值

ITER 计划作为超级科研工程，既有大装置建设工程部件的开发研究，也有对未来核聚变电厂的定型设计与工业试验，综合了当今世界各领域的一些顶尖技术，这些技术的综合应用为 ITER 计划的实施提供了重要的支持和指导。

1. 工程主要成果

ITER 计划是全球最大的核聚变研究项目，其研究成果可以为未来的能源开发提供重要的技术支持，得到了国际社会的高度认可和赞誉。2017 年，ITER 组织获得了联合国环保领域最高奖项"联合国特别能源奖"。此外，ITER 还获得了许多其他国际奖项和荣誉，如"全球能源奖""世界绿色科技奖"等。

2. 工程主要技术

（1）大型超导磁体技术为等离子体的约束、加热和传输提供了必要的条件，是实现聚变反应的重要保障。超导磁体是 ITER 装置的核心组成部分，包括 18 个超导线圈和 6 个极向场线圈。这些磁体在电流驱动系统的帮助下产生强大的磁场，为等离子体在真空容器内实现稳定的约束和加热提供条件。这些磁体的设计、制造和安装都是非常复杂的过程。为了制造这些磁体，需要进行高精度的加工和装配，确保线圈之间的气隙和磁通量匹配达到最高精度。此外，磁体的冷却系统也是非常重要的一部分，ITER 装置的超导磁体采用了液氦冷却系统，确保磁体在运行过程中保持稳定的低温状态。

（2）真空室和包层设计技术的研发为 ITER 装置提供安全、稳定、高效的聚变反应环境。真空室是 ITER 工程的核心部件之一，ITER 的真空室内部结构复杂，包括孔栏、加热天线、包层模块、试验包层模块、偏滤器模块以及诊断模块等，这些部件都需要在容器上通过三层的窗口进行安装。顶部窗口为上部窗口，用于安装加热天线和孔栏等设备；赤道窗口为中部窗口，用于安装试验包层模块和偏滤器模块等；下部窗口则用于安装包层模块。这些窗口的设计和制造都是非常复杂的过程。包层则是 ITER 工程中另一个关键部件，它被安装在真空室的内部，用于屏蔽热核聚变产生的高能中子和热量，保护真空室壁和超导磁体。包层设计采用了多种材料和技术，包括液态金属包层、陶瓷包层和复合材料等，其中液态金属包层是 ITER 工程中的一项新技术。液态金属包层的材料主要是液态铅和液态铋，这些材料可以吸收中子并释放出大量的热能，从而保护真空室壁和超导磁体。

（3）低温恒温器为 ITER 真空室和超导磁体提供高真空、超冷的环境，代表着当前科技发展的最高水平。低温恒温器是一种大型的、高精度的真空容器，可以减少等离子体与容器壁的相互作用，提高聚变反应的效率和稳定性。低温恒温器内部填充有液态氦等低温液体，可以保持极低的温度，从而减少等离子体对容器壁的热辐射，保护超导磁体和真空室壁。低温恒温器的设计和制造需要克服许多技术难题，为了确保低温恒温器的性能和质量，ITER 工程的成员国采用了许多先进的制造和测试技术，如精密加工、真空技术、超导技术等。

3. 工程管理创新

ITER 计划在工程管理方面采取了一系列创新措施，建立了项目管理系统、质量管理体系、安全管理体系，取得了显著的管理成果，为整个 ITER 计划的顺利实施提供了重要保障。首先，ITER 工程管理团队采用了先进的项目管理理念和方法，开发了一套创新性的项目管理与控制系统，实现项目的全过程管理，包括进度管理、质量管理、成本管理、风险管理等，进而实现项目的可视化管理和控制，提高项目的效率和质量。其次，质量管理是 ITER 计划工程管理的核心，在工程建设中，管理团队注重实施质量管理体系，确保整个工程的质量控制，通过采用国际通用的质量管理标准和方法，对工程进行全面的质量管理，实现了工程质量的持续改进和提升。最后，ITER 计划十分重视安全管理，建立了完善的安全管理体系，通过采用先进的安全管理技术和方法，对工程建设过程中的安全隐患进行全面排查和消除，确保了工程建设的安全性和稳定性。

4. 工程科学价值

ITER 计划作为一个国际大科学工程计划，具有极高的科学价值，不仅有助于推动核聚变能源领域的发展，也将促进相关领域的技术创新和进步。首先，通过建造 ITER，可以第一次在地球上获得持续的、有大量核聚变反应的高温等离子体，产生接近电站规模的受控聚变能。这意味着，ITER 有望为人类提供一种全新的、可持续的能源供应方式。其次，通过 ITER 的实验研究，可以解决大量的核聚变工程技术难题。例如，如何产生和控制高温等离子体、如何设计和建造超导磁体、如何处理和利用聚变产生的废物等。这些难题的解决将为未来聚变能源的发展奠定坚实的基础。

5. 工程社会价值

ITER 计划连接从当前的小型聚变实验装置到未来聚变电厂的跨越，为建造热核聚变发电厂铺平技术道路，为人类实现能源利用、零碳排放，协同解决能源危机和环境污染两大发展难题奠定了重要基础，在推动能源领域的科技创新、促进国际科技合作等方面具有重要意义。

（1）ITER 计划促进了科技进步和创新，推动了全球经济的发展。ITER 计划实施过程中，各国投入了大量的人力和物力资源，不仅创造了大量的就业机会，还推动了与 ITER

相关的产业链的发展，如材料、制造、安装等领域。此外，ITER 计划还促进了技术转移和扩散，为全球经济的发展注入了新的动力，提高了人类对核聚变科学的认识，推动了核科学的发展和创新。

（2）ITER 计划促进了国际合作和交流，提高了全球科学家的合作意识和水平。ITER 计划研发过程中汇集了全球的科技力量，涉及多个领域和专业的知识和技术，通过共同合作和交流，不仅促进了各国之间的科技交流，还推动了全球范围内的技术合作和技术转移，有助于推动全球的和平与发展。

（3）ITER 计划通过提供清洁和可持续的能源，改善人们的生活质量。ITER 计划为全球范围内的民生改善提供了新的思路和方案，通过核聚变技术生产廉价的清洁能源，可以解决全球能源短缺和环境污染等问题，减少全球对于传统能源的依赖，从而减少温室气体排放和空气污染等问题。

6. 工程生态价值

ITER 计划的研究和开发目标是聚变能源，相比于目前主要使用的化石燃料，聚变能源有更高的能效，且产生的废物更少，具有更低的环保影响，核聚变过程产生的放射性废料远远少于目前的核裂变反应，而且这些废料的半衰期相对较短，因此能够大大减少放射性废料的储存和处理问题，对保护环境和人类健康具有积极作用。如果能够成功地应用聚变能源，将有可能显著减少全球的碳排放，从而对抗全球气候变化。

三、工程启示

ITER 计划建造和运行经验，对于发展可控聚变科学、建造未来聚变电厂至关重要，为开展跨国科研合作树立了典范，也可为解决重大科学和技术难题提供启示。

1. 成功关键因素

（1）人类对能源、环境发展的共同需求是 ITER 计划成功实施的重要前提。随着全球人口的增长和经济的不断发展，能源需求不断增加，人们对环境问题的关注也日益增强。ITER 计划旨在通过建造世界上最大的核聚变反应堆，解决人类对能源的需求问题。它将为人类获取无限量、无浪费、无污染的能源铺平道路，有助于解决地球面临的气候危机，得到了全球范围内的广泛关注和支持，为人类社会的可持续发展做出贡献。

（2）强大的资金支持是 ITER 计划成功实施的基本保障。ITER 计划是一个耗资巨大的科研项目，资金支持来自多个渠道，包括政府投入、企业赞助和国际组织的援助等。政府投入是资金支持的主要来源之一，各国政府为 ITER 计划投入了大量资金，用于支持本国科研机构和企业的参与以及支付国际 ITER 组织的行政费用，企业赞助也为 ITER 计划提供了重要的资金支持，此外，国际组织的援助也为 ITER 计划提供了重要的资金支持。这些资金支持对于 ITER 计划的顺利实施至关重要。有了充足的资金支持，ITER 计划能够吸引优秀的科研人员和团队，开展高水平的科研工作，攻克关键技术难题，保障了 ITER 计划的顺利进行，确保了装置建设、实验运行和管理等方面的需求得到满足。

（3）高度的国际合作是 ITER 计划成功实施的关键条件。首先，ITER 计划需要解决许多前所未有的技术难题，如如何产生大规模的核聚变反应、如何保持反应堆的稳定运行等。这些难题需要全球智慧，每个国家或组织都无法单独完成。其次，建造 ITER 反应堆需要大量的资源和设施，包括超导磁体、低温冷却系统、高精度控制系统等，需要全球的科研机构和企业共同提供和建设，任何一个国家或组织都无法独立承担。鉴于此，ITER 计划建立了一个国际组织——ITER 组织，负责 ITER 计划的整体规划、协调和管理，确保各国之间的合作顺利进行。此外，各国之间还开展联合研究，共同解决核聚变领域的难题。通过国际协同合作，实现资源和技术共享，减少重复工作和浪费，提高效率。

2. 工程哲学启示

ITER 计划是一个复杂的工程项目，在项目设计和建设过程中，系统性思维得到了广泛应用，系统性思维强调整体性和全局性，是工程哲学中工程价值论和工程方法论的生动体现。在工程方法论方面，ITER 计划从整体和系统的角度出发，分析和解决工程中的问题，包括物理、化学、材料科学、机械工程、电子工程等，确保工程的顺利实施和质量保证。在建设中充分考虑了不同国家和地区的技术、文化和经济特点，以实现合作的最大化，这种多元性的思维方式使得 ITER 计划能够集思广益，充分发挥各自的优势。在工程价值论方面，工程师应全面考虑 ITER 计划对人类社会、自然环境、安全风险等方面的影响，从而更好地实现工程的综合价值和综合效益。

3. 未来发展指导

ITER 计划对于全世界是一次重要的突破，尤其是对于核技术的发展。ITER 计划不仅在科学研究领域取得了巨大成就，而且在跨国合作工程项目方面也提供了很多有价值的经验和指导。

（1）建立统一的标准和技术规范是跨国科研合作工程项目的重要途径。ITER 计划设立了国际标准与技术交流委员会（ISTEC），建立了一套 ITER 装置的国际标准，包括建设、运行、维护等方面的标准，在 ISTEC 的指导下，ITER 计划确定了建造和运行 ITER 装置的技术规范，涵盖超导磁体、真空技术、低温技术、控制与诊断技术等多个领域，以确保 ITER 装置的可靠性和稳定性。国际标准和技术规范的建立不仅促进了 ITER 装置的成功建造和运行，也为其他跨国科研项目的开展提供了重要的经验和方法论指导。

（2）建立协同机制是跨国科研合作工程项目的必要手段。ITER 建立了一套协调机制，用于各参与方之间的信息交流、意见交换、问题解决等。通过这种协调机制，各参与方可以在第一时间了解和掌握 ITER 项目的进展情况、存在的问题以及需要改进的地方，从而及时采取相应的措施。此外，建立了多个项目管理办公室，协调和管理各国参与方的工作，组织了大量的培训和交流活动，便于各国参与方了解和掌握 ITER 计划的目标、技术要求和操作流程，从而减少跨国合作中的误解和冲突。借鉴 ITER 项目的实施过程中的经验，有助于改革创新跨国科研合作项目的管理和运行模式等。

参考文献

[1] 何开辉, 罗德隆, 王敏, 等. ITER 计划国际大科学工程工作进展. 中国核电, 2020, 6(13): 736–740.

[2] 王敏, 罗德隆. 国际大科学工程进度管理——ITER 计划管理实践. 中国基础科学, 2016(3): 51–55.

[3] 杨昊林, 邰江. ITER 主机安装工程进度计划管控体系的研究与实践. 项目管理技术, 2022, 20(8): 92–95.

[4] 张振. ITER 电气测试平台大直流长脉冲数字传感器研究. 合肥: 中国科学技术大学, 2018.

[5] 潘传红. 国际热核实验反应堆(ITER)计划与未来核聚变能源. 物理, 2010, 39(6): 375–378.

70 英法海底隧道

全　称 英法海底隧道，又称：欧洲隧道、英吉利海峡隧道、拉芒什海峡

外文名称 The Channel Tunnel

英法海底隧道是世界上最长的国际铁路隧道，位于英国多佛港和法国加来港之间。西连大西洋，东北通北海，由3条长51千米的平行隧洞组成，总长度153千米，其中海底段的隧洞长度为38千米[1]。英法海底隧道是迄今规模排在全球首位的私人资本项目，也是世界上最繁忙的海上要道之一，被誉为世界第二长的海底隧道及海底段世界最长的铁路隧道。与巴拿马运河、埃菲尔铁塔、帝国大厦、金门大桥、加拿大国家电视塔、伊泰普大坝一同列为"世界七大工程奇迹"。

1751年尼古拉·德斯马尔特（Nicolas Desmarets）首次提出英法海底隧道的建设，1876年开始尝试动工，但由于战争、石油危机及群众的质疑而搁浅100多年。1986年2月，英法两国签署建造英法海底隧道条约，并在1987年12月开始正式建设，历时8年竣工，于1994年5月通车，1995年11月正式运营。人们称誉这项工程"一梦二百年，海峡变通途"。

英法海底隧道由两条火车隧道和一条服务隧道组成。主隧道中的一条供巴黎至伦敦的火车通行，另一条是专门载运乘汽车穿越海峡的人员及其车辆的列车专线。在这两条主隧道的中轴线中，还有一条直径为4.5米的服务隧道，用于解决通风和维修等问题。两条

施工中的英法海底隧道

铁路洞衬砌后的直径为 7.6 米，开挖洞径为 8.36 ~ 8.78 米。英国、法国、比利时三国铁路部门联营的欧洲之星列车车速达 300 千米 / 小时，高速火车穿梭单程耗时 35 分钟。隧道的开通填补了欧洲铁路网中英法两国连通的交通空白。英法海底隧道采用国际性银行贷款和发行股票的方式筹集资金，通过银行贷款约 130 亿美元，发放 63 万股股票约 24 亿美元，总耗资约 150 亿美元。高峰期投入的劳动力超过 1.5 万人 / 天，日支出超过 360 万美元。隧道主要由 11 台具有高度自动化和振德（ZD）激光导向特点的盾构掘进机担任掘进施工。

英法双方政府发出对海底隧道工程的出资、施工及运营进行招投标的邀请。由两国政府高级官员组成联合工作小组，领导各领域专家对建设方案进行全面、系统评估。隧道设计方案由英法海底隧道集团（Channel Tunnel Group）和法国基什省（France Manche）公司（即 CTG-FM 集团公司）联合提出，并负责资金筹集。隧道总承包商是 TML 联营体，主要负责工程中的施工、机械安装、检验等。欧洲隧道公司由承包商及投资者组成，负责隧道的运行及管理。

英法海底隧道将英国与欧洲大陆通过人工构筑物联系起来，促进了英法两国的经济、文化、人文交流。英法海底隧道将原有的伦敦至巴黎的陆上耗时减少了一半，至 1998 年隧道的客运量达到 1840 万人次。英法海底隧道的建设推动了欧洲一体化进程，促进了欧盟的发展、欧洲单一市场的形成以及英法两国间的直接合作。

一、工程背景

英国同欧洲大陆之间的联系主要依靠航运，以 1984 年为例，通过英吉利海峡往返英法间的旅客已达到 2000 万人次，货运量达 2000 万吨。如此繁忙的航运使得建设英法间的陆路通道势在必行。

1751 年，英法海底隧道的设想被首次提出。1802 年，法国工程师艾伯特·马修提出修建海峡隧道的建议。1882 年，在爱德华·沃特金爵士的支持下，英法两国同时开始施工修建海底隧道。当隧道挖进到 2 千米时，英国政府认为，法国可能利用这个隧道入侵英国，因此单方面停止施工。据统计，近两个世纪以来，英法两国共进行了 28 次尝试。直到 1986 年 2 月，英国首相撒切尔夫人和法国总统密特朗参加了英法两国海峡隧道工程条约的签订仪式，正式确认了两国政府合作建设海峡隧道工程的承诺。1987 年 12 月，分别在英吉利海峡的两侧使用 11 台隧道掘进机双向掘进，准备建设两条铁路隧道和一条服务隧道。1990 年 10 月 30 日，直径为 50 毫米的先导孔率先开掘成功，这是英法海底隧道建设的一个里程碑。

英法海底隧道的建设，创造了当时世界上海底段铁路隧道的长度纪录，突破了隧道施工技术的一系列难题。同时，英法海底隧道的建设是建设－经营－转让（BOT）模式成功的代表，为工程管理领域积累了宝贵经验。

二、工程价值

英法海底隧道是英国与欧洲大陆之间的关键贸易通道，极大地促进了货物和人员的流动，为商业和经济活动提供了便捷，对英法和欧洲的经济发展都产生了积极影响。隧道的运营考虑了环境因素，减少了温室气体排放，提高了可持续性，具有重要的社会价值与生态价值。

1. 工程主要成果

英法海底隧道在 1994 年获得了由伦敦地铁公司颁发的"伦敦地铁奖"（London Underground Award）；1997 年，英法海底隧道获得由美国土木工程师协会颁发的"土木工程杰出成就奖"、英国皇家建筑师协会颁发的"最佳建筑奖"；1998 年，获得了由国际桥梁与结构工程协会颁发的"杰出结构奖"；1999 年，获得了由美国土木工程师协会颁发的"杰出工程奖"；2000 年，获得了由英国皇家学会颁发的"工程里程碑奖"。

2. 工程主要技术

英法海底隧道的建设历经 200 多年，建设期间克服了技术上的诸多难点，给后世海底隧道的建设留下了宝贵经验。

（1）采用了新型的隧道挖掘技术——盾构技术。传统水下挖掘通道的施工一般采用沉管法。在经历了长期的地质勘探后，英法海底隧道选择在抗渗性好、硬度不大、自持力好、易于掘进的白垩泥灰岩进行施工建设，并采用先进的盾构法代替复杂、困难的沉管法。充足的地质资料积累使得英法海底隧道突破了技术选择的壁垒，最终采用盾构法进行施工，实现了技术进步。

（2）设计并应用了先进的安全防范技术。该工程设计了两条单向通行的运营隧道及第三条服务隧道，服务隧道用于检修、维护等服务性工作。在两条单线铁路洞之间每间距375 米设置了直径为 3.3 米的横向后勤服务洞，以提供正常维护和紧急撤离。隧道网的电力由两端的变电站协同提供，确保运营安全。通过对卸压管模型的研究，减少了高速行驶的列车压差对隧道的影响，实现列车的稳定运行。

3. 工程管理创新

（1）使用 BOT 建设模式，推动了英法海底隧道的建设。该模式引入了私人资本全权负责建设、运营，由项目初期的承包商和银行共同出资，同时利用债券筹得大量资金，实现了工程组织方式的创新，推动了工程的进展。

（2）成立海峡隧道联合工作组和海峡隧道管理局，有效地协调了海峡隧道的运行和管理。海峡隧道联合工作组由英国和法国的政府代表组成，并设立了执行委员会和常设办公室，负责监督和管理隧道的建设和运营[2]。联合结构的建立使英法两国政府可以在共同利益的基础上，更紧密地合作，共同解决隧道建设过程中遇到的问题和挑战。海峡隧道管理局是代表英法两国行使政府管理职能的联合工作机构，负责管理和运营英法海底隧道，包括隧道的安全、维护、财务和商业运营等方面的工作。该机构还负责制定和执行与隧道相关的政策和规定，确保隧道的正常运营和遵守国际法律法规。

4. 工程科学价值

英法海底隧道的挖掘过程揭示了该地区复杂的地质构造和独特的地貌形态。在挖掘过程中，科学家发现了该地区存在火成岩、沉积岩和变质岩等多种岩石类型，这些岩石类型的分布和特征反映了该地区的地壳运动和地质演化历史，促进了对该地区的地质构造和地震活动性的认识和理解。在地貌形态方面，科学家发现了该地区存在河流地貌、海岸地貌、岩溶地貌等多种地貌形态，这些地貌形态的形成机制和分布特征反映了该地区的地质构造、气候、地形等多种因素的综合作用，揭示了该地区的地貌演化历史和未来发展趋势，为更好地了解该地区的地貌形态提供了新的理论依据。

5. 工程社会价值

英法海底隧道的建成推动了欧洲一体化进程。英法海底隧道连接了英国和法国，为两国的交流和合作提供了重要的通道。隧道的使用加快了两国企业的进出口贸易，推动了经济发展和就业增长，两国之间的通行变得更为便捷，增强了两国之间的合作互信，使得欧洲大陆南北两端的联系更加紧密，不仅体现了人类的智慧和勇气，也为国家发展带来了新的机遇。

6. 工程生态价值

英法海底隧道具有保护生物多样性、促进可持续发展的生态价值。英法海底隧道在施工过程中严格遵守环境保护法规，使用低噪声、低振动的施工设备，减少对当地生态环境的影响，以保护生物多样性，维护生态平衡[3]。在隧道建设过程中，注重野生动物的保护，采取了建设野生动物通道、增加生态绿洲等措施，为野生动物提供了安全的栖息地和迁徙通道。隧道施工和运营过程中分别采用了先进的环保材料和空气过滤技术，减少废物的产生，实现可持续发展。

7. 工程文化价值

英法海底隧道作为一处引人注目的旅游胜地，在文化旅游领域蕴含着丰富的价值。英法海底隧道展示了两个具有深厚历史文化背景的国家之间的交流与融合，吸引了来自世界各地的游客前来参观，欣赏欧洲大陆之间的自然风光和人文景观，了解欧洲大陆之间的历史和文化联系，加深对欧洲文化的多样性和独特性的认识和理解，感受穿越海峡的独特体验。

三、工程启示

英法海底隧道从设想到建成经历了曲折的过程，其成功经验对后世具有深远影响，给大型海底隧道工程项目建设带来诸多启示。

1. 成功关键因素

（1）正确的政治决策为项目的实施提供保障。英法海底隧道工程的建设呼声由来已久，但工程的难题是英法两国希望利用海峡来抵御军事入侵风险。20世纪70年代以来，随着欧洲一体化进程逐步加深，英法两国政府对隧道工程开始持积极态度。英国首相撒切尔夫人支持将隧道工程提上日程，法国总统密特朗也积极回应，因而工程得以于1987年开始实施。

（2）正确的技术选择为项目的顺利施工提供支撑。英法海底隧道的建设是由欧洲隧道集团（CTG-FM）进行的，其根据地质勘探资料提出了应用盾构法为隧道挖掘主要手段的计划，并且成功运用了当时先进的盾式掘进机进行施工，确保了英法海底隧道的顺利建成。

（3）公众的积极参与为项目的工程建设积聚力量。公众作为基础设施的受益者，其参与更能切实保证工程的顺利进行[4]。1882年，由于当时的战争和政治局势混乱，英国需要英吉利海峡作为天然屏障抵御战争风险，且公众也反对英法海底隧道的建设，因此工程被搁浅。1987年，公众资本的积极参与推动了英法海底隧道的成功建设。

2. 工程哲学启示

从工程演化论的角度来看，英法海底隧道的建设是相互作用和自然选择的结果。在英法海底隧道的建设过程中，各种利益相关者之间进行了紧密的合作和互动，促进了隧道挖掘技术的不断进步和创新，推动了英法海底隧道的建设和发展。地质条件、气候变化等各种复杂的环境因素和挑战，起到了自然选择的作用，提高了工程师的适应性和创新能力，优化了设计方案和施工工艺，在英法海底隧道建设过程中，尊重自然选择与适应性，在演化过程中寻找最优解，通过不断的试错，实现工程活动的综合效益。

3. 工程立国思考

英法海底隧道的建设显著提升了英法两国的国际地位，具有重要的战略意义。英法海底隧道使得英国和法国之间的货物和人员往来更加便捷，提升了英法两国的国际地位和形象。在隧道建设过程中，各国企业积极参与国际合作与竞争，展现了各国之间的相互理解与合作协调，提高了工程技术实力和创新能力，为两国赢得了国际声誉。隧道的建成使得英法两国更加安全地控制了通往欧洲大陆的通道，提高了国家安全防御能力。

4. 未来发展指导

英法海底隧道工程在消防措施方面的经验和教训，为未来大型基础设施项目提供了重要的借鉴和启示。英法海底隧道建成以来发生了数起火灾，但都没有造成重大人员伤亡，这与消防设施的合理性、先进性密不可分。英法海底隧道内设有手动火灾报警按钮、消火栓箱以及有线广播系统等报警设施，采用了阻燃电缆或耐火电缆，各类电气线路均穿管保护等措施，每隔200米设有紧急电话，提高了隧道的安全性和应急响应能力，降低了火灾风险。隧道内设计了人行和车行两种安全通道，还配备了消防水带、干粉灭火器、水成膜灭火系统等灭火器材和消火栓系统等灭火设备，提高了隧道的紧急疏散能力。未来，项目建设可以借鉴这些消防措施，增强工程的耐火等级和安全性。

参考文献

[1] 祝况, 伍昌. 英吉利海峡海底隧道建设中英法两国政府的作用. 全球科技经济瞭望, 1994(11): 15–19.
[2] 姚星旭. 英吉利海峡隧道项目管理分析与启示. 中国建设信息化, 2021(8): 66–67.
[3] 胡杰明. 英吉利海峡隧道在可持续发展方面的启示. 综合运输, 2012(1): 77–79.
[4] 吴之明. 英吉利海峡隧道工程的经验教训与21世纪工程——台湾海峡隧道构想. 科技导报, 1997(2): 12–16.

安 225 运输机

71 安 225

安 225 是世界最大的运输机，由苏联于 20 世纪 80 年代研制，曾创下起飞重量最大、载重量最大、航空史上最大单件货物和最长货物运输等 200 多项世界纪录，其中部分保持至今。安 225 因其超大的运载能力，被公认为世界运输机之首、人类航空史上的传奇。

安 225 是为了运载苏联太空计划中的能源号运载火箭助推器和暴风雪号航天飞机而专门研制的重型运输机，1985 年由安东诺夫设计局开始研制，1988 年首飞，1989 年投入使用。安 225 原本计划生产两架，但仅有一号机完工并投入使用，二号机的完成度不到 70%。苏联解体和"暴风雪"号航天飞机项目取消后，安 225 被封存在乌克兰，2000 年后一号机恢复运行，乌克兰对其进行升级改造后用于民用航空运输。2006 年 9 月，乌克兰政府曾经决定完成二号机的制造，但据安东诺夫设计局估计至少需要 3 亿美元，由于缺乏资金等原因二号机一直没有完成续建。2022 年 2 月，一号机在俄乌冲突中被损毁 [1]。

安 225 全长 84 米，翼展 88.4 米，机高 18.2 米，最大起飞重量 640 吨，最大有效载重内部 250 吨或外部 200 吨，配装 6h 台 D-18T 大涵道比涡扇发动机，最大航程 15400 千米，载重 100 吨时航程 9600 千米，在最大载重 250 吨时可持续飞行 4500 千米。安 225 以苏联当时最大的运输机安 124 为基础放大设计而来，在保持机身截面基本不变的情况下，加长了机身和机翼，对尾翼和起落架结构进行了调整，发动机数量从 4 台增加至 6 台，使飞机的最大起飞重量和有效载重都提高了 50%，以满足超大吨位下飞机的飞行推力和稳定性。设计工作涉及苏联十几家大型航空企业，数十万科研人员、工人、试飞员和军人参与，研制经费无法精准测算。由于研制基础较好，仅用 3 年就完成了安 225 设计工作。因为体积太大，首架样机只能斜放在安东诺夫设计局的机库中，配套厂也要严格按照计划时间交付飞机组件，以节省机库的有限空间[1]。

安 225 由苏联中央政治局提出，苏联航空工业部牵头策划，乌克兰安东诺夫设计局设计，主设计师是维克托·托尔马切夫，基辅机械厂生产大部分新部件并负责总装；Hydromash 开放式股份公司设计并制造起落架；安东诺夫航空科技综合体、塔什干卡洛夫航空生产联合体国有股份公司等多家单位设计制造并组装大尺寸承力隔框、机身底部结构和部分零组件；乌克兰基辅航空生产联合体制造机头、起落架支架、发动机挂架和整流罩、前机身支架滚珠螺杆机构等；俄罗斯莫斯科机电与自动化研究院制造飞控设备；乌兹别克斯坦的塔什干航空生产协会制造中央机翼；乌克兰马达西奇公司制造 D-18T 发动机。

安 225 至今仍保持着运输机载重吨位的世界纪录，体现了苏联在航空领域的技术底蕴。苏联解体后，安 225 在民用运输领域发挥了特殊作用，在全球范围内运输百吨级发电机、水轮机、铁路机车等超大、超重型货物，自 2020 年以来多次承担中欧之间防疫物资运输任务，支持人道主义救援工作。

一、工程背景

1977 年，美国第一架航天飞机由波音 747 飞机背驮着进行了飞行试验。苏联认为美国航天飞机未来会成为核武器投放平台，将造成严重威胁。为此苏联启动了自己的航天飞机研发计划，即暴风雪号航天飞机研发计划。暴风雪号航天飞机计划在哈萨克斯坦拜科努尔航天中心进行发射，因发射场不具备整机组装能力，工程团队决定在制造厂完成整机组装后再运至发射场进行发射。但暴风雪号航天飞机体积太大，无法通过苏联已有的陆、空运载工具运输至哈萨克斯坦拜科努尔航天中心，苏联当局认为有必要尽快研发一型具有超大运载能力的飞机，以承载暴风雪号航天飞机以及所需的其他大型组件进行远距离运输[2]。

1984 年，安 225 开始研制，由于需要交付的时间相对较短，安东诺夫设计局决定在现有的安 124 "鲁斯兰" 运输机基础上进行研发，以安 124 为基础延长其机身，并设计了一个新的扩大的机翼。安 124 原本所搭载的 4 具 D-18T 高旁通比涡扇发动机也被增加到 6 具。1988 年 12 月 21 日，安 225 进行了首飞。安 225 运输机共生产两架，但仅有一号机完工并投入使用，另一架二号机未完工，均归乌克兰所拥有。

2022 年 2 月，安 225 在俄乌冲突中被摧毁，引起了国际航空界的极大惋惜。乌克兰国防工业公司曾表示要修复这架飞机，但耗资预计超过 30 亿美元，至少需要 5 年时间。实际上安 225 的制造仅靠乌克兰是无法完成的，当时苏联倾其国力才创造了这架独一无二的飞机，如今参与飞机研制的厂家分属俄罗斯、乌克兰、乌兹别克斯坦等多个国家，且俄乌双方已无再度合作的可能，依靠乌克兰自身航空工业的能力无法完成安 225 的修复，二号机的续造可能性同样十分渺茫。安 225 的被毁是航空史上的重大损失，其巨大的工程难度和所需的庞大工业基础使得重造安 225 几乎成为不可能完成的任务，很可能在创造"前无古人"的纪录后成为"后无来者"的历史遗迹[3]。

安 225 运输暴风雪号航天飞机

二、工程价值

安 225 拥有超强的运力和超大的体型，给研制工作带来了巨大的挑战，同时在工程技术方面也取得了显著的成果，是苏联航空工程的代表作品，是航空界的一张名片，具有强大的国际影响力。

1. 工程主要成果

为运载 105 吨重的暴风雪号航天飞机，安 225 被设计为具有内部 250 吨、外部 200 吨的超大运载量。与其他顶尖运输机相比，1.5 倍于波音 747-8 货机，2 倍于作为安 225 发展基础的安 124，2.5 倍于美国最大军用运输机 C-5，4 倍于我国的运 20；与最大客机空客 A380 相比，也高出 65 吨。

安 225 在起飞重量和有效载重方面创造了多项世界纪录：1989 年 3 月 22 日，安 225 在一次 3 小时 45 分钟的飞行中创造了 110 项速度、高度、载重量的世界纪录，其中包括起飞重量 508.2 吨、有效载重 156.3 吨、沿 2000 千米闭合航线飞行的高度达到 12430 米、平均飞行速度 813 千米／小时等。其后，安 225 又多次刷新了自己的纪录，累计创下约 250 项飞行纪录，至今仍保持着 253.8 吨的飞机有效载重世界纪录。

在载货空间上，安 225 货舱尺寸达到 43 米长、6.4 米宽、4.4 米高，拥有高达 1300 立方米的货仓容积，虽然比空客 A330-743L "大白鲸" 的 1400 立方米略小一点，但是与其 250 吨的载货能力相比，"大白鲸" 的 51 吨就显得逊色很多了 [1, 2]。

2. 工程主要技术

由于安 225 的大尺寸、大载重且短工期的要求，带来了在设计、制造、试验等几乎所有技术方面的独有难度，远超其他同类型飞机，其在高升力气动设计、结构构型与减重、大尺寸货物装卸系统及大涵道比涡扇发动机等方面的技术成就尤为突出。

（1）高升力气动设计。安 225 飞机不仅尺寸更大，而且在搭载暴风雪号航天飞机起降时面临更多的气动构型挑战。苏联在其设计中充分借鉴安 124 成熟的气动外形，在其基础上通过应用复杂高升力装置、附面层主动控制减阻、放宽静稳定性等技术，挖潜优化，增加升力系数，提高巡航升阻比。此外，避免飞行过程中航天飞机后方所产生的扰流对尾翼的影响，安 124 原本的单垂尾设计在安 225 上被改为双垂尾，采用 "H" 形尾翼。

（2）结构构型与减重。安 225 因其大尺寸结构，带来了动态大载荷、大形变和强振动，故采用破损－安全寿命设计、疲劳－损伤容限设计等方法，确保在长寿命周期和极端使用环境下，结构不发生不可接受的变形与破坏。追求尽可能低的结构重量系数，减少零组件数，简化装配连接关系，确定适合的用料和工艺方案。

（3）大尺寸货物装卸系统。为方便大型货物进出机舱，安 225 放弃相对成熟的机身中段拆分和机尾装卸货模式，而是采用了可以向上打开的 "掀罩" 式机头货舱门，可利用液压动力在 7 分钟内完全打开，同时放出一个折叠式装货斜板。货舱从机头至机尾完全贯通，地板由钛合金制成，在货舱内还装设了起重机，驾驶舱布置在主货舱上方的二层空间。货舱内可装 16 个集装箱、大型航空航天器部件，或天然气、石油、采矿、能源等行业的大型成套设备和部件。中央翼段上方有两根载货用的纵梁，可在机背负载超大、超长、超重的货物，实现了装卸效率优化、机体结构稳定双赢[1]。

（4）多轮多支柱起落架。安 225 采用液压收放的前三点起落架，其中前起落架为两对独立的双轮组合，可操纵转向。主起落架位于机身两侧下部，每侧安装 7 对机轮，后部 4 对机轮也可操纵转向，这使得安 225 的最小转弯半径只有 60 米，也成就了航空史上机轮最多的起落架系统，包括主起落架 28 个机轮和前起落架 4 个机轮。

（5）三转子大涵道比涡扇发动机：为了给 600 吨重量的安 225 提供足够的推力，将安 124 原本配装的 4 台 D-18T 发动机增加到 6 台，飞机的整体结构也进行了相应的强化。D-18T 大涵道比涡扇发动机最大推力 229 千牛（合 23.4 吨力），1982 年首次运转，由乌克兰"伊夫琴科－前进"设计局研制，马达西奇公司生产，采用了复杂的三转子结构，在提供超大推力的同时可大幅降低耗油率，通过配装 6 台发动机满足了安 225 大载重、远航程的需要，全球除苏联外仅有英国发动机制造商罗尔斯·罗伊斯公司研发了同类发动机。

3. 工程社会价值

（1）提高了国家的战略空运能力。作为超大型军用运输机，安 225 能够快速、高效地运输人员和物资，对于提高国家的战略空运能力具有重要保障。1989 年，安 225 首次背负暴风雪号航天飞机飞行，实现了最初的使命。在战争时期，安 225 能够为军队提供重要的后勤保障，确保国家将部队和装备部署到任何需要的地方。

（2）促进了高科技领域的技术创新和产业升级。安 225 的设计和生产涉及众多高科技领域，包括航空工程、材料科学、制造业等。这些领域的发展将促进技术创新和产业升级，推动经济发展和就业增长。

（3）在人道主义救援中发挥了重要作用。安 225 实施了多次人道主义救援，创造了多个航空运输史上的经典案例。新冠疫情期间，安 225 多次往返于中国和欧洲之间，向欧洲运送抗疫物资，2022 年 2 月 2 日，安 225 在天津降落，运送防疫物资出境，这也是它最后一次飞抵中国。

（4）推动国际合作与交流。乌克兰拥有安 225，可以与其他国家开展合作，共同研发和生产大型运输机，推动国际航空工业的发展。2009 年 8 月，为亚美尼亚发电厂运输一个重达 187.6 吨的大型发电机，成为航空史上最重的单件货物；2010 年 6 月 10 日，运输了两片 42.1 米长的风力发电机叶片，为航空史上最长的货物；2013 年 11 月 29 日，在石家庄正定国际机场，将中车唐山机车车辆有限公司研制的 100% 低地板现代有轨电车运往土耳其，这是中国首次使用飞机发运大型轨道车辆[4]。

（5）国家航空工业的象征。安 225 在 1989 年参加了巴黎航展，吸引了全世界的目光，引起了国际社会的轰动，此后直至苏联解体后的 1994 年，安 225 多次参加苏联 / 俄罗斯国内外航展，对提高苏联的国际地位尤为重要。安 225 也是国家航空工业的象征之一，其独特的外形和强大的运输功能不仅具有一定的观赏价值和收藏价值，更是代表着欧洲航空工业的先进技术和创新精神。

三、工程启示

1. 成功关键因素

苏联深厚笃实的航空技术基础和多型号发展经验使得安 225 得以成功建造。安 225 的设计和制造难度高，是一项多学科交叉研制项目。苏联依靠深厚的航空技术基础和制造工艺，充分借鉴安 124 的产品经验，突破了多项技术难点，实现了诸多创新，集航空工业合力完成了这项史无前例的世纪工程，成为人类航空技术史上的一粒"遗珠"。安 225 能够快速完成设计研发，除安 124 的基础外，还得益于苏联需求迫切、方案可行、调动资源集中攻关、协同创新、反复迭代的航空经验，使安 225 在结构设计优化、结构件所需材料的研发和制造、起落架承重和试验试飞方面能够快速突破技术难点，成功建造并投入运用。

2. 工程哲学启示

安 225 以实现苏联太空计划作为整体工程观，运用空气动力学、结构力学、材料科学等多项理论要素集成转化为现实生产力的方法论，以"跨学科协作与集成"提升整体项目的综合性能和成果，凸显了工程系统的复杂性和目的性，其优越的性能为未来的运输机设计和制造提供更多可能性。安 225 是为了运载苏联太空计划中的能源号运载火箭助推器和暴风雪号航天飞机而研制的运输机，作为苏联时期的工程杰作，飞机设计涵盖了多个技术领域，其成功研制离不开多学科之间的协作与集成。自诞生之时，安 225 就在载重量和起飞重量等方面不断创造新世界纪录，前后总计有 250 项，其中多项世界纪录一直以来未被打破，代表了当时最先进的航空技术水平，展示了人类对技术、设计和工程等方面的卓越追求。通过技术传承，我们可以借鉴过去的经验教训，避免重复错误，提高技术水平，持续的技术发展将推动航空工业不断进步。

3. 未来发展指导

　　安 225 是在美苏航天竞争下不惜代价的产物，苏联解体后转为商用，满足了全球航空货运业对超重超大货物运输的特殊需求，但此类市场虽然利润丰厚，但是规模有限，为此专门研制超大型运输机代价过大，安 225 的研发模式在当今和未来的航空运输领域已经不具有可行性。但安 225 在远距离运输和承重方面成熟成功的设计、制造和维护升级经验，将对未来超重型运输机的设计开发有极大的参考价值。如未来需要研发同类飞机，在论证时需充分考虑应用场景和市场需求，权衡已有的技术基础进行决策，并充分利用已有军民用运输机的设计、制造、维护等技术能力和动力、航电、机载设备等货架产品，加强军民融合和共享共用，通过规模效应提高投资和资源的有效利用。

参考文献

[1] 《世界飞机手册》编写组.世界飞机手册.北京:航空工业出版社,2011.

[2] 安-225运输机:全球最大飞行的传奇. (2025-03-13) [2025-05-05]. https://baijiahao.baidu.com/s?id=1826417270416826943&wfr=spider&for-pc.

[3] 武装志,梦幻的消逝,世界上最大的安-225运输机.(2022-03-05)[2025-02-20]. https://baijiahao.baidu.com/s?id=1726423999510646200.

[4] 高长安,中国首次用安225向土耳其运大型轨道车辆. (2013-12-02)[2025-02-20]. https://mil.huanqiu.com/article/9CaKrnJDnGo.

哈桑二世清真寺

72 哈桑二世清真寺

全　　称 哈桑二世清真寺

外文名称 Mosquée Hassan-II

　　哈桑二世清真寺是摩洛哥唯一对非穆斯林开放的清真寺，是西北非地区最大的现代化大清真寺，是世界上唯一直接建在海上的大清真寺，也是世界第三大清真寺，被誉为"伊斯兰世界的一大瑰宝"。

　　哈桑二世清真寺位于摩洛哥的卡萨布兰卡市区西北部，坐落在伊斯兰世界的"最西端"。1987年8月开始动工修建，经过6年的施工建设，于1993年8月30日胜利竣工，举行了落成典礼[1]。

　　哈桑二世清真寺占地9万平方米，分主体大殿和露天广场两部分，建筑面积达2万多平方米，清真寺通体用乳白色大理石砌成，大殿外回廊玉柱、墙面用大理石与马赛克精雕细琢，屋顶呈金字塔形，装饰着绿色的琉璃瓦，主体大殿长200米、宽100米、高60米，分地上两层和地下两层，其中1/3面积建在海上。它拥有全球最高的宣礼塔，高度逾200米，塔顶配备激光装置[2]。哈桑二世清真寺25扇自动门全部由钛合金铸造，可抗海风海水腐蚀。正门重35吨，开启不用钥匙，而是使用一组密码，据说只有国王来了才会打开，否则就是撬也撬不开。屋顶两扇分别重达400吨，面积3400平方米的雪松木制顶棚可遥控自动开启闭合，殿内大理石地面保持常年恒温，可自动供暖。整个清真寺可同时容纳10万余人祈祷，殿内可容纳2.5万人，殿外广场可容纳8万名穆斯林同时祈祷，两层的地下室分别设有浴池和大型莲花喷泉，可供1400人同时沐浴净手；二楼专供妇女祈祷，可以容纳5000人。清真寺总投资超过 5 亿美元，整个工程用款 3/5 来自海内外的捐赠，其余部分由政府出资。清真寺的修建投入 3 万多名工人和技术人员，共用掉 30 多万立方米混凝土，消耗了 4 万多吨钢材，6.5 万吨大理石[3]。

哈桑二世清真寺由摩洛哥国王哈桑二世提议修建，法国著名建筑师米歇尔·潘索（Michel Sinseau）负责设计，法国布伊格公司和摩洛哥当地建筑公司共同承担施工任务。

哈桑二世清真寺是摩洛哥在宗教、政治、经济等方面取得重大成就的标志性建筑，以其精美的建筑、独特的装饰和丰富的文化遗产而闻名于世，是卡萨布兰卡市的伊斯兰建筑艺术新景观，是摩洛哥重要的文化遗产之一，也是整个阿拉伯世界伊斯兰文明的象征。哈桑二世清真寺体现了现代科技与宗教文化的完美融合，摩洛哥人使用现代化高科技在白浪滔天的大西洋岸边，围海造起这座独特的旷世杰作，展示了摩洛哥传统手工艺的精湛技术。作为摩洛哥的重要旅游景点之一，每年吸引着大量的游客和朝圣者，它不仅是多元文化和宗教信仰的重要场所，也是卡萨布兰卡市文化和历史的重要组成部分。

一、工程背景

1961 年 3 月 3 日哈桑登基继任王位，成为统治摩洛哥 300 余年的阿拉维王朝第 17 代君主。在该王朝君主中，名叫哈桑的，他是第二位，故称哈桑二世。哈桑二世执政以来，面对风云变幻的国际形势，运筹帷幄，纵横捭阖，在维护民族独立、稳定政局、发展国民经济和提高人民生活方面，都表现出了不同凡响的政治才能和领导艺术。基辛格曾作过这样的赞誉："在阿拉伯国家，没有一个领导人像哈桑那样聪敏并具有驾驭一切的能力"。

哈桑二世在位 30 多年，在非洲和阿拉伯世界声望颇高，国王品德高尚，勤政爱民，国泰民安。国王认为这一切都归功于真主的指引，因此他决定要在摩洛哥的最西部修建一座大清真寺，以感谢真主，并将其以自己的名字命名。1986 年，哈桑二世宣布，在这个"白色"的城市中，兴建堪称世界第三大清真寺——哈桑二世清真寺，以便给这个工商业大都市带来宗教的灵魂，好让来这里祈祷的穆斯林可以冥想真主的天空和海洋。至于清真寺为何建在海上，据说是缘于国王的一个梦，梦里国王曾接获安拉的真言："真主的宝座应建在水上"。

为建造清真寺，摩洛哥举国筹措资金，号召全民捐款，1987 年 8 月，哈桑二世清真寺开始动工修建，清真寺的设计灵感来自摩洛哥的伊斯兰建筑传统，同时融合了现代的建筑技术，由 2500 根巨柱擎起，处处可见奢华的堆砌，艺术家为制作树枝形的装饰灯架，用掉了 51 吨威尼斯水晶玻璃。1993 年 8 月清真寺建成启用，成为卡萨布兰卡人引以为豪的新标志。

二、工程价值

哈桑二世清真寺在摩洛哥具有重要的历史、文化和社会价值，是该国宗教、文化和建筑方面的重要文化遗产之一。

1. 工程主要成果

哈桑二世清真寺在建筑和工程领域获得了广泛的认可和赞誉，被认为是世界建筑史上的重要里程碑，对于摩洛哥和全球的建筑和工程领域都有着重要的贡献和影响。哈桑二世清真寺获得了一些国际性的建筑工程奖项，2004 年荣获国际建筑奖（International Award for Architecture）；2006 年获得了全球性的建筑奖项（Aga Khan Award for Architecture）；2012 年，哈桑二世清真寺被联合国教育、科学及文化组织列入《世界文化遗产名录》，成为摩洛哥第一个被列入该名录的建筑项目。

2. 工程主要技术

哈桑二世清真寺建筑风格独具特色，体现了伊斯兰教文化和摩洛哥本国特色的完美结合，在工程建设中采用了许多独特技术，集科技性和实用性于一体，现代化程度非常高，在世界上首屈一指。

（1）采用巨型拱形结构。清真寺主体大殿高耸的拱顶和塔楼都是由巨型拱形结构支撑起来的，这些拱形结构由大理石和混凝土制成，每个拱形结构的跨度都很大，如大殿的主拱形结构跨度达 30 米。这些拱形结构不仅支撑着高耸的塔楼，还形成了壮观的建筑景观。

（2）采用高强度混凝土结构。为了支撑高耸的塔楼和巨大的穹顶，建筑师使用了高强度混凝土结构，这种混凝土具有高密度、高强度、耐腐蚀等优点，能够承受巨大的压力和海水的腐蚀。

（3）采用高科技的排水系统。清真寺采用了智能排水系统，该系统通过传感器和自动化控制技术，自动监测和控制排水系统的运行情况，以确保其正常运行，还采用了先进的排水管道和排水泵站，以确保雨水能够被迅速地排出室外。

（4）采用精美的雕刻技艺和大理石拼花技术。建筑师在清真寺的墙壁和柱子上使用了精美的雕刻技艺，雕刻的图案包括花卉、几何图形和阿拉伯文书法等，这些雕刻不仅增加了建筑物的美观性，还能够增加建筑物的耐用性。清真寺的墙壁和地板上使用了大理石拼花技术，这种技术需要高超的技艺和精细的计算，使得大理石拼成的图案既美观又实用。

（5）采用自动控制系统。清真寺的自动控制系统非常先进，能够控制室内的温度、湿度和照明等，大殿内的大理石地面常年供暖，冬季气温降低时，地板可以自动加热，夏季室内温度过高时，屋顶可以在5分钟内打开散热。这种技术的运用使得建筑物内的环境更加舒适和宜人，同时也为游客提供了更加舒适的休息环境。此外，清真寺的大殿屋顶具备遥控开启闭合功能，为了实现远程控制，采用特定的遥控设备，通过发送特定的信号来控制电机的动作，进而控制屋顶的开启和关闭。

3. 工程社会价值

哈桑二世清真寺的建造不仅满足了当地穆斯林的宗教需求，也体现了摩洛哥丰富的文化和历史。同时，它对当地经济和旅游业的发展也产生了积极的影响，促进了社会和谐与进步。

（1）哈桑二世清真寺作为一座宗教建筑，具有重要的宗教价值。作为伊斯兰教的重要场所，哈桑二世清真寺为信徒提供了神圣的宗教信仰空间，也是他们进行礼拜和宗教活动的核心区域。清真寺的建造不仅满足了当地穆斯林社区的宗教需求，也促进了伊斯兰教在摩洛哥的传播和发展，进一步巩固了摩洛哥的伊斯兰教地位，也反映了摩洛哥人民对宗教信仰的虔诚和尊重。

（2）哈桑二世清真寺的建造促进了当地经济的发展。首先，清真寺的建设带动了相关产业的发展，如建筑、建材、交通运输等，这些产业的发展为当地创造了就业机会，促进了经济的发展。其次，作为世界著名的清真寺之一，哈桑二世清真寺以其独特的建筑风格和现代化的设施吸引了世界各地的游客，游客可以在这里领略到摩洛哥独特的建筑风格、感受其深厚的文化底蕴和宗教氛围。大量游客的到访对当地旅游业起到了重要的推动作用，也为当地带来了巨大的经济收益。

4. 工程文化价值

哈桑二世清真寺具有重要的文化交流价值，它不仅见证了摩洛哥的历史和文化，也为世界各国之间的文化交流和宗教交流提供了重要的平台，见证了摩洛哥与世界各国之间的文化交流和友谊。哈桑二世清真寺是摩洛哥传统文化的重要载体，既保持了文化传承的历史性和独特性，又具有现代化和全球化的特色。这种文化交流和传承的方式，有助于丰富和扩展文化的内涵，推动文化创新和发展。

哈桑二世清真寺促进了伊斯兰建筑风格的传播和演变，对后世的建筑师和设计师产生了深远的影响。哈桑二世清真寺展示了伊斯兰建筑的独特风格和精湛技艺，建筑设计和装饰充分体现了伊斯兰建筑的特点，如拱形门廊、穹顶、尖塔和复杂的几何图案。这些元素展现了伊斯兰建筑的美学和几何学原理，成为后来众多清真寺和穆斯林建筑的设计灵感来源。此外，清真寺周边的市集和庆典活动，也给人们提供了深入了解和感受摩洛哥多元文化的机会。

三、工程启示

哈桑二世清真寺的建造不仅体现了摩洛哥的文化特色和国王的个人意志，满足了宗教信仰的需求，也成为摩洛哥文化和历史的瑰宝。其成功建设给我们以深刻启示。

1. 成功关键因素

（1）哈桑二世国王的坚定意志和决心是哈桑二世清真寺成功建造的关键。哈桑二世国王是一位有着远大抱负和坚定信仰的领导人，他非常重视宗教和文化的发展，认为宗教和文化是国家发展的重要组成部分。在清真寺的建造过程中，哈桑二世国王亲自监督工程进度，严格把控每一个细节。哈桑二世王非常注重清真寺的设计和建造细节，他要求建筑师将摩洛哥传统建筑风格与现代建筑技术相结合，创造出独特的建筑美学。此外，哈桑二世国王还关注清真寺的实用性和功能性。他要求建筑师充分考虑礼拜者的需求和感受，确保清真寺内的空间布局和设施能够满足礼拜者的需求。他的执着和坚定不移的信念使得这座清真寺得以在短短几年内完成，并在全球范围内引起了广泛关注和赞誉。

（2）强大的资金和资源支持是哈桑二世清真寺成功建造的有力保障。哈桑二世清真寺的建设得到了政府和社会的广泛支持，包括资金、人力、物资等方面的支持，在哈桑二世国王宣布建造这座耗资巨大的清真寺时，全国民众纷纷踊跃捐款，其中3/5的资金来自国内外摩洛哥人民的捐助。这些资源的有效整合和利用，促进了清真寺的成功建设。

（3）先进的技术和设计理念为哈桑二世清真寺的成功建造提供了技术支撑。在建造过程中，建筑师采用了许多先进的技术和设计理念，使得这座清真寺能够成为摩洛哥建筑史上的经典之作。例如，建筑师使用钢筋混凝土和石材等材料，确保了清真寺的耐久性和稳定性；采用现代建筑技术和材料，如玻璃和钢结构等，使得清真寺的外观更加宏伟和壮观。此外，清真寺的设计和装饰也独具匠心，充满了艺术感和文化内涵。设计师采用多种装饰手法，如拱形、圆顶、浮雕等，使得清真寺更加生动有趣。

2. 工程哲学启示

　　哈桑二世清真寺在其建造过程中综合运用了多个专业的知识和技能，并将多种需求和价值观念融合在一起，从工程哲学角度来看，体现了工程价值论的综合性、多元性。首先，哈桑二世清真寺作为一座大型海滨清真寺，其设计和建造过程包含了多个专业的知识和技能，清真寺的建筑设计和结构是摩洛哥建筑师智慧和创新的结晶，运用了先进的建筑技术和材料，体现了人类智慧和创新的力量。清真寺的建造还涉及水利工程、艺术等多个专业领域，这些专业的知识和技能在设计和建造过程中得到了充分的应用和整合，体现了工程价值论的综合性。其次，哈桑二世清真寺是摩洛哥的重要文化遗产和旅游景点，它的设计和建造不仅满足了宗教信仰的需求，同时也展现了摩洛哥的文化特色和国王的个人意志，充分考虑了摩洛哥当地的文化传统和信仰需求，同时接纳了现代建筑元素和设计理念，将传统和现代相融合，体现了工程价值论的多元性。

3. 工程立国思考

　　哈桑二世清真寺作为摩洛哥的重要地标和文化遗产，在很大程度上代表了摩洛哥的国家形象和国际化程度。哈桑二世清真寺融合了传统和现代元素，体现了摩洛哥建筑艺术的独特魅力，整个建筑既具有古典的美感，又具备了现代的舒适性。这种独特的建筑风格不仅让哈桑二世清真寺成为摩洛哥的标志性建筑，也向世界展示了摩洛哥丰富的文化遗产和创新能力，成为摩洛哥在国际舞台上的一个重要名片。随着全球对摩洛哥和伊斯兰文化的关注度不断提高，哈桑二世清真寺成为摩洛哥国家形象的重要组成部分，对于提升摩洛哥在国际舞台上的地位和影响力起到积极的推动作用。

4. 未来发展指导

　　哈桑二世清真寺在建造中重视工程与环境的协调，为了纪念摩洛哥的阿拉伯人祖先自海上来，将清真寺建在海洋中，不仅充分考虑当地人民的文化传统和信仰习惯，而且体现了工程与当地社会文化的适应性，形成了一种独特的景观。这种考虑环境因素的工程设计理念，不仅提高了工程的可持续性，而且有助于保护和提升当地的文化和自然环境，对未来清真寺工程建设具有重要的指导意义。

　　（1）未来的清真寺工程建设需要对周围环境进行全面评估，包括地理环境、气候条件、生态系统等方面。这种评估的目的是确保清真寺的建筑风格、材料选择、能源利用等方面与周围环境相协调，避免对环境产生负面影响。例如，清真寺的建筑材料应尽量选择可再生、环保和低能耗的原料，减少对环境的负担。

（2）未来的清真寺工程建设需要注重与环境的融合。清真寺的设计应充分考虑当地的文化传统和信仰习惯，体现对当地社会的尊重和融入，包括建筑风格、色彩搭配、结构形式等方面。例如，哈桑二世清真寺的建筑风格采用了摩洛哥传统建筑元素，与周围环境相得益彰，为当地居民提供了亲切和舒适的感觉。

（3）未来的清真寺工程建设需要注重与当地社区的互动。清真寺可以组织文化交流活动、公益慈善活动等，增强当地社区的凝聚力和活力，包括听取当地居民的意见和建议，参与当地社区的文化活动和公益事业，促进不同文化之间的交流和理解。

参考文献

[1] 陈粟裕. 摩洛哥卡萨布兰卡哈桑二世清真寺 (Mosquée Hassan-Ⅱ). 世界宗教文化, 2022(2): 196.

[2] 志伊. 哈桑二世大清真寺. 世界建筑, 1999(2): 79–81.

[3] 王燕, 吴富贵. 伊斯兰建筑艺术的骄傲——水上清真寺美轮美奂. 阿拉伯世界, 1996(3): 51.

大柳塔煤矿的井下采掘

73 大柳塔煤矿

全　　称 神东煤田大柳塔煤矿，简称：大柳塔煤矿
外文名称 Daliuta Coal Mine

大柳塔煤矿地处陕西省神木市大柳塔镇乌兰木伦河畔，是国内首座千万吨级别的煤矿，是神东煤炭集团最早建成的井下工作煤矿，被誉为中国井工煤矿事业的"摇篮"。在建成时是全球产煤量最大的井工煤矿。所属的神东煤田，其总面积 31172 平方千米，已探明储量 2200 亿吨，远景储量 1 万亿吨，占全国已探明储量的 1/5，被誉为世界七大煤田之一。

大柳塔煤矿初期筹建的大柳塔井始建于 1987 年 10 月，于 1996 年正式投产，后期增建的活鸡兔井于 1994 年 10 月开工建设，2000 年投产。

大柳塔煤矿筹建期矿区地面总布局按照生产、生产辅助和生活服务三条线原则进行规划，规划生产能力一期 1400 万吨、二期 3600 万吨，单体矿井投资 17.5 亿元，单体矿井配置工作人员 900 余人。截至 2019 年底，大柳塔煤矿已扩展为神东煤田，其工程建设总投资 512 亿元，建成 20 座现代化高产高效煤矿，总产能超过 2 亿吨，资产总额达 1491 亿元。

大柳塔煤矿由国家投资，神东煤炭集团负责该矿区的开发建设。基地总体规划设计由原中国煤炭工业部西安煤炭设计研究院和邯郸设计研究院编制，参加建设的单位包括中国神华能源股份有限公司、陕西煤业化工集团有限责任公司等。

大柳塔煤矿作为神东矿井群的"孵化器""先行者"，开创了中国煤炭工业的新纪元，催生出神东矿区雄伟壮丽的千万吨矿井群。大柳塔煤矿的成功建设和科学管理对于中国煤炭工业的发展具有重要意义，它为中国煤炭工业的现代化进程提供了重要的经验和借鉴。

一、工程背景

近代中国煤矿开采的历史可以追溯到 19 世纪中叶。1875 年，李鸿章在直隶磁州开办了直隶磁州煤矿。1878 年，唐山开平煤矿的建立标志着中国近代煤矿工业的兴起。此后，中国出现了许多近代煤矿企业，如江西萍乡煤矿、安徽淮南煤矿、山东枣庄煤矿等。这些煤矿采用机器开采，大大提高了生产效率，同时也带来了现代化的技术和设备。大规模的煤炭开采是在中华人民共和国成立后开始的。随着工业化和城市化的快速发展，能源的需求量大幅增加，中国开始大规模开发煤矿，建立了许多大型煤矿企业，如抚顺煤矿、阜新煤矿、鹤岗煤矿等。这些企业采用了现代化的技术和设备，提高了煤炭的生产效率和质量，同时也为国家经济的发展做出了重要贡献。

1978 年，党的十一届三中全会做出了把全党工作重心转移到经济建设上来的决定。1982 年，陕西 185 煤田地质勘探队完成《陕北侏罗纪煤田榆神府勘探区普查找煤地质报告》，探明的煤炭储量达 8.77×10^{10} 吨，煤质好、储量大、易开采。1984 年 10 月，《人民日报》头版头条刊发的《陕北有煤海，质优易开采》一文引起轰动。为了加快神府煤田开发，1985 年 5 月 15 日，国家计划委员会和国务院煤代油办公室批准成立华能精煤公司，并拨付了 6 亿元的资金用于矿区建设，其中矿井建设资金 3 亿元，铁路建设资金 3 亿元，煤田开发建设列为国家"七五"重点建设项目。1987 年 9 月 24 日，大柳塔煤矿副井爆破，打响了煤田开发的第一炮。上湾煤矿、马家塔煤矿等一大批矿井相继建设和投产，从矿井开采设计、设备引进、安全管理、装备配置等方面进行了大胆的革新，陕西煤矿现代化矿井的建设正式拉开序幕。1995 年 10 月，国务院批准在原华能精煤公司的基础上组建神华集团公司，负责开发经营神府东胜煤田及其配套的铁路、电厂、港口等项目，实行"煤、电、路、港一体化开发、产运销一条龙"运营模式，基地发展也随之步入快车道。

二、工程价值

以大柳塔煤矿为代表的陕西神木 2 亿吨煤炭基地建设是我国煤炭行业实现跨越式发展的典范，安全生产、科技创新、生态环保等多项经济、技术指标达到国内第一、世界领先，成为我国能源稳定供应和国民经济健康发展的"大国重器"，具有重要的技术价值、管理创新、社会价值和生态价值。

1. 工程主要成果

自成立以来到 2024 年，以大柳塔煤矿为代表的陕西神木煤炭基地累计建成大型现代化高产高效矿井 20 多座，累计生产煤炭 34 亿吨，全员工效最高达到 124 吨/工，成为国家能源供应的"稳定器"和"压舱石"。安全方面杜绝了 3 人以上较大安全事故，百万吨死亡率由 2001 年的 0.0948 减少到 2019 年的 0.005 以下，远低于全国平均水平，跻身世界一流水平。

大柳塔煤矿连续 14 年被评为煤炭工业特级安全（高产）高效矿井，多次被评为"安全生产先进集体"，荣获全国"双十佳煤矿"、全国煤炭系统"文明煤矿"和陕西省"环境友好企业"等荣誉称号，并获得了千万吨矿井安全生产长周期管理创新成果奖、形成的"三自赋能、六措八法"班组建设探索与实践获得了中国煤炭工业协会先进管理成果奖。

2. 工程主要技术

大柳塔煤矿在 30 多年的发展建设中，主要在矿井建设、洗选加工、生态保护与环境治理多方面取得了技术突破。

（1）首创了我国第一座千万吨矿井，形成了千万吨级矿井建设与采掘关键成套技术。第一座千万吨级矿井——大柳塔煤矿是陕西煤矿事业的"摇篮"。应用了大功率破碎与刮板机、掩护式液压支架和集中控制联动技术，形成了千万吨级煤矿的技术集成。在此成功实践的基础上，以大柳塔煤矿为蓝本，相继建设了 20 座千万吨级煤矿，形成了我国首个千万吨级矿井群。2005 年煤炭产量突破 1 亿吨，2010 年煤炭产量突破 2 亿吨，成为我国首座 2 亿吨级现代化煤炭生产基地[1]。

（2）突破特大型煤炭洗选加工厂建设关键技术。按照国家环境保护要求和企业发展需要，大柳塔煤矿本着"产环保煤炭、建生态矿区"的目标，配套煤矿建设项目，先后建成了以大柳塔选煤厂为代表的年洗选能力超过 1000 万吨的现代化特大型选煤厂 15 座。选煤厂均为模块化选煤厂，建设周期短、见效快，便于后期改扩建和设备维护和更新，可以根据矿井生产能力变化和市场需求，灵活调整生产能力和生产组织方式。依托高效的管理体系和先进的生产技术，选煤厂人工效率达到 8400 吨/（工·月），效率、成本等主要生产经营指标均处于全国同行业领先水平。

（3）创新生态矿区建设关键技术。①大柳塔煤矿创新发展了固废处置利用技术。发明了井下"分层开拓、无盘区划分、全煤巷布置、立交巷道平交化"的无岩巷布置技术，实现从源头上减少矸石产出，吨煤出矸率总体下降到 10.94% 以下[2]。在井下利用采空区充填技术和贮矸硐室充填技术，实现了矸石不升井。矿区建设了 3 座煤矸石热电厂，年处理煤矸石 $1.6 \times 10^6 \sim 2 \times 10^6$ 吨。同时，井下不易处理的油脂等固废垃圾进行井下集中收集，地面分类处理，避免对地下水造成污染。②大柳塔煤矿创新发展了煤矿大气生态治理技术。煤矿大气生态治理技术主要包括固化封尘技术、低浓度瓦斯发电技术、锅炉烟气脱硫脱硝除尘治理技术、二氧化碳捕集与封存技术、风源热泵技术、低温热管余热回收技术。③大柳塔煤矿创新发展了采煤沉陷区治理关键技术。在开发建设初期极其困难的情况下，建立了生态治理长效机制，同时建立了井下煤炭开采与地面生态环境相互响应的综合防治技术，研发出采前生态防护功能圈构建、采中生态保护性采煤、采后生态修复与功能优化等技术，成功构建了"三期三圈"可持续发展的生态环境系统。④大柳塔煤矿创新发展了生态示范基地建设关键技术。研发超大工作面开采减损技术、地表生态自修复技术、微生物复垦技术、生物多样性优化筛选、地表生态系统稳定性提升等技术，分别在大柳塔煤矿、上湾煤矿、哈拉沟煤矿、布尔台煤矿采煤沉陷区建设了水土保持示范园、生态示范基地、"采煤沉陷区光伏＋生态修复利用"示范区，提升了区域整体水保功能，有效控制了开采扰动对矿区生态环境的影响。

（4）大柳塔煤矿突破了 8.8 米超大采高综采工作面关键技术。2018 年 3 月，世界首套 8.8 米超大采高智能综采工作面在上湾煤矿投入使用，2024 年累计采煤近 4×10^7 吨，全套装备工作面具备年产 1.6×10^7 吨的能力。研发了综采工作面自动化采煤关键技术，在原有记忆割煤的基础上，首次应用了三维激光扫描机器，对工作面采场进行三维扫描后形成数字化模型，融合自动化割煤、工作面机器人巡检、以太环网通信、设备集中控制、全景视频监控和采煤机电缆拖拽 6 个方面的关键技术，实现了地面分控中心远程干预。研发了薄煤层等高式采煤机，配套智能巡检机器人、三维激光扫描、惯导和视频监控系统，可实现在距离工作面 400 米外的顺槽内远程操控，实现了真正意义上的工作面无人开采，填补了我国薄煤层智能开采领域的空白。研发了斜井盾构施工建井关键技术，首次将盾构施工技术应用到煤矿斜井施工中，成功建成了补连塔煤矿 2# 辅运斜井，该工程施工总长度 2745 米，倾角 5.5°，开挖直径 7.62 米，掘进断面 45.6 平方米，工期 5 个月，月进尺 546 米，施工进度是传统工法的 5 倍以上，填补了国内盾构施工煤矿斜井的技术空白。

3. 工程社会价值

大柳塔煤矿促进了煤炭行业安全生产水平的提高。大柳塔煤矿安全理念、安全管理和安全举措的具体实践，推进了我国煤矿安全生产水平持续向好。矿区建设 30 多年来，百万吨死亡率控制在 0.016 以下，全国百万吨死亡率已下降至 0.083 以下。

大柳塔煤矿带动了我国高端煤矿装备的国产化探索。推进国产化开发是实施创新驱动发展的重要引领，是加快煤炭采掘装备升级换代的关键步骤，是落实"中国制造 2025"战略思想的重要举措。为摆脱煤矿进口设备和配件采购价格高、核心技术垄断、配件供应周期长和售后服务滞后等方面的约束，大柳塔煤矿坚持走"引进－消化吸收－自主创新"的路子，自 2000 年以来，先后与 30 多家国内煤机装备制造企业，联合研制液压支架、刮板运输机、采煤机、泵站系统、特种车辆、连采及后配套设备、皮带机等煤矿设备共计 1026 套[3]，开发 57889 种国产零部件，带动国内煤炭生产企业全面应用国产化装备，加速了国内煤矿装备制造行业高端化和国际化进程。

4. 工程生态价值

大柳塔煤矿为我国西部煤矿沉陷区生态修复和环境治理起到了示范作用。大柳塔煤矿所在的神东煤炭基地地处我国西部生态脆弱区，其较为成功的生态修复与环境治理技术成果及其成功经验对我国西部干旱半干旱地区煤矿采煤沉陷区治理、水土保持和生态重建具有可移植和示范作用。煤炭开采过程可以做到绿色开采，"采煤不见煤、地面不见矸、污水不外排"[4]。地表沉陷区治理采取"采前防治，采中控制，采后营造"对策，可以做到地表环境破坏可控。西部干旱半干旱地区及荒漠化矿区通过人工重建，地表生态环境持续向好。生态治理面积累计达 376 平方千米。矿区不仅没有因大规模开采造成环境破坏，反而使原有恶劣生态环境实现正向演替，矿区植被覆盖率由开发初期的 3% ~ 11% 提高到 64%，重点治理修复区达到 70%，风沙天数由年均 33 天减少为 3 ~ 5 天，在曾经寸草不生的毛乌素沙漠边缘建起一片"煤海绿洲"[5]。

三、工程启示

1. 成功关键因素

大柳塔煤矿的成功关键因素主要体现在以下三方面。

国家政策支持是成功的前提。为了加快大柳塔煤矿开发，国家在 1985 年专门成立了相关支持机构，并在经济状况极端紧缩、各项基础建设纷纷下马的困难时刻，拨付了 6 亿元的资金用于大柳塔矿区建设，其中矿井建设资金 3 亿元，铁路建设资金 3 亿元，煤田开发建设被列为国家"七五"重点建设项目[6]。

应用先进技术是成功的保障。通过主客观的最佳结合，大柳塔煤矿在技术创新方面取得了革命性的突破，一是对矿区矿井开拓系统进行变革，把原来设计的斜井开拓变为斜硐开拓，改变了传统的开拓系统设计模式；二是简化矿井的生产系统布置方式，提高矿井集约化生产；三是引进适合矿区开采条件的采掘设备和辅助运输设备，提高矿井装备水平和核心生产能力。

实现管理创新是成功的关键。大柳塔煤矿突破原有矿井设计和建设旧思路，以"高起点、高技术、高质量、高效率、高效益"的建设方针，以"生产规模化、技术现代化、队伍专业化、管理信息化"为手段，制定了以打造精干高效型的企业管理创新体制，推动了神东煤炭基地高产高效"四化"模式建设。

2. 工程哲学启示

大柳塔煤矿坚决摒弃开采损害甚至破坏生态环境的发展模式，体现了工程哲学认识论中关于人与自然和谐共生的观点。大柳塔煤矿是人的认识活动和实践活动，而人与自然的关系是矛盾的统一体。人与自然的辩证关系，构成了人类发展的永恒主题。大柳塔煤矿推动煤炭绿色发展，并尽可能减少对自然的破坏和干扰，保护生态环境，实现人与自然和谐发展。尽管人类可以通过工程建设改造和利用自然，但我们也必须认识到人类在创造人造物之时也应担负起对自然环境的责任。

大柳塔煤矿的建设掌握了认识和实践辩证关系的原理，坚持了工程哲学实践论中的科学性、客观性、系统性和创新性的原则。在大柳塔煤矿发展的过程中，不断推进实践基础上的理论创新。根据时代变化和实践发展，不断深化认识、总结经验、理论创新，坚持理论指导和实践探索辩证统一，实现理论创新和实践创新良性互动，促进由大柳塔煤矿发展出的神东煤田逐渐成熟。

3. 工程立国思考

煤炭是中国最主要的工业能源。大柳塔煤矿是我国第一座千万吨级煤矿，它带动了我国大型井工煤矿的发展，孵化出亿吨级神东煤田，为中国提供了大量的优质煤炭，为中国工业提供了能源保障。同时，带动了以煤矿机械为代表的重型装备行业的发展，由煤矿掘进机械发展出了盾构掘进机等"大国重器"，是中国制造在世界上的一张重要名片。

4. 未来发展指导

以大柳塔煤矿为代表的神东煤田的发展在促进当地经济发展的同时注重应对环境问题的挑战。在未来发展的过程中，应当学习大柳塔煤矿的做法，使经济发展和环境保护之间保持平衡协调的状态，避免过度追求经济效益而忽视生态效益，实现经济社会的可持续发展。

以大柳塔煤矿为代表的神东煤田以信息化带动工业化、用高新技术改造传统产业，推动了煤炭老工业基地的快速发展。未来是工业 4.0 升级换代的时代，应以智能化、数字化为指导方针，改进现有工业，促进旧工业、业态取得转型升级实现突破，逐步由数字化、智能化升级为智慧化，为下一个时代的高质量发展做出新的贡献。

参考文献

[1] 信息动态. 中国煤炭工业, 2011(1): 1, 9-11, 55.

[2] 杨俊哲. 神东矿区井上井下生态环境综合治理技术. 煤炭科学技术, 2020(9): 56-65.

[3] 吴哲宇. 浅析神东矿区的创新绿色发展之路. 陕西煤炭, 2014(2): 144-146.

[4] 杨俊哲. 神东矿区绿色开采技术. 煤炭科学技术, 2013(9): 34-39.

[5] 高向丽. 神东煤炭集团档案信息开发利用的实践与思考. 中国煤炭工业, 2019(11): 65-67.

[6] 贺生忠. 聚能领跑——神华神东煤炭集团公司企业文化现象透视. 中国煤炭工业, 2015(9): 43-45.

74 能源号运载火箭

全　　称 能源号运载火箭，简称：能源号

外文名称 11K25，Энергия

　　能源号运载火箭作为重型一次性使用运载系统以及暴风雪号航天飞机的助推器，近地轨道运输能力为 105 吨货物，地球静止轨道运输能力为 20 吨，仍保持运载能力最强的世界纪录。

　　能源号运载火箭的提出最早可以追溯到 20 世纪 60 年代初期。设计论证工作于 1969 年正式开始，由位于乌克兰的第聂伯罗彼得罗夫斯克（今日的德涅普）的科学研究机构负责。动工建设工作始于 1976 年，主要基地位于哈萨克斯坦的拜科努尔航天发射场。然而，其建设周期较长，从 1974 年动工开始建设到 1987 年结束，中间经历了多次停工和复工。其中，1980～1982 年，由于资金和技术问题，该项目的进展一度停滞。最终，能源号运载火箭于 1987 年完成建造并进行首次试射。

　　能源号运载火箭的工程规模非常庞大，被认为是太空史上最庞大的运载火箭项目之一。据估计，能源号项目吸纳了数万名科学家、工程师和技术人员的参与。然而，具体的人力投入数字并不容易确定。该项目涉及大量物质资源的使用，包括各种材料、零部件和设备。具体的物力投入数量难以精确统计，但可以说是庞大的。能源号项目耗资巨大。虽然具体的财力投入数字没有公开披露，但据估计，能源号的建设成本可能达到 200 亿英镑。

　　能源号运载火箭的建造涉及多个单位和组织的参与。该工程由苏联政府和苏联共产党的高层领导时任总书记勃列日涅夫启动建设企划。由苏联航天局（现为俄罗斯联邦航天局）负责协调和组织火箭的研发和生产计划。著名的苏联火箭设计师瓦列里·伊万诺维奇·洛斯托奇金（Valentin Glushko）是能源号运载火箭的主要设计师之一。他在能源号运载火箭的推进系统和发动机方面做出了重要贡献。能源号运载火箭的建设由苏联的多个航天工业企业承担，其中最重要的是位于乌克兰的第聂伯罗彼得罗夫斯克和哈萨克斯坦的拜科努尔航天发射场。由第聂伯罗彼得罗夫斯克的科研机构和拜科努尔航天发射场的工程师和技术人员组成的团队共同参与了该项目的建设。

　　能源号运载火箭伴随着苏联解体而停止生产。虽然能源号运载火箭不再生产，但由其助推器发展的天顶号火箭仍在服役，其主发动机 RD-170 衍生的 RD-171 仍使用于天顶

号火箭。尽管苏联能源号项目未能达到预期目标，但其所带来的技术和概念影响是无可否认的。它对后来的航天工程产生了积极的推动作用，并为太空探索领域的进一步发展奠定了基础。

一、工程背景

20 世纪 50 ~ 80 年代末，美苏争霸从地面延伸到了太空。美国有阿波罗登月计划，苏联也有 N1 运载火箭、联盟号飞船以及登月舱的准备。不过 N1 运载火箭前四次发射均以失败而告终，同时美国率先登月，这让苏联不得不调整战略、取消 N1 运载火箭项目，并将目光投向空间开发。因此，苏联于 1974 年提出了祝融星计划（Vulkan），其研制内容主要包括：能源号运载火箭和暴风雪号航天飞机等，该系统的研制工作于 1976 年开始执行[1, 2]。

整个阿波罗计划耗资 250 亿美元，其价值相当于 2018 年的 1530 亿美元，而祝融星计划耗资高达 140 亿卢布。1985 年，一卢布能够兑换 1.3 美元，同等换算之后，该项目投入资金已经超过千亿美元，因此该计划又被称为苏联力度空前的航天项目。该项目最终因为苏联解体而无疾而终，不过其为俄罗斯留下了丰厚的技术遗产。例如，由助推器发展而来的天顶号运载火箭，至今仍在服役中；助推器使用的 RD170 火箭发动机，衍生出了用于宇宙神 5 号运载火箭的 RD180 发动机，RD191 则用于安加拉运载火箭，而上述两种火箭，至今仍服务于俄罗斯的航天事业。其中，美国至今仍在进口俄罗斯的 RD180 发动机。

苏联这项火箭 - 空间系统工程，不仅留下了让美国都垂涎不已的发动机技术，而且其打造的能源号运载火箭号称航天史上推力最大的运载火箭。为了发射能够重复使用的暴风雪号航天飞机，苏联能源科研生产联合体于 1976 年开始研制一种捆绑式超重型运载火箭，按照分别捆绑 2 个、4 个、6 个、8 个助推器形成暴风雨号、能源号、火神号以及大力神号系列运载火箭，实现了运载能力的梯度化，不过除了能源号运载火箭成功飞行两次外，其余三种火箭未飞行。

能源号运载火箭使用了 4 枚助推火箭，每一枚使用一台由液氧煤油提供动力的 RD170 发动机，其海平面推力达到 740 吨；芯级使用了 4 台由液氢液氧提供动力的 RD-0120 发动机，单台推力 148 吨，因此高 58.765 米、直径 17.65 米的能源号运载火箭起飞质量 2400 吨，起飞推力高达 3550 吨。其能够将 105 吨的货物送入近地轨道，20 吨的货物送入地球静止轨道，32 吨的货物送入地月转移轨道，这 3 种能力分别是长征五号运载火箭的 4 倍、3 倍和 4 倍。另外，能源号运载火箭的最大改进型高 110 米，能将 270 吨载荷送到近地轨道、32 吨载荷送到月球、27 吨载荷送到火星或金星。这是苏联在 20 世纪 70 年代的产物，足见苏联在航天运载火箭领域技术的雄厚。

祝融星计划诞生于 1974 年，但能源号运载火箭的首次发射却是在 1987 年 5 月 15 日，当时能源号运载火箭搭载着极地号斯泰基 –DM 型试验飞船，从拜科努尔航天发射场成功发射，最终极地号飞船因为姿态调整失败而坠入大气层解体。第二次发射发生于 1988 年 11 月 15 日，暴风雪号航天飞机搭乘能源号运载火箭从拜科努尔航天发射场起飞，用时 206 分钟环绕地球飞行两圈后返回发射场着陆跑道。此次试飞没有载人，是苏联航天飞机的首航，也是唯一一次飞行。这两次发射任务完成不久后，苏联就解体了，所以能源号运载火箭和暴风雪号航天飞机的项目也随之戛然而止。

二、工程价值

1. 工程主要成果

能源号运载火箭开发了当时世界上最为先进的火箭发动机。该发动机采用液氢 / 液氧作为燃料，配备了 4 个涡轮泵供应燃料和氧化剂给主发动机。能源号运载火箭具有很强的承载能力，可将重达 100 吨的有效载荷送入太空。它采用了模块化设计，可以根据任务需求组装成不同的配置，包括单核心、双核心和三核心版本。能源号运载火箭采用液氢 / 液氧发动机作为主发动机，助推器发动机是液氧 / 煤油发动机，这个发动机被认为是迄今设计最为复杂和高效的发动机之一。该火箭首次飞行于 1987 年，成功地将无人航天飞船送入太空。尽管能源号运载火箭只进行了少数几次飞行，但它在发动机技术上取得了一些重要的突破，并为后来的载人和无人航天项目提供了有价值的经验和技术基础 [3,4]。

2. 工程主要技术

（1）能源号运载火箭研发了大推力、可靠性的动力系统技术。作为运载火箭，能源号需要大推力的发动机来提供足够的动力，同时要求发动机具有较高的可靠性和稳定性。苏联在火箭发动机技术方面有着丰富的经验，但在能源号运载火箭的发动机研制过程中，仍需要进行大量的研究和试验。苏联研制出了大推力的液氧 / 煤油发动机，为能源号运载火箭提供了足够的动力。这种发动机具有较高的可靠性和稳定性，能够满足能源号运载火箭的要求。

（2）能源号运载火箭采用了模块化的结构技术。由于火箭体积和质量都非常庞大，要求结构设计必须合理可靠，能够承受发射过程中的巨大应力和振动。苏联在火箭结构设计方面也有着丰富的经验，在火箭的结构设计中采用了模块化设计，使得火箭的不同部分可以独立制造和测试，提高了生产效率和质量。同时，苏联还采用了先进的材料和工艺，提高了结构的强度和可靠性。

（3）能源号运载火箭配置了惯性导航和计算机控制系统，这在当时是非常先进的制导与控制技术。苏联在能源号运载火箭的制导与控制技术中采用了惯性导航系统和计算机控制技术，使得火箭能够准确地进入预定轨道。这种技术在当时的苏联是处于领先地位的。

总的来说，苏联在能源号运载火箭的研制过程中进行了大量的技术创新和突破，使得这种火箭在当时具有较好的性能和可靠性。

3. 工程管理创新

能源号运载火箭在工程管理方面进行了创新，采用了集中协调的方式进行工程管理。集中协调的方式就是各个子系统和模块的设计、制造和测试被集中在一个主要的管理组织下进行。这种集中的管理方法有助于确保各个部分之间的协调性和一致性，并提高整体项目的效率。为了加快研发和制造速度，能源号项目采用了并行开发的策略。不同的团队同时进行各个子系统的设计和制造工作，以最大限度地减少项目的总时间。这种并行开发方法在保证质量的前提下，提高了项目进展的速度。能源号项目重视交叉功能团队的建立和协作。在项目的不同阶段，工程师和技术专家被组成跨部门的团队，共同解决工程难题和挑战。这种跨职能团队的协作有助于加强信息共享、快速决策和问题解决能力。

4. 工程社会价值

（1）能源号运载火箭的开发和应用促进了航天科技创新。为了满足火箭的要求，需要开展前沿科学研究和工程技术探索，涉及航天工程、材料科学、燃料技术、控制系统等领域的创新。这种科技创新不仅在航天领域有所突破，也为其他行业和领域的技术进步提供了启示和借鉴。该火箭系统的设计、制造和飞行试验推动了苏联和后来的俄罗斯在航天领域的技术发展，为未来的航天探索奠定了基础。

（2）能源号运载火箭的成功对苏联社会产生了积极的影响。它作为国家的威望项目，激发了民族自豪感和团结精神。火箭的成功发射提升了国家的国际声誉，加强了苏联在当时世界舞台上的地位和影响力。

三、工程启示

1. 成功关键因素

（1）能源号运载火箭的成功得益于当时苏联政府的全力支持。当时苏联与美国处于军备竞赛状态，美国有阿波罗登月计划，苏联也有 N1 运载火箭、联盟号飞船以及登月舱的准备。苏联于 1974 年提出了祝融星计划，其研制内容是能源号运载火箭和暴风雪号航天飞机等，因此政府在能源号运载火箭的建设中，投入了大量的资金和资源，用于研究和开发火箭技术。

（2）能源号运载火箭的成功离不开苏联先进的航天工业技术。苏联政府高度重视航天科技的发展，投入了大量的人力、物力和财力，为航天工业提供了强有力的支持。苏联拥有众多优秀的科学家和工程师，他们对航天技术进行了大量的研究和创新，为苏联的航天工业发展做出了重要贡献。苏联的航天工业拥有完整的产业链，从火箭发动机到有效载荷等各个领域都有专业的厂家和机构负责研发和生产，这种完整的产业链保证了苏联航天工业的稳定发展。

2. 工程哲学启示

能源号运载火箭体现了工程哲学中的工程认识论。具体来讲，能源号运载火箭的研制是基于苏联科学家对火箭技术深入研究所建立的认知。通过对物理、数学、工程学等领域知识的理解和应用，他们获得了对火箭设计和动力推进系统的认知。能源号运载火箭的设计和制造涉及大量的实践工作，包括试验、模型测试和技术验证等。通过不断的实践，科学家和工程师能够验证他们的理论假设，发现问题并进行改进，最终将理论转化为实际可行的工程解决方案。这种认知与实践相互依存，构成了工程哲学的基础。在能源号运载火箭项目中，科学家和工程师的认知驱动着他们的实践活动，而实践又反馈给他们新的认知。这种双向过程促使工程师探索新的思路、克服挑战并取得进展。

3. 工程立国思考

能源号运载火箭对苏联具有重要的战略意义。在军事战略方面，作为重型运载火箭，能源号运载火箭是苏联国家战略的重要组成部分，它能够提供战略威慑和战略防御能力，增强国家的综合实力和国际地位。苏联在冷战时期，通过发展重型运载火箭，提高了其战略威慑能力，对世界格局产生了重要影响。在政治战略方面，能源号运载火箭展示出了苏联先进的航天科技水平，赢得世界赞誉，提高了其在国际政治上的地位和影响力。

4. 未来发展指导

　　能源号运载火箭的研发理念和设计技术对后来的运载火箭发展有着重要的启示。能源号运载火箭采用多级火箭的设计，这种设计允许火箭在每一级分离后释放出部分或全部的推进力，从而使得火箭可以更容易地达到更高的速度和更远的距离。能源号运载火箭使用的是液体助推器，这种助推器能够提供更高的推力和更长的燃烧时间，这使得火箭可以携带更大的载荷。能源号运载火箭在设计上采用了模块化的思想，这使得其不同的部分可以独立开发和测试，降低了研发成本和风险。这些研发理念和设计技术在 SpaceX 的猎鹰重型火箭和中国的长征五号上都有体现，可见，能源号运载火箭对世界航天工业的发展有着深远影响。

参考文献

[1] 陈小金. 能源号——苏联的巨型运载火箭. 国外导弹与航天运载器, 1988(7): 82-84.

[2] 柳恒俊. 苏联大型运载火箭 "能源" 号简介. 上海航天, 1987(5): 6-7.

[3] 陈小金. 能源号的变型详况. 国外导弹与航天运载器, 1988(2): 88.

[4] 谢亮. 苏联能源号超级运载火箭. 世界导弹与航天, 1988(1): 8-10.

75 明石海峡大桥

明石海峡大桥

全 称 明石海峡大桥

外文名称 Akashi Kaikyo Bridge，あかしかいきょうおおはし

明石海峡大桥是连接日本神户和淡路岛之间的跨海公路大桥，位于日本本州与四国岛之间，跨越明石海峡。其创造了当时世界建桥史的新纪录，是世界上第一座主跨超过 1 英里及 1 海里的桥梁，也是目前世界上跨距第二长的悬索桥，被《国家地理》杂志评为"世界十大建筑奇观"。

明石海峡大桥最早于 1955 年提出修建，1960 年 3 月日本政府下定决心建桥。1988 年 5 月，明石海峡大桥正式动工兴建，1996 年 9 月完成主桥合龙工程，1998 年 4 月 5 日通车运营，其间经历了 1995 年 1 月阪神大地震的考验[1]。

明石海峡大桥线路全长 3911 米，采用三跨二铰加劲桁梁（960 米 +1991 米 +960 米）的跨径布置，其中主跨长 1991 米，宽 30 米。桥面为双向六车道高速公路，设计速度为 100 千米 / 小时。明石海峡大桥为三跨双铰加劲桁架悬索桥，总投资约 43 亿美元，主要由主梁、两座桥塔、缆索、锚碇、引桥及其各立交匝道组成，全桥路段呈西南至东北方向布置。从施工到通车运营历时 10 年，上部结构由钢桁架桥面、塔和钢缆组成，估计钢材用量 22 万余吨。其中，钢桁架梁高 14 米，宽 35.5 米，总用钢量为 8.93 万吨。主塔材质为 SMS70，塔高 282.8 米，用钢量为 2.3 万吨 / 座。钢缆直径为

1.122 米，由 290 根六角形钢束形成，六角形钢束由 127 根直径 5.23 毫米的高强度钢丝在工厂制成。大桥钢缆所用钢丝总长约 30 万千米，总用钢量为 5.77 万吨。大桥下部结构主塔基础采用钢沉井，两座主塔钢沉井高度和直径分别为 480 米 ×70 米和 78 米 ×67 米，用钢量分别为 1.58 万吨和 1.52 万吨，混凝土用量分别为 35.5 万立方米和 32.2 万立方米。

明石海峡大桥最初由日本一位贫民加藤托本提出修建 [2]。当时日本政府拒绝了这一看似天方夜谭的要求，此后 4 年，加藤托本反复向日本政府递交申请书，最终，日本政府被加藤的"固执"感动了，再加上此时四国岛的居民要求建桥的声音越来越高，于是日本政府开始计划着手沟通四大主岛的交通通道，以实现将主岛连成一片的国土一体化意图。1970 年 7 月，日本本州与四国岛连络桥公团成立，计划明石海峡大桥的建设。1985 年，日本国土厅长官、运输大臣、建设大臣达成协议，明石海峡大桥仅作为公路桥使用，不预留铁路的空间。最终，明石海峡大桥由西松建设承建，其总设计师是北川臣。

明石海峡大桥使本州岛、淡路岛、四国岛连成一体，是连接日本内陆的重要纽带，完善了全国的干线道路网，有利于日本地区产业、经济、旅游观光、文化等方面的发展。它是日本建筑工程成就的体现，也是神户市的标志性建筑，是神户市精神的形象代言 [3]。

一、工程背景

明石海峡大桥的构思在第二次世界大战之前便一直存在，但当时日本没有建设长大桥的技术，所以一直没有付诸建造 [4]。1955 年 5 月 11 日，由高松出发的日本国铁宇高联络船，载着 180 多名乘客的"紫云丸号"轮渡，原定于从高松港出发，穿越明石海峡，到达对面的九州岛。不幸的是，由于浓雾和船员玩忽职守，"紫云丸号"在女木岛附近和另一艘货轮"第三宇高丸号"发生严重碰撞，致使 168 名乘客死亡，数十人受伤。在这次事故中，神户的一位贫民——61 岁的加藤托本失去了他唯一的儿子——13 岁的小加藤。当其他死难者忙于与日本政府就赔偿抚恤金的多少展开争论和博弈时，加藤托本却强烈要求日本政府在神户和日本四国岛之间建起一座桥梁，以避免今后类似"紫云丸号"悲剧的发生 [5]。

但这个要求对当时的日本政府来说，简直是天方夜谭。因为明石海峡的平均深度为 110 米，中心最深处则为 160 米，而且终年水流湍急，每天都有上千艘船只在海峡里航行。更麻烦的是，如果要建桥，桥身的跨度将要达到 2 千米才行；而最难克服的障碍则是，日本是一个多震、台风频发的国家，如果在建造过程中，桥的各个构件还没有连接形成一个牢固的整体时，任意一次较大级别的地震或台风，都能让大桥毁于一旦。

不过，加藤托本根本听不进日本政府的任何解释，他认为，只要政府以人为本，下定决心，就一定能攻克不利于建桥的各种困难。之后，加藤每半个月都要去东京一次，一直持续了4年，他反复向日本政府递交申请书，并且不断给当时的日本天皇和正副首相写信，弄得他们头痛不已。迫不得已，日本政府让有关部门做大桥的预算，结果是对20世纪50年代来说的一笔巨资43亿美元，可是加藤仍然觉得政府能拿出这笔钱。

日本政府于是在1960年3月下定决心建桥。同时，应加藤的要求，日本政府向已经65岁的他写了一份建造大桥的承诺保证书。直到此时，加藤托本才长长地出了一口气。3年后，他含笑长逝。

1996年9月，明石海峡大桥正式合龙，这天距离"紫云丸号"失事整整41年。在当天的合龙仪式上，大桥的总设计师北川臣说了这么一句话："这是为完成一个老人的无私心愿而建起的一座前所未有的丰碑！"

二、工程价值

1. 工程主要成果

明石海峡大桥首创悬索桥主缆，这也是第一座用顶推法施工的跨谷斜拉桥，由于其出色的工艺设计，获得国际桥梁大会（IBC）最高奖——乔治·理查德森奖，该奖被誉为桥梁界的"诺贝尔奖"。

2. 工程主要技术

为了支持明石海峡大桥的设计和建造，日本开发了多项技术。例如，钢缆索制造技术、直升机架设引导索、猫道的刚度和稳定性提高技术、预制平行束吊杆、主缆涂覆防锈技术等[5]。

（1）钢缆索制造技术。在明石海峡大桥的建设中，首次使用破断强度为1800牛/平方毫米的高强度镀锌钢丝。由127根直径5.23毫米的高强钢丝编成钢索，再由290根钢索组成一根主索。两根主缆索所用的高强钢丝长30万千米，可以绕地球7周半。

（2）直升机架设引导索。利用直升机牵引其横渡了近2000米的距离，其中引导索特地采用了直径10毫米、轻质高强的化学纤维绳，若采用钢丝绳作为引导索，不仅起吊重量太大，而且难以满足净空要求。

（3）猫道的刚度和稳定性提高技术。为了提高猫道的刚度和稳定性，大桥建设者首先使猫道轻型化，并为抑制扭转在东西两侧分别设置作业平台将其连接成为整体，通过安装制振阻尼器提高猫道的刚度和稳定性，达到抑制猫道扭转和摆动的目的。

（4）预制平行束吊杆。以往的大跨径悬索桥均使用钢丝绳或钢绞线作为吊杆，而明石海峡大桥采用了几乎不需要养护、有聚乙烯外套的预制平行钢丝束作为吊杆，这在悬索桥建造史上还是首次，也是大桥设计施工中的一个特点。采用预制平行束吊杆可以使吊杆的数目从 4 根减少到 2 根，这不仅有利于结构设计，降低了成本，而且减少了风荷载。

（5）主缆涂覆防锈技术。在明石海峡大桥之前的防锈措施是用缠丝和涂料覆盖主缆，以防止水分侵入，明石海峡大桥采用将除湿、除盐的干燥空气送入主缆，强制除去水分使主缆干燥的措施，是一种划时代的防锈方法。

此外，明石海峡大桥的抗震设计有三个特点，而且都是在桥梁设计中首次采用的。在抗震设计中导入了"基础和地基的地力相互作用"这一新概念。设计时对短周期以外的长周期地震进行了检验校核。设计者利用相位差输入的新方法，就地震波到达各基础的时间差对结构物的影响进行了确认。

3. 工程管理创新

明石海峡大桥工程管理方面的创新是制定了适用于"长大桥"的"荷重体系""安全率"等构造设计基准，后来这些设计基准一直应用于日本国内外的造桥设计中[6]。在构造设计方面，为了让"长大桥"轻量化，一般会使用硬度大的高抗张力钢材，钢材专家经过反复实验与研究，制定了使用抗张力钢建筑的疲劳设计基准，为这个领域奠定了基础。另外，明石海峡大桥的主缆架设工程中，没有采用空中架线法，而是采用了预制平行钢丝法，即将几十根钢丝集束成一股，再由数十股或数百股钢丝集束成一根主缆。这种工法的施工实绩，最初的关门桥是 85 吨，而明石海峡大桥达到了 358 吨，除了下津井濑户大桥，日本本州与四国岛桥中的吊桥全部采用了这种工法，因此成为日本架设吊桥的标准工法。明石海峡大桥的修建，为特大跨径悬索桥的设计施工提供了成功的经验，大桥设计中的特殊做法，对今后大跨径悬索桥的建设将具有重要的指导作用。

4. 工程社会价值

（1）大大改善了神户市及淡路岛的交通运输状况。明石海峡大桥建设前，原本从淡路岛至本州岛只能依靠班轮通行，且须耗时 40 分钟左右，现在仅需 5 分钟左右，便可从淡路岛到达本州岛。原来神户市至德岛县之间的航运需要约 190 分钟，明石海峡大桥通车后，将运输时间缩短了 90 分钟[7]。

（2）明石海峡大桥的开通加快了日本濑户地区的人员往来和物资流通，刺激了沿线旅游业的发展。明石海峡大桥建成后，大桥周边城市的工业产品和农业产品的出货量增加了，随之而来的是大桥附近城市物流中心的增加。农业上，德岛县产的新鲜蔬菜水果等能够方便快速地运到县外，送到人们的餐桌上，不仅提高了农民收入，还带动了当地经济的发展。工业上，日本的德岛县是最先把发光二极管（LED）技术商品化的县，德岛县有大小 100 多家生产制造 LED 商品的企业，日本全国 70% 的 LED 商品来自德岛县，明石海峡大桥的贯通，推动了德岛县的 LED 商品走向日本全国甚至全世界。商业上，明石海峡大桥的贯通使得四国岛 24 小时店的数量迅速扩张。据估算，该大桥每天通车 3 万辆次，每年可能给周围地区带来 10 亿美元的经济效益。

（3）明石海峡大桥供电用的电缆、电信用的光缆及往淡路岛的自来水干管也装设于明石海峡大桥桥面下方，解决了淡路岛自来水供应的问题。

（4）明石海峡大桥成为日本著名的旅游胜地，带动了日本旅游业的发展。明石海峡大桥充分展示了世界最长桥梁的构造美和桥索的曲线美的典范建筑，成为 1995 年 1 月的阪神、淡路大地震后复兴的象征。为了创造桥梁周边良好的夜间景观，桥的主塔、主缆、加劲桁架和锚碇各部位设置了夜间照明设置，同时在主缆上装设 LED 照明灯，使得大桥呈现出异彩纷呈的变化。

5. 工程文化价值

距离明石海峡大桥约 100 米的地方建有一座"桥梁科学馆"，里面收藏了大桥从设计到竣工使用等全过程的种种"故事"及相关"物证"，让参观者感受到大桥从无到有的创造过程，体验科技的力量，具有明显的科普教育作用，延伸着建筑的价值。

在科学馆门口，摆了一组公共艺术作品，一件是利用其钢缆节段做成的休息椅，让观者在休息时，感受大桥建造的难度及其科技的高水平，在互动中认同大桥的价值。另外一件则用了"钢缆固定的基座"这样一个关键的部件，在其横切面进行着色处理，本来冷冰冰的工业元素，马上变为有表情的现代雕塑，令观者在观看时产生某种形而上的思考。

位于桥墩左边的孙文纪念馆区域，是整个大桥景观中最具历史意义的一处，为大桥增添了历史感与浓厚的文化内涵。本与大桥无关的标志性建筑，因大桥的建造而与其发生关系，两者相辅相成，互为补充。大桥借纪念馆显示了神户市的文化价值及历史价值，纪念馆借大桥显示了神户市在新时代的飞跃发展与新的价值观，当两者并置在一起时，会让观者有一种时空感，穿越在历史与现实之间，从而感受神户市的精神气质[8]。

三、工程启示

明石海峡大桥在工程前期准备、设计、建造等方面都进行了一系列的技术创新，为后来大型悬索桥的设计和施工技术奠定了基础，即使是现在，明石海峡大桥的造桥技术及规模都堪称世界水平。

1. 成功关键因素

（1）充分调研和因地制宜是明石海峡大桥成功建造的重要前提。明石海峡水道狭长，地形复杂，容易形成漩涡海流。在大桥建造前，日本对明石海峡进行了详细调研，利用音波的三次元的性质测定"强潮"，收集海流的流向与流速，同时调查了地质特点，根据多方收集的信息制定了安全的施工设备和施工计划，并开发出了适合该海域海底作业用的设备和流动性好不离析的混凝土（特殊水中混凝土）。明石海峡大桥的工程师几乎对大桥的各个方面都做了仔细研究，以使任何自然灾害对它的影响减至最小。为了设计出能承受80米/秒的狂风，不断重复着风洞实验，伴随着耐风设计被开发出来的，还有各种耐振动技术[9]。

（2）创造性抗震及阻尼设计是明石海峡大桥成功建造的重要保障。由于明石海峡大桥的主塔过高，当主缆架设完时，全部恒荷载作用在主塔上，因此在世界无先例的情况下，不仅在架设时，在架设后也安装了永久性的抑制风振的调质阻尼器，有效减小了高塔的晃动，稳定了高塔。另外，大桥在设计过程中还进行了成功的抗震设计，加之阪神大地震前主缆施工已基本完成，所以明石海峡大桥经住了一次重要的抗震检验[1]。

2. 工程哲学启示

从工程方法论的角度来看，明石海峡大桥工程建造过程中充分应用了传承与创新结合、理论与实践结合的创造性工程思维方法，通过引进、消化、吸收、再创新，提升了桥梁理论知识，深入认识本国具体国情，根据明石海峡终年水流湍急，地震、台风频发的自然条件对工程施工进行不同程度的改变，运用理论知识指导工程实践，创造性地安装了永久性的抑制风振的调质阻尼器，有效减小了高塔的晃动，抗住了一次重要的抗震检验，实现了基础工程理论、结构形式和施工工法的重大技术进步，最终带动日本桥梁结构体系、材料、工艺技术的全面发展，实现了对工程认识－实践－再认识的螺旋上升。

3. 工程立国思考

在推进大跨吊桥建设的过程中，日本向美国学习，消化、吸收、赶超美国的技术，自

20 世纪 60 年代美国不再建设吊桥后，日本成为美国技术的继承者。明石海峡大桥沿袭了美国主流的斜撑钢制主塔和加劲桁架。明石海峡大桥采用加劲桁架断面，主横桁架上通过纵梁然后支撑桥面板，在桥面上通过格栅设置开口，这些完全都是旧塔科玛桥垮桥之后，美国所进行的风洞试验和抗风设计的成果。而日本在这个时期进行研究和开发，技术上有不少的创新成果，如铅直中央稳定板。桥面板由美国主流的混凝土桥面板变成了轻的钢桥面板，接头部分由螺栓变成了全焊接，以减轻全桥的重量。明石海峡大桥汇聚了当时日本所有桥梁技术，挑战了建设世界最长吊桥的纪录，日本通过开展基础性、开拓性的技术研究，进行自主技术创新，实现了真正意义上的"技术立国"。

4. 未来发展指导

（1）跨海大桥的建设和使用会对周围环境产生深刻的改变，因此修建跨海大桥前需要对环境影响以及社会、经济效益做好充分调研。明石海峡大桥通车后，取得了拉动经济增长的重要作用，但也容易让施工附近海域在之后的很长一段时间内产生不同程度的水质污染。生态系统、水环境状况、海洋生物多样性、生物群落结构在明石海峡工程建设期间均受到不同程度的影响。此外，明石海峡工程的建设打破了地域壁垒限制，促进了明石海峡两岸内部要素的流动，改变了区域经济的发展格局，促进了区域经济一体化发展，但也导致了明石海峡两岸区域竞争更加激烈。未来，海峡两岸应利用跨海工程带来的交通便利充分发挥自身竞争优势，协调发展，实现共赢[10]。

（2）跨海大桥的修建需要因地制宜确定最佳的技术方案。明石海峡大桥跨海通道技术方案确定过程中，以保证施工安全、工程质量和运营安全为原则，综合考虑地理环境、地质、气象、水文、航道、路网衔接、工期、造价、技术条件、防洪、环境保护等多方面因素，因地制宜，宜桥则桥，宜隧则隧。跨海大桥修建的同时还要充分考虑运营、技术进步和远期需求。

参考资料

[1] 罗保权. 公共艺术置于标志性建筑的"文化附加值"探究——以日本明石海峡大桥为例. 装饰, 2021(6): 136-137.

[2] 张胜. 日本明石海峡大桥. 交通与运输, 2000(2): 17-18.

[3] 刘健新. 吊桥的历史. 北京: 人民交通出版社, 2020.

[4] 胡兆同, 刘健新. 明石海峡大桥的施工特点. 国外公路, 1997(6): 20-23.

[5] 杨其良. 施工中的日本明石海峡大桥. 98全国市政工程学会交流会, 宁波, 1998.

[6] 孙文德. 世界第一长的悬索桥. 科学之友, 1998(9): 8-9.

[7] 新井正人, 中岛国雄, 石井子, 等. 日本明石海峡大桥的景观照明. 照明工程学报, 1998(4): 71-76.

[8] 金增洪. 明石海峡大桥简介. 国外公路, 2001(1): 13-18.

[9] 韩琳, 赵振华, 刘淑芬. 日本跨海工程对我国跨海工程建设的启示. 山西建筑, 2021, 47(13): 135-139.

[10] 王杨, 简方梁, 吴彩兰, 等. 国外跨海通道建设经验对我国大型跨海通道建设的启示. 铁道勘察, 2021, 47(6): 1-6.

76 GE90 航空发动机

全　　称 GE90 航空发动机，又名：GE90 涡轮风扇发动机，简称：GE90

外文名称 GE90 Turbofan Engine

　　GE90 航空发动机是目前世界上推力最大的在役航空发动机，为波音 777 系列双发（两台发动机）跨洋大型客机的主要动力。在过去的几十年，GE90 因超大的推力、极高的可靠性和顶尖的技术水平而闻名于世，被公认为是现代商业航空发动机的传奇。

　　GE90 航空发动机于 1990 年 1 月开始研制，1993 年 12 月进行首次飞行，1995 年 11 月配装 GE90 的波音 777 正式投入商业运营[1]。GE90 共衍生出 8 个型号，认证推力范围为 342 ~ 514 千牛，2004 年 5 月推力最大的 GE90-115B 开始运营[2]。

　　GE90 航空发动机总投资高达约 20 亿美元（相当于 2021 年的 37 亿美元），单台发动机售价为 3200 万美元（2020 年）。

　　GE90 航空发动机是由美国通用电气（GE）公司全新研制的。早在 1989 年，时任 GE 公司航空业务总裁的布莱恩·罗威（Brain Rowe）提出并决策，专为波音 777 系列飞机研制全新一代商用大推力涡扇发动机。GE90 的研制以 GE 公司为主，法国斯奈克玛公司（现赛峰集团）、日本石川岛播磨重工业公司（现 IHI 公司）、意大利菲亚特公司（现阿维奥公司）、瑞典沃尔沃航空公司等企业参与其中[3]。

　　GE90 航空发动机引领了几乎所有现代商业航空发动机的主要技术，开创了双发飞机长途跨洋飞行辉煌时代，极大地降低了燃油与维护成本。对于后续大型商业航空发动机的研制产生了重要引导与推动作用，为世界民航业迈向更经济、更环保的发展方向发挥了支撑作用。

一、工程背景

　　20 世纪 90 年代初期，商业航空业迅速繁荣，全球航空旅行的需求急剧增长。航空公司需要更大推力的航空发动机来满足更大型、更远程的飞机的需求，以提供更多的座位和更低的运营成本。因此，航空制造商开始设计并生产大型双通道喷气式客机，如波音 777。这种新一代的飞机需要更强大的发动机来推动它们，以满足航线的需求。

　　在此背景下，GE90 航空发动机应运而生。它是由美国 GE 公司全新研制的，专为波音 777 系列飞机而设计。GE90 航空发动机的出现满足了航空公司对更大推力发动机的需求，同时也开创了双发飞机长途跨洋飞行的新时代。

随着技术的不断进步和需求的不断增长，GE90 航空发动机经历了多次升级和改进。推力范围从最初的 342 ~ 514 千牛，逐渐提升到更大的推力范围。同时，发动机的性能也在不断提升，以满足航空公司更高效、更经济的需求。

GE 公司在航空发动机技术方面一直处于领先地位。GE90 航空发动机的研发与波音 777 客机项目密切相关。波音公司计划推出一款大型、远程飞行的双通道客机，而 GE90 发动机被选为这一项目的独家发动机选项之一 [4]。这为 GE90 的研发提供了巨大的市场机会。

GE90 航空发动机于 1992 年 11 月开始进行核心机测试。1993 年 4 月，整机试验开始，并创造了 469 千牛的推力纪录。同年 12 月，这款发动机被安装在飞行试验台上进行首飞。1994 年 12 月，GE90 航空发动机被配装在波音 777 飞机上进行飞行测试。经过一系列严格的测试和验证，GE90 在 1995 年 2 月和 11 月分别获得了美国联邦航空局（FAA）和欧洲联合航空局（JAA）的型号合格证。同年 11 月，GE90 开始配装在波音 777 上投入运营。随着时间的推移，GE90 在技术上不断得到改进和提升。1996 年，这款发动机获得了 180 分钟双发延程飞行认证，这意味着它可以像三发、四发客机一样，能够开通任何航线 [5]。

GE90 主要发展了 GE90-76B、GE90-77B、GE90-85B、GE90-90B、GE90-94B、GE90-110B1、GE90-113B、GE90-115B 等型号。1997 年 7 月，中国南方航空集团有限公司的一架配装 GE90 的波音 777-200ER 从广州出发，经过 13 小时 13 分钟的连续飞行后抵达洛杉矶，开创了世界双发飞机横跨太平洋不经停商业飞行的先河。

为了满足波音 777 提高航程和载客量的需求，GE 公司在 2000 年初启动了更大推力的 GE90-115B 的研制。GE90-115B 在 2001 年和 2002 年连续打破纪录，分别达到 548 千牛和 569 千牛的推力。2003 年，GE90-115B 取得了美国和欧洲的型号合格证，并于 2004 年开始投入运营。

2005 年，由两台 GE90-110B1 推动的波音 777-200LR 创造了最长商业客机飞行的世界纪录：香港直飞伦敦历时 22 小时 42 分钟，飞越了太平洋、美国大陆和大西洋，航程达到 21600 千米，相当于赤道周长的一半。这一成就彰显了 GE90 系列发动机在推动航空业发展方面的卓越贡献。

2014 年，配装中国南方航空集团有限公司的波音 777-300ER 的 GE90-115B 发动机，连续飞行 16 小时，跨越 13500 千米抵达纽约，刷新了中国民航史上最长的直航纪录。2015 年，GE90 成为首型采用美国联邦航空局批准的 3D 打印零件（T25 传感器）的商用发动机。

二、工程价值

1. 工程主要成果

GE90 航空发动机产品中，GE90-115B 曾被"吉尼斯世界纪录"认证为"世界推力最大的航空发动机"，这一纪录后来由其继任者 GE9X 打破。

2. 工程主要技术

在 GE90 航空发动机的研制过程中，大量采用了先进技术研究成果。其中，包括复合材料进气锥和短舱、复合材料风扇叶片、高效节能压气机、高效低排放燃烧室、抗损伤涡轮盘、先进的全权限数字电子控制系统（FADEC）、先进高温合金、增材制造技术及模块式设计、异物（FOD）甩出设计等。这些先进技术的有机而完整地集成，将 GE90 的整体水平提升到了前所未有的高度。下面重点介绍其中的两种技术。

（1）采用后掠大流量宽弦复合材料风扇叶片。GE90 航空发动机采用了碳纤维加强高韧性环氧树脂复合材料，制造了当时世界上最大的风扇叶片，这是 GE 公司宽体客机发动机的重要标志。截至 2020 年，全球仍然只有 GE 公司和其合资企业 CFM 国际公司在商用发动机上使用该技术。复合材料风扇叶片具有重量轻、成本低、抗震性好、损伤容限能力强等特点，特别是能承受大的外物撞击的能力。在叶片的设计和制造过程中，突破了很多技术难题，如采用三维气动计算方法设计 S 形后掠叶型、新的复合成形工艺等。叶片前缘装有可更换的钛合金保护套，以防止外物撞击；表面还涂有聚氨酯涂层，以抵抗环境腐蚀。

（2）采用双环腔头部和多孔冷却火焰筒的高效低排放燃烧室。在 GE90 航空发动机的燃烧室内外环腔中，均分布着 30 个燃油喷嘴。这些喷嘴由全权限数字电子控制系统根据推力和飞行状态来控制开关。在低工况下，外环腔供油，这样可以减少一氧化碳和未燃碳氢的排放量；在大工况下，内外环腔同时供油，这样可以降低氮氧化物与烟量的排放。多孔火焰筒在 GE90 航空发动机中首次采用了先进的铸造工艺。通过采用激光打斜孔技术，冷却效率高达 90%，比一般的气膜冷却提高了 20 个百分点。此外，这种方法还减少了40% 的冷气流量。这种设计使燃烧室出口温度更加均匀，从而缩短了燃烧室长度。GE 公司的 F120 先进军用发动机也采用了这种多孔火焰筒设计。

3. 工程管理创新

GE90 航空发动机的研发团队遵循了严格的质量管理体系，确保每个阶段的研发都符合高质量标准。从材料采购到部件制造，每个环节都经过严格的质量检查和验收程序，从而确保了发动机的整体质量和可靠性。在研发过程中，团队充分考虑了风险管理和应急预案的制定。为了降低潜在的风险，采取了多种针对性的措施。同时，GE90 航空发动机的研发团队由多个学科的专家组成，包括机械工程师、航空航天工程师、材料科学家等。这些专家之间密切协作，共同解决研发过程中遇到的问题，从而提高了研发效率和质量。

4. 工程科学价值

首先，在 GE90 航空发动机的研制中，科研人员发现了一些新型的高温材料，这些材料能够在高温环境下保持优良的性能。这些材料的研究和应用，对其他领域如航空航天、汽车等也有着重要的影响。其次，在 GE90 航空发动机的制造过程中，采用了许多先进的制造工艺，如电子束熔炼、真空钎焊、超音速喷涂等。这些新工艺的应用，使得发动机的制造更加高效和精确，也推动了制造业的发展。同时，GE90 航空发动机采用了全权限数字电子控制系统，使得发动机的控制更加智能化和精确。该系统的应用，不仅提高了发动机的性能和可靠性，也推动了数字电子控制系统在其他领域的应用和发展。最后，在 GE90 航空发动机的研制过程中，科研人员进行了大量的试验，总结出了大型发动机在测试和验证、台架试验、飞行试验和环境试验中的规律。这些规律的总结，对未来发动机的研制具有重要的指导作用。

5. 工程社会价值

GE90 航空发动机的商业化应用，对全球社会产生了深远的影响。其先进的性能和可靠性，使得国家间和城市间的联系更加紧密、便捷，跨境物流运输更加高效、快速。这不仅推动了全球贸易和经济发展，也加强了国际间的交流与合作。

GE90 航空发动机的成功研制和应用，展示了科技创新对经济发展的重要作用。其整体先进性、可靠性及经济性，树立了新的行业标准，引领了航空工业的发展。这为其他领域提供了可借鉴的经验，推动了科技的进步和社会的发展。

此外，GE90 航空发动机的商业化应用，还创造了大量的就业机会和经济效益。从设计研发到生产制造、运营维护，各个环节都需要专业的人才，为社会提供了大量的就业机会。同时，其经济效益也带动了相关产业的发展，促进了经济的繁荣。

三、工程启示

1. 成功关键因素

GE90 航空发动机的成功得益于一系列科技创新，包括材料科学、制造工艺、气动设计、数字电子控制系统等方面的突破。这些创新使得发动机的设计更加先进、可靠和经济。同时，研发过程中涉及多个学科和领域，需要全球范围内的科研机构和企业进行合作与交流。团队协作使得各个领域的专家能够共同解决研发过程中遇到的问题，提高了研发效率和成功率。另外，GE 公司在航空发动机领域有着丰富的经验积累和技术储备。这些经验为 GE90 航空发动机的研发提供了宝贵的参考和支持，使得发动机的设计和制造更加成熟和可靠。

同时我们也要看到，GE90 航空发动机的成功也得益于市场需求。随着全球航空业的快速发展，对高效、可靠和经济性航空发动机的需求也在不断增加。这为 GE90 航空发动机提供了广阔的市场空间和商业机会。

2. 工程哲学启示

GE90 航空发动机是一种具有世界领先水平的航空发动机，其研发过程中蕴含着深刻的工程哲学思想。

首先，GE90 航空发动机的研发过程是不断试验、改进和优化的过程，发动机的性能和可靠性得到了不断提高，是工程认识论强调的核心内容的具体表现。在 GE90 航空发动机的研发过程中，工程师还不断探索新的规律、新的原理和新的技术，以实现对航空发动机性能的全面提升。这种探索实践的过程也是一种认识的过程，它推动着人们对航空发动机的认识不断深入和发展。

其次，GE90 航空发动机的研发过程是一种创造价值的过程，是工程价值论的具体表现。航空发动机作为一种高科技产品，其研发需要大量的资金投入和技术积累，GE90 航空发动机是具有高附加值的产品。此外，GE90 航空发动机的研发还带来了技术进步、产业升级、就业增长等社会效益，从而具有广泛的社会价值。

再次，GE90 航空发动机的研发过程是一种演化的过程，是工程演化论的展现。发动机的设计方案不断的修改、优化和完善，从而使其性能和可靠性得到不断提高。这种修改、优化和完善的过程也是一种演化的过程，它推动着发动机的不断升级和换代。

最后，GE90 航空发动机的研发过程是工程方法论的应用过程。在发动机的研发过程中，工程师需要采用各种科学的方法和技术手段，对发动机的性能、可靠性、安全性等方面进行全面的分析和研究。这些科学的方法和技术手段的应用，不仅提高了发动机的性能和可靠性，还推动了航空发动机科技的不断进步和发展。

3. 工程立国思考

首先，航空发动机是航空工业的核心，是国家安全的重要基础。具备超大推力的航空发动机能够显著提升国家安全保障能力，确保在紧急情况下能够迅速反应并做出明智的决策。其次，航空发动机是高科技产业的重要组成部分，具有巨大的经济效益和社会效益。研发与生产超大推力航空发动机可以有力地带动相关产业的发展，推动国家经济的繁荣。同时，航空发动机是衡量一个国家科技水平和综合实力的重要标志。开发和生产超大推力的航空发动机可以提高国家的国际竞争力，增强国家的综合实力，扩大影响力。航空发动机是一个复杂的系统工程，需要不断地进行技术创新和研发。超大推力航空发动机的研发和生产可以促进科技创新，推动国家科技进步。

4. 未来发展指导

航空发动机研制周期长，需预先研究。航空发动机研制周期一般比飞机长 3 ~ 5 年，从部件研究到投入使用需要 8 ~ 13 年；新材料从研发到用于发动机产品甚至需要 20 ~ 30 年，因此为满足飞机交付进度和发动机自身研发进度，航空发动机必须在产品研制前，相对于飞机要先期投入，提前开展研究工作，做到"动力先行""材料先行"。

航空发动机技术难度大，要加强技术储备。航空发动机涉及气动、热力、燃烧、结构、控制、测试、材料等多学科、多专业，综合性极强，必须利用系统进行深入的先期技术预研，夯实技术基础，加强技术储备，为新产品研制提供成熟的新技术，降低研制风险。数值仿真技术在加速研制、降低成本方面成效显著，未来应更加重视该技术的开发及其在航空发动机的论证、设计、试制、制造、服务和维修等全寿命期各项活动中的应用。

民用航空发动机以安全经济为目标，环保成为新要求。民用航空发动机是完全市场竞争的领域，航空公司对发动机的要求是以最低的成本安全高效地完成飞行任务，这就需求航空发动机向高可靠性、优异性能、长寿命、低全寿命期成本等方向发展。结合当前绿色航空等国际环保要求，低污染排放和噪声水平也成为关键指标。

充分利用可能的国际合作，利益共享、风险共担。航空发动机的研究和制造需要大量的资金和人力投入，企业多会选择在全球范围内，寻找"利益共享、风险共担"的合作伙伴和供应商，发挥各自优势，分摊技术风险和资金压力，并借此开拓国际市场，实现共赢。

参考文献

[1] 晓诚. GE90的三管齐下技术策略. 国际航空, 1995(4): 56−57.

[2] 斯坦利 W. 坎德伯, 迈克尔 A. 多恩海姆. GE90的飞行试验验证了其使用性. 国际航空, 1995(8): 47−49.

[3] 东冬. GE90以新求胜. 航空知识, 1997(1): 30−31.

[4] 佳明. GE正在研制GE−90发动机. 中国航空报, 2001−10−12(004).

[5] 董帼雄. "推力之王" GE9X. 大飞机, 2020(12): 52−55.

德国 ICE 高速铁路在汉堡站

77 德国 ICE

全　　称 德国城际快速列车，简称：德国 ICE

外文名称 Intercity-Express

德国 ICE 是世界最早的高速铁路系统工程，也是欧洲唯一一条具备客货混运能力的高速铁路，目前运营里程位居欧洲第三位，运输速度最快为 300 千米 / 小时，实现了高速列车的全国通达。

德国 ICE 工程起源于 1970 年。德国（1990 年以前指联邦德国，1990 年以后指现德国）联邦研究技术部设立了轮轨系统系列课题，就高速运输的技术经济可行方案进行了广泛深入的理论研究。1985 年，在联邦德国研究技术部的资助下，高速试验列车（inter city experimental，ICE-V）试制成功，该车在此后 4 年时间内进行的一系列运行试验和鉴定审查中，屡次创造了世界速度纪录。1991 年，德国第一条高速铁路开通运营。截至 2021 年底，德国速度超过 200 千米 / 小时的线路和区段总长度为 1620 千米，其中速度在 250 千米 / 小时以上的新建线路长度为 1189 千米。ICE 大家族中共拥有 ICE 1、ICE 2、ICE 3、ICE 3-407、ICE 4、ICE-T、ICE-TD 七款车型，经历了从动力集中到动力分散的技术发展历程[1]。

德国 ICE 是德国长期研究轮轨系统高速技术的核心科技成就，是德国政府、联邦德国铁路、德国铁路工业厂商等共同努力的成果。ICE-V 的开发和制造耗时 3 年，研发和制造费用共计 7700 万马克（1984 年物价水平），其中联邦德国研究技术部出资 4400 万马克，联邦铁路出资 1700 万马克，工业企业出资 1600 万马克，原型车之后车型的开发费用全部由工业企业承担。

德国 ICE 各车型的制造商包括多家工业企业，主要包括 AEG、ABB、克虏伯（Krupp）、西门子、Adtranz（后被庞巴迪兼并）等。

德国 ICE 既是德国铁路股份公司经营的高速铁路客运品牌，也是该公司所拥有的系列化高速动车组，因其舒适便捷、技术水平先进而享誉全球。尽管德国高速铁路运营晚于日本和法国，但由于其雄厚的技术底蕴，ICE 融合了大量高新技术，自一诞生就站在行业的制高点上，代表了当时世界最先进的高速铁路技术水平。ICE 的研发成功，不仅掀起了全球高速铁路技术创新的高潮，更是带动了整个德国工业界的出口，推动了德国经济在世界范围内继续占据重要位置。

一、工程背景

一直以来，德国拥有世界最为先进的铁路技术基础，尤其在铁路高速化方面曾取得了非凡的成就。早在 1851 年，德国就在柏林—科隆间开行了直通车（Schnellzug）快速列车，速度达 41.4 千米 / 小时；1901 年西门子公司生产的电力机车在柏林附近创造了 162.5 千米 / 小时的运行纪录。第二次世界大战后，德国制定了公路优先的交通发展政策，铁路被大规模拆除、高速公路得到迅速发展。1964 年日本东海道新干线的开通，促使德国将修建高速铁路的计划迅速提上日程。1970 年联邦德国提出修建汉诺威—维尔茨堡高速铁路，并制定了高速铁路研究计划。由于资金有限，且德国政府还将大部分资金投入到轮轨关系及磁悬浮技术的理论研究中，因此建设进度极其缓慢，该线直至 1991 年才全部建设投入运用 [2]。

1970 年，联邦德国研究技术部确定了高速铁路研究框架，在该框架内德国工业界和学术界对高速铁路各个子系统都进行了系统研究。1982 年德国开始研制高速试验原型车 ICE-V。在 ICE-V 的基础上，1985 年 12 月联邦德国铁路确定了 ICE 设计任务书，1986 年开始委托铁路工业企业试制 ICE-11 型动车组，由此拉开了 ICE 走上历史舞台的序幕。

二、工程价值

1. 工程主要成果

德国工业界凭借深厚的技术基础和极高的工业生产水平，在研制 ICE-V 列车的过程中融合了大量高新技术，使之代表了当时最先进的高速铁路技术水平。ICE-V 在

1985～1988 年先后三次创造了世界速度纪录，使轮轨系铁路列车速度第一次跨过了 400 千米 / 小时大关。

2. 工程主要技术

21 世纪初研发出的 ICE 3 列车，突破性地采用动力分散设计。2002 年科隆—法兰克福高速铁路的开通，标志着德国高速铁路技术实现了多方面的突破，成为全球高速铁路技术创新的助推器。一是高速列车从之前的 ICE 1 发展到 ICE 3。ICE 3 采用了动力分散设计，在提高单位重量牵引功率的同时，还将轴重由 ICE1、ICE2 的 19.5 吨降低到 16.8 吨，减少了维护保养工作量并具备再生制动的功能，广受业界好评，开始走出国门。二是高速铁路从传统的有砟轨道提升为无砟轨道。三是研发并应用了适用于高速铁路的列控系统连续式列车速度控制系统（LZB）。

德国最新研制的 ICE 4 车型开发了以先进列控、灵活编组为代表的新一代高速铁路技术 [3]。ICE 4 是最高运营速度为 250 千米 / 小时的新一代动车组，其主要技术特点包括：一是实现灵活编组，ICE 4 动车组可实现 5～14 节灵活编组，适应不同加速度、速度及定员要求的旅客运输任务；二是列控技术更先进，采用基于以太网的列控系统西门子第 3 代铁路自动化学流的名字（SIBAS PN），头车即可对任意一节车厢进行单独控制；三是能耗更低，比此前的 ICE 系列动车组能耗减少 20%；四是空调性能优良，针对近几年 ICE 动车组屡次发生空调故障的情况，ICE 4 动车组对空调系统进行改良设计，适用于外部温度 –25～45 摄氏度，可用性和可靠性大大提高。

3. 工程管理创新

德国 ICE 在原始创新的初始阶段，由政府牵头出资，铁路运输企业和工业界多家企业共同完成创新；而在技术成熟后则以工业企业创新为主，铁路运输企业则扮演"用户"的角色，主要发挥制定技术条件、以市场化方式进行采购的作用。

德国政府对战略性公益研究采用牵头引导的管理模式。即按照科研项目严格界定政府和企业的科研职责，政府只能介入企业无法独立承担的领域，即有商业风险、对国家有特殊意义，并在可预见的时间内不确定会产生市场效益的战略性研究。ICE 技术的原始创新就是由德国政府牵头立项、德铁负责整体协调、德国工业界多家公司联合创新而形成的成果。在此过程中，德铁与联邦研究技术部承担了研制试验车所需的绝大部分资金，德国工业界的知名企业如西门子、AEG、克虏伯、梅塞施密特 - 伯尔科 - 布洛姆公司（Messerschmitt-Bolkow-Blohm，MBB）等都参与了研制，并分担了部分研制费用。该研究为轮轨高速铁路的发展及 ICE 列车的推广应用奠定了基础。

德国形成了高效协调的 ICE 研发和采购管理模式。首先，德铁的专家团队制定产品技术条件，然后组织招标和评标，并评选出技术最为成熟、报价最为经济的方案。接着，中标企业在与德铁专家进行深入交流的基础上设计和试制出原型车，并对原型车进行广泛试验和优化，最后开始列车的批量生产。从德铁提出技术条件，到新型 ICE 上线运行，仅需要 60 ~ 65 个月的时间。

4. 工程社会价值

ICE 高速列车成为优化德国综合交通运输结构的战略选择。1991 年 6 月 2 日，德国铁路在"速度是汽车的两倍、飞机的一半"的口号下，ICE 1 正式在新建高速铁路线汉诺威—维尔茨堡上开通运营，由此开辟了高速运输之路。ICE 凭借其富有竞争力的运行时间、具有吸引力的便利服务，在公路、航空基础设施均很强大的德国，迅速成长为德国运输业界的明星产品，在与小汽车和民航业的竞争中，凸显出其竞争实力和优势。近年来，ICE 还成为德国绿色综合交通系统的骨干，其使用的牵引电力全部来自绿色电力，为德国实现能源转型和交通转型奠定了重要基础。自 ICE 投入运营以来，包括科隆—法兰克福、柏林—汉堡等在内的十多条国内航线已经被迫取消，部分航线大幅削减了飞机班次。

ICE 将德国高速铁路网与泛欧洲高速铁路网融为一体。由于德国处于欧洲的中心位置，从东欧到西欧、从北欧到南欧，德国是必经之地，属于重要的交通枢纽。ICE 列车不仅在德国开行，早在 1992 年就驶入了瑞士，之后在比利时、法国、荷兰、奥地利、丹麦等国运行，还可以穿越英吉利海峡到达英国。ICE 的开行，使德国与比利时、荷兰、法国等欧洲国家的联系更加便捷和紧密。

ICE 高速列车造就了全套系统供应商和系统集成商，带动了铁路装备制造业的升级和发展，不仅促使德国技术走向国际，还进一步巩固和提升了德国制造强国的地位。德国铁路工业界确信，逐渐扩大 ICE 享誉全球的品牌效应，把德国国内高速铁路应用的先进技术设备和良好的运营成果当作向国外展示的橱窗，促使德国铁路装备和基础设施产品获取"德国质量"的好名声，就一定能带动产品走出国门。随着德国 ICE 逐渐成长为世界闻名的高速铁路品牌，德国铁路工业诞生了世界知名装备制造商安达（Adtrans）和西门子交通技术集团，德国铁路装备产品也随着西门子、庞巴迪等大型跨国企业逐步走向世界。除此之外，铁路基础设施产品也得到了进一步的发展，德国无砟轨道的先进技术水平和高质量的轨道结构吸引了各国铁路的关注，要求引进德国无砟轨道技术的订单接踵而来，众多中小型铁路设备设施企业也随之取得了巨大的商业成功。现今德国铁路工业总销售额中的一半以上都来自出口国外。

三、工程启示

1. 成功关键因素

正确处理强基础与打造优势的关系。市场竞争最本质、最核心的着力点在于突出特色优势，优势作为行业和企业生存与发展的根基与命脉，并不是一朝一夕可以培育成功的，需要长期的积累。例如，在进入 ICE 高速列车时代之前，德国的铁路技术及其应用就已站在较高的起点上，V200 内燃机车、泛欧旅客快车 TEE、E- 机车系列等都是德国铁路工业界的典范之作，1970 年开始的高速铁路理论研究更是为新技术的应用积累了大量技术基础。德国铁路在 100 多年来研制生产机车车辆中积累的专用技术基础，使其在激烈的高速铁路技术竞争中脱颖而出。尽管德国高速铁路投入运营时间晚于日本和法国，但其在交 - 直 - 交机车技术、轻型结构、空气动力学等方面的技术优势，使得 ICE 一经诞生就重新占据世界领先地位。

辩证处理网络与线路、客运与货运的关系。德国根据自身特点选择恰当的高速铁路发展模式，统筹考虑并正确处理了既有线与高速铁路、客运与货运的关系。鉴于德国货运需求极大、居民点分散、既有线密度大质量高的国情，德国并未遵循日本和法国高速铁路的发展思路，即单纯通过扩大新线来提速，而是基于国家的实际情况，更加注重提高路网的整体速度以及服务的便利性。在德国高速铁路新线建设数量与规模并不大（只有 1100 千米）的情况下，德国铁路主要通过高速铁路与既有铁路直通运营、主要通道分线速差运输、高速列车与摆式列车结合使用等措施，来提高路网的整体速度，从而满足现代社会对运输速度的需求。此外，在建设高速铁路时就确定了客货混运的方式，即高速铁路设计必须同时考虑满足货物列车和旅客列车的运行要求：12.5‰ 的低坡道和 7000 米的大曲线半径，这为白天客车、晚上货车的运营方式，以及提高货物列车运输速度奠定了技术基础。

2. 工程哲学启示

德国 ICE 高速铁路的运营过程中，为了处理客货矛盾、新旧线路矛盾等，应用了辩证统筹的工程规划方法论。在分析处理复杂交织的既有线路与新建线路、客运与货运矛盾问题时，进行了多层次统筹论证和决策，具体对运营方案的抉择、客货运市场的发展前景等多要素进行利弊权衡，运用战略思维，多层次、多维度地寻求国家、公司与居民利益的最大公约数，最终做出全局性、战略性的统筹集约决策，结合德国居民点分散、工业货运需求大的实际情况创造性地设计出世界唯一的"客货混运"的运营方式，这也是工程规划方法论的精髓所在。

3. 工程立国思考

在第一次世界大战后，德国的铁路系统随着工业化和军事化的发展，也得到了大规模的扩张和升级。尤其是 20 世纪后半叶，德国高速铁路的发展得到了政府不断的推动。德国政府将高速铁路网络的建设作为国家发展的重要战略，投入了大量资金和资源来支持高速铁路的建设和运营，为德国高速铁路的发展提供了坚实的基础。ICE 高速铁路的建设和运营对德国经济发展起到了重要的反哺作用。一方面，它促进了城市间的经济交流和合作，为地区经济发展提供了动力；另一方面，ICE 的建设和运营也带动了相关产业的发展，如机械制造、电子技术、信息技术等，为德国创造了大量的就业机会。同时，德国 ICE 在国际上也具有很高的声誉。西班牙、俄罗斯等许多国家都采用了 ICE 高速列车的技术和设计，并将其应用于自身的铁路系统中。ICE 的高速、稳定和舒适性得到了广泛的认可，为德国高速铁路产业乃至德国国家树立了良好的国际形象。

4. 未来发展指导

发展超级工程，要正确处理政府与企业的关系。ICE 系统是德国政府、企业各司其职，紧密合作，共同完成的协同创新成果。德国十分重视市场自由竞争，政府对科研项目的投资有严格的划分，政府在高速铁路技术创新中起到重要的带头作用，但对推入市场后的科研项目采取了绝不干预的原则，充分尊重企业的自由创新行为。在技术创新初始阶段，由于科研创新的不确定性，政府负责出资牵头，多家企业联合参与创新，如 ICE-V 主要由联邦研究技术部 BMFT 组织相关科研企业开展技术研发。科研项目产品推入市场后，相关技术的持续创新主要以市场需求为导向，政府绝不干预后续运营及市场竞争，如 ICE 1 型车量产之后的研发阶段，政府不再直接参与。

参考文献

[1] 钱立新. 世界高速铁路技术. 北京: 中国铁道出版社, 2003.

[2] 李泽民. ICE（高速铁路）在德国——德国传统工业的高科技标识. 中国铁路, 1995(11): 44-45.

[3] 李泽民. ICE城际特快列车标志着技术上新的里程碑. 中国铁路, 1995(8): 43-44.

国际空间站基本构型

78 国际空间站

全　　称 国际空间站

外文名称 International Space Station（ISS）

国际空间站是一个拥有现代化科研设备、可开展大规模、多学科基础和应用科学研究的空间实验室，是迄今世界上最大的航天工程，在轨运行最大的空间平台，人类在太空领域的最大规模的科技合作项目。

国际空间站的建造分为三个阶段，1994～1998年为准备阶段，其间美国航天飞机多次与俄罗斯"和平号"空间站对接，美国航天员在"和平号"空间站上生活和工作，开展空间科学实验，为建造和运营国际空间站积累了经验。1998年开始第二阶段——初期装配阶段。1998年11月20日，国际空间站的第一个组件——曙光号功能货舱（美国出资，俄罗斯制造）发射成功，至2001年，美国和俄罗斯共通过15次航天飞机和火箭发射，先后将团结号节点舱、星辰号服务舱、大型太阳翼、加拿大机械臂、气闸舱等舱段和设施运送入轨，并与曙光号功能货舱组装在一起，形成了具有3人驻留能力的初期空间站。从2001年开始为最终装配和应用阶段。

国际空间站的总体设计采用桁架挂舱式结构，即以桁架为基本结构，增压舱和其他各种服务设施挂靠在桁架上，形成桁架挂舱式空间站。大体上看，国际空间站可视为由两大部分立体交叉组合而成：一部分是以俄罗斯的多功能舱为基础，通过对接舱段及节点舱，与俄罗斯服务舱、实验舱、生命保障舱、美国实验舱、日本实验舱、欧洲空间局的"哥伦布"轨道设施等对接，形成空间站的核心部分；另一部分是在美国的桁架结构上，装有加拿大的遥操作机械臂服务系统和空间站舱外设备，在桁架的两端安装四对大型太阳能电池帆板。这两大部分垂直交叉，不仅加强了空间站的刚度，而且有利于各分系统和科学实验设备、仪器工作性能的正常发挥，有利于航天员出舱装配与维修等。国际空间站的各种部件由合作各国分别研制，其中美国和俄罗斯提供的部件最多。这些部件中核心的部件包括多功能舱、服务舱、实验舱和遥操作机械臂等。俄罗斯研制的多功能舱具有推进、导航、通信、发电、防热、居住、储存燃料和对接等多种功能，在国际空间站的初期装配过程中提供电力、轨道高度控制及计算机指令；在国际空间站运行期间，可提供轨道机动能力和储存推进剂。俄罗斯服务舱作为国际空间站组装期间的控制中心，用于整个国际空间站的姿态控制和推进。实验舱是国际空间站进行科学研究的主要场所，包括美国的实验舱和离心机舱、俄罗斯的研究舱、欧洲空间局的"哥伦布"轨道设施和日本实验舱。舱内的实验设备和仪器大部分都是放在国际标准机柜内，以便于维护和更换。加拿大研制的遥操作机械臂长 17.6 米，能搬动重量为 20 吨左右、尺寸为 18.3 米 ×4.6 米的有效载荷，可用于空间站的装配与维修、轨道器的对接与分离、有效载荷操作以及协助出舱活动等，在国际空间站的装配和维护中将发挥关键作用。国际空间站建造和运行前期，航天员通过航天飞机和联盟号飞船往返天地。2011 年航天飞机退役，航天员通过飞船往返。至 2022 年，国际空间站共有 17 个舱段，质量超过 400 吨，可长期驻留 7 人。

国际空间站是美国国家航空航天局在 20 世纪 80 年代初期为抗衡苏联的"和平号"空间站而提出的。随着冷战结束，空间站投资大、风险高，一个国家承担压力大，因而逐渐走向国际合作。在这一背景下，继承了苏联航天科学成果的俄罗斯转而成为该项目的重要合作伙伴。国际空间站由美国和俄罗斯主导，共 16 个国家或地区组织参与，成员包括 6 个国际主要太空机构，分别是美国国家航空航天局、俄罗斯联邦航天局、欧洲空间局、日本宇宙航空研究开发机构、加拿大国家航天局和巴西航天局。欧洲空间局成员国中参与到国际空间站计划的国家有比利时、丹麦、法国、德国、意大利、挪威、荷兰、西班牙、瑞典、瑞士和英国。

国际空间站作为科学研究和开发太空资源的手段，为人类提供了一个长期在太空轨道上进行对地观测和天文观测的机会。国际空间站可以发挥其有人参与的优势，在对地和对天观测上比其他航天器优越很多。在对地观测方面，当地球上发生地震、海啸或火山喷发等事件时，在站上的航天员可以及时调整遥感器的各种参数，以获得最佳观测效果；当遥感器等仪器设备发生故障时，又可随时维修到正常工作状态。用它对地球大气质量进行监测，可长期预报气候变化。在陆地资源开发和海洋资源利用等方面，也都会从中受益。在天文观测方面，国际空间站是了解宇宙天体位置、分布、运动结构、物理状态、化学组成及其演变规律的重要手段。通过国际空间站，天文学家能获得宇宙射线、亚原子粒子等重要信息，了解宇宙奥秘。此外，国际空间站还可利用其微重力条件，为研究生命科学、生物技术、航天医学、材料科学、流体物理、燃烧科学等领域提供比地球上好得多甚至在地球上无法提供的优越条件，直接促进了这些科学的进步。同时，国际空间站的建成和应用，也是向着建造太空工厂、太空发电站，进行太空旅游，建立永久性居住区，向太空其他星球移民等载人航天的远期目标接近了一步。

一、工程背景

载人航天技术是世界航天的发展热点之一，不仅能反映一个国家航天技术的发展水平，而且成为衡量一个国家经济、技术和军事力量以及综合国力的一个重要标志。国际空间站计划的前身是美国国家航空航天局的自由空间站计划，该计划是 20 世纪 80 年代美国战略防御计划的一个组成部分，1984 年得到美国总统里根的批准。1987 年 12 月 1 日，美国国家航空航天局宣布波音公司、GE 公司、麦道飞机公司和洛迪恩推进动力公司获得了参与建造空间站的订单。老布什执政期间，星球大战计划被搁置，自由空间站也随之陷入停顿，1993 年美国总统比尔·克林顿正式结束了自由空间站计划。冷战结束后在美国副总统戈尔的推动下，自由空间站重获新生，美国国家航空航天局开始与俄罗斯联邦航天局接触，商谈合作建立空间站的构想，从而有了现在的由美俄主导、16 国参与的国际空间站[1]。

国际空间站于 1993 年完成设计，1994 ~ 1998 年开始建造前的准备工作，包括通过航天飞机将美国航天员送至俄罗斯"和平号"空间站工作和生活，积累建造空间站的技术和运行经验。1998 年国际空间站开始初期装配阶段，建成了由 4 个密封舱段组成的空间站，支持 3 人长期驻留。2001 年开始，国际空间站进入最终装配和应用阶段。至今，国际空间站已成为一个由 17 个舱段组成的国际上最大的太空设施，长 110 米，宽 88 米，大致相当于两个足球场大小，总质量超过 400 吨，轨道倾角为 51.6 度、轨道高度为 397 千米，可供 6 ~ 7 名航天员长期在轨工作和生活[2]。

二、工程价值

1. 工程主要成果

国际空间站是有史以来在太空飞行的最长人造物体，是近地轨道上人类直接参与各种科学研究活动的基地。国际空间站上的多个实验舱可以进行最先进的生物学、化学、物理学及其他学科的研究。因为这些舱是首次按微重力试验要求设计的，都十分靠近质心，能保证重力接近于零，从而可成为一个提供空前能力来揭开重力对人类世界影响之谜的实验场所，在基础科学和生物医学等方面扩展全人类的知识，为以后可能出现的突破性进展奠定理论和技术基础。同时，它也提供了人能长期在轨直接参与对地观测和天文观测的机会，为研究地球环境、探索宇宙世界做出贡献。

国际空间站的空间应用项目主要包括医学与生物学研究、生物工程、空间技术、材料科学、教育活动、地球物理学及对地观测 7 个方面的科技研究性应用。在该空间站建造过程中已开展过多项实验和研究。例如，豌豆种植实验、养蚯蚓实验、人类对太空旅行的延时反应实验、飞碟的物理实验、呼吸实验、航天技术与材料学研究、地球物理学研究、生物医学研究、地球自然资源研究与生态监控、太空生物技术研究。医学与生物学研究是国际空间站应用的重点，所有合作伙伴的应用项目都首选医学与生物学，主要内容包括研究人体对空间环境的适应性及应对措施；大量采集人体在空间环境下的生理新数据，用以改进航天员克服长期航天不利影响的防护措施，提高医学监督与医学保障系统支持载人航天的能力。截至 2006 年，国际空间站已完成了 29 项学校与学生的科研项目。在合作国航天局的支持下，在太空开展教学实验活动，设置虚拟课堂和虚拟演示验证课。

2. 工程主要技术

国际空间站总体设计采用桁架挂舱式结构，即以桁架为基本结构，增压舱和其他各种服务设施挂靠在桁架上，形成桁架挂舱式空间站。

国际空间站的主要舱段如下：

（1）俄罗斯舱段。曙光号功能货舱（Zarya）——国际空间站的第 1 个组件，于 1998 年 11 月 20 日由俄罗斯"质子 -K"火箭从拜科努尔航天发射场发射升空。曙光号是国际空间站的基础，能提供电源、推进、导航、通信、姿控、温控、充压的小气候环境等多种功能。它由"和平号"空间站上的晶体舱演变而来，寿命 13 年，电源最大功率为 6 千瓦，可对接 4 个航天器。曙光号重量为 24.2 吨（其中包括 4.5 吨燃料），长 13 米，内部容积约 72 立方米（可用面积为 40 平方米）。它可以在不补充燃料的情况下连续飞行 430 昼夜。曙光号功能舱源于俄罗斯当年为礼炮号空间站所研制的运输补给飞船（transportnyy korabl snabzheniya，TKS），由美国出资，俄罗斯制造，命名为"Zarya"的含义在于此功能舱的发射标志着航天领域国际合作新时代的到来。

星辰号服务舱（Zvezda）——国际空间站的核心舱，是航天员生活和工作的主要场所，星辰号服务舱由俄罗斯出资和建造，于 2000 年 7 月 12 日发射，7 月 26 日与国际空间站联合体对接。星辰号长 13 米，重 19 吨，由过渡舱、生活舱和工作舱 3 个密封舱，以及一个用来放置燃料桶、发动机和通信天线的非密封舱组成。生活舱中设有供航天员洗澡和睡眠的单独"房间"，舱内有带冰箱的厨房、餐桌、供航天员锻炼身体的运动器械。星辰号发射之后，对接的 3 个舱段和辅助设备组成了质量为 73 吨、运行在 397 千米、倾角为 51.6 度的轨道上的空间联合体，每 90 分钟环绕地球一周，使国际空间站具备了接待航天员居住和工作的基本条件。该舱基本框架结构被称为"DOS-8"，是 20 世纪 80 年代中期俄罗斯计划建造的"和平号 -2"（Mir-2）空间站的核心，因此在制造过程中，星辰号服务舱常被称为"Mir-2"。1999 年初，俄罗斯正式将其命名为星辰号。莫斯科时间 2021 年 7 月 29 日 16 时 29 分 06 秒（北京时间 21 时 29 分 06 秒），科学号实验舱与国际空间站的俄罗斯星辰号服务舱成功对接。数据显示，空间站和实验舱各系统工作正常。

码头号对接舱（Pirs）——由俄罗斯"能源"火箭航天公司（RSC Energia）研制，重约 4 吨，体积为 13 立方米，于 2009 年 11 月 10 日发射。舱外有 1 毫米厚的微流星防护板和多层隔热材料。共有 2 个对接口、1 个主动对接口和 1 个被动对接口，主动对接口与星辰号服务舱对接，被动对接口留给联盟号载人飞船和进步号货运飞船等对接。对接舱的一侧还有一个隔舱，当航天员穿上宇航服，调节好隔舱中的气压后，就可以打开隔舱门进行太空行走，出舱舱门直径为 1000 毫米。码头号有助于增加国际空间站与地面间的货物、人员运输。2021 年 7 月 26 日，俄罗斯码头号舱段由进步号货运飞船从国际空间站拖走，在随后的大气再入过程中被烧毁。近 20 年来，它作为气闸舱，支持开展了 52 次太空行走，并充当了联盟号载人飞船和进步号货运飞船的对接口。

搜寻号小型研究模块（Poisk）——2009 年 11 月 10 日发射，为舱内和舱外的基础及应用实验和研究提供支持，在停靠到星辰号服务舱后为联盟号载人飞船和进步号货运飞船等提供对接口，可作为气闸舱提供 2 个航天员的出舱口。在密封舱内为实验设备和货物存储提供 2 立方米的可用空间，它还有 2 个基准点用于安装舱外实验载荷及货物，在其密封舱内可储存 870 千克的货物。

黎明号小型研究模块（Rassvet）——2010 年 5 月由美国阿特兰蒂斯号航天飞机运送至国际空间站。黎明号实验舱长约 7 米，重约 7.8 吨，主要用于科学实验。

科学号多功能实验舱（Nauka）——2021 年 7 月 29 日，俄罗斯国家航天公司发表声明，俄罗斯科学号多功能实验舱当天与国际空间站成功对接。

码头号节点舱（Prichal）——莫斯科时间 2021 年 11 月 26 日 18 时 19 分，载有码头号节点舱的俄罗斯进步 M-UM 货运飞船与国际空间站成功对接。

（2）美国舱段。团结号节点舱（unity node module）——国际空间站的第二个组件，也是国际空间站的第一个节点舱，于 1998 年 12 月 4 日由奋进号航天飞机送入轨道。舱体长 5.49 米，直径 4.57 米，重 11612 千克，用于存储货物和调节电力供应，是国际空间站上负责连接 6 个舱体的主要节点舱。

命运号实验舱（destiny laboratory module）——美国国家航空航天局在 1974 年 2 月"空间实验室"（Skylab）退役后的第一个永久性运作的在轨实验室，由美国波音公司制造，形似圆筒，长 9.3 米、直径 4.3 米，重 13.6 吨。于 2001 年 2 月与团结号节点舱顺利对接。命运号实验舱是美国进行微重力科学与研究的场所，包括材料加工、生命科学、生物医学实验、流体试验和地球科学等。

寻求号气闸舱（Quest）——寻求号气闸舱是国际空间站主要的气闸舱，由美国于 2001 年 7 月 14 日发射升空。气闸舱的作用是为航天员提供出舱活动前穿戴航天服的场所。寻求号气闸舱被连接到空间站之前，俄罗斯航天员只能在星辰号服务舱内穿戴航天服，美国航天员只有在有航天飞机停靠的情况下，在航天飞机内穿戴航天服。寻求号气闸舱能同时兼容美国和俄罗斯航天员穿戴使用航天服。

和谐号节点舱（Harmony）——国际空间站中的第 2 个节点舱，于 2007 年 10 月 23 日由发现号航天飞机发射升空。在国际空间站所起的作用是把美国命运号实验舱和后来送入太空的欧洲空间局哥伦布号空间实验舱、日本希望号空间实验舱连接在一起。

宁静号节点舱（Tranquility）——国际空间站的第 3 个节点舱，由意大利泰利斯阿莱尼亚航天公司为美国国家航空航天局建造，长约 7 米，直径约 4.5 米，在轨重约 18160 千克。宁静号能够为国际空间站上的航天员，以及包括氧气生成器、水循环系统、废物清理–卫生维护系统和"科尔贝尔"跑步机等在内的许多生命支持和环境控制系统提供额外的空间。与宁静号节点舱相连的瞭望塔观测舱是国际空间站机械臂的控制站，长约 1.5 米，直径约 2.96 米，在轨重约 1882 千克。观测舱四周有 6 个窗口，顶部有 1 个窗口，能够帮助航天员以一个全景的角度观察地球、宇宙星体以及与国际空间站对接的飞船，窗口能抵御空间碎片的撞击。宁静号节点舱和瞭望塔观测舱于 2010 年 2 月 8 日随奋进号航天飞机被运往国际空间站。

穹顶号观测舱（穹顶舱）——该舱由欧洲空间局研制但属于美国国家航空航天局，它为机械臂操作提供直接视角，并可看到航天飞机有效载荷设备区域。

莱昂纳多号后勤舱——意大利研制，价值 1.6 亿美元。它是一个由金属铝制成，长约 6.4 米、直径约 4.6 米的圆筒，分为 16 个货箱，能携带 9.1 吨货物。后勤舱可重复使用，其功能是为国际空间站运送必需的物资，再将空间站上的废弃物带回地面。莱昂纳多号后勤舱于 2001 年进行了首次太空飞行。意大利航天局根据与美国国家航空航天局的协议建造了前三个莱昂纳多号服务后勤舱。2010 年 3 月，发现号航天飞机将携带莱昂纳多号后勤舱执行最后一次货运任务。返回地面后，莱昂纳多号后勤舱进行了改装，具备了更好的碎片防护功能，并能使航天员更容易使用其内部的设备，并更名为永久性多功能舱。

毕格罗可充气活动模块（BEAM）——美国内华达州拉斯维加斯毕格罗航天公司生产。该模块由柔软的、可折叠的适应太空严酷环境的纤维构成，重达 1.4 吨。由铝和可折叠的特殊面料制成，在飞行时会被压缩起来，形成一个长 2.4 米、直径 2.36 米的"大包裹"。与空间站对接后，长度和直径分别会增加到 3.7 米和 3.2 米，内部空间将从 3.6 立方米扩展到 16 立方米，与一间小型卧室大小相当。与金属制成的传统太空舱相比，充气式太空舱的优势是体积小、重量轻、造价更低。由于在运输的过程中可大幅缩小体积，这种太空舱能为火箭省出大量的空间，这也意味着可以节省燃料和降低发射成本。按照计划，BEAM 将会在空间站上停留两年，在此期间，航天员每年会进入其中数次，安装仪器设备、收集数据并对其状态做出评估，但不会在该充气舱内居住。

（3）欧洲负责舱段。哥伦布实验舱是继美国命运号之后的第二个国际空间站实验舱，它由欧洲 10 个国家的 40 家公司共同参与制造，是欧洲空间局最大的国际空间站项目。哥伦布实验舱装备有多种实验设备，能开展细胞生物学、外空生物学、流体和材料科学、人类生理学、天文学和基础物理学等多方面的实验，其使用寿命至少 10 年。

（4）日本希望号实验舱。日本实验舱（Japanese experiment module，JEM），命名为希望号，日语为 Kibō（Hope），意为希望，由日本宇宙航空研究开发机构于 2001 年 9 月制造完成，也是国际空间站上最大的舱组。希望号实验舱是日本有史以来第一座连接到空间站上的载人太空舱，是日本的载人航天器。

希望号实验舱是日本首个载人航天设施，最多可容纳 4 人。它由舱内保管室、舱内实验室、舱外实验平台、舱外集装架、机械臂和通信系统六大部分组成。舱内保管室主要作为保管仓库使用，室内有实验设备、维修工具、实验材料以及万一仪器出现故障时供替换的设备。舱内实验室是一个外径 4.4 米、内径 4.2 米、长 11.2 米的圆筒状设备。实验室内的气体成分和地表大气几乎相同，保持着 1 个标准大气压以及便于航天员活动的温度和湿度，所以航天员可以身穿普通衣服在实验室内工作。舱外实验平台可利用宇宙微重力、高

素的健全性为国际空间站的建造起到了巨大的推动作用。整个空间站工程由工程总体、系统、分系统、子系统和单元组件按层次严密组合成新的有机整体，是多国技术人员、多领域专家、管理人员和制造人员共同协作的结果，不同国家的政治经济社会环境不同，国际空间站工程涉及的协作面广，直接相关协作环境知识对工程的质量、进度、成本都有重大影响，完整的、协调一致的、正确的工程设计与实施知识，有效指导了空间站工程的制造、集成、验证、发射、运行等活动，系统工程知识保证了国际空间站高安全、高质量、高效益的实施。

3. 未来发展指导

未来，长期载人航天国际合作机制要建立单一的、由具有权威的高级合作伙伴组成的管理机构，做出有约束力的、所有合作伙伴均应尊重和遵守的决定；要指定单一的合作伙伴执行领导集成者的功能，该领导集成者对空间站应全面、充分了解所有系统和设备的技术和运行；要建立单一的领导运行中心，负责在发生分歧时，协调、确定行动的目标与路线；要建立单一的运行中心，管理整个空间站的日常事务和运行，并消除不同国家航天员之间及不同国家舱段之间的隔阂与界限；要建立单一的运行集成领导小组，保证空间站在平衡的、可用资源的框架内运行，应考虑所有合作伙伴的优先级、目的、要求，以保证利益均等；制定单一的任务和要求指南；制定单一的对整个空间站普遍适用的设备认证标准，避免不同舱段各自为政；制定单一的有关航天员、航天器和任务等安全的协议。

参考文献

[1] Space Station Research Experiments. NASA. (2018-03-24) [2019-06-14].

[2] 庞之浩. "国际空间站"概述及应用前景. 苏州: 全国空间探测学术交流会. 2010.

[3] 朱毅麟. "国际空间站"建造十年经验初探. 航天器工程, 2010(1): 50-59.

阿拉伯塔酒店

79 阿拉伯塔酒店

全　　称 阿拉伯塔酒店

外文名称 Burj Al Arab

阿拉伯塔酒店[1-4]因外形酷似船帆，又称帆船酒店。其地处阿联酋迪拜海湾，获当时全球垂直高度最高的七星级酒店美誉，首度开创了将250根基建桩柱打在40米深海下的壮举，曾被英国杂志《顶级旅游》评选为"世界最佳酒店"。因其空前的施工难度、高科技的工艺、超时代的建筑设计而闻名世界，成为迪拜打造的一张顶级"城市名片"。

阿拉伯塔酒店位于朱美拉海滩岸边280米远的波斯湾内的人工岛上，是第一座建立在人工岛上的超高建筑物。其总楼层为56层，超过321米，内部设有202套复式客房，可俯瞰迪拜全城的餐厅以及世界上最高的中庭。阿拉伯塔酒店于1994年11月动工建设，历经5年的持续建设，其中2年半用在阿拉伯海填出人造岛，2年半用在建筑本身，1999年12月建成并对外开放。

阿拉伯塔酒店总投资约40亿美元，其中人工岛以及主体结构成本约10亿美元，内部装修约30亿美元。混凝土用量超过7万立方米，钢材用量达9000吨，玻璃纤维薄膜用量达1.4万平方米，消耗黄金26吨，在施工高峰期有多达2000名施工人员同时参与工程建设。

阿拉伯塔酒店最初的创意由时任阿联酋国防部部长、迪拜王储哈姆丹（Highness Mohammed）提出，由阿勒马克图姆（Al Maktoum）家族投资兴建，英国的

Atkins 公司设计师汤姆·赖特（Tom Wright）负责酒店建筑设计并担任工程顾问，南非建筑公司穆雷罗伯茨集团（Murray&Roberts）、新西兰合资建筑公司弗莱彻（Fletcher）以及迪拜当地的建筑公司阿尔哈布图尔集团（Al Habtoor）负责主体结构建造，英国基础设施建设公司鲍佛贝蒂公司（Dutco Balfour Beatty）负责人工岛的开发与建设，酒店内部设计由香港周娟联合建筑师事务所（KCA）的首席设计师周娟完成 [5,6]。

阿拉伯塔酒店是迪拜去石油化道路上的伟大尝试，是迪拜的城市标签，更是迪拜人看向新世界的窗口，对全球建筑业的发展起着不可估量的作用，不仅为迪拜的资源依赖问题提供了解决方案，同时也为日后迪拜经济向旅游业、航空业、房地产和金融服务业的多元化发展打下了坚实的基础，为迪拜的经济由能源向旅游度假转型做出了巨大贡献 [7]。

一、工程背景

20 世纪 60 年代，随着石油的开采，大量资金的注入，让迪拜这个城市抓住了经济发展的命脉。但随着油井枯竭，迪拜利用能源出口达到快速发展的优势一去不返，阿联酋领导人开始意识到依靠单一资源开发并不是国家发展的长远之计。为了提升迪拜的国际形象，迪拜计划建造标志性酒店建筑，向全球投资者展示迪拜的投资潜力，促使更多投资者前来迪拜投资，推动当地的经济发展。

1993 年，迪拜王储 Highness Mohammed 提议在迪拜海岸边建造一座埃菲尔铁塔式的地标性酒店，充分利用迪拜的阳光、沙滩和海洋等宝贵自然资源，将迪拜发展成全球知名的旅游胜地和商业中心。豪华酒店的建设和运营需要大量的人力和资源，为当地居民提供就业机会。同时，酒店运营也为迪拜市政府提供可观的财政收入，可以用于提升基础设施建设和公共服务，促进当地经济的发展，进而推动能源出口型经济向旅游业转型。

在 Highness Mohammed 的提议下，Al Maktoum 家族投资兴建了这座全球独一无二的海上酒店——阿拉伯塔酒店。酒店的设计由英国的 Atkins 设计团队完成，所提出的新颖的"帆船"设计理念，恰恰符合迪拜领导人对日后国内经济蓬勃发展的愿景。阿拉伯塔酒店的建成也为迪拜在建设人工岛方面积累了丰富的经验，为后续一系列开发和利用海洋及沙滩资源铺平了道路，同时也为迪拜树立良好国际形象、打造度假胜地、实现经济转型奠定了基础。

二、工程价值

1. 工程主要成果

阿拉伯塔酒店将先进的工程技术及新型建筑材料完美融合，曾获得多项奖项，2004年被评选为"世界建筑奇迹"之一，2005年被评选为"世界上最好的酒店"，2009年被英国《每日电讯报》下属的《顶级旅游》杂志评为"世界最佳酒店"。

2. 工程主要技术

阿拉伯塔酒店建造在由松散的填沙组成的离岸人工岛上，强烈地震、海湾暴风等恶劣的极端气候环境给施工带来了极大的影响，为应对这些困难和挑战，设计、管理以及施工团队必须把工程学的潜能发挥到极致。

（1）应用空心混凝土砌块技术抵御海浪冲击。空心混凝土砌块就像海绵一样，能让海浪在其内部回转的同时将冲击力分散，通过在岛屿四周覆盖这种空心混凝土砌块，成功打造了一座高出海浪仅7.5米的安全人工岛屿。

（2）应用钢围堰基坑技术防止底部渗流。把一段段巨大的钢板打入地底20米深，构成一道三角形的钢围堰，为了防止基坑开挖过程中海水从基坑底部渗流进入基坑，在基坑底部的沙中注入液态水泥，与周边的钢围堰一起组成一个不渗水的巨型空间，确保了基坑的安全开挖。酒店重达25万吨，通过地质钻探发现人工岛屿地下180米以内都是松散的沙土，没有坚实的岩石持力层，最终设计者采用了250根直径为1.5米、长度为45米的钢筋混凝土摩擦桩支撑这栋庞大的摩天酒店，桩的总长超过10千米。

（3）应用巨型钢框架技术抵御强烈地震冲击。通过在建筑外侧设置巨型弧线钢框架柱，并采用巨型钢桁架结构作为斜支撑，与主体结构内的混凝土剪力墙协同工作，形成了共同抵御强烈地震冲击的新型抗震体系。精确安装钢桁架，需解决因昼夜温差带来的安装偏差问题。迪拜的昼夜温差达14摄氏度，将使钢桁架24小时内膨胀和收缩足足50毫米，设计师根据发动机轴承设计的凸轮原理，巧妙地使钢桁架与巨型钢框架的连接节点具有50毫米的回旋空间，成功解决了巨型斜支撑钢桁架精确安装的技术难题。

（4）应用双向弯曲玻璃纤维外墙技术降低风振响应。迪拜位于阿拉伯湾南端的海岸线上，经常遭受猛烈的狂风和雷暴。为控制建筑物的风振响应，设计者在酒店外墙采用了全球面积最大的双向弯曲玻璃纤维薄膜结构，通过拱形桁架支撑可抵御正面风压并向两边延伸承受负风压。另外，还在酒店顶部安装了11个重量为5吨的悬挂式调谐质量阻尼器，确保了酒店在强风作用下的安全性和舒适性。

3. 工程管理创新

阿拉伯塔酒店的工程管理创新是建立了多层次协调决策架构。阿拉伯塔酒店项目属于典型的国际承包项目，当地劳务资源短缺，负责该工程的建筑公司共有四家，其中三家为国外公司，迪拜当地的建筑公司 Al Habtoor 仅负责部分主体结构施工，考虑当地酷热的工作环境对劳务人员的影响，其中主要劳务人员来自南非，工程执行时采用严格的外来劳务制度，用以保证施工进度和质量。迪拜经济的一个最显著特点就是受世界政治局势的影响非常明显，因此在执行阿拉伯塔酒店项目时，阿联酋政府、建筑设计团队、施工团队以及内部装修团队等更需深入沟通交流，建立多层次协调决策架构，保证阿拉伯塔酒店项目正常开展。

4. 工程社会价值

（1）促进了迪拜由资源型向旅游型城市转型。阿拉伯塔酒店为迪拜经济带来了巨大改变，一举将迪拜打造成新兴旅游胜地，世界各地的游客纷纷慕名而来。2002 年，迪拜的旅游业收入就已经超过石油收入，随着旅游业成为迪拜的主要收入来源，迪拜经济摆脱了对石油资源的依赖，并未受到 21 世纪石油减产带来的影响。阿拉伯塔酒店作为迪拜经济发展的"新鲜血液"也为迪拜经济的多元化发展推波助澜。

（2）提升了迪拜的国际美誉度。豪华酒店的建设，在一定程度上反映了当地经济发展的良好态势与市场前景，为就业创造了良好的环境和提供了更多的机会。阿拉伯塔酒店本身资金实力雄厚，有自己的一套营销模式，在各类旅游杂志上频频出现并在大型纪录片中出场进行自我推销，不断获得曝光，极大地提升了城市的国际美誉度。酒店的建成也为日后棕榈岛与世界岛建设等一系列令人惊叹的工程积累了经验，同时也充分体现了居安思危的治国睿智，提前应对将来石油减产后可能带来的社会消极影响，维持社会的稳定。

5. 工程文化价值

阿拉伯塔酒店作为迪拜的地标性建筑体现了崇尚和谐以及倡导传统与现代旅游项目融合发展的理念。阿拉伯塔酒店为迪拜带来了高质量的环境和丰富的文化，因为 80% 的人口是外国人。作为阿拉伯的主要酋长国，他们崇尚和谐理念，开放吸收外来多样的文化，互鉴并融合发展形成迪拜自身的文化特色。

三、工程启示

阿拉伯塔酒店巍然屹立于迪拜第一座离岸人工岛上，让世人充分认识到阿拉伯人的巨大创富潜力，工程发展与创新方面的启示主要有以下四个方面。

1. 成功关键因素

（1）建筑设计理念与迪拜经济发展愿景相契合。阿拉伯塔酒店项目启动之初，为打造一座埃菲尔铁塔式的迪拜地标，Atkins团队绞尽脑汁，偶然从一艘驶出迪拜海湾的帆船游艇上得到灵感，于是将酒店设计成扬帆起航的帆船形象，象征着转型之后的迪拜经济稳步发展，寄寓着迪拜人勇于冒险的航海精神。可以说，阿拉伯塔酒店闻名世界的独特造型，既是设计团队智慧的结晶，也是迪拜经济和文化发展的真实写照。

（2）将创新的工程技术发挥到极致。设计团队用首创的空心混凝土砌块打造人工岛，以此降低海浪荷载造成的冲击，并通过实验论证方案的可行性，这在人工岛建设历史上是一项伟大创举；在人工岛地基的加固方面，利用"表面摩擦效应"原理，将250根、总长超过10千米的钢筋混凝土基桩钻入沙土深处，使庞大的建筑物屹立于松散的沙土地基而固若磐石；为提高主体结构的抗震性能，在主体结构外侧设置巨型钢框架柱，并采用巨型钢桁架作为斜支撑，与主体结构内的混凝土剪力墙协同工作，共同抵御强烈地震的冲击；在外墙使用全球面积最大的双向弯曲玻璃纤维薄膜结构，同时应用先进的调谐质量风振控制技术，极大地提高了建筑物在强风作用下的安全性和舒适性。

2. 工程哲学启示

（1）阿拉伯塔酒店体现了工程哲学方法论中科技创新的思想。阿拉伯塔酒店是一个帆船形的塔状建筑，需要克服许多结构上的困难，如风阻、地震等。酒店采用了悬臂梁结构、减震技术、玻璃幕墙、高科技建筑材料等各种先进的技术和手段，不仅需要强大的计算和分析能力，还需要对各种工程问题的深入理解和丰富的实践经验，使帆船造型与海景完美融合。

（2）阿拉伯塔酒店体现了工程哲学世界观中实用性和功能性的思想。阿拉伯塔酒店内部的中庭和大堂设计得既宽敞又舒适，各种娱乐设施和商务设施采用了大量的人性化元素，如柔和的灯光、舒适的家具、优雅的装饰等，都营造出一种温馨、舒适、典雅的氛围，使客人感到宾至如归。

3. 工程立国思考

阿拉伯塔酒店是迪拜的象征，同时也在某种程度上塑造了一种文化，吸引着来自世界各地的游客和投资者，为当地居民和政府提供了就业机会和税收收入，不仅带来了巨大的经济效益，同时也改善了当地的基础设施建设。

4. 未来发展指导

阿拉伯塔酒店对未来酒店建设发展具有以下指导意义：

（1）独特的设计风格可以提升酒店的知名度。阿拉伯塔酒店设计灵感来源于帆船和沙漠，与周围环境相融合，不仅体现了阿拉伯文化的独特魅力，而且将阿拉伯文化和现代元素完美结合。未来酒店建设发展可以借鉴这种独特的设计风格，以吸引更多消费者的关注和喜爱。

（2）旅游酒店同时需要提供高品质服务。阿拉伯塔酒店内部装潢华丽，采用了智能化和数字化的技术和设备，为顾客提供一流的住宿体验和周到的服务效率。未来酒店建设发展应该注重提高服务质量和设施水平，以满足消费者对高品质住宿体验的需求。

（3）酒店建设需要注重可持续性和环保。阿拉伯塔酒店在建设和运营过程中注重可持续性和环保。未来酒店建设发展应该采取可持续的建筑和能源技术，减少对环境的影响，同时考虑采用可再生能源和绿色建筑材料等。

参考文献

[1] 迪拜的帆船酒店. 金山, 2019(12): 61.

[2] 杨帆. 世界上最豪华的酒店——阿拉伯塔酒店. 饭店现代化, 2004(3): 1.

[3] Wright T. Burj Arab Hotel. Artsource, 1993.

[4] 魏欣, 刘希玉, 牛雪丽. 基于CATIA二次开发的帆船酒店造型设计. 山东建筑大学学报, 2009(6): 4.

[5] Halford M J, Walters P J. Designing a landmark for the United Arab Emirates. Modern Steel Construction, 2000, 40(8): 42-49.

[6] Wakefield D. Tensile structure design an engineer's perspective. Architectural Design, 2010, 76(6): 92-95.

[7] 耿凤英. 迪拜经济的崛起与债务危机的形成. 经济研究导刊, 2011(1): 2.

80 三峡水利工程

全　称 长江三峡水利工程，简称：三峡工程

外文名称 Three Gorges Water Conservancy Project of the Yangtze River

　　三峡工程坝址地处长江干流西陵峡河段、湖北省宜昌市三斗坪镇，是防洪效益最为显著的水利工程，能有效控制长江上游洪水，控制流域面积约 100 万平方千米，保护长江中下游荆江地区 1500 万人口、150 万公顷耕地。三峡工程是当今世界上最大的水利枢纽工程之一，也是世界上承担综合功能任务最多的水利水电工程，三峡水电站是世界上装机容量最大的水电站[1]。

　　三峡工程如何兴建，趋利避害，是千百年未解之难题，建设构想最早由孙中山在 1919 年《建国方略》中提出来。中华人民共和国成立后，毛泽东博采众议推进三峡工程建设。1992 年 4 月，第七届全国人民代表大会第五次会议通过了《关于兴建长江三峡工程的决议》，标志着建设三峡工程已获得法律上的许可。1994 年 12 月，三峡工程正式开工。1997 年 11 月，大江截流，标志着一期工程完成，二期工程开始。2002 年 11 月，导流明渠截流，至此三峡工程全线截流。2003 年 11 月，首批机组全部投产，三峡水电站二期工程的目标全部实现。2005 年 1 月，三峡地下电站和电源电站被国家环境保护总局要求停工整改，在补办完各项环保手续后，于三个月后复工。2006 年 5 月，三

峡大坝主体工程全面竣工。2008 年 10 月，三峡水电站 26 台机组全部投产发电，至此三峡工程全部竣工 [2]。

三峡工程包括一座混凝土重力式大坝、泄水闸、一座堤后式水电站、一座永久性通航船闸和一架升船机。三峡工程建筑由大坝、水电站厂房和通航建筑物三大部分组成。大坝坝体为混凝土重力坝，坝轴线长 2309 米，泄流坝段长 483 米；坝顶高程 185 米；正常蓄水位 175 米，总库容 393 亿立方米，其中防洪库容 221.5 亿立方米；发电站总共 26 座，总装机容量 2250 千瓦，年发电量 847 亿千瓦时。三峡工程主体建筑物土石方挖填量约 1.34 亿立方米，混凝土浇筑总量 2800 万立方米。三峡工程动态移民超过 120 万人，是世界上水库移民最多、工作最为艰巨的移民建设工程。三峡工程静态总投资为 166 亿美元（1993 年 5 月末价格），工程动态总投资约 310 亿美元 [3]。

三峡工程的最高决策机构是国务院三峡工程建设委员会，设计单位和主要监理单位都是水利部长江水利委员会。中国长江三峡工程开发总公司（以下简称三峡总公司，现为中国长江三峡集团有限公司）是三峡工程的业主单位，全面负责三峡工程资金筹集、运行和还贷、工程建设投产后的经营管理。主要施工单位有中国葛洲坝集团股份有限公司、中国安能建设集团有限公司、中国水利水电第四工程局有限公司、中国水利水电第八工程局有限公司、中国水利水电第十四工程局有限公司等。三峡工程的总设计师是中国工程院院士郑守仁。

三峡工程是治理和开发长江的关键性骨干工程，实现了长江全年全线昼夜通航，万吨级船队可由上海直达重庆，航运成本降低 1/3 以上，使长江航道成为名副其实的"黄金水道"，为长江经济带建设和发展提供了重要支撑。三峡工程主要由枢纽工程、移民工程及输变电工程三大部分组成，在防洪、发电、航运、水资源利用等方面产生巨大的综合效益。截至 2020 年底，三峡水库历年累计拦洪 44 次，总蓄洪量 1322 亿立方米，干流堤防未发生一起重大险情，保证了长江中下游的安全稳定，降低了防汛成本。

一、工程背景

长江是中华民族的母亲河，哺育了璀璨的中华文明。长江流域覆盖着中国陆地总面积的 1/5，汇集了超过中国 1/3 的人口。据史料记载，从汉代到清末的 2000 余年中，长江发生严重的洪灾 200 余次，平均每 10 年一次 [2]。

1919 年孙中山在《建国方略》中提出了"改善川江航道，开发三峡水力发电"的设想，并亲自手绘了建设蓝图。中华人民共和国成立后，毛泽东开始考虑建设三峡工程。

1953 年毛泽东第一次考察长江，请专家学者探讨治水大计，提出要顺服这条大江，那为什么不在这个总口子上卡起来，毕其功于一役？就先修那个三峡水库怎么样？毛泽东首先着眼于三峡工程在长江防洪中的特殊功能。在当时国力等条件不具备的情况下，提出"少装机，少投资，先修大坝防洪"的主张，这也成为后来三峡建设时的指导方针。1956 年毛泽东第三次横渡长江，描绘出了"更立西江石壁，截断巫山云雨，高峡出平湖"和"当惊世界殊"的壮美三峡。1958 年 3 月 25 日中共中央通过了《关于三峡水利枢纽和长江流域规划的意见》。1970 年，中央决定先建作为三峡总体工程一部分的葛洲坝工程。1970 年 12 月 26 日，毛泽东亲笔批示："赞成兴建此坝"。1970 年 12 月 30 日，葛洲坝工程开工，1988 年全部竣工。该工程为三峡工程的实施奠定了坚实的基础[1]。

1978 年党的十一届三中全会以后，建设三峡工程被提到党和国家的重要议事日程上来。1985 年 1 月 19 日，邓小平指示时任国务院副总理、三峡工程筹备领导小组组长李鹏："三峡是特大的工程项目，要考虑长远利益，我们应该为子孙后代留下一些好的东西。"1989 年 7 月，江泽民就任中共中央总书记不到一个月，首次出京调研即到三峡工程坝址。江泽民指出，"三峡工程要争取早日上马，把几代人的伟大理想在我们这代人手中变为现实"。1992 年 4 月 3 日，第七届全国人民代表大会第五次会议通过了《关于兴建长江三峡工程的决议》[1,4]。

三峡工程的总体建设方案是"一级开发，一次建成，分期蓄水，连续移民"。工程共分三期进行，总计建设时间为 15 年，目前已全部完工。一期工程从 1993 年初开始，利用江中的中堡岛，围护住其右侧后河，筑起土石围堰深挖基坑，并修建导流明渠。1997 年导流明渠正式通航，同年 11 月实现大江截流，标志着一期工程达到预定目标。二期工程从大江截流后的 1998 年开始，在大江河段浇筑土石围堰，开工建设泄洪坝段、左岸大坝、左岸电厂和永久船闸。2002 年 11 月实现导流明渠截流，标志着三峡全线截流，江水只能通过泄洪坝段下泄。2003 年 6 月起，三峡大坝开始下闸蓄水，同年 11 月，首批 4 台机组全部并网发电，标志着三峡二期工程结束。三期工程在二期工程的导流明渠截流后就开始了，首先是抢修加高一期时在右岸修建的土石围堰，并在其保护下修建右岸大坝、右岸电站和地下电站、电源电站，同时继续安装左岸电站，将临时船闸改建为泄沙通道。2008 年 10 月，三峡水电站 26 台机组全部投产发电，标志着三峡工程全部竣工。

三峡工程的兴建体现了中国人民敢于梦想的伟大雄心。"70 年设想、50 年勘探、30 年争论"的三峡工程从梦想走向现实，三峡工程勘探工作之大、参与人员之广、前期探讨与研究之深，创造了人类近代史上绝无仅有百万大移民的人文工程，成功形成了堪称奇观的三峡库区文物抢救盛况，其规模、速度和成果，是中华民族伟大复兴进程中的重大标志与工程丰碑。

二、工程价值

1. 工程主要成果

"长江三峡枢纽工程"荣获中国 2019 年国家科学技术进步奖特等奖。三峡工程大江截流设计获 2000 年国家优秀设计金奖，三峡工程双线五级船闸荣获第六届詹天佑土木工程奖[5]。2011 年，三峡大坝获混凝土坝国际里程碑工程奖；2016 年，三峡工程获国际咨询工程师联合会（FIDIC）百年重大土木工程项目奖。三峡工程建设过程中，在枢纽总体布置、枢纽工程和巨型水轮发电机组设计制造、工程运行和生态环境保护、工程管理等方面取得了一系列重大技术突破，创造了 112 项世界之最，拥有 934 项发明专利，编制了 135 项《三峡工程质量标准》，有力地带动了中国水利水电事业的发展。

2. 工程主要技术

在三峡工程多年的施工中，三峡建设者依靠科技创新，攻下了六大工程技术难题。

一是永久船闸开挖高边坡稳定难题，三峡永久船闸全部在花岗岩体中开挖，总开挖量达 5100 多万立方米，最大开挖边坡高度为 175 米，属世界级施工难题，在历时 5 年的开挖中，船闸边坡的变形一般都控制在 2～3 厘米，优于设计要求。

二是大江截流和二期深水围堰难题，大江截流基础地质条件复杂，是三峡工程建设遇到的关键性技术难题，通过科技攻关，采用"预平抛垫底，双向进占"的方案，截流一举成功。

三是混凝土高强度施工难题，三峡工程在大坝浇筑中，采用以塔带机为主，缆机、门塔机为辅的施工方案，在混凝土配套工艺方面，推行了仓面设计、降低混凝土级配等新工艺，在 1999 年和 2000 年连续两年保持高强度施工，两次刷新混凝土浇筑世界纪录。

四是大体积混凝土温控难题，三峡大坝不仅混凝土体积大，而且季节性温差悬殊，温控防裂任务极为艰巨，经过三峡建设者潜心研究，创造出生产预冷低温混凝土和提高抗裂能力的系列工艺措施，有效地减少了因温度骤降产生的裂缝。

五是大型压力钢管和蜗壳制作难题，三峡电站单机容量 70 万千瓦机组是世界上最大的机组，施工中，科技人员探索出一整套制作、安装及监控办法，大型压力钢管和蜗壳施工质量得到国务院三峡工程质量专家组的肯定。

六是沥青混凝土心墙施工难题，三峡工程茅坪坝全长 1800 多米，最大坝高 104 米，采用碾压式沥青混凝土心墙防渗，在内陆百米以上的土石坝中属首创，大大提高了中国沥青混凝土防渗技术水平。

3. 工程管理创新

三峡工程在建设管理上不断创新，以新模式推动工程建设，逐步建立枢纽管理体系，使工程进度、投资、质量、安全控制等迈向国际一流水准[6]。

一是运用市场经济规律组织工程建设。在建设招标过程中，实行分段负责、分级管理、集体决策的招标管理制度，有效地控制了投资、供货进度。同时，从制度上确定了决策、招标、评标、合同执行四者中立的内控机制，为投标人营造了公平的竞争环境。在现场管理过程中，全面、全过程、彻底推行了工程监理制度。以项目为单元，由中标监理单位执行监理职责，机电设备制造实行驻场监造，土建、金属结构安装工程实行旁站监理。在资金筹措方面，制定了分阶段筹资方案和多元化融资的策略。一期建设阶段，以国家注入的资本金和政策性银行贷款作为主要的资金来源；二期建设阶段，逐步增加了市场融资份额，在资本市场上开辟了"三峡债券"和"长江电力"两个具有品牌效应的债券和股票融资窗口，保障了工程建设的顺利进行。

二是推行"静态控制，动态管理"投资管理模式。三峡工程建设采取"静态控制、动态管理"的模式，使工程建设纳入全过程管理的轨道。在投资管理中建立了合同和执行概算两个价格体系，根据工程进展与投资情况，建立了定期投资分析制度。建设过程中，三峡工程投资一直控制在初步设计概算范围内，并略有节余。

三是首创大型集成化工程项目管理系统（TGPMS）。TGPMS 全面覆盖了三峡工程管理的预算管理、计划合同、资金与成本控制、工程进度、质量控制、技术、物资设备、施工、安全、文档等项目管理各环节，构建了工程管理的信息沟通平台，成为中国长江三峡集团有限公司各部门及三峡工程参建各方进行工程管理不可或缺的工具，为企业创造了可观的管理效益和经济效益，为提高工程管理水平、促进企业管理的科学化和规范化发挥了很好的作用。如今，TGPMS 已经走出三峡，在吉林台、恰布其海、洪家渡、索风营、构皮滩、清江水布垭和京沪高速铁路等多个国内大中型工程建设项目中得到推广。

4. 工程社会价值

三峡工程的社会价值主要体现在防洪、发电、航运、补水及水资源综合利用等方面。

一是发挥显著的防洪作用。三峡工程建成投入运行 10 多年来，历经多场洪水考验，防洪效益全面发挥。截至 2020 年 8 月底，三峡水库累计拦洪总量超过 1800 亿立方米。三峡工程通过科学运筹调度，2010 年、2012 年、2020 年入库最大洪峰均超过 7 万立方米 / 秒，经过水库拦蓄，削减洪峰约 40%，极大地减轻了长江中下游地区防洪压力，使荆江河段防洪形势发生了根本性改善，为长江经济带发展提供了重要基础保障。

二是获得巨大的发电效益。三峡电站总装机容量达 2250 万千瓦，三峡输变电工程覆盖了长江经济带华中、华东和广东电网，各区域电网之间可以获得事故备用和负荷备用容量，提高了电网的安全性和经济性。截至 2020 年 8 月，中国长江三峡集团有限公司累计发电量已突破 2 万亿千瓦时，有力支持了华东、华中、广东等地区电力供应，成为中国重要的大型清洁能源生产基地，可支撑中国 24 万亿元 GDP 规模用电。

三是通航能力显著增强。三峡工程改善了重庆至宜昌 660 千米的川江通航条件，降低运输成本约 1/3，单向年通过能力由原来的 1000 万吨提高到 5000 万吨，万吨级船队可由上海直达重庆。

四是抗旱补水效益巨大。三峡水库每年枯水季节为长江中下游补水 200 多亿立方米。截至 2020 年 8 月底，三峡水库为下游累计补水 2267 天，补水总量 2894 亿立方米，有效满足了长江中下游航道畅通及沿江两岸生产生活等用水需求。

5. 工程生态价值

三峡工程建成后连续通过科学调度模拟适合四大家鱼自然繁殖所需的洪水过程。监测结果显示，长江宜都断面平均卵苗密度是实施生态调度以前的 7 倍。三峡电厂发出的清洁电能所产生的巨大减排效益，相当于每年节约燃煤 5000 万吨，减少二氧化碳排放 1 亿吨，减少二氧化硫排放 100 万吨，减少氮氧化合物排放 37 万吨，为生态保护做出了巨大贡献，相当于在中国国土上增加了 1/3 个大兴安岭林区。

三、工程启示

1. 成功关键因素

（1）体制机制创新是三峡工程成功建设的关键环节。三峡工程建设管理体制机制创新不仅保证了工程的顺利进行，更对当前的水电开发体制和机制的设计具有很好的启示作用。一是以工程建设带动政治经济社会文化生态综合完善，三峡工程的实施推动出台了涉及重庆市及移民搬迁的若干政策，促进了国家治理能力与治理体系的完善，启示着中国超级工程建设要坚持"五位一体"发展理念；二是以工程建设构建工程管理的全生命周期管理体系，三峡工程的成功不仅是主体工程的建设完成，更催生了中国长江三峡集团有限公司，以现代企业管理方式经营、建设三峡工程，体现了中国的制度优势，是中国以制度优势推动超级工程成为民生工程、国家大事、千年大计的生动范例。

（2）开放包容、科学严谨的建设理念是三峡工程成功建设的重要保障。中国长江三峡集团有限公司始终秉持"技贸结合、技术转让、联合设计、合作生产"的建设理念。在三峡工程建造过程中一方面积极开展国际合作交流，引进世界上已有的先进技术和产品；另一方面坚持自力更生，通过引进关键技术，消化、吸收和再创新，最终实现国有科技水平的巨大进步。中国科学院院士、中国工程院院士潘家铮表示"那些反对三峡工程的人，对三峡工程的贡献最大"，三峡工程在建设中充分考虑了各方意见，特别是反对意见，它们让三峡工程的设计更加严谨、施工更加科学、管理更加完善。

2. 工程哲学启示

三峡工程充分展现了人与自然动态和谐的工程生态观。三峡工程是人类在自己生存和发展的环境中不断实践、不断思维、不停造物的结果，是工程师遵循"实践—认识—再实践—再认识"的规律，认识自然、改造自然和适应自然的杰作。三峡工程是一种典型的"人工自然物"，从三峡工程开工建设的那一天起，枢纽所在地原来的自然环境就不存在了，而让位于人工建设的人与自然浑然一体的一个新建筑物，这个过程是不可逆的，人是这个工程认识与实践的主体，但是人不能违背水电开发建设的客观规律，只能认识它、利用它、引导它向有利于人所要求的方向发展[7]。从工程认识论上看，三峡工程集中而又广泛地反映和凝结了人类在自然科学、社会科学、技术科学、工程科学等相关领域的知识与智慧，但是人类对三峡工程的认识和实践却远没有结束，三峡工程与环境、生态和自然、社会的关系一定会在动态和谐的道路上不断前进。

3. 工程立国思考

三峡工程昭示了大国重器必须掌握在自己手中，要以自力更生，倒逼自主创新能力提升。习近平总书记指出：正是因为我们过去靠自己迎难克坚，才有了今天的成绩，不仅建设了三峡，还培养了一批人才，掌握了全面的自主创新技术，我们现在开发了一个又一个的三峡。三峡工程指明了伟大的技术工程必须坚持以人民为中心的发展理念。三峡库区百万移民搬迁安置工作1993年开始大规模实施，截至2009年底提前一年完成了130万移民的搬迁安置任务。其成功经验是党中央、国务院为三峡移民确立了开发性移民方针，颁布了《长江三峡工程建设移民条例》，成立了重庆直辖市，凝练出了伟大三峡移民精神。

三峡工程揭示了伟大工程是推动国家治理体系与治理能力现代化的重要引擎。

4. 未来发展指导

　　水利工程建设过程中必须充分考虑群众利益与财产安全，才能最大限度地减少工程建设的社会矛盾[8]。首先，三峡工程建设的主要任务是防洪、灌溉、供水、发电、航运等，这些方面都与人民的利益息息相关，真正实现了满足人民的需求，生动体现了为人民服务的宗旨，保障人民生命财产安全，减少了工程决策过程中的阻力。其次，三峡工程在建设过程中充分听取了群众意见，与当地社区、企业和政府机构进行密切合作，妥当协调了各方面的利益关系，加强了信息公开和社会监督，保障了群众权益，为工程的顺利完成铺平道路。

参考文献

[1] 胡新民. 三峡工程: 世界上最大的水利水电工程. 党史文汇, 2019(10): 25-30.

[2] 陆佑楣. 三峡工程的技术史记. 中国新闻出版广电报, 2021-02-09(008).

[3] 郭振英. 三峡工程建设运行效益的研究及评价. 长江技术经济, 2019, 3(4): 4-9.

[4] 郑守仁. 三峡工程与长江防洪体系. 人民长江报, 2016-07-30(005).

[5] 张志杰, 郑文. 母亲河的骄傲——记长江三峡工程总设计师、中国工程院院士郑守仁. 中华建设, 2006(4): 35-39.

[6] 吴秋凤. 创新三峡工程建设管理模式. 中国水利报, 2005-09-13(006).

[7] 谢江晨. 从实践论看三峡工程. 国企, 2021(11): 42-45.

[8] 卢纯. 百年三峡 治水楷模 工程典范 大国重器——三峡工程的百年历程、伟大成就、巨大效益和经验启示. 人民长江, 2019, 50(11): 1-17.

81 MQ-9 无人机

全　　称　MQ-9 无人机，又名：收割者、捕食者、死神
外文名称　MQ-9 Reaper UAV

　　MQ-9 无人机是 20 世纪 90 年代至 21 世纪初期美国研制的一种无人作战飞机，是长航时中高空大型"察打一体"（侦察 / 打击一体型）无人机[1]，可以执行攻击、情报搜集、监视与侦察任务，也是世界单机飞行时间记录最长的无人机，被美国《航空航天》杂志称为"一种改变世界的飞机"。

　　MQ-9 无人机研发工作始于 1998 年，最初由美国通用原子能公司（General Atomics）自筹资金，目标是为 MQ-1 换装喷气发动机，使其飞得更高、更快，并携带更多有效载荷。2000 年 1 月，在获得了美国国家航空航天局的经费支持后，演变成了开发一种能够携带 300 千克有效载荷、在 12800～15850 米高空飞行 32 小时的无人机，用以执行高空大气科研任务，并于 2001 年 2 月完成了首架原型机试飞[2]。"9·11"事件后，美国空军将其列入反恐计划，更加关注续航和攻击能力，并于 2003 年 2 月赋予其 MQ-9 的军用编号，2006 年 9 月，将其命名为"死神"（Reaper）。美国空军于 2007 年 3 月组建了 MQ-9 无人机攻击中队，还成立了专门的"死神"无人机工作组，开始研究战术、训练机组人员和进行实战演练，2007 年 5 月，MQ-9 无人机正式列装美国空军服役，并在 2007 年 10 月 28 日在伊拉克成功完成首次实战攻击任务[3]。

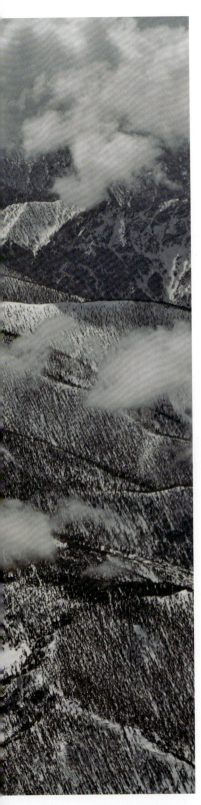

MQ-9 无人机

　　MQ-9 无人机机身长度约 11 米，主翼展长 20 米，载重量为 1360 千克，最大飞行速度 460 千米 / 小时，可持续备战飞行 15 小时，巡航飞行高度，空载时高达 15000 米，满载时为 9000 米[4]，超过民用飞机，而且拍摄画面精度高，监视能力较强，作战半径为 1852 千米，最大续航时间超过 40 小时。无人机可装载 2 枚 GBU-12 激光制导炸弹和 4 枚 AGM-114 "海尔法" 空地导弹，227 千克的 "联合直接攻击弹药" 和 113.5 千克的小直径炸弹，可以在地面遥控操纵。MQ-9 无人机分为攻击型和侦察型。截至 2020 年，一架无人机的成本高达 3200 万美元[5]。

　　MQ-9 无人机由美国通用原子能公司研发，主要设计者是亚伯拉罕·卡莱姆（Abraham Karem），主承包商为美国通用原子航空系统公司，负责制造飞机和地面控制系统，雷神公司负责提供机上的先进传感器、L3 通信公司则负责提供训练模拟器和卫星通信设备[6]。MQ-9 无人机的主要用户为美国空军，同时还出口至澳大利亚、比利时、法国、意大利、荷兰、西班牙、英国等多个国家，美国海军、中央情报局、海关与边境管理局、美国国家航空航天局也装备使用了 MQ-9 无人机的改型[7]。

　　MQ-9 无人机是美国及其盟国重要的战场情报、监视、侦察和打击平台，也是当今世界装备数量最多、应用最广泛的中空长航时无人机系统之一。2006 年，时任美国空军参谋长的迈克尔·莫斯利（General T. Michael Moseley）将军表示，"在'伊拉克自由'行动之前，美国空军主要使用无人机执行情报、监视和侦察任务，而有了'死神'，我们将开始真正的'猎杀'行动"。无人机的列装运用，引领了美军从有人机到遥控驾驶飞机系统（RPAS）的重大转变，是航空航天和军事作战领域的重要里程碑。

一、工程背景

　　在无人武器平台中，无人机是发展最为成熟的一种。相较于有人驾驶飞机，无人机更适合执行 "枯燥、艰苦和危险" 的任务，可以降低由于任务失败而带来的人员伤亡代价，所以无人机系统的开发应用得到了广泛关注和快速发展。

　　20 世纪 60 年代开始，美国就大量使用无人机，当时主要用于靶机、诱饵、照相侦察、电子对抗、目标指示、通信中继等，最著名的 "火蜂" Ⅰ / Ⅱ 系列无人机曾大量参加越南战争。1982 年 6 月贝卡谷地之战中，以色列的 "猛犬"（Mastiff）无人机在战斗中发挥了不可替代的作用。从 1991 年第一次海湾战争开始，无人机在战争中的使用变得更加频繁，执行的任务范围也逐步扩大。1995 年 7 月，美军在波黑部署了 RQ-1 "捕食者" 侦察型无人机，进行作战评估。实战中，美军发现当无人机侦察到敌方目标并通知地面或空中火力实施攻击时，经常会遇到因准备时间过长或携带武器的飞机到达不及时而导致目标逃离的情况，战场上这类打击时间窗口较短的目标被称为"时间敏感目标"。为了对付时间敏感目标，美军提出在侦察型中空长航时无人机上加装精确打击武器，形成"察打一体无人机"，对原有以侦察监视为使命的无人机进行改装，使之具有一定的打击能力，并由此产生了对时间敏感目标进行即时打击的概念。在此概念推动下，美国通用原子能公司在 RQ-1"捕食者"侦察型无人机上集成了发射"地狱火"（Hellfire）空地导弹的能力，并命名为 MQ-1"捕食者"。

在 2001 年阿富汗战争中，美国 MQ-1 无人机（捕食者）携带 AGM-114"海尔法"反坦克导弹对地面目标进行了攻击，代表着无人机发展进入到一个新的阶段。但由于"捕食者"无人机尺寸和带载能力较为有限，其作战效费比还不够高。为此，美军提出了继续发展载荷能力更强的无人机平台的需求，督促美国通用原子航空系统公司在"捕食者"的基础上研制更大型无人机，在保持侦察和长航时能力的同时，增大武器挂载能力。

2002 年 12 月 23 日，美国通用原子航空系统公司正式收到美空军总额 1570 万美元合同，制造 2 架"捕食者"B 型无人机，并正式将新型无人机命名为 MQ-9 无人机。2003 年 5 月，美军开始投产 MQ-9 无人机。2004 年 4 月，MQ-9 无人机首次投放 227 千克的 GBU-12"宝石路Ⅱ"激光制导炸弹，成功摧毁地面固定目标。2006 年，美国空军最终正式决定将 MQ-9 无人机绰号定为"死神"。

二、工程价值

1. 工程主要成果

MQ-9 无人机具备先进的飞行能力、长航程、大载荷和低成本等优势，所取得的成就和贡献是被广泛认可的，为其他无人机研制项目提供了宝贵的经验和参考。MQ-9 无人机还被美国空军称为远程驾驶飞行器，被广泛用于军事和民用领域。MQ-9 无人机本身并没有获得特别的奖项，但美国通用原子能公司曾因为其研制的 MQ-9 无人机而获得"出口成就奖"，以表彰 MQ-9 无人机在出口方面的杰出表现。

2. 工程主要技术

MQ-9 无人机采用很多突破性或原创性的技术，这些技术的应用使得无人机具备了先进的性能和强大的作战能力。

（1）采用气动布局设计技术，提高了飞行性能。MQ-9 无人机采用了独特的下单翼气动布局，在保证稳定性的同时，赋予了无人机良好的机动性和速度控制能力，其机体设计同时考虑到空气动力学效率，减少了阻力并提高了飞行性能。

（2）采用动力系统设计技术，提高了作战可靠性。MQ-9无人机采用了涡轮螺旋桨发动机，具有较高的推重比和可靠性，能够在各种作战环境下提供稳定的动力输出。发动机还配备了先进的控制系统，可以实现精确的飞行速度和高度控制。这些设计技术使MQ-9无人机能够在不同的作战环境中保持稳定的飞行状态，提高了其作战可靠性。

（3）采用导航和制导技术，提高作战能力和效率。MQ-9无人机采用了全球定位系统（GPS）、惯性测量单元（IMU）和高度计传感器等先进的导航和制导系统，以实现精确的定位和导航，这些技术使MQ-9无人机能够在复杂的作战环境中进行高精度的目标定位和导航，提高了其作战能力和效率。

（4）采用任务载荷技术，实现高效任务执行。MQ-9无人机搭载了光电/红外传感器、合成孔径雷达、电子战系统等多种任务载荷。光电/红外传感器用于获取高清晰度的图像和视频信息，合成孔径雷达用于对地面和空中目标进行远程探测和识别，电子战系统则用于干扰和破坏敌方电子设备。这些载荷用于侦察、监视、打击等多种任务，实现高效的任务执行。

（5）采用通信与数据链技术，确保无人机通信安全。MQ-9无人机具有先进的通信和数据链系统，实现了无人机与操作员之间的实时通信和控制，这种技术具有较高的抗干扰能力和保密性，确保了无人机在复杂环境下的通信安全。此外，先进的卫星通信系统为MQ-9无人机提供了更远距离的通信和控制能力。这些通信和数据链技术的运用，使得操作员可以实时获取无人机的飞行状态和传感器数据，从而更好地掌控无人机并执行任务。

（6）采用自主控制技术，提高作战反应速度。MQ-9无人机采用先进的控制算法、传感器融合技术和决策制定算法等自主控制技术，有较高的自主控制能力，能够在预先设定的任务参数范围内自主进行决策和行动，减少了人为干预的需求，提高了无人机的作战效率和反应速度。

3. 工程管理创新

作为军事采购项目，与美军通常的先进军机开发项目相比，MQ-9无人机项目采用了非传统、快速的"先进概念技术演示验证"（ACTD）开发管理模式，注重在需求牵引下的作战能力快速生成，加速新军事变革的进程，既配合了近期军事需求，又兼顾了远期未来战争。此外，MQ-9 无人机管理体系和项目架构更加灵活，采用了最小化"合同数据需求清单"（CDRL）、建立了规模较小的项目管理办公室、对承包商进行正式评审的频率也更低，项目下属各领域的子项目经理可以高效地履行其职责，使得 MQ-9 无人机项目成为一个快速形成能力、大规模装备、跨领域应用、持续演化升级的成功项目。

4. 工程军事价值

MQ-9 无人机彻底颠覆了对于"作战人员战场生存能力"的定义，除了无人机本身，操作员可以在不受任何威胁的情况下对目标实施攻击，彻底改变了作战人员对于无人机的看法，并由此引发了一场"无人机革命"，重塑了美军的作战方式。在现代战争战场中，MQ-9 无人机以出色的续航性能、高效的空中侦察监视能力和低附带杀伤的精确打击能力，改变了战争双方不均衡的固有态势，为美军作战部队提供了成本低廉、效能优异的态势掌控、情报收集和火力支援能力。MQ-9 无人机可以持续在空中巡航数天，大大延长了监视和侦查范围，能够快速获取战场信息，提高了情报收集效率。MQ-9 无人机装备有高分辨率传感器和多模雷达，可以实时传输高清图像和实时战场信息，为决策者提供精确的情报支持。MQ-9 无人机可以执行近距离空中支援任务，为地面部队提供火力支援和战场遮蔽，提高地面部队的战斗力和生存能力。

5. 工程社会价值

MQ-9 无人机除了在军事上具有重要价值外，在促进无人机技术发展、带动相关产业的发展、提升社会信息化水平、促进创新和创业等方面具有重要的社会价值，对于推动社会进步和发展具有重要的意义。

（1）促进无人机技术的发展。MQ-9 无人机代表了无人机技术的先进水平，它的研制和应用推动了无人机技术的发展和创新，对于无人机产业的发展和社会科技进步具有重要的意义。

（2）带动相关产业的发展。MQ-9 无人机的研制和应用涉及多个领域，如航空、电子、通信、制造等。这些领域的发展相互促进，形成了完整的产业链，带动了相关产业的发展，推动了社会经济发展。

（3）提升社会信息化水平。MQ-9 无人机可以用于环境监测、资源调查、气象观测等领域，能够提高社会信息化水平。同时，无人机在应急救援、公共安全等领域也有广泛的应用，能够更好地服务社会，提高人民的生活质量。

技术可以和传统行业进行深度融合，提升生产效率和服务质量，为这些行业带来新的发展机遇。

参考文献

[1] 李军府, 艾俊强, 董海锋. 飞机变形技术发展探究. 航空科学技术, 2009(2): 3–6.

[2] 冯密荣. 世界无人机大全. 北京: 航空工业出版社, 2004: 637.

[3] 徐晨华. 美国MQ-9无人机的新发展与技术性能. 飞航导弹, 2018(7): 48–53, 66.

[4] 王芳, 周桂钧. 大型察打一体无人机体系化运用研究. 飞航导弹, 2014(9): 66–70.

[5] 沈亮, 欧阳平. 捕食者系列无人机特点及发展经验. 飞航导弹, 2012(12): 33–36.

[6] 姚宗信. 基于智能材料与结构的自适应机翼技术在无人战斗机(UCAV)上的应用前景展望. 飞机设计, 2001, 12(4): 19–22.

[7] 吴辉, 周洲, 王蜀涵. 侦察/打击一体化无人机作战效能分析方法研究. 飞行力学, 2009, 27(2): 34–37.

"欧洲之星"高速列车

82 "欧洲之星"高速 列车

全　　称 "欧洲之星"高速列车，简称：欧洲之星

外文名称 Eurostar

　　"欧洲之星"高速列车是世界首个在海底隧道中运行的高速列车。首次实现英国与法国之间的海底隧道连接，是世界首个跨越三个国家边界的高速铁路项目。这些创举使得"欧洲之星"高速列车成为欧洲铁路工程领域的里程碑，为跨国高速铁路运输树立了榜样。

　　"欧洲之星"高速列车的提出可以追溯到 19 世纪，但直到 20 世纪 60 年代末才真正开始有关于英法隧道的具体计划。然而，真正的"欧洲之星"高速列车项目是在 1986 年成立的，该项目旨在通过隧道连接英国和法国。"欧洲之星"工程实际的施工工作从 1988 年开始，1992 年"欧洲之星"高速列车的制造工作开始。1993 年第一批"欧洲之星"高速列车交付，并进行测试和调试。1994 年英吉利海峡隧道正式通车，"欧洲之星"高速列车开始商业运营。总体来说，"欧洲之星"高速列车工程的时间跨度为 1986 ～ 1994 年。

　　"欧洲之星"高速列车工程规模巨大。该项目包括英吉利海峡隧道的建设，这是一项世界级的工程壮举。隧道全长约 51 千米，其中约 37 千米位于海底，连接英国的肯特郡（Kent County）和法国的帕克迪加尔省（Gard）。隧道的建设需要巨大的地下挖掘工作以及隧道壁的加固和防水等工程，修建工程历时 8 年，参与施工的工人总共 1.3 万人。另外，"欧洲之星"高速列车本身也需要进行大规模的制造和组装。每辆列车的车

身长约 400 米，由多个车厢组成，并配备了先进的技术和系统，如高速动力系统、信号控制系统和舒适的客舱设施等[1]。"欧洲之星"高速列车项目需要庞大的资金支持，据估计，该工程在当时的造价达到 130 亿英镑。

"欧洲之星"高速列车概念最早由法国提出。这个概念最初于 1987 年由法国国家铁路公司提出，并于 1991 年获得了英国和比利时的参与。同年，迈克尔·罗德伯（Michael Rodber）带领的团队被法国、英国和比利时三国邀请参加欧洲第一条国际列车（"欧洲之星"）的设计比赛。经过几个月的努力，迈克尔·罗德伯带领的团队对"欧洲之星"的外观设计方案最终被三国选中；琼斯·加拉德（Jones Garrard）由此开始参与了长达两年半的研发和生产工作。阿尔斯通（Alstom）（法国）是一家全球领先的铁路制造和服务提供商，负责设计和制造"欧洲之星"高速列车。欧洲之星国际有限公司（Eurostar International Limited）（英）跨越英国、法国和比利时的高速列车运营商，负责管理和运营"欧洲之星"高速列车线路。法国国家铁路公司和比利时国家铁路公司参与了"欧洲之星"高速列车的运营和管理。

"欧洲之星"高速列车提供了便捷的跨国交通，实现了英国、法国和比利时之间的快速铁路连接，大大缩短了跨国旅行时间，乘客可以在几个小时内轻松穿越国境，享受更加便捷的旅行体验。"欧洲之星"高速列车将不同国家和文化联系在一起，促进了跨国交流和人员流动。它为游客提供了更多的旅行选择，使他们能够轻松探索并体验不同的文化、风景和历史遗迹。

一、工程背景

"欧洲之星"高速列车是一条连接英国伦敦圣潘可拉斯车站（2007 年 11 月 14 日后改为此站）与法国巴黎北站、里尔以及比利时布鲁塞尔（南站）的高速铁路服务。该列车离开伦敦之后便跨越英吉利海峡进入法国，在比利时、法国境内"欧洲之星"高速列车与法国 TGV 和 Thalys 使用相同的轨道，在英国境内则行走一段符合 TGV 标准的新轨道，这个已于 2007 年完工的两阶段计划被称为英法隧道连接铁路（Channel Tunnel Rail Link）。

第一班正式营运的"欧洲之星"高速列车在 1994 年 11 月开始，在那之后，"欧洲之星"高速列车成为伦敦至巴黎铁路路线之间最受欢迎的列车，2004 年 11 月"欧洲之星"高速列车的使用率占伦敦至巴黎路线的 68%、伦敦至布鲁塞尔路线的 63%。

"欧洲之星"高速列车由 20 节车厢组成，长达 400 米，重达 800 吨，并且搭载 18 个车厢。假如在隧道中出现事故,列车车厢可以被分开从而疏散未受影响车厢的乘客。"欧洲之星"高速列车具有三套制动系统。首先,电动机可以转换为发电模式提供再生制动;其次,每个转向架有四个碟式制动器;最后,每列列车都装有直接作用于车轮的刹车片。这三套制动系统联合作用,可以在 65 秒内将时速 300 千米运行的列车刹停,其间列车行进约 3.5 千米。

2007 年 11 月 14 日之前,从伦敦到巴黎需要 2 小时 35 分钟,而伦敦到布鲁塞尔也需 2 小时 20 分钟。在海峡隧道连接铁路的第二阶段于 2007 年完工,并在同年 11 月通车之后,从伦敦到巴黎和布鲁塞尔的时间分别减至 2 小时 15 分钟和 1 小时 51 分钟。除了加快行车速度之外,第二阶段计划的完工也显著提高服务伦敦的班次,所有的"欧洲之星"高速列车都不会受到任何繁忙时间的限制或是轨道调度的问题,所以至少每小时可以增加 8 班双向来往伦敦与欧洲大陆的班次。"欧洲之星"高速列车的诞生是一个跨国合作的成果,它涉及政治、经济、技术、环境等多方面的因素。早在 1957 年,就有人提出了建造海峡隧道和开通隧道列车的构想,但由于各种原因一直没有实现。直到 1986 年,英法两国政府签署了《海峡隧道条约》,正式启动了这一历史性工程。1988 年开始施工,1994 年完工,并于同年 11 月开始运营第一班正式营运列车。从此,伦敦与巴黎、布鲁塞尔等城市之间只需两三个小时就可以到达,极大地促进了两地人员往来和经贸交流[2]。

二、工程价值

1. 工程主要成果

"欧洲之星"高速列车工程是一项伟大的工程壮举,为英国、法国和比利时之间的跨国铁路交通带来了革命性的改变。它实现了这三个国家之间的快速铁路连接,成为欧洲最重要的交通枢纽之一。该工程的一个显著成果是快速铁路系统的建设。通过专用的高速铁路轨道,列车能够以极高的速度行驶,减少了旅行时间。以前需要数小时或数天才能完成的旅程,现在只需几个小时就能完成。

2. 工程主要技术

(1)"欧洲之星"高速列车配置了多种电制技术。虽都是电力牵引,但牵引供电制却不相同。法国与海峡隧道内为交流 25 千伏 50 赫兹,比利时为直流 3000 伏,自英国端隧道口的福克斯通至伦敦又为直流 750 伏第 3 轨,伦敦以北为交流 25 千伏 50 赫兹。因此,

"欧洲之星"高速列车配置了多种电制技术，可满足其在不同国家间的动力需求。

（2）"欧洲之星"高速列车拥有五种类型的信号技术。列车运行的三个国家的铁路信号系统不一，法国使用轨道机车传输系统 430 型（TVM430）和既有线列车自动停车设备及既有线信号确认设备，比利时使用应答器－机车传输系统（TBL），英国使用自动替报系统（AWS），海峡隧道内则使用 TVM430。

（3）"欧洲之星"高速列车的建造采用耐火材料技术。车体与车体之间，客车地板与线路都装备了严密的防火防燃隔层，阻止火势蔓延。在最严重的情况下，可以把失火的车辆拆解，其余可驶离隧道，而且即使一台机车受灾损坏不能走行时，另一辆机车也能够把列车拉出隧道。火灾发生时，隧道内各分区段，以及车辆间有能防止火势蔓延与防止烟气进入的设备。

3. 工程管理创新

（1）"欧洲之星"高速列车采用全面工程规划管理方法。在工程开始之前就进行了详尽的市场调研和需求分析，了解乘客的需求、交通流量和未来趋势。基于这些信息，制定全面的工程规划，并针对不同阶段的需求进行详细的设计，包括轨道布局、车辆配置、站点选址等。这种全面的规划和设计确保了项目的顺利进行和最终的成功交付。

（2）"欧洲之星"高速列车在工程管理上采用跨国际间的协调和沟通机制。由于工程涉及多个国家和各种利益相关者，协调和沟通变得尤为重要。为此设立了专门的沟通渠道和机制，确保各方之间的信息交流畅通无阻。定期的会议、报告和跨部门合作活动都被纳入日常工作中，以促进项目各方之间的理解和合作。这种协调和沟通的创新方法有效地减少了误解和冲突，提高了项目的执行效率和成果。

4. 工程社会价值

"欧洲之星"高速列车的建造和运行促进了沿线各国的交流和技术合作。"欧洲之星"高速列车自 1994 年运行以来，其安全、舒适、优良的服务博得了广大旅客的赞扬，也充分显示了英法海峡隧道建成的重大社会意义。到 1998 年累计运送旅客 1600 万人次 [3]。它的成功运行，为欧洲诸国铁路因技术标准、电流制、信号和行车制度不同，跨境列车频频受阻、无法畅通的矛盾，提供了一套解决方案和经验，也为当代世界铁路科技开发提供了极为珍贵的范例。

三、工程启示

1. 成功关键因素

（1）先进的工程管理方法是"欧洲之星"高速列车成功的保证。"欧洲之星"高速列车工程采用了先进的工程管理方法和实践，制定了详细的工程计划，并利用现代化的工程管理工具和技术进行进度控制、资源分配和决策制定。此外，还注重协调与沟通，建立了有效的沟通渠道和机制，确保各方之间的信息交流畅通无阻。质量管理和风险控制也得到了重视，在整个项目周期中密切关注质量标准，并制定相应的风险管理策略。这些管理创新的实施有效提高了项目的执行效率和成果[4]。

（2）引入了先进的技术和设备是"欧洲之星"高速列车成功的基础。高速列车本身就是一项突破性的科技创新，它具有更高的速度、安全性和舒适性。此外，列车还应用了先进的信号系统、轨道和车辆控制系统等，提高了列车的运行效率和安全性。科技创新的引入推动了工程的发展，并为乘客提供了更好的出行体验。

（3）社会和经济发展的需求是"欧洲之星"高速列车工程成功的必要条件。从社会角度看，该工程改善了公众的出行条件，提高了区域之间的互联互通，促进了经济和文化交流。高速列车的运行还减少了道路拥堵和污染，改善了环境质量[5]。从经济角度来看，高速列车工程带来了就业机会和经济增长，提升了当地和整个区域的竞争力。

2. 工程哲学启示

"欧洲之星"高速列车体现出了以人为本的工程哲学。以人为本的理念注重人类的需求和体验，而"欧洲之星"高速列车在设计和服务中恰恰考虑了这一点。它提供了舒适、便捷和安全的服务，缩短了旅程时间，为乘客提供了良好的旅行体验。以人为本的理念强调人与人之间的平等和尊重，而"欧洲之星"高速列车连接了不同国家，为不同文化背景的人们提供了交流和沟通的平台，增进了人们之间的相互理解和尊重，体现了哲学中人人平等、互相尊重的思想。"欧洲之星"高速列车不仅是一种交通工具，更是一种文化符号和社会纽带。同时，它也展示了人类科技创新和工程奇迹的魅力与价值，这些都体现了以人为本的工程哲学。

3. 工程立国思考

"欧洲之星"高速列车作为一种社会纽带，促进了欧洲一体化进程。"欧洲之星"高速列车缩短了欧洲各国之间的距离，方便了人们的出行。它通过高速铁路连接了英国、法国、比利时、荷兰等国家，使得人们可以在短时间内从一个国家到达另一个国家，极大地提高了跨国交通的便利性。这种交通上的便利，加强了欧洲各国之间的经济合作和交流，也加深了各国人民之间的友谊和互相了解，有助于促进欧洲地区的和平与稳定，深化欧洲各国之间的联系。

4. 未来发展指导

重视技术创新与提升，是实现重大工程建设的重要前提。作为高速列车，"欧洲之星"高速列车不断进行技术创新和提升，以保持其市场竞争力，它引入更先进的控制系统、列车自动驾驶技术、更高效的能源利用方案等，以提高列车的运行速度、安全性和舒适性。借鉴"欧洲之星"高速列车的技术创新经验，未来可以继续研发更先进的列车技术，如超高速列车、真空管道技术等，以提高列车的运行速度和稳定性，缩短旅行时间，提高出行效率，这对世界高速列车技术的发展具有重要意义。

参考文献

[1] 郭树棠. 当代最先进的"欧洲之星"高速列车. 铁道知识, 1996(1): 26-27.

[2] 李亚斌. 欧洲四国联运TGV高速列车. 国外铁道车辆, 1995(2): 17-21.

[3] 徐娟. "欧洲之星"高速列车运营4年深受旅客青睐. 中国铁路, 1999(10): 26.

[4] Hughes M, 张昆. 欧洲之星e320型动车组. 国外铁道机车与动车, 2016(1): 11-13.

[5] 田睿. 世界高速列车的发展. 国外铁道机车与动车, 2020(4): 1-6.

托克托发电工程

83 托克托发电工程

全　　称 托克托发电工程，又称：托电工程

外文名称 Toktok Power Generation Project

托克托发电工程是世界最大的火力发电基地。位于内蒙古自治区中部、阴山南麓、黄河"几"字的右上拐角北岸的呼和浩特市托克托县。与"煤城"鄂尔多斯市的准格尔旗隔河相望，是中国国家级重点建设项目，也是中国"西部大开发"和"西电东送"的能源战略重点工程[1]。

托克托发电工程于20世纪80年代中期开始筹建，90年代完成项目建议书的批复。托克托发电工程共分五期，在2000年8月开工建设，整个电厂装机包括8台60万千瓦机组、2台66万千瓦机组、2台30万千瓦机组，共12台机组陆续投产，总装机容量672万千瓦，于2017年五期工程全部建成投产。

托克托发电工程总投资32.9亿美元，其中由世界银行提供贷款4亿美元。截至2020年12月，累计发电4.7千亿千瓦时，人均年产值连续6年超过137万美元；发电量约占北京地区用电量的30%，连续安全稳定运行5242天，为首都提供了稳定的电力供应，保障了社会经济快速发展和重大政治活动期间的安全环保稳定的用电需求。工程建设期间，日均动用工程施工技术人员8000人，累计工日逾3200万。投入起重机、挖掘机、混凝土专用车辆、工程运输车辆等大型机械1500余台套。

托克托发电工程由华北电力设计院、西北电力设计院、东北电力设计院和辽宁电力设计院参与设计，中国东方电气集团有限公司、哈尔滨锅炉厂有限责任公司、株式会社日立制作所、北京巴布科克·威尔科克斯有限公司等大型电气设备供应商供货，中国能源建设集团天津电力建设有限公司、中国能源建设集团北京电力建设有限公司、中国能源建设集团江苏省电力建设第一工程有限公司、河北电力建设监理有限责任公司、中国中铁一局集团有限公司、中国中铁五局集团有限公司、中国中铁十三局集团有限公司、中国中铁十四局集团有限公司、中国中铁十九局集团有限公司等多家大型工程建设单位参与各阶段施工建设。托克托发电工程是由大唐国际发电股份有限公司、北京能源投资集团有限公司和内蒙古蒙电华能热电股份有限公司共同投资兴建。

托克托发电工程经过 20 多年的建设，在荒凉的盐碱地上建成了世界现役装机容量最大的燃煤发电厂，年发电能力 400 亿千瓦时以上，是保障北京供电和中国华北地区能源安全的重要"稳定器"，解决了中国 2000 ～ 2010 年，北京用电量大幅增长导致电力短缺的问题。在"双碳"目标的背景下，托克托发电厂大力发展煤炭清洁高效利用技术，实施节能减排提效工程，实现了煤电的清洁高效转化，成为资源节约、环境友好的企业典范。同时，有力地推动了重大设备国产化和关键技术升级换代。

一、工程背景

20 世纪 80 年代中期，中国经济进入高速发展期，能源需求以惊人的速度增长，北京市电力资源紧缺局面日益突出，拉闸限电严重制约了生产和生活用电需求，当时水利电力部、北京市和内蒙古自治区政府在国务院的指导下，筹划在内蒙古托克托建设大型燃煤发电厂。

托克托发电厂于 1995 年 11 月在呼和浩特市组建成立，公司资本由大唐国际发电股份有限公司、北京能源投资（集团）有限公司和内蒙古蒙电华能热电股份有限公司三家股东分别以 60%、25%、15% 的比例出资注入。托克托电厂拥有得天独厚的区位和资源优势，西南距黄河取水口蒲滩拐 12 千米，南距准格尔大型煤田仅 50 千米，位于呼包鄂榆城市群内，与北京直线距离仅 400 千米，大准、呼准铁路及呼大、京藏、京新、荣乌、兴巴高速贯穿其间，形成四通八达的交通网络，具有集资源优势、区位优势、交通优势于一体的得天独厚的优越条件。

1983 年 4 月 13 日，水利电力部第一副部长李鹏踏勘工程厂址，提出要把准格尔煤就地"吃"掉一部分。2007 年 11 月 19 日，胡锦涛视察托克托发电厂，做出"一定要把托克托发电厂建设成为国际一流的火力发电厂，在中国西电东送工程中发挥更大作用"的重要指示 [2,3]。

二、工程价值

托克托发电工程不仅满足了电力需求、创造了就业机会及经济效益，还推动了环境保护与可持续发展，具有重要的社会价值和生态价值。

1. 工程主要成果

（1）工程建设成果。托克托发电工程是"西电东送"首批投产煤电机组，并且率先建设了国产大容量直接空冷机组、620摄氏度超超临界空冷机组，先后获得"中国电力优质工程""全国优质工程""国家优质项目特别奖"等多项荣誉，获得"全国可靠性对标机组"20台次，获得"全国火电燃煤机组能效水平对标及竞赛优胜机组"36台次。

（2）技术创新成果。托克托发电工程集成了煤电及上下游产业最先进技术，自主研发"高铝粉煤灰提取氧化铝多联产技术开发与产业示范"荣获国家科学技术进步奖二等奖，"串补+阻塞滤波器输电技术"等12项成果荣获中国电力科学技术进步奖。主持编写国际标准1项，获得专利303项（其中发明专利63项）、软件著作权11项及全国电力行业企业管理创新成果14项。其中，集中大规模输电技术、高效亚临界机组综合升级改造、空冷机组实施尖峰凝汽器技术改造达到世界领先水平。

2. 工程主要技术

（1）串补+阻塞滤波器输电技术。作为全球最大燃煤发电厂，世界级的装机容量也带来了世界级的技术难题。托克托发电工程通过自主研发"串补+阻塞滤波器输电技术"，解决了阻塞滤波器产生的异步自激磁问题，攻克了电量送出受限及点对网长距离输电次同步谐振的世界级难题，保障了输电网的长期安全稳定。

（2）直接空冷技术。国内首批60万千瓦机组应用了先进的直接空冷技术，解决了5号和8号机组因空冷岛冷却能力不足导致的汽轮机排汽背压过高、发电效率降低的问题，每年可节约标准水3万吨，节约喷淋除盐水6.72万立方米，解决了富煤缺水地区建设大型火电机组的困境。

（3）高铝粉煤灰提取氧化铝技术。该技术主要针对内蒙古中西部煤电资源基地大量高铝粉煤灰处置与资源利用产业化技术需求，开发高铝粉煤灰无害处置与多组分资源协同利用的产业化工艺技术体系，提高铝资源战略储备技术保障能力[4]。在托克托工业园区构建了煤—电—灰—铝循环经济产业链，实现了多种复杂铝硅基固/危废的安全处置和高效资源化利用，对保护生态环境、提高资源利用效率、建设资源循环型社会具有十分重要的现实意义和应用价值。

工程，是践行绿色低碳发展理念、持续推进能源绿色低碳转型的典范，符合新时代对碳减排、碳达峰、碳中和发展目标的追求[6]。托克托发电工程的建设与运营，带动了内蒙古部分地区的经济增长和社会进步，促进了装备制造水平的大跨度发展，形成了产业集群，实现了资源优化配置，提高了人民生活水平。通过实施煤炭清洁高效利用，发展循环经济，构建我国北方重要生态屏障，开展黄河流域生态治理，保障能源安全和首都供电，充分发挥了规模效益和带动作用。托克托发电工程作为国家能源战略的重要组成部分，依靠其自身的规模优势和集群优势，抓住了新一轮能源革命与科技革命的历史性契机，加快绿色能源转型，提高能源利用效率和国家能源安全水平，对国家能源供应保障、区域经济发展和国家竞争力等方面具有重要的意义。

4. 未来发展指导

托克托发电工程证明了绿色可再生能源在发电领域的应用是可行的，可以作为未来能源发展的重要方向。通过不断的技术创新和优化管理，可再生能源的效率和可靠性将进一步提高，从而在更大范围内得到推广和应用。但受新能源供应波动较大等因素影响，能源安全仍面临严峻挑战。因此，在企业结构转型的过程中，不仅需要技术人员的刻苦钻研，也需要在管理制度上改革创新，进行小范围试点工程，切合当地的资源和需求，因地制宜。把握世界能源科技前沿发展态势，超前规划布局，强化原始创新，加强基础研究，全面增强自主创新能力，突破能源领域关键技术，实现"源网荷储""风光水火储"一体化，促进能源技术跨越式发展。

参考文献

[1] 韩雄亮. "西电东送"铸辉煌. 市场报, 2002-08-19(003).

[2] 曾培炎. 西电东送：开创中国电力新格局. 中共党史研究, 2010(3): 5-13, 131.

[3] 伍丽云. 胡锦涛考察大唐托克托发电公司. 中国电力报, 2007-11-22(001).

[4] 陈晓龙, 梁川, 宋大勇. 燃煤发电企业固体废弃物的资源化利用研究综述. 东北电力技术, 2020, 41(7): 27-30, 59.

[5] 贺振玲. 内蒙古自治区托克托县脱贫发展研究. 北京：中央民族大学, 2011.

[6] 马双忱, 杨鹏威, 王放放, 等. "双碳"目标下传统火电面临的挑战与对策. 华电技术, 2021, 43(12): 36-45.

空客"大白鲸"超级运输机

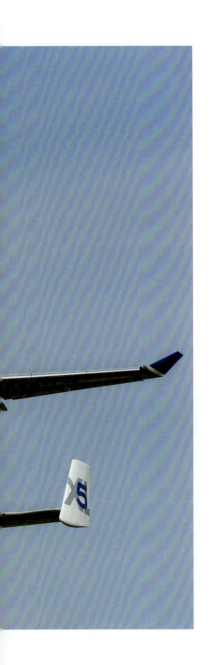

84 空客"大白鲸"超级运输机

全　称 空客"大白鲸"超级运输机，即空客A300-600ST

外文名称 AIRBUS A300-600ST，ST 代 表 Super Transporter

空客"大白鲸"超级运输机在全球所有的机型中（不论是民用还是军用飞机）拥有容积最大的货舱，是超大型货物空运的唯一选择，货运服务涉及航天、能源、军事、航空、海事和人道主义等多个领域[1,2]。

空客"大白鲸"超级运输机于1991年立项，1993年1月完成首架组装，1995年10月获得适航认证并于同年投入使用。

空客"大白鲸"超级运输机研发的主要目的是为空客分布在欧洲的飞机零部件提供远程空中货运服务，是由空客公司早期研发的中型客机A300-600R设计改装而来，在A300-600R原有机身气动布局的基础上，通过将上半部分机身改造为一个截面更大的近圆形载货空间来满足运输大尺寸或是特殊构型货物的需求，运输机长度56.15米，翼展44.84米，其设计货舱高度为6.7米，宽度7.1米，长度39米，内部货舱容积1400立方米，空重86吨，最大起飞重量155吨，有效载荷可以达到40吨[1]。

空客"大白鲸"超级运输机的成功研发使空客公司彻底解决了A3200、A330等干线客机在组装生产过程中大型零部件在陆路与海陆运输方面的限制，摆脱了超级彩虹鱼运输机对其带来的生产约束与隐患，并为后期新一代专用大型运输机大白鲸 XL 的研发提供了参考和借鉴价值 [3,4]。

一、工程背景

20 世纪 70 年代，由英国、法国、德国等多国航空集团联合创立的空客公司正式成立。作为一家多国联合航空公司，其零部件供应商分布于 30 多个国家，共计 1500 多家公司。在成立初期，经过欧盟的鼎力支持和幕后销售集团的不懈努力，空客 A300 及其后续型号受到欧洲民用航空市场的广泛认可与肯定，并陆续斩获订单，进而使当时还在蹒跚学步的空客公司度过了艰难的创业初期。然而，A300 大型零部件多采用公路运输至法国图卢兹进行组装，相应的公路运力问题拉长了整体客机的生产周期，解决该问题迫在眉睫。

1972 年，空客公司先后从美国国家航空航天局接收了 4 架超级彩虹鱼运输机来承担大型零部件的空运任务。超级彩虹鱼运输机是美国国家航空航天局为运输庞大的火箭部件，而委托美国飞机制造商航空太空线公司（Aero Spacelines）在波音 377 的基础上，改装而成的一种特殊用途运输机。采购超级彩虹鱼运输机虽然暂时解决了空客公司生产环节的燃眉之急，但空客公司本身对上述方法存在诟病，一是因为超级彩虹鱼运输机的运营成本随着时间的推移不断增加；二是还留下了每一架空客飞机都是由波音公司帮忙制造的笑柄。

20 世纪 90 年代，在经历长时间服役后，空客公司需逐步解决超级彩虹鱼运输机操作成本过高、飞行不稳定、潜在安全隐患等多方面的不良情况。超级彩虹鱼运输机队已无法有效满足空客公司日益增长的订单数量和发展需求，促使空客公司决定研发一款具有完整自主知识产权的专用运输机，以替代即将陆续退役的超级彩虹鱼运输机。

1992 年 9 月，"大白鲸"家族的第一代机——空客 A300-600ST 一号机正式开工组建。1993 年 1 月 11 日，"超级大白鲸"一号机完成最后组装。1994 年 9 月，空客"大白鲸"运输机开展了首次飞行测试。在完成时长 335 小时的试飞测试后，空客"大白鲸"超级运输机于 1995 年 10 月获得认证，并于同年投入使用。在一号机完成之后，空客公司继续以大约每年一架的速度生产了 4 架空客"大白鲸"超级运输机，整体空客"大白鲸"超级运输机机队增至 5 架，最后一架五号机于 2000 年服役。目前，"大白鲸"机队在遍布欧洲的 11 个航点间每周执行 60 多架次飞行，承担空客公司部分机型项目的大部件运输任务 [3]。

2001 年，在第 5 架空客"大白鲸"运输机完成交付后，空客公司便相继关闭了空客"大白鲸"超级运输机的整条生产线。

二、工程价值

空客"大白鲸"超级运输机的研制运用了高水平的先进技术和装备，推动了航空工程领域的创新和发展，具有重要的技术及社会价值。

1. 工程主要成果

空客"大白鲸"超级运输机是从 A300 双发宽体客机衍生而来的，是世界货舱空间最大的运输机，其主要用途是在空客公司的生产流程中运送飞机部件，其宽敞的货舱可以装载 A340 的整个机翼等其他超大型货物。1997 年 6 月，空客"大白鲸"超级运输机运送了一个 6.5 米 ×17.6 米、重达 39 吨的钢罐，创下了空运最大货物的世界纪录。

2. 工程主要技术

空客"大白鲸"超级运输机在 A300-600 远程双发宽体客机的基础上，保留原有机身下部和机翼设计，将 A300 的尾翼进行延伸，而为了配合机身加大后造成的空气动力性能的改变，原本 A300-600 的垂直尾翼与水平尾翼面积被同时扩增，并且在水平尾翼末端增加了两个垂直小翼来提升飞行时的稳定性。

空客"大白鲸"超级运输机在设计过程中，摒弃传统运输机的货舱布局设计，而是将驾驶舱置于货舱下方，并在中间通过甲板加以隔断。为了容纳空客 A340 这类宽体客机的主机身，负责开发制造空客"大白鲸"超级运输机的公司特别设计了一个加大的圆筒状机身。相比于传统民用运输机，上述设计不仅将货仓容量提高至 1400 立方米，也支持热插拔，避免每次装卸货物都需要断开电气、液压和飞行控制系统，进而大幅度节省操作时间，缩短装载时间间隔，提高运输机的整体运输效率。

为了方便大型货物的进出，空客"大白鲸"超级运输机还采用了大型货机常用的掀罩式机首，可以向上掀开 67.25 度。同时，为了避免驾驶舱挡在货门前方造成阻碍，空客"大白鲸"超级运输机的驾驶舱较 A300-600 原本的高度下移了许多，这也使其形成了一个奇特的"尖鼻"造型。从整体外观上看，区别于传统运输机和民航客机的主要特征在于飞机前端突出的半球形货舱舱门，因运输机整体外形酷似海洋生物白鲸，空客公司便将其命名为"大白鲸"。

空客"大白鲸"超级运输机的货舱全长约为 37.7 米，其中有 21.34 米保持了接近 2/3 圆的完美断面，内部空间呈一个完整的圆柱状，除了 7.04 米的超大货舱宽度外，其底板宽度也有 5.11 米，且底板距离货舱顶的高度足足有 7.1 米。与仅生产了一架的安 -225 相比，空客"大白鲸"超级运输机约 155 吨的起飞重量虽然不是世界第一，但它高达 1400

立方米的货舱容积，已然超过了安 -225。此外，空客"大白鲸"超级运输机的原有货仓无法通过座舱加压装载和运输活物，但货仓甲板具有的加热功能可以确保需要适当温度的特殊部件能够被正常运输[3]。

虽然空客"大白鲸"超级运输机通常被定位为以 A300-600 为基础所设计的衍生机种，但空客"大白鲸"超级运输机近乎是一架全新设计的飞机。而支撑该型运输机的动力系统，为 2 台通用电气 CF6-80C2 引擎。截至 2020 年，"大白鲸"机队的年飞行小时数已突破 1 万小时大关。如今，空客"大白鲸"超级运输机的主要任务还是往返于欧洲各地，将在不同地方生产的飞机机翼和机身等部件运送到位于法国图卢兹和德国汉堡的总装厂。随着空客 A350XWB 宽体客机等项目的稳步推进，空客公司对于飞机大型零部件的空运需求也在不断加大。

3. 工程社会价值

（1）空客"大白鲸"超级运输机为空客公司赢得了国际民航市场的主导权。空客"大白鲸"超级运输机为空客公司的供应链运转提供了必要的支持，自 1995 年首架"超级大白鲸"落地，空客公司先后共生产了 5 架"大白鲸"用于承担 A320、A330 等干线客机的大型零部件运输任务，并且整体机队在服役年限内也切实证明了自身价值，成为空客公司在欧洲供应链运转的重要组成部分。凭借巨大的货仓布局，空客"大白鲸"超级运输机可以从英国将单通道机型的机翼迅速送往位于德国或者法国的总装线，也可以将窄体机的机身中段送往空客公司汉堡工厂的货运码头，并迅速通过滚装船运往位于中国的总装线，进而大幅度缩短产品的交付周期，提高了生产能力，降低了成本，为空客公司赢得了国际民用航空市场的主导权[5]。

（2）促进了大型飞机制造和物流技术的发展。在完美解决空客公司自身生产运输问题的同时，空客"大白鲸"超级运输机被进一步应用于卫星转运、抗震救灾、商业快递等领域，推动了航空物流行业的创新和进步。其间，高效的运输效率和广泛的用途使空客公司决定进一步研发新一代民用运输机。加之随着空客公司在供应链领域要求的提升，以及新机型生产需求的变化，空客"大白鲸"超级运输机的运载能力逐渐不能满足生产环节更多的需求，因此空客公司开始在其 A330-200F 货机基础上研发其后继机型大白鲸XL，其货舱高度达到 7.1 米，宽度 8.1 米，长度达到 46 米，这意味着在货运能力方面大白鲸XL 能够装载更大尺寸的货物，比原始的"大白鲸"大幅度提高[4]。

（3）空客"大白鲸"超级运输机创造了显著的经济效益。空客"大白鲸"超级运输机是一种高效、可靠的运输工具，由于空客"大白鲸"超级运输机的出现，空客公司能够更快速、更高效地生产飞机，降低了生产成本，提高了生产效率。空客"大白鲸"超级运输机也为空客公司创造了更多的商业机会，如为其他航空公司或客户提供货物运输服务，增加了公司收入来源的同时，为全球航空制造业和物流业带来巨大的经济效益。此外，空客"大白鲸"超级运输机的设计和生产还促进了相关产业的发展和就业，为社会创造了更多的经济效益。

三、工程启示

1. 成功关键因素

（1）完备的技术储备。在空客"大白鲸"超级运输机立项初期，经过早期空客 A300 的历练和洗礼，空客公司已具备完善的飞机设计和制造能力，并形成了充分协调和统筹英国、法国、德国等多国航空航天行业资源的运营意识。同时，结合对波音超级彩虹鱼运输机的长期使用经验，有针对性地提出新的、更符合空客公司自身需求的运输机设计方案。

（2）前瞻性的管理理念。发展初期，空客公司在对整体行业生产链条进行管理过程中，有着前瞻性的管理理念，其没有采用与波音公司完全抗衡和对立的发展态势。相反，在获得欧洲市场认可的基础上，充分利用企业和国家之间的依附关系，进而促使了与美国国家航空航天局达成了超级彩虹鱼运输机的采购协议，以解决陆路和海陆运输带来的生产约束，为企业的后续发展赢得了宝贵时间[6]。

2. 工程哲学启示

空客"大白鲸"超级运输机采用了系统化的设计哲学，从整体角度来看，飞机的各个部件并不是孤立的，而是相互联系、相互影响的整体，在这个系统整体中，通过特定的集成方式使之协调、综合，成为具有良好功能的系统，是工程系统观在现实存在物中的具体体现，这种系统化的设计理念可以确保飞机的整体性能达到最优。从设计角度来看，空客"大白鲸"超级运输机的设计理念以实用性为主导，强调功能性和效率。通过模块化和标准化的设计方法，实现了飞机组装和维护的简化。飞机的机翼和机身等主要部件都采用了模块化的设计，运用系统的观点和分析、设计方法，将空客"大白鲸"超级运输机分解为各个小项目，在限定时间内按需分批次组装飞机各部分组件，使得飞机在组装和维护时更加方便。从可持续性的角度来看，空客"大白鲸"超级运输机的设计强调了环保和节能。例如，飞机采用了先进的发动机技术，以提高燃油效率；同时，飞机的设计中也考虑到了减少废弃物排放和资源回收等问题。

3. 未来发展指导

空客"大白鲸"超级运输机的成功研制为民航运输机的研制和发展提供了一定的指导性思路。在进行超级运输机的研制初期，需要充分调动和挖掘国内外可利用的资源，甚至是行业竞争者的发展经验，而不是首先将自己放在现有体系的对立面；同时，在产品研发过程中，在后备经验充足的情况下，充分总结企业和市场需求，可根据实际需求大胆地进行产业升级和革新，针对性地改善和调整运输机的设计指标，敢于对传统设计方案进行革新，不拘泥于一点一线，实现点线面的充分发展。

参考文献

[1] 黎时."白鲸"的前世今生——空客公司飞机部件运输方式的启示. 大飞机, 2017(12): 68-73.

[2] 航空史与民航精神飞院的大创项目账号. 空客大白鲸. (2022-01-25) [2025-02-20]. https://www.163.com/dy/article/G7V3HHOT0535NLOT.html.

[3] 王潇雨, 黄兴利. "大白鲸"锁定小众航空货运需求 空客特种运输机将独立运营"接单". (2022-01-27) [2025-02-20]. https://baijiahao.baidu.com/s?id=1723085431944453377&wfr=spider&for=pc.

[4] 飞行夏哥. 空客将打造全新"大白". (2022-02-28) [2025-02-20]. https://baijiahao.baidu.com/s?id=1725921765423333959&wfr=spider&for=pc.

[5] 空客"超级大白鲸"运输机投入运营. 航空维修与工程, 2020(2): 40.

[6] 刘思静. "超级大白鲸"从造出来到用起来. 航空制造, 2020(5): 45-49.

85 圣哥达基线隧道

全　称 圣哥达基线隧道

外文名称 Gotthard Base Tunnel，简称：GBT

圣哥达基线隧道位于瑞士南部，全长 57 千米，皆在瑞士境内，于 2016 年开通，刷新了此前日本青函隧道保持的 53.85 千米的长度纪录，是目前世界上最长的铁路隧道。该隧道贯穿阿尔卑斯山脉，是瑞士新阿尔卑斯铁路运输计划（New Railway Link through the Alps，NRLA）的核心组成部分。其最深处距地表超过 2300 米，也是世界上埋深最深的山岭隧道。

圣哥达基线隧道于 1999 年开工，东洞和西洞分别于 2010 年、2011 年贯通，2016 年 6 月建成开通，2016 年 12 月开始商业运营，圣哥达基线隧道全部建设工作历时 17 年。

圣哥达基线隧道共雇用 2600 余名隧道工人，采用三班倒、24 小时全天候方式进行施工，土石方开挖总量达 1330 万立方米（总重超 2820 万吨）。其为双洞单线、客货混运铁路隧道，隧道直径为 8.83 ~ 9.58 米，轴线间距为 40 米（断裂带段最大可达 70 米），最小曲线半径为 5000 米。隧道最高设计时速为 250 千米，客运列车运营速度为 200 千米 / 小时（后期将提速至 250 千米 / 小时），货运列车运营速度为 100 ~ 120 千米 / 小时，比 1882 年运营的圣哥达铁路隧道速度更高。圣哥达基线隧道通过开挖辅助隧道和竖井增加了主隧道作业面数量，将隧道分成埃斯特费尔德（Erstfeld）、阿穆斯戴德（Amsteg）、塞德龙（Sedrun）、法伊多（Faido）以及博迪奥（Bodio）5 个施工段并同时进行施工，以缩短建设时间。博迪奥与埃斯特费尔德分别为隧道的南、北出入口；阿穆斯戴德段通过开挖一条长 1.8 千米、坡度为 1.05% 的辅助隧道进入主隧道；塞德龙段通过一条 1.5 千米长的水平辅助隧道和两座深 800 米的竖井连接到主隧道；法伊多段通过一条长 2.7 千米、坡度为 13% 的辅助隧道连接至主隧道。圣哥达基线隧道分别在塞德龙与法伊多处设置了两座多功能车站，并配备了通风换气等附属设备。当列车发生火灾等紧急状况时，可通过多功能车站疏散车上人员，逃离隧道。出于运营安全等方面的考虑，圣哥达基线隧道的两条平行隧道间每隔 325 米设置一条联络通道，共设置了 178 条。两条主隧道加上其他辅助竖井和联络通道构成的整个圣哥达基线隧道系统总长度达到 151.8 千米。

圣哥达基线隧道的设计及监理工作由安伯格公司（Amberg）负责，施工承包商包括 3 家联合体，其中 ARGE AGN 联合体负责埃斯特费尔德段与阿穆斯戴德段建设，ARGE

Transco-Sedrun 联合体负责塞德龙段建设，ARGE TAT 联合体负责法伊多段与博迪奥段建设。隧道建设耗资超 103 亿美元，其中 75% 的资金由瑞士公共交通基础设施融资基金（FinöV）提供，其余 25% 通过私人资本市场融资，由隧道运营商瑞士联邦铁路公司（SBB）进行偿还。

圣哥达基线隧道将意大利和瑞士之间的铁路旅程缩短了 1 个小时，从瑞士苏黎世到意大利米兰的车程缩短至 2 小时 50 分，进一步拉近了意大利和瑞士两国的距离，有利于两国在国际事务中的合作，这无疑对两国的经济和贸易活动产生了积极影响，同时也为两国人民提供了更便捷的交通方式，对物流和供应链产生了积极影响。圣哥达基线隧道的建设挑战了工程技术领域的诸多难题，如高海拔、高压力和高风险等[1]。该项目的成功实施，不仅体现了工程技术的进步，也为其他类似工程提供了宝贵的经验和参考。

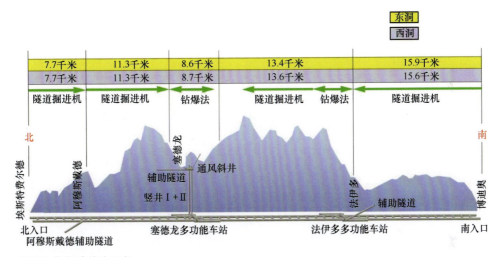

圣哥达基线隧道施工段

一、工程背景

阿尔卑斯山一直以来被视为阻碍中欧与南欧之间经贸往来的障碍，海拔 2000 余米的圣哥达山口（Gotthard pass）自 13 世纪开始就是沟通中欧与南欧的重要贸易通道。

1830 年，圣哥达山口的第一条公路建成，结束了此前数世纪马道通行的历史。

1882 年，圣哥达铁路隧道开通，乘坐火车穿越阿尔卑斯山的时间由之前通过公路的一天以上缩短到几个小时。1922 年，该铁路线电气化后进一步缩短了旅行时间。1924 年，瑞士联邦铁路公司为汽车和卡车提供了搭载火车通过圣哥达铁路隧道的服务，直到 1980 年圣哥达公路隧道开通。

尽管圣哥达铁路隧道取得了划时代的开创性胜利，但由于其曲线线型与线路坡度等方面原因，该隧道的运营速度相对较慢。因此，早在 1947 年，工程师爱德华·格鲁纳（Eduard Gruner）就设想了一条从阿穆斯戴德到比亚斯卡的公铁两用基线隧道，在塞德龙停靠，以更平坦、更快的方式穿越阿尔卑斯山 [2]。

1992 年 9 月，瑞士对包含圣哥达基线隧道的 NRLA 项目进行了全民公投，最终以 63.6% 的支持率批准了该项目。1996 年，圣哥达基线隧道的勘探和准备工作开始启动，1999 年 11 月在阿穆斯戴德正式开工，2016 年 12 月全面开通运营。

二、工程价值

圣哥达基线隧道是一项技术上的惊人成就，它成功提升了人员和物资横跨欧洲的速度，有力地推动了区域发展。

1. 工程主要成果

圣哥达基线隧道因为其技术创新，为欧洲交通运输和环境可持续发展所做的贡献，获得多项大奖。其中，2010 年获得由国际隧道与地下空间协会（ITA）颁发的国际隧道大奖（造价 10 亿英镑以上分组）；2018 年获得欧洲铁路和基础设施公司共同体（CER）和欧洲铁路行业协会（UNIFE）联合举办的第 11 届欧洲铁路奖。

2. 工程主要技术

圣哥达基线隧道轨面最高点海拔仅为 550 米，隧道南北出入口博迪奥与埃斯特费尔德的海拔分别为 312 米与 460 米。隧道海拔最高点以南段的最大坡度为 6.76‰，最高点以北段的最大坡度为 4.055‰。得益于平坦、顺直的线型，与原有圣哥达铁路隧道相比，圣哥达基线隧道能够运营更快、更重、更长的列车 [3]。因此，该基线隧道不仅是将意大利与瑞士通过高速铁路连接起来的重要客运通道，也是欧洲重要货运走廊——莱茵－阿尔卑斯走廊（Rhine-Alpine Corridor）的重要基础设施，成为沟通欧洲南北交通的"圣哥达轴"。

（1）隧道设计方面，圣哥达基线隧道采用"密集设置联系通道＋恰当设置隧道内车站"方案，用于应急救援并避免成本的大幅攀升。采用每 325 米设置联系通道的"2 管"设计方案，共设置了 178 条联系通道，以便当隧道的某条隧洞发生事故时，通过附近的联系通道迅速将乘客转移到另一条未受影响的隧洞。隧道还在塞德龙和法伊多两处设置了多功能车站，以塞德龙站为例，紧急情况时乘客可通过站台的 5 条连接隧道进入逃生隧道，进而转移到对向隧道；车站建设过程中的竖井Ⅰ与竖井Ⅱ在隧道开通后将分别用作供气及排气，其中，竖井Ⅰ除供气外还用作各种线缆及水管进入隧道的通道；竖井Ⅱ则是在发生火灾时将烟气通过7个抽气井送至排气隧道的通道。

（2）隧道施工方面，采用现代化的勘测手段，对隧道的地质条件提前进行了全面的勘测和分析，并根据地质条件灵活制定施工方案。圣哥达基线隧道两条57千米长的主隧道的80%通过隧道掘进机（TBM）方式施工，20%通过传统钻爆法施工；若综合考虑包括辅助隧道和竖井在内的总长151.8千米的隧道系统，则其中的56%为TBM方式施工，44%采用钻爆法施工。圣哥达基线隧道使用了4台直径9.58米的海瑞克撑靴式（Herrenknecht Gripper）硬岩掘进机，每台掘进机设有62个牙轮钻头，掘进速度最高可达35～40米/天（围岩条件较好时），平均掘进速度为12米/天。圣哥达基线隧道建设过程中特别强调对环保的要求，在工程开工之前，就已安排好不同部位的隧道开挖料是重复利用、外埋还是弃渣，并安排好堆料以及弃渣的具体位置。圣哥达基线隧道共开挖出2820万立方米土石方材料，其中33%通过加工后应用于隧道中的混凝土构件及喷射混凝土中；66%用于其他填筑性项目，如在卢塞恩湖（Lake Lucerne）建造自然保护区岛屿项目等。此外，对约1%的材料进行了填埋。

3. 工程管理创新

瑞士在圣哥达基线隧道的组织和监管方面做出了巨大创新。在可行性研究阶段，项目由瑞士联邦交通局（FOT）领导负责；在工程早期准备阶段，移交给瑞士联邦铁路公司负责。瑞士联邦铁路公司为了更好地推进项目实施，于1998年5月成立了全资子公司AlpTransit Gotthard（ATG），具体负责圣哥达基线隧道的设计和建造工作。瑞士联邦交通局作为ATG的上级监管机构，也是其重要、直接的工作联系搭档，可以直接进行管理和控制；瑞士联邦议会是最终的政治监督者，定期了解项目进展情况，提高了项目实施透明度；瑞士联邦铁路公司作为最终运营商是ATG的战略和运营主管，但不过度参与和影响其运转，隧道建成后即可获得一个交钥匙工程，可直接整合到现有铁路路网中，投入商业运营。这种组织架构明确了政府、建设方和运营方之间的角色定位，而联邦议会和联邦交通局的直接监督和管理，能够比传统上的垂直管理模式省去中间层级，组织架构更为扁平化，政府部门、运营企业、施工单位之间的沟通更加高效，决策过程更加简洁。这种模式下，政府起到了重要的政策支持、资金保障、监督管理、凝聚力量的作用，ATG作为瑞士联邦铁路公司的子公司，能够集中优势力量专注于这一巨大工程的具体实施，各方共同推进这一超级工程的实施。

4. 工程社会价值

（1）圣哥达基线隧道显著改善了欧洲南北铁路运输能力。在客运方面，高速列车在圣哥达基线隧道内的最高运营速度可达 250 千米／小时，穿越隧道时间少于 20 分钟，将苏黎世—米兰的跨境客运服务旅行时间缩短至 2 小时 50 分钟。在货运方面，圣哥达基线隧道的列车最大牵引质量由旧隧道的 1500 吨提升至 2000 吨，还允许更宽更高的 P400 标准集装箱通过，2018 年通过圣哥达基线隧道的货运量超过 1530 万吨[4]。2020 年，圣哥达基线隧道每日列车通过量为 130 ～ 160 列，其中 2/3 为货运列车，大幅改善了该通道上的铁路客运和货运能力。

（2）随着圣哥达基线隧道的开通，铁路运输的竞争力逐渐加强。2020 年，通过公路运输穿越瑞士的卡车数量约为 86 万辆，较 2000 年减少了 1/3，虽然距离瑞士政府提出的 65 万辆目标仍有进一步改善的空间（届时二氧化碳排放还可减少 890 吨／天），但其减少碳排放的效果已经明显显现，对于保护当地的动植物以及阿尔卑斯山脉自然环境具有正面影响；同时，由于圣哥达基线隧道所在的新线较旧线减小了运输距离及爬升高度，能够显著降低列车能耗，为减少碳排放提供了重要支持。作为莱茵－阿尔卑斯走廊最重要的基础设施，该走廊所穿越的地区占欧盟国内生产总值的 16%，经济价值不言而喻。据瑞士独立经济研究机构巴塞尔贝克经济研究所（BakBasel）的研究，仅因修建圣哥达基线隧道而改善的连通性，就预计能使瑞士国内生产总值增加 11 亿 ～ 32 亿瑞士法郎，并创造超过 4000 个就业岗位。

（3）圣哥达基线隧道不仅助力欧洲内部的互联互通，强化欧洲各国的联系，还在心理层面联系和团结了欧洲人民。圣哥达基线隧道的建成一举打破长度、埋深等多项隧道世界纪录，如此超级工程在国家形象、内部凝聚力等方面的提升效果不言而喻。圣哥达基线隧道通车正值"英国脱欧"之际，这一超越了长度为 51 千米的英吉利海峡隧道的创举，大幅度提振了欧盟民众的信心。

三、工程启示

1. 成功关键因素

（1）瑞士政府和公众的共同意志及高效的建设组织模式助力圣哥达基线隧道顺利开通。出于对更高质量交通的追求和对阿尔卑斯山脉自然环境的保护意愿，1992 年瑞士全国公投通过 NRLA 项目。圣哥达基线隧道作为该项目的核心工程，其建设过程由瑞士联邦议会直接监督和把控，为确保工程进度与质量符合预期并提高建设过程的透明度提供有力保障。此外，构建了包括政府主管部门、铁路运营商及其负责建设的子公司 ATG 在内的精干组织结构，大大缩短了沟通路径和决策流程，使得 ATG 能够在 17 年的超长建设周期内持续高效地专注于隧道建设。

（2）技术创新措施为圣哥达基线隧道的成功建设提供了重要的技术保障。主要包括采用现代化的勘测手段对地质条件进行全面的勘测和分析，并根据地质条件灵活制定施工方案；施工时通过打通竖井 / 斜井方式增加作业面，分段同时施工，工法以 TBM 法为主、传统钻爆法为辅；为了应急救援用途，采用"密集设置联系通道 + 恰当设置隧道内车站"的设计方案；将建设时的斜井 / 竖井用于开通后的隧道内供气和排气，充分利用隧道开挖料进行混凝土制作或填筑。以上措施为工程成功实施提供了重要技术保障 [5]。

（3）正确处理了长远利益与短期利益之间的关系。圣哥达基线隧道工程成本超百亿美元，建设工作历时 17 年，投入的人力、物力和财力巨大。其间，为了保障包括该隧道在内的 NRLA 项目顺利实施，瑞士于 1998 年设立了一项专门基金，为其提供长期稳定的经济资源。圣哥达基线隧道开通后，NRLA 项目的效果逐步显现，其重要支线——切内里基线隧道（Ceneri Base Tunnel）于 2020 年建成通车，补齐了"圣哥达轴"最后一块短板。随着 NRLA 项目的推进，欧洲大陆南北交通运输能力进一步提升，为欧洲的经济发展及一体化进程助力，为环境可持续发展助力。而瑞士作为此通道的"业主"国家将获得相应的经济和社会效益回报，以及国际地位与话语权的提升。

2. 工程哲学启示

只有从工程理念和工程观的高度审视各类工程，才能创造出更加美好的工程和世界。隧道工程往往被视为人类"征服"自然、改造自然的活动，对可能产生的长期的、多方面的生态效应和各种风险估计不足，应该进一步加强工程对社会结构的影响以及社会对工程的促进和约束作用系统研究，从而全面把握工程与自然、工程与社会之间的互动关系。要建立在遵循自然规律和社会规律的基础上，让工程为人类造福，才能真正地体现其价值 [6]。

3. 未来发展指导

隧道是一个复杂的大型工程，需要解决许多技术难题。要成功地完成这样的项目，创新是关键。这可能涉及技术创新，如开发新的隧道挖掘方法或使用新型建筑材料，也可能涉及管理创新，如采用新的项目管理和质量控制方法。

要做好充足的前期准备工作，包括地质勘察、设计和规划、招标和选择合适的承包商等。这些工作需要充分准备，尽可能考虑到各种可能的问题和风险，以避免在施工过程中出现延误或安全问题。在预防和应对自然灾害、恐怖袭击等方面，隧道需要具备一定的防护能力。这种安全性和防灾措施的经验，可以为未来的隧道建设提供重要的参考。

参考文献

[1] Simoni R. Gotthard base tunnel, Switzerland-the world's longest railway tunnel. Proceedings of the Institution of Civil Engineers-Civil Engineering. Thomas Telford Ltd, 2014, 167(4): 159-166.

[2] Rehbock-Sander M, Wieland G, Jesel T. Advance probing measures on the TBM drives of the south contracts of the Gotthard Base Tunnel-experience and implications for other projects/Vorauserkundungsmaßnahmen bei den TBM-Vortrieben der Südlose des Gotthard-Basistunnels-Erfahrungen und Folgerungen für andere Projekte. Geomechanics and Tunnelling, 2014, 7(5): 551-561.

[3] 张民庆. 由新圣哥达隧道思考高黎贡山隧道的修建. 铁道工程学报, 2016, 33(7): 6.

[4] Fabbri D . Risk, contract management, and financing of the Gotthard base tunnel in Switzerland. Engineering, 2019, 5(3): 351-594.

[5] Sala A, Wick R. Gotthard Base Tunnel-technical project overview/Gotthard-Basistunnel-Technische Projekt ü bersicht. Geomechanics and Tunnelling, 2016, 9(2): 94-110.

[6] 殷瑞钰, 汪应洛, 李伯聪. 工程哲学. 2版. 北京: 高等教育出版社, 2013.

86 美国罗切斯特煤矿

全　　称 美国罗切斯特煤矿，全称：北安特洛浦 / 美国罗切斯特煤矿

外文名称 North Antelope Rochelle Mine

美国罗切斯特煤矿，位于美国的怀俄明州粉河盆地波德河煤田，属于露天矿，也是世界上面积最大的煤田之一[1]。

美国罗切斯特煤矿，在 1999 年正式开采，它由北安特洛浦露天矿和罗切尔露天矿于 1999 年合并而成，北安特洛浦露天矿和罗切尔露天矿分别在 1983 年和 1985 年投产[2]。在合并后，美国罗切斯特煤矿成为了当时美国最大的露天煤矿。

美国罗切斯特煤矿，总占地面积约 258.9 平方公里，相当于华盛顿特区那么大，美国罗切斯特煤矿的煤层占 76.2 米地层中的 18.3 米，范围绵延 80.47 公里，可采煤炭超过了 23 亿吨，需花费 25 年至 30 年的时间才能开采完毕[3]。在皮博迪能源公司投入大量资金对美国罗切斯特煤矿进行开发后，美国罗切斯特煤矿每年的煤炭产量均在 1 亿吨左右，2017 年煤矿产量为 1.015 亿吨，2018 年产量为 9840 万吨[4]。美国罗切斯特煤矿所产的煤被称为美国清洁煤，煤炭的平均热量为 4016.64 千焦，而硫分含量低于 0.2%[5]。

美国罗切斯特煤矿的承建公司是皮博迪能源公司（Peabody Energy）。在美国罗切斯特煤矿项目中，皮博迪能源公司与阿尔科煤炭公司合作，共同开发和经营这个庞大的煤矿。2007 年，阿尔科煤矿的股权被皮博迪能源收购，此后，皮博迪能源成为了美国罗切斯特煤矿的唯一经营者。

美国罗切斯特煤矿的成功勘探印证了美国粉河流域内拥有大量可开采的清洁低硫煤矿资源，在其周围区域也已探明有数十亿未开发的矿藏，大大延长美国罗切斯特煤矿的开采寿命，为美国煤炭资源勘探提供了明确方向，大量的煤矿储备为美国的能源需要提供了强有力的支撑。作为全球最大的煤矿之一，其极高的产能及稳定的能源供应有效地缓解了美国的能源依赖，为美国能源供应链提供了大量的煤炭资源，为美国的能源储备注入了活力。

一、工程背景

美国是世界煤炭蕴藏量最多的国家之一，估计煤蕴藏量为 4000 亿吨，约占世界总储量的 13%，居世界第一位[6]。煤炭作为美国的主要能源，与美国国家安全息息相关。煤

炭除了作为燃料满足美国国内很大一部分的能源需求外还作为基本原料，生产各种战略物资，供应国防部门，支持战争。在 20 世纪 60 年代初期，美国的煤炭产业经历了一系列的整合和发展，煤炭企业开始向大型化和集中化方向发展。同时，美国政府也开始推行一系列政策来促进国内煤炭产业的发展[7]，提出要保障煤炭工业的长期稳定发展，实现能源独立供给，最终实现保障国家能源安全的基本供给。

由于美国得天独厚的煤炭资源赋存条件，美国露天采煤业迅速发展，露天开采比重从 1970 年的 44% 提高到 2008 年的 66%。随着高性能大型露天开采设备和计算机监控系统的采用，露天煤矿产量大幅增加。2008 年美国拥有露天煤矿 52 个，其中，千万吨级以上的露天煤矿 11 个。怀俄明州是美国露天煤矿最多的产煤州，有露天煤矿 16 个，其中大型露天煤矿 14 个，煤炭产量达到 379.8 百万吨，平均单个露天矿煤炭产量达 27.1 百万吨。

皮博迪能源公司作为美国当时最大的煤炭生产企业，其主要经营包括煤炭开采、煤炭销售和煤炭贸易。为了获取优质的煤炭资源，以满足其广泛的业务和资源需求，先后在怀俄明州经营开采了北安特洛普露天矿与罗切尔露天矿，并在 1999 年将两个矿场合并为罗切斯特露天煤矿。自此，美国罗切斯特煤矿一跃成为当时美国乃至世界煤矿产量最大的露天煤矿。

二、工程价值

美国罗切斯特煤矿的成功开发，不仅是对自然资源的有效利用，也是人类智慧和创造力的充分展现。作为美国重要的煤炭生产企业之一，通过现代化的采矿技术和设备的应用，为美国及全球能源市场提供了稳定的煤炭供应，同时也注重安全生产和环境保护，展现了其重要的工程价值。

1. 工程主要成果

美国罗切斯特煤矿工程通过采用先进的技术和环保措施，成功实现了高效采煤和环境保护的双重目标，为全球煤炭行业的可持续发展树立了典范。这些技术的应用不仅获得了众多奖项和荣誉，而且在全球范围内得到了广泛的认可和赞誉。其中，"美国最干净的煤炭"称号和"全球十大煤矿之一"的荣誉最具有代表性，充分证明了罗切斯特煤矿工程在煤炭开采和环境保护方面的领先地位和卓越成就。

2. 工程主要技术

（1）采用先进的地质勘探技术。罗切斯特煤矿在开采前采用先进的勘探技术进行详细的地质勘探，如三维地震勘探和地质雷达勘探等，以准确了解地下煤层的分布情况和地质构造，为开采计划的制定提供了可靠的数据支持，从而提高了开采效率和安全性。

（2）采用先进的露天采矿技术和设备。罗切斯特煤矿的露天采矿技术包括钻孔爆破、机械铲装、运输和排土等环节，每个环节都采用了相应的先进技术和设备。钻孔爆破技术采用了高精度、高效率的钻机，以实现准确、快速地钻孔；机械铲装采用了大型挖掘机和装载机等设备，以高效地装载和运输煤炭；运输采用了大型运输车辆和皮带输送机等设备，以实现长距离、高效地输送煤炭；排土采用了推土机和刮板输送机等设备，以快速地处理剥离物。此外，在美国罗切斯特煤矿开采中，长壁采煤技术得到了广泛应用，其工作面采用长壁布置，可以有效地利用煤炭资源，提高开采效率。这些先进技术和设备的采用，提高了开采效率并降低了成本。

3. 工程管理创新

美国罗切斯特煤矿在工程管理方面进行了多项创新，首先采用数字化矿山管理，通过引入信息化、数字化技术，优化了矿山生产流程，实现了矿山生产过程的全面数字化管理和监控，提高了生产效率，降低了安全风险，为矿山的可持续发展提供了支持；其次美国罗切斯特煤矿注重安全生产，建立了完善的安全管理体系，实行严格的安全管理制度，始终坚持"安全第一"的原则，通过强化安全管理、开展安全培训、完善应急预案等措施，提高了员工的安全意识和应急处理能力；此外，建立了全面的质量管理体系，从原材料采购到煤炭开采、加工和运输等各个环节都进行了严格的质量控制和检测，确保煤炭产品的质量符合国家标准和客户要求。通过这些管理创新方式和手段，确保煤矿生产过程的安全，为企业的可持续发展做出了贡献。

4. 工程科学价值

美国罗切斯特煤矿见证了煤炭工业从无序开采到有序发展的历史过程，通过对美国罗切斯特煤矿的研究，我们可以了解到煤炭工业的发展趋势和规律，对于相关领域的研究和实践具有重要的参考和借鉴价值。

（1）在地质勘查与矿藏资源评价方面具有重要的科学价值。通过对该矿区的地质勘查和煤炭资源评价，可以深入了解该地区的地质构造、煤层分布和煤炭储量等方面的信息，为该地区煤炭资源的开发利用提供科学依据。

（2）采煤工艺和技术对于其他采煤行业是有益的借鉴。采用了具有世界领先水平的长壁采煤法进行采煤，使得该矿成为研究现代化采煤工艺和技术的理想场所。通过对现代化采煤工艺和技术的深入研究，为采煤行业的发展提供有益的借鉴。

5. 工程社会价值

一是美国罗切斯特煤矿作为工艺技术先进、设备智能尖端、管理科学、生产安全高效、环境友好的特大型露天煤矿，引领着世界露天煤矿的发展，在调整煤炭产业结构、保障区域能源供应、促进地区经济和相关行业发展、提高周边居民生活水平等方面做出卓越贡献；二是美国罗切斯特煤矿工程中的技术应用，如安全技术、环境监测技术等，对美国的能源技术发展产生了积极影响；三是美国罗切斯特煤矿活动带来了大量的投资，涉及采矿设备、设施建设、运输和物流等方面，带动了相关产业的发展，促进了经济的多元化和就业机会的增加；四是美国罗切斯特煤矿的运营为美国政府带来了重要的税收，这些税收可用于支持公共服务和基础设施建设，如教育、医疗、道路和社会福利等，对当地政府的财政稳定和发展起到了重要作用。

三、工程启示

1. 成功关键因素

（1）国家政策支持对罗切斯特煤矿的发展起到重要推动作用。在20世纪70年代石油危机后，美国政府开始致力于能源独立，并将煤炭作为当时最主要的能源。为了确保煤炭产业的稳定发展，政府推出了一系列支持政策，对美国罗切斯特煤矿的发展产生了积极的影响。政府通过财政支持和税收优惠等措施鼓励煤炭企业进行技术创新和设备更新，同时也为绿色矿山建设和环保措施的推行提供了政策支持和资金补贴。这些政策不仅为美国罗切斯特煤矿提供了良好的政策环境和资金支持，也为其在市场竞争中占据优势地位提供了有力保障。

（2）工艺技术创新推动了罗切斯特煤矿的多元化发展。美国罗切斯特煤矿从以往只注重产能产量的单一粗放式开发模式逐步向规模化、集约化等多元发展模式转型，露天开采技术与工艺也借助现代科技发展展开了新一轮的工艺创新升级，适应新工艺、新技术的大型化、成套化设备不断涌现；同时矿山安全生产水平大幅提升，节能环保与循环经济产业得到发展，以环境友好及可持续发展为目标的露天开采技术得到了前所未有的发展。

2. 工程哲学启示

美国罗切斯特煤矿是人类生产实践的典型例子，展示了人类认识自然和改造世界的广度与深度的空前拓展。这个过程体现了"实践—认识—再实践—再认识"的工程哲学原理，是工程价值论和工程实践论的融合体现。美国罗切斯特煤矿的开发过程是人类与自然相互作用的生动例证，也是人类认识和实践不断发展的历史见证。它展示了人类在面对自然界的挑战时，如何运用智慧和创造力实现自身发展，同时也体现了工程价值论在指导人类实践活动中的重要价值。在美国罗切斯特煤矿的开发过程中，人类与自然、政治与经济之间的权衡和辩证关系也得到了充分体现。通过利用得天独厚的地质条件，因地制宜地开展开采活动，实现了资源的高效经济生产。这种以需求为导向的实践方式，也体现了工程实践论中的整体性思维，将自然、工程和社会看作一个整体，追求整体的协调和发展。

3. 工程立国思考

美国罗切斯特煤矿作为美国的一个成功案例，体现了科学立国的重要性，展示了科学技术在推动经济发展和国家竞争力提升方面的关键作用。煤矿采用了先进的采煤技术和设备，提高了开采效率和安全性，同时也注重绿色矿山建设和环保措施的推行。这些举措不仅使得美国罗切斯特煤矿成为全球最大的露天煤矿之一，也为其赢得了良好的社会声誉和经济效益。此外，美国罗切斯特煤矿体现了国家政策在推动产业发展和科技创新中的关键作用。政府通过制定合适的政策和提供必要的支持，为煤炭行业的发展创造了良好的环境；通过提供财政支持和税收优惠等措施，鼓励煤炭企业进行技术创新和扩大生产规模。美国罗切斯特煤矿高度契合美国能源发展战略需求，以充分利用资源、高效经济生产为驱动，实现了工艺技术的创新及开采装备的不断升级，为美国提供了大量的煤炭资源，减少了美国对进口煤炭及其他进口能源的依赖，提高了能源的自给自足能力，降低了对国际市场和地缘政治因素的敏感性，也提升了美国自身获取能源的自主性，带动了相关产业的发展，促进了经济增长。

4. 未来发展指导

（1）科学规划和管理是未来大型煤矿开采的前提条件。美国罗切斯特煤矿注重规划的科学性和长远性，采用最先进的采矿技术和设备，根据市场需求和矿区资源状况制定合理的开采计划。这种科学规划和管理方式可以帮助煤矿开采企业更好地预测和应对市场变化，提高资源利用效率，降低开采成本，并确保矿区可持续发展。

（2）数字化和智能化开采技术是未来大型煤矿开采的技术保障。美国罗切斯特煤矿采用智能矿山管理系统，通过数字化技术实时监控采矿作业进度、设备运行状况和矿山安全状况，提高了采矿作业的效率和安全性。随着露天采矿工艺技术的不断发展，特别是为满足特大型露天煤矿在恶劣环境下进行的资源开采的需要以及对低成本与高效益的追求，开采技术必将进一步向数字化、智能化方向发展，实现精准生产计划和资源优化配置。

（3）注重安全和环保是未来大型煤矿开采的必备能力。美国罗切斯特煤矿在运营过程采用定期的安全培训和演练，提高员工的安全意识和应对紧急情况的能力。此外，还采用了先进的安全监测系统和技术，实时监控矿山安全状况并采取相应的措施预防事故的发生。未来的煤矿开采应继续注重安全和环保，采取先进的安全管理技术和环保措施，确保采矿作业的安全可靠，并降低对环境的影响。

参考文献

[1] 孙超, 黄文杰, 桂天柱. 美国煤炭工业发展趋势及对我国的启示. 煤炭经济研究, 2021, 41(2): 51−58.

[2] 张峰玮, 甄选, 陈传玺. 世界露天煤矿发展现状及趋势. 中国煤炭, 2014, 40(11): 113−116.

[3] 董维武. 美国典型煤矿介绍. 中国煤炭, 2010, 36(3): 123−125.

[4] 张幼蒂, 才庆祥, 李克民, 周昌寿. 世界露天开采技术发展特点及我国露天采煤科研规划建议. 中国煤炭, 1996, (10): 10−12.

[5] 董祖杰. 美国能源消费结构的变化及其影响. 国际问题资料, 1983(20): 2−7.

[6] 陆定原. 美国能源政策的抉择. 动力工程, 1983(3): 48−50, 60.

[7] 威尔奈尔·沃格特, 魏炎午. 美国怀俄明州的露天煤矿. 露天采矿, 1990(3): 48−51.

87 西气东输

全　　称 西气东输

外文名称 China's West-to-East Gas Transmission Project

西气东输作为中国"西部大开发"的标志性工程，是中国距离最长、管径最大、投资最多、输气量最大、压力最高、技术含量最高、施工条件最复杂的天然气管道工程，是中国有史以来最为浩大的能源工程，也是世界上等级最高、输气量最大的长距离输气管道，和南水北调、西电东送、青藏铁路并称为"改写中国经济区域版图的四大工程"[1-6]。

西气东输一线工程于 2000 年 2 月启动，2002 年 7 月 4 日正式开工，2005 年上半年全线贯通[6]；二线工程于 2007 年 1 月 13 日启动，2008 年 2 月 22 日开工，2017 年二线西段正式投产投入运营[7-10]；三线工程于 2012 年 10 月 16 日开工，2018 年 11 月 30 日西段正式投产，2018 年 12 月 9 日东段竣工投产，2023 年 9 月 25 日湖北段工程主体完工[11-14]；四线工程于 2022 年 9 月 28 日正式开工，2023 年 10 月 3 日新疆段主线路管道焊接完成[15, 16]。

西气东输总投资约 4428.2 亿元，覆盖了除西藏以外全国 30 个省（自治区、直辖市）和香港特别行政区，四线工程建成后，中国天然气管网输送能力将达到千亿立方米。其中，一线工程投资约 1500 亿元（管道部分投资约 435 亿元），西起塔里木盆地的轮南，东至上

新疆克拉玛依油田风光

海，途经新疆、甘肃、宁夏、陕西、山西、河南、安徽、江苏和上海 9 省（自治区、直辖市），供气范围覆盖中原、华东、长江三角洲地区，管道全长 4200 千米，管径 1016 毫米，年输气能力 170 亿立方米，设计压力 10 兆帕；二线工程投资 1422 亿元，西起新疆霍尔果斯口岸，南至广州，东达上海，途经新疆、甘肃、宁夏、陕西、河南、湖北、江西、湖南、广东、广西、浙江、上海、江苏、安徽 14 省（自治区、直辖市），包括 1 条干线和 8 条支干线，管道全长 9102 千米，设计年输气能力 300 亿立方米，管径 1219 毫米；三线工程投资 1160 亿元，西起新疆霍尔果斯口岸，东至福建省福州市，途经甘肃、宁夏、陕西、河南、湖北、湖南、广东等 10 省（自治区、直辖市），包括 1 条干线、5 条支干线和 3 条支线，管道全长 7378 千米，设计年输气能力 300 亿立方米；四线工程投资 346.2 亿元，起自新疆乌恰县伊尔克什坦，至宁夏中卫，途经新疆轮南、吐鲁番，管道全长约 3340 千米，设计年输气能力 400 亿立方米，管径 1219 毫米，设计压力 12 兆帕 [17, 18]。

西气东输是"十五"期间国务院实施的特大型基础设施项目，截至目前，一、二线工程已经运营多年，三线工程部分完工并投入运营，四线工程正在建设中 [1,16]。一线工程采取全线开放的投资模式，坚持中方控股的原则，由英荷皇家壳牌集团、埃克森美孚公司、俄罗斯天然气工业股份公司等组成的投资集团和中国石油天然气股份有限公司（以下简称中国石油）、中国石油化工集团有限公司（以下简称中国石化）等共同投资，由西气东输管道分公司等 100 多个参建单位，20000 多名人员参与建设 [19, 20]。二线工程由 9 家监理单位，12 家中国石油队伍，3 家中国石化队伍，28 家隧道、顶管隧道等专业施工单位参加了工程建设；在高峰期，共投入 219 机组、设备 13400 余台套、40000 余人 [21]。

西气东输开启了中国天然气时代，堪称中国油气管道工业史上一座光辉耀眼的里程碑，加快了新疆地区以及中西部沿线地区的经济发展，促进了机械、冶金、建材、化工等诸多行业装备制造的国产化进程和技术进步，为沿线地区产业结构和能源结构调整、改善大气环境做出了突出贡献。这项建设了近 20 年的世纪工程，仍然在不断向前发展，呈现出不可或缺的重要价值和多姿多彩的独特魅力。

一、工程背景

20 世纪末，随着中国经济的高速发展，以煤炭为主的能源消费结构对环境造成了严重的污染。为了实现社会和经济的可持续发展，国家确定把开发利用清洁能源天然气作为优化能源消费结构、改善大气环境的一项重要举措。

中国天然气资源主要分布在中西部地区，塔里木、柴达木、陕甘宁和四川盆地蕴藏着 2.6 万立方千米的天然气资源，约占全国陆上天然气资源的 87%，其中新疆塔里木盆地天然气资源量 8000 多立方千米，占全国天然气资源总量的 22%；而天然气利用市场主要集中在东部及沿海地区。

为解决中国天然气供需不匹配的矛盾问题，1998 年 3 月，中国石油提出了全国天然气管道干线框架及与之相配套的局部管网方案，其中就包括要建设的新疆—上海东西主干线，并开展了涉及塔里木等六大盆地的天然气资源研究。1999 年末，国家经济贸易委员会主任盛华仁从塔里木考察回来后，向国务院总理朱镕基提交了一份报告，转达了中国石油提出的西气东输的建议，并提出建设年输送 200 亿立方米左右的管道项目，将天然气从西部输送到上海。2000 年 2 月，朱镕基主持召开国务院总理办公会，听取国家计划委员会和中国石油关于西气东输资源、市场及技术、经济可行性等论证汇报。2000 年 3 月，国家计划委员会在北京召开西气东输工程工作会议，宣布成立西气东输建设领导小组，国家计划委员会副主任张国宝任领导小组组长。2000 年 8 月，国务院召开第 76 次总理办公会，批准西气东输项目立项。自此，西气东输工程正式落地，成为拉开"西部大开发"序幕的标志性工程。

2002 年 7 月 4 日，西气东输工程开工典礼在北京举行，一线工程正式开建。一线工程全长 4200 千米，西起塔里木盆地的轮南，穿越大型河流 14 次、中型河流 40 次、铁路 35 次、公路 421 次，途经 9 个省（自治区、直辖市）至上海市。一线工程主干线挖填土石方量 3000 多万立方米，和建造长城的土石方量相等，相当于堆砌一道一米见方的墙环绕地球一周；所用钢材 174 万吨，制成的钢管如果用火车装运，需要 8 万节火车皮。2005 年上半年，一线工程实现全线贯通。

为解决国内天然气勘探及开采能力的增长与国民经济发展对能源的需求难以适应的问题，按照"立足国内，利用海外，西气东输，北气南下，海气登陆，就近供应"的天然气发展战略，中国决定建设二线工程，与一线工程的西线通道衔接，并向中南部延伸，带动华中、华东、华南等地区经济发展。二线工程线路走向由中国石油天然气集团公司设计研究院设计联合体负责确定[8]，干线管道始于阿拉山口，经独山子、乌鲁木齐，在鄯善西南与一线工程并行，然后向东经酒泉、武威、山丹，在宁夏中卫过黄河后与一线工程分开，向东南经西安、信阳、南昌、赣州，到达广州。2007 年 1 月 13 日二线工程启动，2008 年 2 月 22 日二线工程开工建设，2011 年投入运营。

三线工程的气源地为中亚国家和我国西部地区，是继二线工程之后，我国第二条引进境外天然气资源的陆上通道。三线工程于 2012 年 10 月 16 日开工，建成后能够联通国家骨干天然气管网，推动天然气市场辐射至长三角、珠三角、环渤海和川渝地区。三段工程全线分西段（霍尔果斯至中卫段）、中段（中卫至吉安段）和东段（吉安至福州段）三部分实施，其中，西段长 2445 千米，设计年输气能力 300 亿立方米；中段长 1958 千米，设计年输气能力 300 亿/250 亿立方米；东段长 817 千米，设计年输气能力 150 亿立方米。西段于 2018 年 11 月 30 日正式投产，东段于 2018 年 12 月 9 日投产，中段的湖北段主体于 2023 年 9 月 25 日完工。

　　四线工程是继一线工程、二线工程、三线工程之后，连接中亚和中国的又一条能源战略大通道，建成后将与二线工程、三线工程联合运行，进一步完善我国西北能源战略通道，提升我国天然气管网系统的管输能力，增强系统供气可靠性和灵活性，提高能源输送的抗风险能力。2022 年 9 月 28 日四线工程正式开工，2023 年 10 月 3 日新疆段主线路管道焊接完成。

二、工程价值

1. 工程主要成果

　　西气东输累计取得管道设计建造、储气库建设运行、天然气计量和长输管道关键设备国产化等 12 个方面的系统技术创新，获得专利 138 项，形成标准规范 70 余项，第一次在国内输气管道中采用 10 兆帕的系统设计压力和 1016 毫米管径、第一次全面系统地制定了我国大口径天然气长输管道技术标准、第一次在管道工程中大规模运用全自动焊接等技术，使我国在管道技术上一举跨入世界先进行列。西气东输获得 2010 年国家科学技术进步奖一等奖，被评为中华人民共和国成立 60 周年 100 项经典暨精品工程，入选 2005 年国家环境友好工程；一线工程获得在世界工程咨询界有"诺贝尔奖"美誉的"菲迪克 2014 年工程项目优秀奖"，这也是中国石油首次获得该奖项。

2. 工程主要技术

　　（1）卫星遥感选线技术。将卫星遥感技术应用于线路选线，在南湖戈壁约 600 千米无人区采用取直穿越，缩短线路近 150 千米，节省工程投资 10 多亿元；通过卫星遥感技术测定地质危害带和地震断裂带，设计管道最佳避害线路和最佳通过角度。

　　（2）关键材料、设备国产化技术。西气东输实现了 X70 钢级针状铁素体型管线钢、X80 钢级针状铁素体型管线钢、抗大变形管线钢等关键材料国产化，就全球已建成和在建的 X80 输气管道而言，二线工程不论从设计压力、管道长度，还是管径、壁厚等方面均堪称世界之最；自主研发了 PAW200 全位置自动焊机、PAW3000 双焊炬外焊机、CPP900 自动焊机、高压大口径全焊接球阀、30 兆瓦级燃驱压缩机组、20 兆瓦级电驱压缩机组等关键设备。

（3）螺旋缝埋弧焊管技术。西气东输突破了国际上螺旋缝埋弧焊管的使用禁区，确立了具有中国特色的"大口径高压输送主干线螺旋缝埋弧焊管与直缝埋弧焊管联合使用"的技术路线。

（4）超薄盐层盐穴储气库建库技术。利用盐矿开采形成的盐穴改建储气库，掌握了老腔改建储气库技术、盐穴储气库钻完井技术、造腔工艺配套技术等多项储气库建设配套技术，开展腔体堆积物处理与孔隙空间利用等技术研究，以及造腔软件开发与应用，把造腔设计工作逐步由依托国外公司过渡到中外双方共同完成，开发了适合我国多夹层超薄盐岩特点的建库系列技术和溶腔改造技术，达到国际先进水平。

（5）盾构技术。在三江口长江穿越施工中，第一次在中国运用泥水平衡盾构技术，成功研制出适合岩性剧烈变化的综合泥浆体系的新型盾构组合刀具，建成了长江第一座长度 1992 米、内径 3.8 米的盾构隧道；第一次在中国运用分段顶管穿越技术，刷新了单程连续顶进 1259 米（直径 1.8 米）的顶管世界纪录。

（6）管道控制系统（PCS）。自主研发的管道控制系统于 2018 年开始在二线工程醴陵压气站上线运行，在功能、性能和可靠性方面超过国外同类产品，打破了国外监控与数据采集（SCADA）系统的长期技术垄断。

（7）智能巡检平台。综合智能巡检平台融合了防爆巡检机器人、电力巡检机器人、防爆激光甲烷遥测云台、红外热成像仪温度检测等多种巡检方式，由同一平台集中管理，实现任务统一派发、报警统一处置等功能，可有效减少基层一线员工在危险区域的停留频次和时间，提升现场安全运行管理水平 [22]。

3. 工程管理创新

（1）首次采用中外合作投资建设大型国家项目。西气东输实行了全线开放、全面对外合作的方针，中外企业以股权合作的方式，在上游气田开发、管道建设和下游天然气销售 3 个领域开展合作，合作期限为 45 年。其中，中国石油控股 50%，中国石化控股 5%，英荷皇家壳牌集团、埃克森美孚公司、俄罗斯天然气工业股份公司等外方企业共同控股 45%。该方式不但解决了部分资金问题，还吸收了外方企业在天然气开采和管理管网方面的经验。

[4] 董邦国, 丁铁彪, 王志永. 西气东输工程定价机制的创新. 价格月刊, 2007(4): 15–17.

[5] 刘书云. 四千公里西气东输. 环境经济, 2005(3): 25–26.

[6] 吴宏. 西气东输管道工程介绍(上). 天然气工业, 2003, 23(6): 117–122.

[7] 天工. 西气东输二线(西段)工程正式竣工投产. 天然气工业, 2017, 37(10): 86.

[8] 罗东晓, 赵勤. 西气东输二线工程简介. 煤气与热力, 2007, 27(11): 61–63.

[9] 王乐生, 杜则裕, 陈俊敏. 西气东输二线工程的无损检测. 焊接技术, 2009, 38(1): 53–54.

[10] 西气东输二线正式开工. 天然气技术, 2008(1): 36.

[11] 齐慧. 西气东输三线工程开工. 现代企业, 2012(10): I0001.

[12] 蒋万全. 西气东输三线西段竣工投产. (2018-12-05)[2023-09-30]. http://www.cnpc.com.cn/cnpc/jtxw/201812/57608f13bf094afb8eb348366cc532a.shtml.

[13] 西气东输三线东段竣工投产. (2018-12-12)[2023-09-30]. http://www.cnpc.com.cn/cnpc/weibox-w/201812/22d11b3b92a14bf69a6af3532c56bca9.shtml.

[14] 张静毅. 西气东输湖北段主体工程全线完工 即将通气投产. (2023-09-29)[2023-09-30]. https://news.hubeidaily.net/mobile/c_1845303.html.

[15] 施歌. 西气东输四线工程全面开工. (2022-09-28)[2023-09-30]. http://www.news.cn/photo/2022-09/28/c_1129038518.htm.

[16] 田玉, 郭子毅. 国庆假期里 西气东输四线新疆段主线路管道焊接完成. (2023-10-06)[2023-10-10]. https://baijiahao.baidu.com/s?id=1778960668591314011&wfr=spider&for=pc.

[17] 汪家铭. 西气东输三线管道工程开工建设. 四川化工, 2012(5): 49.

[18] 武云甫. 西气东输四线天然气管道工程. 给水排水, 2014(z1): 271.

[19] 肖惠军, 秦凤华. 西气东输特大工程项目对外开放的里程碑——访国家计委副主任、国家西气东输工程领导小组组长张国宝. 中国投资, 2003(1): 35–39.

[20] 罗良才, 吴锡合. 西气东输百日决战开始冲刺. 中国石油报, 2003-08-20(001).

[21] 吴建中, 伍再有, 王坤, 等. 西气东输二线工程监理模式的创新与探讨. 建设监理, 2014(2): 9–14, 26.

[22] 孟雄薇. 国家管网西气东输甘陕管理处创新实践智能巡检平台建设. (2020-12-18)[2023-10-10]. https://www.sxdaily.com.cn/2020-12/18/content_8813569.html.

[23] 马纳新, 吴建中, 赵爱锋, 等. 西气东输中外合作监理的实践和体会. 建设监理, 2006(5): 4–7.

[24] 张开宇. 西气东输志在三利——专访国家计委产业发展司副司长、西气东输工程建设领导小组办公室主任徐锭明. 石油企业管理, 2000(4): 4–6.

总 后 记

古往今来，著作可以留世，其过程很少记录。为此，公开记录开创性"超级工程研究"的基本过程和所有参与的研究人员，应该是一件非常有意义的事情，其最大的价值是还原学术研究的公正。

2017 年，秋冬之交，中国工程院"工程哲学理论体系"和"工程管理理论"研究获得了重大的学术成就，鼓舞了工程管理学部一批热心工程建造的院士，提出系统研究超级工程的设想，得到了工程管理学部主任孙永福院士的首肯，也得到了殷瑞钰院士、何继善院士、翟光明院士、傅志寰院士、王礼恒院士的赞许和积极支持，2018 年还得到了中国工程院副院长何华武院士的支持。

为此，2018 年 6 月 25 日，在中国工程院 316 会议室，胡文瑞院士主持召开了首次"超级工程研究"会商会议，参与会商的有殷瑞钰院士、何继善院士、王礼恒院士、王基铭院士、黄维和院士、杨善林院士、丁烈云院士、凌文院士、金智新院士、向巧院士、卢春房院士、刘合院士，以及智能工业数据解析与优化教育部重点实验室（东北大学）唐立新教授、中国石油吕建中教授和杨虹首席专家等，就立项"超级工程研究"和"超级工程排行榜"研究，初步达成一致，特别是殷瑞钰院士认为，这是"继'工程哲学理论体系'和'工程管理理论'研究之后又一重大学术研究，对工程管理学部学科建设有着重要的现实意义"。何继善院士认为，这是"工程管理学部职责所在"。凌文院士提议，"将研究成果作为向中华人民共和国国庆 70 周年献礼"项目。

为了加快进度，2018 年 7 月 1 日，胡文瑞院士在亚运村无名居召开了"超级工程研究"立项筹备小组会议，同意设立"超级工程研究"课题组，确定由胡文瑞院士任课题组组长，请王基铭院士、刘合院士担任课题组副组长，唐立新教授担任课题组秘书长，初步确定课题组成员由中国石油、中国国际工程咨询有限公司（以下简称中咨公司）、智能工业数据解析与优化教育部重点实验室（东北大学）、中国石化、清华大学、北京大学、天津大学等单位专家和学者组成，由中国石油和智能工业数据解析与优化教育部重点实验室（东北大学）承担主要研究任务。

2018 年 8 月 5 日，课题组在中国工程院 218 会议室召开了"超级工程研究"会议，初步确定研究内容为古今中外四大板块，即中国古代和近现代、世界古代和近现代超级工程。会议根据王基铭院士提议，确定先期立项研究"中国近现代超级工程"，同时就"中国近现代超级工程研究"的目的意义、主要背景、主要框架、预期成果等进行了讨论。委托智能工业数据解析与优化教育部重点实验室（东北大学）积极准备课题立项和启动研讨会事宜，建议课题组长胡文瑞院士作主题报告，唐立新教授作专题理论报告。2018年8月14日，唐立新教授在沈阳召开了课题立项和启动研讨会筹备工作首次会议。

在两年多的咨询和组织准备基础上，2019年，经中国工程院工程管理学部七届十八次常委会通过立项，正式设立"超级工程研究"课题。2019年4月26日，在中国工程院316会议室召开"超级工程研究"启动研讨会，会议由课题组副组长王基铭院士主持，胡文瑞、殷瑞钰、何继善、翟光明、袁晴棠、傅志寰、王礼恒、陆佑楣、孙永福、黄维和、杨善林、周建平、丁烈云、凌文、向巧、金智新、卢春房、陈晓红、刘合等20位院士、中国工程院三局高战军副局长及聂淑琴主任和来自中国石油、中咨公司、中国石化、国家能源集团、清华大学、天津大学、同济大学、智能工业数据解析与优化教育部重点实验室（东北大学）、中南大学、上海交通大学、北京交通大学、中国石油经济技术研究院、中国石油西南油气田公司等单位的领导专家和学者共50余人出席了启动研讨会。胡文瑞院士代表课题组作了"中国近现代超级工程研究"主题报告，唐立新教授作了"中国近现代超级工程研究"理论专题报告。启动研讨会经过热烈讨论、思想碰撞和智慧交锋，认为"超级工程研究"是一项开创性的填补空白的学术研究，具有极强的学术价值和极高的现实意义，值得组织力量进行深入的科学研究。

2019年12月8日，由中国工程院工程管理学部主办，智能工业数据解析与优化教育部重点实验室（东北大学）承办的"中国近现代超级工程前沿技术研讨会"在北京五洲皇冠国际酒店召开。会议由七届工程管理学部主任胡文瑞院士主持，新当选的智能工业数据解析与优化教育部重点实验室（东北大学）唐立新院士和清华大学方东平教授、河海大学王慧敏教授分别作了专题报告。中国工程院王玉普、孙永福、黄维和、刘合、卢春房、孙丽丽、唐立新等9位院士、中国工程院三局高战军副局长、聂淑琴主任和常军乾副主任，来自清华大学、北京航空航天大学、中国空间技术研究院、中国水利水电科学研究院、苏州科技大学、河海大学、华东理工大学等单位的40余名专家学者出席研讨会。与会院士、专家、学者针对课题研究提出了中肯的意见和建议，包括分行业细化完善超级工程筛选标准，做到既反映行业特征，又符合超级工程筛选标准；重点突出超级工程价值的部分；案例研究与整体研究内容中的共性解析、系统解析之间的联系要进一步凝练；加强超级工程发展演化规律研究，如超级工程与国家发展阶段、经济水平以及超级工程群之间的协同效应研究；加强超级工程认识规律的凝练，争取上升到工程哲学的高度。

2020年3月7日，在北京西藏大厦召开了"超级工程研究"骨干研究团队会议，来自中国石油、智能工业数据解析与优化教育部重点实验室（东北大学）、中咨公司、中国石化、清华大学的专家学者参加了本次会议。会议根据"超级工程研究"先后次序问题，进行了认真的讨论，最终形成一致意见。研究的目标以中国超级工程建造为重点，涵盖古今、覆盖国内外的超级工程建造，总架构为"1+4"（总研究课题＋四个专题研究课题），即一个总研究课题为"超级工程研究"课题，四个专题研究课题为"中国古代超级工程研究""中国近现代超级工程研究""世界古代超级工程研究"和"世界近现代超级工程研究"课题。除 2019 年已经立项的"中国近现代超级工程研究"外，同步开展中国古代超级工程研究、世界古代超级工程研究和世界近现代超级工程研究，立项工作分别于 2020 年、2021 年、2022 年按程序启动。

天有不测风云，人有旦夕祸福。在"超级工程研究"紧张有序进行之时，2020 年初突如其来的一场新冠疫情，给超级工程后续研究带来了极大的冲击。课题组马上调整了工作方式，通过线上线下结合的方式，增加沟通次数，召开视频研讨会，保证研究工作持续进行。同时，不失时机地召开线下研讨会议，千方百计地推进"超级工程研究"深入进行。

2020 年 8 月 30 日，"中国近现代超级工程研究及排行榜汇报研讨会"在中国工程院316 会议室成功举行。会议由胡文瑞院士主持，唐立新院士受项目组委托作了专题报告，王基铭院士对研讨会进行了系统总结。中国工程院殷瑞钰、傅志寰、王礼恒、孙永福、陆佑楣、袁晴棠、黄其励、苏义脑、周建平、黄维和、柴洪峰、刘合、卢春房、孙丽丽等20 位院士参加了会议，来自中国石油、智能工业数据解析与优化教育部重点实验室（东北大学）、中国交通建设集团有限公司（以下简称中国交建）、中国空间技术研究院、北京理工大学、北京航空航天大学、清华大学、中国海油、中国铁道科学研究院集团有限公司、中国水利水电科学研究院等企业与研究机构的 30 余名专家学者出席了研讨会。研讨会的主要成果是对中国近现代超级工程研究项目做出较高的评价，走出了"超级工程研究"第一步，并通过中国工程院工程管理学部的评审，顺利结题。

"中国近现代超级工程研究"结题后，除了分板块研究外，工作量最大的是超级工程案例研究、案例筛选工作，采取的方式分为行业，按照超级工程的定义、分类、标准进行筛选，同行对比，归类梳理，最后形成一致意见。

比较突出的示例，黄其励院士带领的电力系统超级工程案例研究团队，从 2020 年9 月到 2021 年 2 月，历经 6 个月，组织国家能源集团、中国华能集团有限公司（以下简称华能）、中国大唐集团有限公司（以下简称大唐）、中国华电集团有限公司（以下简称华电）、国家电力投资集团有限公司（以下简称国电投）等电力行业中的知名企业专家学者，组成超级工程案例研究课题组，共同针对电力行业的超级工程案例进行系统遴选，并召开多次专题超级工程案例线上线下会议，审定电力系统超级工程经典案例，起到了非常好的带头作用。

值得特别记述的是钢铁超级工程案例审定会。2021年8月27日，钢铁冶金行业超级工程案例审查会在北京举行，殷瑞钰院士主持会议。中国工程院胡文瑞院士、刘合院士、唐立新院士，中国石油王俊仁教授，河钢集团有限公司（以下简称河钢）王新东副总经理，以及来自河钢、首钢集团（以下简称首钢）、东北大学30多位专家学者参加审定会。著名冶金学家殷瑞钰院士的一席话，给参会专家留下了非常深刻印象。他说："在中国钢铁行业够得上超级工程案例的就是鞍钢、宝钢、武钢（一米七轧机）和首钢，它们最具代表性，代表了一个时代建设成就，代表了一个时代民族不屈的精神，将超级工程经典案例记述下来是非常有意义的。"

2021年4月24日，在湖南长沙召开了"超级工程研究"专题研讨会。胡文瑞院士主持会议，唐立新院士作专题报告。刘合院士、黄维和院士、陈晓红院士、范国滨院士和智能工业数据解析与优化教育部重点实验室（东北大学）、湖南工商大学等20余名专家学者出席了研讨会。在热烈讨论的基础上，最后形成一致意见，一是加快超级工程整体研究报告的撰写；二是完善和确定"古今中外"超级工程名录名称；三是积极开展对部分超级工程案例进行调研；四是积极策划"超级工程丛书出版物"事宜。

2021年8月29日，石油煤炭行业超级工程案例审查讨论会在中国石油勘探开发研究院举行，胡文瑞院士主持，刘合院士、金智新院士、赵文智院士、唐立新院士等参加。来自中国石油、中咨公司、智能工业数据解析与优化教育部重点实验室（东北大学）、大庆油田、长庆油田、胜利油田、新疆油田、玉门油田勘探开发研究院、中煤平朔集团有限公司（以下简称中煤平朔）、国能神东煤炭集团、中原油田分公司、普光分公司等40多位院士、专家学者出席了本次研讨会，系统梳理了该领域超级工程案例，特别是对大庆油田、玉门油田、平朔露天煤矿的历史地位给予了高度的评价。

2021年10月18日，在中国工程院218会议室召开了超级工程案例撰写讨论会，胡文瑞院士主持会议，重点讨论了超级工程案例撰写的原则要求和组织形式，在坚持超级工程定义、分类、标准的基础上，必须坚持案例撰写的统一模式，先期撰写超级工程案例示范篇，委托中国交建试写"港珠澳大桥工程"，东北大学试写"万里长城"工程，中国长江三峡集团有限公司试写"三峡水利枢纽工程"，北京理工大学试写"两弹一星"工程，作为超级工程案例撰写示范篇，为全面开展案例撰写提供经验和参考。黄维和院士、刘合院士、唐立新院士、孙丽丽院士、林鸣院士、王自力院士，以及王俊仁教授、方东平教授、宋洁教授、许特博士、鲍敬伟博士等参加了会议。

2021年10月28日，在中国石油研究总院小范围召开《超级工程概论》第五版审稿会议，对目录进行了较大幅度的修改，增加了理论部分和补充了工程哲学启示方面的内容。参加会议的有胡文瑞院士、王俊仁教授、许特教授、鲍敬伟博士等，最后建议王俊仁教授抽时间到智能工业数据解析与优化教育部重点实验室（东北大学）与唐立新院士团队协商落实，尽快使《超级工程概论》进入审稿和修改阶段，总体要求不断打磨，使《超级工程概论》成为精品学术著作。

2021 年 12 月 16 日，在北京西藏大厦召开《超级工程概论》研讨会，胡文瑞院士主持会议，专题讨论《超级工程概论》目录，一致确定"古今中外"四个板块研究著作，为了"四个板块"著作与《超级工程概论》有所区别，统统由"概论"改为"概览"，即《中国古代超级工程概览》《中国近现代超级工程概览》《世界古代超级工程概览》《世界近现代超级工程概览》，并且委托王俊仁教授牵头，与许特、郎劲、赵任、赵国栋老师继续修改完善"四个概览"目录。

2022 年 2 月 17 日，在六铺炕石油大楼 8 楼第一会议室，召开了有关排行榜学术"名称"会议，即关于超级工程"排行榜"名称问题，依据清华大学方东平教授建议，并征求各方意见，有四个可供选择名称，①超级工程排行榜；②超级工程榜；③超级工程名录；④超级工程年表。多数专家认为"超级工程排行榜"比较提气，具有较强的吸引力，其他"名称"显得比较平淡。最终建议：所有超级工程以公认的开始建设时间为起点，按历史年代时间顺序排行，统统称之为"超级工程排行榜"，避免了超级工程地位、重要程度、大小的争议。会议由胡文瑞院士主持，唐立新院士、王俊仁教授、吕建中教授、方东平教授、宋洁教授、杨虹首席专家等 25 人参加了会议。

2022 年 4 月 19 日，在北京召开"超级工程研究调整实施方案和案例撰写"视频会议，唐立新院士在沈阳主持会议，胡文瑞院士在北京作"超级工程研究"课题调整实施方案和案例撰写报告，特别强调：这是超级工程研究四年来规模最大、内容非常重要的一次视频会议，希望各研究、撰写团队给予高度关注。视频会议在全国设 23 个分会场。参加视频会议的院士有：胡文瑞、王基铭、唐立新、黄其励、杨善林、丁烈云、邵安林、金智新、卢春房、向巧、陈晓红、范国滨、王坚、李贤玉、孙丽丽、王自力、孙友宏、张来斌、林鸣、杨宏、杨长风等。刘合院士、黄维和院士、谢玉洪院士请假委托团队代表参加了会议。中国工程院工程管理学部办公室聂淑琴主任参加了会议。中国石油天然气集团、中国石化集团、中国国际工程咨询有限公司、中国铁路集团公司、中国航天科技集团公司、中国交建集团公司、国家能源投资公司、中国鞍钢集团公司、河钢集团公司、中国工程物理研究院、中国海洋集团公司、中国航发集团公司、阿里巴巴公司、华为公司、中国中车股份有限公司（以下简称中国中车）、能新科国际有限公司、中国石油国家高端智库研究中心、中国石油长庆油田公司、解放军 301 医院、陕西盛世唐人文化产业集团有限公司（以下简称唐人文化公司）、中国卫星通信有限责任公司、火箭军研究院、国家安全部科技委、冶金工业规划研究院、东旭集团有限公司、东北大学工业智能与系统优化国家级前沿科学中心/智能工业数据解析与优化教育部重点实验室、清华大学、北京大学、华中科技大学、河海大学、北京航空航天大学、合肥工业大学、北京理工大学、太原理工大学、中国石油大学（北京）、北京建筑大学、中南大学、湖南工商大学、中国地质大学（北京）、西安交通大学、成都理工大学等 24 家国内知名企业、16 所知名大学、40 多个超级工程案例撰写团队的 250 多位专家学者出席了视频会议。

2022 年 7 月 1 日，在北京六铺炕 8 楼第一会议室召开"超级工程研究"视频会议，唐立新院士（沈阳）主持，胡文瑞院士作"超级工程研究"报告与出版物编辑编审方案报告，王基铭院士（上海）做总结讲话，刘合院士（北京）做了发言。聂建国院士、王自力院士参加了会议，研究团队主要成员王俊仁、方东平、宋洁、王新东、许特、郎劲、赵国栋、赵任、吕建中、杨虹、魏一鸣、付金华、钟晟、杨虹、鲍敬伟、祝磊、张磊、何欣、徐立坤、王京峰、贾枝桦、罗平平等 70 多人参加了会议。会议主题是"超级工程研究出版物编辑编审"。

2022 年 8 月 31 日，在北京召开"超级工程排行榜及名录"案例最终版本审定会议，胡文瑞院士主持，唐立新院士、刘合院士参加，主要研究成员王俊仁、方东平、宋洁、杨虹、许特、郎劲、赵国栋、赵任、鲍敬伟、祝磊、何欣、徐立坤等参加。"超级工程排行榜及名录"是超级工程研究课题重点工作之一，超级工程案例选取工作，以超级工程定义、分类、标准为依据，在组织多场行业领域超级工程案例的遴选与研讨会议的基础上，采取专家论证、同行对比、专家打分等方法，结合不同历史年代、不同国家地区、不同民族文化特征、不同行业领域的超级工程在工程规模、工程科技、工程价值方面自身的特点，最终确定了"超级工程排行榜及名录"。

2022 年 9 月 5 日到 9 月 15 日，超级工程研究团队连续 11 天通过视频形式讨论"超级工程排行榜名录"问题。视频会议分别由胡文瑞院士和唐立新院士主持，郎劲、许特、赵国栋、赵任老师对古今中外入选"超级工程排行榜及名录"的各案例名称、建设时间和入选理由作了报告。参加视频会议的有王俊仁（中国石油）、方东平（清华大学）、宋洁（北京大学）、许特（东北大学工业智能与系统优化国家级前沿科学中心/智能工业数据解析与优化教育部重点实验室，后同）、郎劲、赵国栋、赵任、王新东（河钢）、钟晟（西安交通大学）、祝磊（北京建筑大学）、张磊［中国石油大学（北京）］、贾枝桦（唐人文化公司）、杨虹（中国石油，后同）、鲍敬伟、何欣、徐立坤等 46 人，在北京、沈阳、唐山、西安设 6 个分会场，由于沈阳疫情严重，大部分研究人员都在各自的家里参加视频会议，由于 5G 网络发达，视频效果非常好。

视频会议对入选超级工程的古今中外 600 多个案例，逐一进行了审查和讨论，对每项超级工程逐一做出评定性用语，特别是对每个入选的超级工程地位的评价文字进行了认真严格的审查，有权威机构评价的选择权威机构评语，没有权威机构评语的，根据专家讨论给出评语。如中国的"村村通工程"，是中国近现代 299 个超级工程中唯一一用"伟大"一词形容的超级工程，其评语为"人类历史上最伟大的惠民工程"。由于对超级工程案例逐个审查，这次视频会议持续了 11 天。

为了保证入选超级工程排行榜案例的权威性与可靠性，会议对如下问题达成了共识：①对大运河工程、万里长城工程的起始时间，确定为以隋唐大运河建设时间为起始时间，万里长城以秦朝建设时间为起始时间；②对苏联建设的超级工程分别归属于独立后的国家，如苏联的超级工程分别标注为苏联（俄罗斯）、苏联（乌克兰）、苏联（土库曼斯坦）等；③凡是超级工程名称使用"工厂"或"公司"字样，统统改为"工程"，保证超级工程的研究对象是工程本体，而非公司或企业；④不同时期的同一类型且相互之间有联系的超级工程，考虑将两个案例进行合并，避免重复，同时，也反映其不断升级与更新趋势；⑤所有超级工程都应该具备"地标性""标志性"的地位，"第一、最大、最早"是超级工程最重要评价用语，"唯一性""誉谤性"是影响极大的超级工程的基本特征；⑥课题组在视频会议期间邀请了三一重工股份有限公司（以下简称三一重工）、中联重科股份有限公司（以下简称中联重科）、中国铁建重工集团股份有限公司（以下简称铁建重工）、山河智能装备股份有限公司等企业参加视频讨论，对准备入选超级工程的 24 项现代装备制造工程案例进行了讨论，如中国第一台盾构机、1 号盾构机、859 号掘进机、DZ101 号掘进机、隧道钻爆法施工智能成套装备、极寒盾构机、"京华号"盾构机、"深江 1 号"盾构机、HBT9050CH 超高压混凝土输送泵等；⑦入选的古代超级工程案例，在历史中确实存在过，已经没有实体保存，依据史料证明和考古验证，则依然可以入选古代超级工程排行榜。

2023 年 5 月 23 日至 24 日，在沈阳东北大学工业智能与系统优化国家级前沿科学中心 S23 会议室，胡文瑞院士主持召开了超级工程研究阶段检查与讨论会。会议对《超级工程概论》、"古今中外超级工程概览""超级工程排行榜""超级工程图册""系列丛书出版""编辑编审"等问题进行了讨论，对分工和完成时间均做出具体的安排，可以说是一次重要的会议，确定的问题如何落实，关系超级工程研究的成败。会议请王俊仁教授任总执笔人，负责本次会议确定事项逐一落实。

2023 年 5 月 27 日上午，在西安华邑酒店咖啡厅，胡文瑞院士主持召开了"超级工程研究"图册审定讨论会。罗平平副总经理汇报了"超级工程研究"图册设计进展情况。经过讨论，会议形成了以下共识：①图册中地图部分与文字占比最好符合 0.618 的黄金比例，以求和谐美观。要以淡蓝色的中国地图和世界地图为背景底图。②排行榜中每个案例最关键的要素是时间，时间要突出排在首位。古代超级工程地理分布图要出两套线图，标明其地理位置。③图册要注明设计单位，审核人、制图人、研究单位等关键信息，同时增加中国工程院标志以及"中国工程院重大战略咨询研究项目"文字内容。④重大的历史转折点要清晰注明，如1840年（晚清时期）、1912年（民国时期）、1949年（新中国成立）以及1978年（改革开放）。⑤图册要设计两套，一套在书中作为插页，另一套图集合成册出版。单独出版的图册，考虑更大规格，可以上墙挂示。

2023年6月1日，按照胡文瑞院士的总体部署要求，在中国石油勘探开发研究院廊坊科技园区会议中心第二会议室，编辑编审小组召开了《超级工程概论》编辑编审研讨会，会议结合《超级工程概论》初稿基本情况及科学出版社对书稿的要求，针对编辑编审需要完善的工作进行了讨论，落实责任人和参与人员、途径、时间节点、工作要求、工作标准，并安排部署下一步工作任务。

2023年6月3日下午，在西安未央区唐人文化公司会议室召开图册修改讨论会，罗平平副总经理详细解说了修改内容。会议形成了三项修改共识：①图册封面重新优化设计，封面语录要注明作者；②中国近现代案例较多，平分为上下两册设计；③图册封面设计时考虑下面用万里长城，上面用中国空间站的背景照片，分别作为古代及近现代超级工程的典型代表。何欣博士、闫丽娜、李晓飞等参加了会议。

2023年6月5日，为落实胡文瑞院士近期对《超级工程概论》编辑编审工作的批示和要求，在中国石油勘探开发研究院廊坊科技园区会议中心518会议室，编辑编审团队、东北大学工业智能与系统优化国家级前沿科学中心/智能工业数据解析与优化教育部重点实验室、科学出版社及唐人文化公司的相关人员召开了《超级工程概论》编辑编审工作交流协调会。会议针对《超级工程概论》编辑编审工作所遇到的一些困难和问题进行了交流和协调。

2023年6月12日，胡文瑞院士组织编辑编审团队、东北大学工业智能与系统优化国家级前沿科学中心/智能工业数据解析与优化教育部重点实验室、科学出版社及唐人文化公司相关人员，在中国石油勘探开发研究院廊坊科技园区会议中心第二会议室召开《超级工程概论》编辑编审工作研讨会。参会人员包括胡文瑞、王俊仁、闫建文、于鸿春、王焕弟、何军、何欣、徐立坤、张杰、韩墨言、张剑峰、朱德明、耿建业、吴凡洁、赵国栋、苏丽杰、沈芬、罗平平。会议针对《超级工程概论》编辑编审工作进展进行了审查，并针对工作中所遇到的一些困难和问题进行了沟通协调，本次会议有效地推动了《超级工程概论》编辑编审工作的顺利完成。

2023年6月21日，在中国石油勘探开发研究院主楼第九会议室，中国石油团队、东北大学工业智能与系统优化国家级前沿科学中心/智能工业数据解析与优化教育部重点实验室团队、科学出版社团队及唐人文化公司相关人员召开超级工程研究有关工作沟通协调会。会议针对超级工程研究相关成果进入空间站以及《超级工程概论》交接备忘录中未尽事宜的完善情况进行了沟通和协调。

2023年6月25日，在中国工程院318会议室召开"超级工程研究与排行榜"项目深化研究讨论会，会议采用线上线下结合方式，刘合院士主持会议，胡文瑞院士在会议开始时做了重要发言，充分肯定了超级工程四年的研究成果，并对后续工作开展做出了详细的部署和安排。中国工程院参加视频会议的院士有：胡文瑞（现场）、王基铭（线上）、刘合（现场）、唐立新（线上）。中国石油团队、东北大学工业智能与系统优化国家级前沿科学中心／智能工业数据解析与优化教育部重点实验室团队、清华大学（含北京建筑大学）团队、北京大学团队、合肥工业大学团队、河钢集团团队、成都理工大学团队、北京航空航天大学团队、长庆油田团队、东北石油大学团队、西安交通大学团队、中国石油化工集团公司、中国石油大学（北京）、中国石油企业杂志社、中国科学院科创发展办公室、中石化勘探开发研究、北京博奥问道企业管理咨询有限公司等17个研究团队或单位（学校）的70多位专家学者出席了本次会议。会议针对项目研究及编辑编审工作提出了具体的建议及安排。

2023年7月6日，为了推动"超级工程研究与排行榜"项目稳步实施，胡文瑞院士组织相关人员，在北京中国石油勘探开发研究院科技会议中心第一会议室召开专题研讨会。王俊仁、付金华、鲍敬伟、何欣、徐立坤线下参会，许特、郎劲、赵国栋线上参会。会议针对"超级工程研究与排行榜"项目实施中的一些具体问题进行了讨论并达成共识。

2023年7月23日，胡文瑞院士组织相关人员，在北京大学博雅国际酒店大学堂2号厅召开"超级工程研究与排行榜"推进会，针对"中国古代超级工程排行榜"进行研讨。会议采用线上和线下相结合的方式召开。参加会议的院士有胡文瑞、王基铭、刘合、杨善林和唐立新等。中国石油团队、东北大学工业智能与系统优化国家级前沿科学中心／智能工业数据解析与优化教育部重点实验室团队、清华大学（北京建筑大学）团队、北京大学团队、合肥工业大学团队、河钢集团团队、成都理工大学团队、唐人文化公司、科学出版社9个团队或单位的共75位院士、专家参加会议。通过本次会议：①完成了"中国古代超级工程排行榜"编审交接工作；②明确了"超级工程概览"的撰写与编辑编审工作；③明确了各研究团队关于"超级工程排行榜"编辑编审的下一步工作任务；④提出了编辑编审工作的具体要求。

2023年7月26日，胡文瑞院士在西安组织相关人员召开"超级工程地理分布图和历史年代时间轴图研究"出版讨论会。会议完成了"超级工程地理分布图和历史年代时间轴图研究"的设计委托，并针对图册设计的相关期望和要求进行了讨论，达成一致意见。设计需要从受众的角度出发，以扩大影响为目标。由唐人文化团队，发挥自己专业的设计思路，进一步提升单册出版的地理分布图和历史年代时间轴图的设计水平和设计质量，兼顾封面和内容，按照合同完成 12 张基础图的设计内容，每张图给出两套方案，与科学出版社进一步商讨图册的组合出版方式，提出整体的设计方案。

2023 年 8 月 6 日，针对"超级工程研究与排行榜"研究项目，胡文瑞院士组织相关人员在北京邯钢宾馆二楼会议室召开"世界近现代超级工程排行榜"编辑编审讨论会，中国石油团队王俊仁、付金华、张磊、鲍敬伟、何欣、徐立坤，河钢集团王新东、钟金红、王凡、张倩、杨楠、郝良元、刘金哲、侯长江，东北大学许特、张颜颜，科学出版社吴凡洁，北京大学何冠楠、王宗宪，北京建筑大学祝磊，合肥工业大学李霄剑，成都理工大学王丹，唐人文化罗平平共 24 人参加了会议。会议完成了"世界近现代超级工程排行榜"编辑编审交接工作，胡院士作了总结讲话，对编辑编审工作提出了具体要求，细化明确了"超级工程研究与排行榜"各研究团队在编辑编审过程中的注意事项。

2023 年 8 月 8 日，为了进一步推动"超级工程研究与排行榜"稳步实施，胡文瑞院士在清华大学新土木馆 429 会议室组织并召开"中国近现代超级工程排行榜"（案例 1 ~ 150）编辑编审讨论会。会议完成了"中国与世界古代、近现代超级工程名录"与"中国近现代超级工程排行榜"（案例 1 ~ 150）编辑编审交接工作。胡文瑞院士对编辑编审工作提出了具体要求，并进一步细化明确了"超级工程研究与排行榜"各研究团队在编辑编审过程中的注意事项。中国石油团队胡文瑞、王俊仁、付金华、张磊、何欣、徐立坤，清华大学方东平、冯鹏、施刚、马吉明、胡羿霖、沈宇斌、刘年凯、刘磊、黄玥诚、王尧、张桎淮、李泊宁，东北大学工业智能与系统优化国家级前沿科学中心／智能工业数据解析与优化教育部重点实验室郎劲、赵国栋，科学出版社耿建业，北京大学陆胤、王剑晓、黄静思，河钢集团王新东，北京建筑大学祝磊、易伟同、蒋永慧、刘兴奇、路鸣宇，合肥工业大学李霄剑，成都理工大学王丹，唐人文化贾枝桦、罗平平共 34 人参加了本次会议。

2023 年 8 月 15 日，课题组针对"超级工程研究与排行榜"研究项目，在成都理工大学行政楼三楼第三会议室，组织召开"世界古代超级工程排行榜"编辑编审讨论会，会议由王俊仁教授主持，胡文瑞院士在会议中作了重要讲话，王基铭院士作了总结讲话，通过本次会议完成了"世界古代超级工程排行榜"编辑编审交接工作。中国工程院胡文瑞院士、王基铭院士，中国石油团队王俊仁、付金华、张磊、鲍敬伟、任利明、陆浩、李莉、何欣、徐立坤，成都理工大学刘清友、许强、范宣梅、李智武、罗永红、赵伟华、吉锋、马春驰、崔圣华、张岩、罗璟、林汐璐、王丹，东北大学工业智能与系统优化国家级前沿科学中心／智能工业数据解析与优化教育部重点实验室许特、赵国栋，科学出版社吴凡洁，北京大学宋洁、吴林瀚、黄晶、袁业浩，河钢集团王新东、郝良元，北京建筑大学祝磊，合肥工业大学李霄剑，唐人文化贾枝桦、罗平平共 37 人参加了本次讨论会。

2023 年 8 月 17 日，胡文瑞院士组织相关人员在合肥工业大学工程管理与智能制造研究中心第三报告厅，针对"超级工程研究与排行榜"研究项目召开"中国近现代超级工程排行榜"（案例 151 ~ 299）编辑编审讨论会，会上胡文瑞院士作了重要讲话，丁烈云院士作了院士发言，杨善林院士作了会议总结。本次会议顺利完成了"中国近现代超级工程排行榜"（案例 151 ~ 299）编辑编审交接工作，并结合历次排行榜编辑编审讨论会的要求，针对编辑编审工作提出了综合的具体要求。中国工程院胡文瑞院士、丁烈云院士、杨善林院士，中国石油团队王俊仁、付金华、张磊、何欣、徐立坤，合肥工业大学刘心报、梁昌勇、刘业政、胡笑旋、张强、付超、姜元春、焦建玲、裴军、李霄剑、丁帅、周开乐、顾东晓、罗贺、莫杭杰、彭张林、王国强、王浩、李玲、郅伦海、汪亦显、张爱勇、袁海平、项乃亮、李贝贝、高鹏、刘佩贵、韩丁、刘武、刘广、刘用、丁卓越，东北大学工业智能与系统优化国家级前沿科学中心 / 智能工业数据解析与优化教育部重点实验室许特、苏丽杰，科学出版社吴凡洁，北京大学何冠楠、王剑晓，北京建筑大学祝磊，河钢集团郝良元，成都理工大学赵伟华，唐人文化贾枝桦、罗平平共 50 人参加了本次研讨会。

2023 年 8 月 26 日至 27 日，受胡文瑞院士委托，为进一步推进"超级工程概览"撰写工作，课题组在沈阳东北大学工业智能与系统优化国家级前沿科学中心 / 智能工业数据解析与优化教育部重点实验室易购大厦 S23 会议室，组织召开了"中国古代超级工程概览"研讨会。会议明确"概览"在系列丛书中的定位和作用，并针对《中国古代超级工程概览》书稿中八个章节，针对性地从逻辑架构、案例分析、研究方法、规律总结、价值提炼、经验启示等多个方面，提出了几十条具体的补充、删减、调整及修改的建议；会议同时要求中国近现代、世界古代以及世界近现代"超级工程概览"参照进行修改。中国石油团队王俊仁、付金华、张磊、徐立坤、陈潇，东北大学工业智能与系统优化国家级前沿科学中心 / 智能工业数据解析与优化教育部重点实验室许特、郎劲、赵任、赵国栋、高振、陈宏志、杨阳、刘文博、郭振飞、董志明、齐曦、王显鹏、汪恭书、王佳惠、张颜颜、苏丽杰、杜金铭、张家宁、王坤、车平、宋光、秦诗悦、常爽爽、纪东、杨钟毓，科学出版社吴凡洁，北京大学高锋，北京建筑大学祝磊共 33 人参加了本次讨论会。

"超级工程研究"本身就是一项"超级工程"，先后组织 43 个研究团队，其中 3 个为骨干研究团队；参与研究的人员共计 751 人，其中院士 49 位、专家学者 200 余人；105 家各类企业、研究院所，其中世界 500 强企业 15 家；19 所大学，其中著名大学 9 所。4 年来召开大中型研讨会议 126 场次，其中大型研讨会议 54 场次，时间最长的连续 11 天，小规模内部研讨会几百场次，查阅了大量的资料，走访了许多企业、研究机构、档案馆所和专业人士，试图将超级工程的各个层面完整地展现出来，但人类历史发展的漫长岁月里，有太多的伟大工程值得被记录和研究。

在"超级工程研究"进入了关键时期，中国石油集团公司为了支持"超级工程研究"，专项设立"超级工程研究与排行榜"深化研究课题，包括8个子课题，进一步提升超级工程研究的质量和水平。中国石油编辑编审团队集中于廊坊研究院密闭进行研究，争取2023年底出版《超级工程概论》，向伟大的中华人民共和国成立73周年献礼。同时，在中国石油集团公司支持下，使超级工程研究成果、系列丛书和系列图册，尽快与广大读者见面。

最后，代表中国工程院"超级工程研究"课题组，衷心感谢"超级工程研究"的顾问团队、骨干团队和参与研究的企业、院校、研究机构全体人员。

特别感谢中国石油天然气集团公司在关键时刻的大力支持。

特别感谢许特副教授和鲍敬伟主任、何欣博士、徐立坤博士。

附1　中国工程院"超级工程研究"领导小组名单
附2　中国工程院"超级工程研究"顾问团队名单
附3　中国工程院"超级工程研究"主要成员名单
附4　中国工程院"超级工程研究"全体参与人员名单

胡文瑞

2023年6月17日于辛店路1号林楠院初稿

2023年8月27日（农历七月十二）于东坡居二稿

2023年11月29日于中国石油勘探开发研究院终稿

附1 中国工程院"超级工程研究"领导小组名单

胡文瑞：中国石油天然气集团有限公司，中国工程院院士、教授级高级工程师、博士生导师、中国工程院工程管理学部第六届副主任和第七届主任、全国企业管理现代化创新成果评审委员会主任，丛书主编（课题组组长）、总策划人、总审稿人

王基铭：中国石化集团公司，中国工程院院士、教授级高级工程师、博士生导师、中国工程院工程管理学部第五届主任，丛书副主编（课题组副组长）、总审稿人

刘　合：中国石油勘探开发研究院，中国工程院院士、教授级高级工程师、博士生导师、国际石油工程师协会专家咨询委员会委员、SPE东南亚区域执行主席，丛书副主编（课题组副组长）、总审稿人

唐立新：东北大学工业智能与系统优化国家级前沿科学中心，中国工程院院士、副校长、教授、博士生导师、第十四届全国人大代表、中心主任、首席科学家，智能工业数据解析与优化教育部重点实验室主任，丛书副主编（课题组副组长）兼秘书长、总审稿人

王俊仁：中国石油天然气集团有限公司，曾任中亚地区公司副总经理、西非地区公司总经理、中国石油国家高端智库特聘专家、教授级高级经济师，丛书副秘书长（执行）［课题组（执行）副秘书长］、总执笔人

聂淑琴：中国工程院，工程管理学部办公室主任，丛书副秘书长（课题组副秘书长）

鲍敬伟：中国石油勘探开发研究院，科技中心副主任、高级工程师，丛书副秘书长（课题组副秘书长）

许　特：东北大学工业智能与系统优化国家级前沿科学中心，副主任、副教授，丛书副秘书长（课题组副秘书长）、主要撰稿人

特别说明：领导小组主要负责丛书总的策划、设计和组织工作；负责《超级工程概论》《中国古代超级工程概览》《中国近现代超级工程概览》《世界古代超级工程概览》《世界近现代超级工程概览》设计、撰写、编辑编审工作；负责"超级工程排行榜""超级工程排行榜名录""超级工程地理分布图""超级工程历史年代时间轴图"设计、编辑编审工作。

附2　中国工程院"超级工程研究"顾问团队名单

徐匡迪：第十届全国政协副主席、中国工程院原院长、中国工程院院士

朱高峰：原国家邮电部副部长、中国工程院原副院长、中国工程院院士

何华武：中国工程院原副院长、中国工程院院士

殷瑞钰：原国家冶金部副部长，原总工程师，中国工程院工程管理学部第一、第二、第三届主任，中国工程院院士

翟光明：中国石油勘探开发研究院原院长、中国工程院院士

何继善：中南大学原校长、教授、中国工程院院士、能源与矿业工程学部原主任

袁晴棠：中国石化集团总公司原总工程师、中国工程院院士

傅志寰：原国家铁道部部长、中国工程院院士

王玉普：应急管理部原部长、中国工程院原副院长、党组副书记、中国工程院院士

汪应洛：西安交通大学教授、中国工程院院士

陆佑楣：水利部原副部长、三峡水利枢纽建设原总指挥、中国工程院院士

王礼恒：中国航天科技集团原总经理、中国工程院工程管理学部第四届主任、中国工程院院士

孙永福：原国家铁道部正部长级副部长、中国工程院工程管理学部第六届主任、中国工程院院士

许庆瑞：浙江大学教授，中国工程院院士

特别说明：顾问团队排序遵循中国工程院工程管理学部传统习惯。顾问团队职责为负责课题设计、定向、咨询、研究和研讨工作，多数顾问参与了超级工程研讨和排行榜案例撰写工作。

附3　中国工程院"超级工程研究"主要成员名单

胡文瑞：中国石油天然气集团有限公司，中国工程院院士、教授级高级工程师、博士生导师、中国工程院工程管理学部第六届副主任和第七届主任、全国企业管理现代化创新成果评审委员会主任，丛书主编（课题组组长）、总策划人、总审稿人

王基铭：中国石化集团公司，中国工程院院士、教授级高级工程师、博士生导师、中国工程院工程管理学部第五届主任，丛书副主编（课题组副组长）、总审稿人

刘　合：中国石油勘探开发研究院，中国工程院院士、教授级高级工程师、博士生导师、国际石油工程师协会专家咨询委员会委员、SPE东南亚区域执行主席，丛书副主编（课题组副组长）、总审稿人

唐立新：东北大学工业智能与系统优化国家级前沿科学中心，中国工程院院士、副校长、教授、博士生导师、第十四届全国人大代表、中心主任、首席科学家，智能工业数据解析与优化教育部重点实验室主任，丛书副主编（课题组副组长）兼秘书长、总审稿人

卢春房：国家铁道部原副部长、中国国家铁路集团有限公司原常务副总经理、中国铁道学会第七届会长、正高级工程师、博导、中国工程院工程管理学部第八届主任、中国工程院院士，铁路工程案例撰稿人

黄其励：国家电网公司一级顾问、国家能源集团电力首席科学家、教授级高级工程师、博士生导师、能源与矿业工程学部第八届主任、中国工程院院士，能源工程案例撰稿人

黄维和：中国石油原副总裁、中国石油企业协会学术委员会主任、国家管网公司技术委员会主任、教授级高级工程师、博士生导师、中国工程院院士，管道工程案例撰稿人

丁烈云：华中科技大学原校长、教授、博士生导师、中国工程院院士，建筑工程案例撰稿人

戴厚良：中国石油天然气集团公司董事长、党组书记、教授级高级工程师、博士生导师、中国工程院院士，重点支持超级工程研究

孙丽丽：中国石化炼化工程集团和中国石化工程建设有限公司董事长、全国工程勘察设计大师、正高级工程师、博士、博士生导师、北京市科协副主席、中国工程院院士，石化工程案例撰稿人

曹建国：中国航空发动机研究院集团董事长、教授级高级工程师、博士生导师、中国工程院院士，参与研究

杨善林：合肥工业大学教授、博士生导师、中国工程院院士，综合工程案例撰稿人

谢玉洪：中国海油集团首席科学家、科学技术委员会主席、教授级高级工程师、博士生导师、中国工程院院士，海洋工程案例撰稿人

陈晓红：湖南工商大学校长、教授、博士生导师、中国工程院院士，制造工程案例撰稿人

范国滨：中国工程物理研究院、教授、博士生导师、中国工程院院士，军工工程案例撰稿人

特别说明：该名单不包括顾问团队名单。"超级工程研究"主要成员按参与超级工程研究先后时间、承担任务权重排序。均参与了超级工程概论、古今中外超级工程概览部分的研究，有些还是超级工程排行榜的撰稿人或超级工程图册的设计者。

金智新：太原理工大学学术委员会主任、教授级高级工程师、博士生导师、中国工程院院士，煤炭工程案例撰稿人

凌　文：山东省人民政府副省长、教授级高级工程师、博士生导师、中国工程院院士，参与超级工程研究

向　巧：中国航发副总经理、教授、博士生导师、中国工程院院士，航空工程案例撰稿人

林　鸣：中国交建总工程师、首席科学家、教授、博士生导师、中国工程院院士，交通工程案例撰稿人

王自力：北京航空航天大学教授、博士生导师、中国工程院院士，军工工程案例撰稿人

李贤玉：解放军火箭军研究院某所所长、研究员、解放军少将、军队卓越青年、中国工程院院士，导弹工程案例撰稿人

王俊仁：中国石油天然气集团有限公司教授级高级经济师，曾任中亚地区公司副总经理、西非地区公司总经理，中国石油国家高端智库特聘专家，丛书副秘书长（执行）［课题组（执行）副秘书长］、总执笔人

许　特：东北大学工业智能与系统优化国家级前沿科学中心副主任、副教授，丛书副秘书长（课题组副秘书长）、"超级工程丛书"主要撰稿人

方东平：清华大学土木水利学院院长、教授、博士生导师，土木工程案例撰稿人

宋　洁：北京大学工学院党委书记、长江学者、北京大学博雅特聘教授、博士生导师，信息工程案例撰稿人

郎　劲：东北大学工业智能与系统优化国家级前沿科学中心副教授、博士，"超级工程丛书"主要撰稿人

赵国栋：东北大学工业智能与系统优化国家级前沿科学中心主任助理、博士，"超级工程丛书"主要撰稿人

赵　任：东北大学工业智能与系统优化国家级前沿科学中心副教授，"超级工程丛书"主要撰稿人

聂淑琴：中国工程院工程管理学部办公室主任，丛书副秘书长（课题组副秘书长）

鲍敬伟：中国石油勘探开发研究院科技中心副主任、高级工程师，丛书副秘书长（课题组副秘书长）

王新东：河钢集团专家委员会副主任和首席技术官、河北金属学会理事长、正高级工程师，钢铁等工程案例撰稿人

钟　晟：国家发改委与西安交通大学共建改革试点探索与评估协同创新中心研究员、陕西省决咨委委员，工程案例撰稿人

刘清友：成都理工大学书记、长江学者、博士、教授、博士生导师，地质工程案例撰稿人

梁　樑：合肥工业大学原校长、杰青、长江学者、教授、博士生导师，综合工程案例撰稿人

祝　磊：北京建筑大学土木与交通学院、教授、博士生导师，土木工程案例撰稿人

罗平平：唐人文化公司副总经理，超级工程地理分布图等主要设计人

邵安林：鞍钢集团副总经理、教授级高级工程师、中国工程院院士，工程案例撰稿人

李家彪：自然资源部第二海洋研究所原所长、浙江省海洋科学院院长、浙江省科协副主席、中国海洋学会副理事长、联合国海洋十年大科学计划首席科学家、博士、研究员、中国工程院环境与轻纺工程学部副主任、中国工程院院士，海洋工程案例撰稿人

黄殿中：中国信息安全测评中心教授、中国工程院院士，信息工程案例撰稿人

孙友宏：中国地质大学（北京）校长、博士、教授、中国工程院院士，钻井工程案例撰稿人

张来斌：中国石油大学（北京）原校长、全国政协常委、国家应急部油气生产安全及技术重点实验室主任、教授、博士生导师、中国工程院院士，石油工程案例撰稿人

赵文智：中国石油勘探开发研究院原院长、工学博士、石油地质勘探专家、教授级高级工程师、博士生导师、国家能源局油气战略研究中心专家委员会主任、中国工程院院士，油田工程审稿人

聂建国：清华大学学术委员会主任、杰青、长江学者、教授、博士生导师、中国土木工程学会副理事长、中国工程院土水建工程学部主任、中国工程院院士，土木工程审稿人

杨　宏：中国航天集团空间技术研究院（五院）研究员、中国载人航天工程空间站系统总设计师、工学博士、中国工程院院士，空间站工程案例撰稿人

王　坚：阿里巴巴集团公司技术委员会主席、教授级高级工程师、中国工程院院士，信息工程案例撰稿人

王金南：生态环境部环境规划院原院长、研究员、中国环境科学学会理事长、全国政协常委、人资环委副主任、中国工程院院士，环境工程案例撰稿人

杨长风：中国卫星导航系统工程管理办公室原主任、北斗卫星导航系统工程总设计师、正高级工程师、中国工程院院士，卫星工程案例撰稿人

郭庆新：东北大学工业智能与系统优化国家级前沿科学中心教授，超级工程撰稿人

孟　盈：东北大学工业智能与系统优化国家级前沿科学中心教授，超级工程撰稿人

王显鹏：东北大学工业智能与系统优化国家级前沿科学中心教授，超级工程撰稿人

汪恭书：东北大学工业智能与系统优化国家级前沿科学中心教授，超级工程撰稿人

苏丽杰：东北大学工业智能与系统优化国家级前沿科学中心副教授，超级工程撰稿人

吴　剑：东北大学工业智能与系统优化国家级前沿科学中心讲师，超级工程撰稿人

宋　光：东北大学工业智能与系统优化国家级前沿科学中心讲师，超级工程撰稿人

刘　畅：东北大学工业智能与系统优化国家级前沿科学中心讲师，超级工程撰稿人

杜金铭：东北大学工业智能与系统优化国家级前沿科学中心副教授，超级工程撰稿人

高　振：东北大学工业智能与系统优化国家级前沿科学中心副教授，超级工程撰稿人

许美玲：东北大学工业智能与系统优化国家级前沿科学中心讲师，超级工程撰稿人

陈宏志：东北大学工业智能与系统优化国家级前沿科学中心副教授，超级工程撰稿人

李开孟：中国国际工程咨询有限公司总经济师、研究员，参与研究

张秀东：中国石化集团工程公司副总经理、教授级高级工程师，石化工程案例撰稿人

张颜颜：东北大学工业智能与系统优化国家级前沿科学中心教授，超级工程案例撰稿人

杨　阳：东北大学工业智能与系统优化国家级前沿科学中心教授，超级工程案例撰稿人

宋相满：东北大学工业智能与系统优化国家级前沿科学中心主任助理，超级工程案例撰稿人

魏一鸣：北京理工大学副校长、教授、博士生导师，参与研究

贾枝桦：唐人文化董事长、中国工业设计协会常务理事、中国油画学会理事、经济学博士、独立艺术家、教授级高级工程师，超级工程地理分布图设计人

李新创：冶金工业规划研究院院长、教授、中国钢铁论坛创始人，钢铁工程案例撰稿人

王慧敏：河海大学教授、博士生导师、长江学者，水利工程案例撰稿人、参与超级工程研究

张家宁：智能工业数据解析与优化教育部重点实验室（东北大学）副教授，超级工程撰稿人

郭振飞：智能工业数据解析与优化教育部重点实验室（东北大学）讲师，超级工程撰稿人

董志明：智能工业数据解析与优化教育部重点实验室（东北大学）讲师，超级工程撰稿人

白　敏：智能工业数据解析与优化教育部重点实验室（东北大学）讲师，超级工程撰稿人

王佳惠：智能工业数据解析与优化教育部重点实验室（东北大学）副主任，超级工程撰稿人

王　尧：清华大学博士生，超级工程审稿人

马琳瑶：清华大学博士生，超级工程审稿人

曹思涵：清华大学博士生，工程案例撰稿人

王丽颖：清华大学博士生，工程案例撰稿人

何冠楠：北京大学助理教授、博士生、国家级青年人才，工程案例撰稿人

赵伟华：成都理工大学副教授，工程案例撰稿人

王剑晓：北京大学助理研究员、科技部国家重点研发计划青年科学家，工程案例撰稿人

张　磊：中国石油大学（北京）副教授，石油工程案例撰稿人

杨钟毓：智能工业数据解析与优化教育部重点实验室（东北大学）科研与教学科科长，超级工程撰稿人

常军乾：中国工程院正处级巡视员、工程管理学部办公室副主任，参与超级工程研究

吕建中：中国石油国家高端智库专职副主任、学术委员会秘书长、教授级高级经济师，参与超级工程研究

杨　虹：中国石油经济技术研究院首席专家、教授级高级工程师，古建筑工程案例撰稿人

徐文伟：华为技术有限公司科学家咨询委员会主任、教授级高级工程师，信息工程案例撰稿人

张建勇：能新科能源技术股份有限公司创始人，能源工程案例撰稿人

林　枫：中国船舶集团第七〇三所所长、研究员，船舶工程案例撰稿人

曲天威：中国中车副总经理兼总工程师、教授级高级工程师，制造工程案例撰稿人

王　军：中国中车集团有限公司副总裁、教授级高级工程师，制造工程案例撰稿人

李　青：东旭光电科技集团总工程师、博士生导师、教授级高级工程师，工程案例撰稿人

王京峰：中国石油长庆油田公司巡察办处长、高级经济师，石油工程案例撰稿人

何江川：中国石油天然气股份有限公司副总裁、教授级高级工程师，石油工程案例审稿人

王建华：中国水利水电科学研究院副院长、正高级工程师，水利工程案例撰稿人

王安建：中国地质科学研究院矿产资源战略研究所首席科学家、教授、博士生导师，矿产工程案例撰稿人

王荣阳：中国航空工业集团公司政研室主任、研究员，航空工程案例审稿人

李　达：中国海油研究总院结构总师、教授级高级工程师，海洋工程案例撰稿人

徐宿东：东南大学东港航工程系主任、教授级高级工程师、博士生导师，工程案例撰稿人

刘泽洪：国家电网原副总经理、教授级高级工程师，能源工程案例审稿人

张来勇：中国寰球工程有限公司首席技术专家、技术委员会主任、正高级工程师，石化工程案例撰稿人

傅　强：中集（烟台）来福士海洋工程公司设计研究院副院长、高级工程师，海洋工程案例撰稿人

王道军：火箭军研究院室副主任、研究员、博士，导弹工程案例撰稿人

李晓雪：解放军总医院医学创新研究部灾害医学研究中心主任、上校、副主任医师，医院建造工程案例审稿人

陈晓明：上海建工集团股份有限公司总工程师、教授级高级工程师，建筑工程案例撰稿人

袁红良：沪东中华造船（集团）有限公司研究所副所长、教授级高级工程师，船舶工程案例撰稿人

邵　茂：北京城建集团有限责任公司工程总承包部项目总工程师、高级工程师，建筑工程案例撰稿人

王定洪：冶金工业规划研究院总设计师、正高级工程师，冶金工程案例撰稿人

关中原：国家管网研究总院《油气储运》杂志社社长、教授级高级工程师，管道工程案例撰稿人

何　欣：中国石油勘探开发研究院高级工程师，编辑编审人

徐立坤：中国石油勘探开发研究院高级工程师，编辑编审人

范体军：华东理工大学教授，工程案例撰稿人

李妍峰：西南交通大学教授，工程案例撰稿人

罗　彪：合肥工业大学教授，工程案例撰稿人

翁修震：合肥工业大学硕士生，工程案例撰稿人

陈佳仪：合肥工业大学硕士生，工程案例撰稿人

张　勇：国家能源投资集团科技与信息化部经理、教授级高级工程师，能源矿业工程案例撰稿人

李　治：北京大学博士生，工程案例撰稿人

王宗宪：北京大学博士后，工程案例撰稿人

钟金红：河钢集团有限公司科技创新部副总经理、正高级工程师，钢铁工程案例撰稿人

王　凡：河钢集团有限公司科技创新部高级经理、高级工程师，钢铁工程案例撰稿人

任　羿：北京航空航天大学可靠性工程研究所副所长、研究员，军工案例撰稿人

冯　强：北京航空航天大学可靠性工程研究所工程技术中心主任、副研究员，军工案例撰稿人

田京芬：中国铁道出版社原社长和总编辑、中国铁道学会副秘书长、铁路科技图书出版基金委员会秘书长、高级工程师，铁道工程案例撰稿人

贾光智：中国铁道科学研究院信息所副所长、研究员，铁道工程案例撰稿人

附4 中国工程院"超级工程研究"全体参与人员名单

1. 东北大学工业智能与系统优化国家级前沿科学中心／智能工业数据解析与优化教育部重点实验室团队（骨干团队，负责理论研究、案例撰写、编辑编审）

唐立新：东北大学工业智能与系统优化国家级前沿科学中心，中国工程院院士，副校长

许　特：东北大学工业智能与系统优化国家级前沿科学中心，副主任

郎　劲：东北大学工业智能与系统优化国家级前沿科学中心，副教授

赵国栋：东北大学工业智能与系统优化国家级前沿科学中心，主任助理

赵　任：东北大学工业智能与系统优化国家级前沿科学中心，副教授

郭庆新：东北大学工业智能与系统优化国家级前沿科学中心，常务副主任、教授

孟　盈：东北大学工业智能与系统优化国家级前沿科学中心，副主任、教授

王显鹏：东北大学工业智能与系统优化国家级前沿科学中心，教授

汪恭书：东北大学工业智能与系统优化国家级前沿科学中心，教授

苏丽杰：东北大学工业智能与系统优化国家级前沿科学中心，副教授

张颜颜：东北大学工业智能与系统优化国家级前沿科学中心，教授

杨　阳：东北大学工业智能与系统优化国家级前沿科学中心，教授

宋　光：东北大学工业智能与系统优化国家级前沿科学中心，博士

吴　剑：东北大学工业智能与系统优化国家级前沿科学中心，博士

刘　畅：东北大学工业智能与系统优化国家级前沿科学中心，博士

杜金铭：东北大学工业智能与系统优化国家级前沿科学中心，副教授

高　振：东北大学工业智能与系统优化国家级前沿科学中心，副教授

陈宏志：东北大学工业智能与系统优化国家级前沿科学中心，副教授

宋相满：东北大学工业智能与系统优化国家级前沿科学中心，主任助理

张家宁：东北大学工业智能与系统优化国家级前沿科学中心，副教授

许美玲：东北大学工业智能与系统优化国家级前沿科学中心，副教授

赵胜楠：智能工业数据解析与优化教育部重点实验室（东北大学），博士

白　敏：智能工业数据解析与优化教育部重点实验室（东北大学），博士

王　坤：智能工业数据解析与优化教育部重点实验室（东北大学），副教授

秦诗悦：智能工业数据解析与优化教育部重点实验室（东北大学），博士

常爽爽：智能工业数据解析与优化教育部重点实验室（东北大学），博士

郭振飞：智能工业数据解析与优化教育部重点实验室（东北大学），博士

纪　东：智能工业数据解析与优化教育部重点实验室（东北大学），博士

特别说明：该名单包括"超级工程研究"领导小组成员、顾问团队成员、主要研究成员、案例撰写成员、编辑编审成员，称之为"'超级工程研究'全体参与人员名单"。按照承担任务权重、参与研究先后排序。

董志明：智能工业数据解析与优化教育部重点实验室（东北大学），博士

王佳惠：智能工业数据解析与优化教育部重点实验室（东北大学），副主任

杨钟毓：智能工业数据解析与优化教育部重点实验室（东北大学），科长

齐　曦：智能工业数据解析与优化教育部重点实验室（东北大学），科研助理

2. 中国石油团队（骨干团队、负责策划设计、理论研究、案例撰写、编辑编审）

胡文瑞：中国石油天然气集团公司，中国工程院院士

翟光明：中国石油天然气集团公司，中国工程院院士

赵文智：中国石油勘探开发研究院，中国工程院院士

刘　合：中国石油勘探开发研究院，中国工程院院士

戴厚良：中国石油天然气集团公司，中国工程院院士

黄维和：中国石油规划总院，中国工程院院士

孙焕泉：中国石化集团公司，中国工程院院士

王俊仁：中国石油国家高端智库特聘专家，教授级高级经济师

马新华：中国石油勘探开发研究院，教授级高级工程师

何江川：中国石油天然气股份有限公司，教授级高级工程师

李国欣：中国石油天然气集团公司，教授级高级工程师

付金华：中国石油长庆油田，教授级高级工程师

刘新社：中国石油长庆油田勘探开发研究院，副院长，教授级高级工程师

孙新革：中国石油新疆油田，首席技术专家，教授级高级工程师

王玉华：中国石油玉门油田党委宣传部，副部长，教授级高级工程师

王　鹏：中国石油大庆油田勘探开发研究院，常务副院长，高级工程师

闫建文：中国石油勘探开发研究院，文献档案馆书记、副馆长，石油精神（石油科学家精神）研究中心首席专家，正高级政工师

鲍敬伟：中国石油勘探开发研究院，科技中心副主任，高级工程师

何　欣：中国石油勘探开发研究院，高级工程师

徐立坤：中国石油勘探开发研究院，高级工程师

于鸿春：中国石油辽河油田，教授级高级工程师

何　军：中国石油规划总院，教授级高级工程师

张　杰：中国石油勘探开发研究院，美术编辑

王焕弟：石油工业出版社，编审

戴　娜：中国石油长庆油田，教授级高级工程师

陈　潇：中国石油规划总院，中级编辑

3. 清华大学团队（骨干团队、负责理论研究、综合案例撰写、编辑编审）

聂建国：清华大学，中国工程院院士

方东平：清华大学，教授

祝　磊：北京建筑大学，教授

曹思涵：清华大学，博士生

王　尧：清华大学，博士生

马琳瑶：清华大学，博士生

黄玥诚：清华大学，助理研究员

王丽颖：清华大学，博士生

徐意然：清华大学，博士生

傅远植：清华大学，硕士生

徐健朝：清华大学，本科生

张思嘉：清华大学，本科生

尹　飞：北京建筑大学，博士后

易伟同：北京建筑大学，博士生

蒋永慧：北京建筑大学，博士生

刘兴奇：北京建筑大学，博士生

路鸣宇：北京建筑大学，博士生

郭天裕：北京建筑大学，硕士生

白　杨：北京建筑大学，硕士生

申民宇：北京建筑大学，硕士生

左凌霄：北京建筑大学，硕士生

张福瑶：北京建筑大学，硕士生

吕冬霖：北京建筑大学，硕士生

李　湛：北京建筑大学，硕士生

张建勋：北京建筑大学，硕士生

吴　尧：北京建筑大学，硕士生

杨立晨：北京建筑大学，硕士生

陈　宇：北京建筑大学，硕士生

潘天童：北京建筑大学，硕士生

黄春程：北京建筑大学，硕士生

李隆郅：北京建筑大学，硕士生

姚　宇：北京建筑大学，硕士生

吴宇航：北京建筑大学，硕士生

孙博文：北京建筑大学，硕士生

刘　振：北京建筑大学，博士生

戚正浩：北京建筑大学，硕士生

谭信睿：北京建筑大学，硕士生

徐新瑞：北京建筑大学，硕士生

刘靖宇：北京建筑大学，硕士生

4. 中国石油国家高端智库团队（参与理论研究、案例撰写）

吕建中：中国石油国家高端智库研究中心，专职副主任，教授级高级工程师

杨　虹：中国石油集团经济技术研究院，首席专家，教授级高级工程师

吴　潇：中国石油集团经济技术研究院，高级工程师

孙乃达：中国石油集团经济技术研究院，高级工程师

5. 现代电力团队（电力工程案例撰写）

黄其励：国家电网公司，一级顾问，中国工程院院士

刘泽洪：国家电网公司，全球能源互联网合作组织驻会副主席，教授级高级工程师

张　勇：国家能源投资集团公司科技与信息化部，经理，教授级工程师

田汇冬：国家电网公司设备监造中心，高级主管，高级工程师

张　进：国家电网公司特高压部技术处，处长，高级工程师

刘　杰：国家电网公司特高压部技术处，副处长，高级工程师

韩先才：国家电网公司交流建设部，副主任，教授级高级工程师

李燕雷：国家电网公司特高压部线路处，处长，高级工程师

吕　铎：国家电网公司，高级主管，高级工程师

程述一：国家电网公司经济技术研究院，高级工程师

杜晓磊：国家电网公司经济技术研究院，高级工程师

卢亚军：国家电网经济技术研究院青豫工程成套设计项目，经理，高级工程师

臧　鹏：国家电网公司国外工程公司，经理，高级工程师

刘前卫：国家电网公司科技创新部，副主任，高级工程师

付　颖：国家电网公司，副处长，高级工程师

崔军立：国家电网青海省电力公司，董事长，党委书记，教授级高级工程师

周　杨：国家电网公司直流建设部，高级工程师

魏　争：国家电网经济技术研究院，高级工程师

张亚迪：国家电网公司西南分部，高级工程师

王彦兵：国家电网经研院设计咨询中心水电技术处，副处长，高级工程师

田云峰：国家电网新源张家口风光储示范电站公司，总经理，高级工程师

刘宇石：中国电力科学研究院，高级工程师

陈海波：国家电网智能电网研究院，副院长，教授级高级工程师

郝　峰：国家电网内蒙古东部电力有限公司，高级工程师

黄　坤：国家电网运检部高级主管，高级工程师

刘永奇：国家电网抽水蓄能和新能源部，主任，教授级高级工程师

朱法华：国家能源集团科学技术研究院有限公司，副总经理，教授级高级工程师

许月阳：国家能源集团科学技术研究院有限公司，三级主管，高级工程师

管一明：国家能源集团科学技术研究院有限公司，高级工程师

陆　烨：国家能源集团浙江北仑电厂，高级工程师

许科云：国家能源集团浙江北仑电厂，高级工程师

陈　笔：国家能源集团浙江北仑电厂，高级工程师

闫国春：中国神华煤制油化工有限公司，党委书记、董事长，教授级高级工程师

王　海：国家能源集团浙江公司安全生产部，主任

杨萌萌：国家能源集团大港发电厂，总工程师，高级工程师

周保精：国家能源集团，高级主管，高级工程师

尧　顺：陕西榆林能源集团有限公司，副总经理，教授级高级工程师

杨　文：国家能源集团神东煤炭公司，高级工程师

许联航：国家能源集团神东煤炭公司，高级工程师

郭洋楠：神东煤炭技术研究院，高级工程师

王学深：四川白马循环流化床示范电站公司，董事长，教授级高级工程师

甘　政：四川白马循环流化床示范电站公司，高级工程师

谢　雄：四川白马循环流化床示范电站公司，高级工程师

许世森：华能集团科技部，主任，教授级高级工程师

刘入维：华能集团科技部，副处长，高级工程师

陈　锋：华能国际电力股份有限公司玉环电厂，董事长、党委书记，教授级高级工程师

张　欢：华能集团清洁能源技术研究院有限公司，高级工程师

曹学兴：华能集团华能澜沧江水电公司，高级主管，高级工程师

余记远：华能集团华能澜沧江水电公司，高级主管，高级工程师

任永强：华能集团华能清洁能源研究院，绿色煤电部主任，高级工程师

王瑞超：华能（天津）煤气化发电有限公司，高级工程师

王　超：华能澜沧江水电公司，高级主管，高级工程师

王鹤鸣：大唐集团科技创新部，主任，教授级高级工程师

赵兴安：大唐集团，高级工程师

唐宏芬：大唐集团新能源科学技术研究院太阳能研究所，副所长，高级工程师

李国华：大唐集团科学技术研究总院，院长，教授级高级工程师

李兴旺：内蒙古大唐国际托克托发电有限责任公司，副总经理，教授级高级工程师

董树青：大唐集团，高级主管，高级工程师

赵计平：内蒙古大唐国际托克托发电有限责任公司，高级工程师

龙　泉：大唐集团，主任工程师，高级工程师

夏怀祥：大唐集团新能源科学技术研究院，副院长，教授级高级工程师

陈晓彬：华电集团华电山西公司，党委书记、董事长，教授级高级工程师

杨宝银：华电集团华电乌江公司，副总经理，教授级高级工程师

湛伟杰：华电集团华电乌江公司工程管理部，主任，教授级高级工程师

6. 唐人文化团队（图册设计、综合案例撰写）

贾枝桦：唐人文化，董事长，教授级高级工程师

罗平平：唐人文化，副总经理

沈　芬：唐人文化，副总经理

苏　威：唐人文化，常务副总经理

李晓飞：唐人文化，设计总监

闫丽娜：唐人文化，经理

王浩平：唐人文化，经理

蔺苗苗：唐人文化，设计师

牛玲玲：唐人文化，经理

雷　蕾：唐人文化，设计师

7. 北京航空航天大学团队（军工系统案例撰写）

王礼恒：中国航天科技集团有限公司，中国工程院院士

王自力：北京航空航天大学，中国工程院院士

任　羿：北京航空航天大学可靠性工程研究所，副所长，研究员

冯　强：北京航空航天大学可靠性工程研究所，工程技术中心主任，副研究员

张　悦：北京航空航天大学，博士生

郭　星：北京航空航天大学，博士生

王荣阳：中国航空工业集团有限公司，政研室主任，研究员（审核人员）

汪亚卫：中国航空工业集团有限公司，原集团总工程师，研究员

张聚恩：中国航空工业集团有限公司，原集团科技部部长，航空研究院副院长，研究员

李　志：中国航空工业集团有限公司沈阳飞机设计研究所，科技委专职委员，研究员

8. 中国交建团队（交通行业案例撰写）

林　鸣：中国交建集团，中国工程院院士

刘　攀：东南大学，校党委副书记，教授级高级工程师

陈　峻：东南大学交通学院院长，教授级高级工程师

董　政：中国交建集团港珠澳项目部，副总工程师，高级工程师

徐宿东：东南大学东港航工程系，系主任，教授级高级工程师

冒刘燕：东南大学，博士生

郝建新：东南大学，博士生

刘春雨：东南大学，博士生

谢　雯：东南大学，博士生

刘考凡：东南大学，博士生

陈香橦：东南大学，博士生

韩鹏举：东南大学，博士生

刘佰文：东南大学，博士生

王奕然：东南大学，博士生

何俐烨：东南大学，博士生

吴世双：东南大学，博士生

9. 中国海油团队（海洋工程案例撰写）

谢玉洪：中国海洋石油集团有限公司，中国工程院院士

李　达：中海油研究总院工程研究设计院，结构总师，教授级高级工程师

陈国龙：中海油研究总院工程研究设计院，浮体结构高级工程师

易　丛：中海油研究总院工程研究设计院，浮体结构资深高级工程师

谢文会：中海油研究总院工程研究设计院，深水浮体首席工程师

蒋梅荣：中海油研究总院工程研究设计院，浮体高级工程师

时光志：中海油能源发展股份有限公司LNG船务分公司，副经理，高级工程师

傅　强：中集（烟台）来福士海洋工程有限公司设计研究院，副院长，高级工程师

仝　刚：中海油研究总院钻采研究院，工程师

王杏娜：中海石油（中国）有限公司勘探部，主管，工程师

沈怀磊：中海石油（中国）有限公司勘探部，高级主管，高级工程师

王　晨：中海油研究总院勘探开发研究院，部门秘书，经济师

张春宇：中海油研究总院勘探开发研究院，沉积储层工程师

冯晨阳：中海油研究总院勘探开发研究院，实习生

10. 河钢集团团队（钢铁行业案例撰写、参与编辑编审）

殷瑞钰：钢铁研究总院，中国工程院院士

王新东：河钢集团，副总经理，首席技术官，教授级高级工程师

钟金红：河钢集团科技创新部，副总经理，正高级工程师

王　凡：河钢集团科技创新部，高级经理，高级工程师

张　倩：河钢集团《河北冶金》杂志社，社长，高级工程师

杨　楠：河钢集团科技创新部，经理，高级工程师

刘金哲：河钢集团低碳发展研究中心，研究员，高级工程师

侯长江：河钢集团低碳发展研究中心，研究员，高级工程师

郝良元：河钢集团低碳发展研究中心，研究员，高级工程师

李国涛：河钢集团低碳发展研究中心，研究员，高级工程师

刘宏强：河钢集团科技创新部，总经理，教授级高级工程师

田京雷：河钢集团低碳发展研究中心，主任，首席研究员，高级工程师

马　成：河钢材料技术研究院，博士

曹宏玮：河钢材料技术研究院，博士

刘帅峰：河钢材料技术研究院，博士

侯环宇：河钢材料技术研究院低碳发展研究中心，研究员，高级工程师

王雪琦：河钢材料技术研究院，工程师

王耀祖：北京科技大学，副教授

11. 河海大学团队（水利工程案例撰写）

王慧敏：河海大学，教授

薛刘宇：河海大学，副处长

仇　蕾：河海大学，教授

赖小莹：天津大学，副教授

薛　诗：河海大学，硕士生

吴星妍：河海大学，硕士生

庞甜甜：河海大学，硕士生

李天骄：河海大学，硕士生

马蓓文：河海大学，硕士生

王子勍：河海大学，硕士生

蔡思琴：河海大学，硕士生

贺子高：河海大学，硕士生

朱锦迪：河海大学，硕士生

刘　艺：河海大学，硕士生

余　潞：河海大学，硕士生

李佳静：河海大学，硕士生

张子千：河海大学，硕士生

陈 红：河海大学，硕士生

12. 阿里巴巴团队（云计算案例撰写）

王 坚：阿里巴巴集团技术委员会，主席，中国工程院院士

王中子：阿里巴巴集团科研项目支持办公室，高级专家，博士

13. 华为公司团队（信息行业案例撰写）

徐文伟：华为技术有限公司战略研究院，院长，正高级工程师

张宏喜：华为技术有限公司 ICT Marketing，部长

王敬源：华为技术有限公司，高级专家

金 铭：华为技术有限公司，营销专家

乔 卿：华为技术有限公司，营销专家

14. 北京大学团队（综合案例撰写、编辑编审、参与理论研究）

宋 洁：北京大学工学院，党委书记，教授

何冠楠：北京大学，助理教授

王剑晓：北京大学，助理研究员

李 治：北京大学，工程管理博士

黄 晶：北京大学，工程管理博士

王宗宪：北京大学，博士后

高 锋：北京大学，博士后

黄静思：北京大学，博士后

何 璇：北京大学，工程管理硕士

赵 岳：北京大学，工程管理硕士

佀 庚：北京大学，工程管理硕士

郑耀坤：北京大学，工程管理硕士

王先阳：北京大学，工程管理硕士

李胤臣：北京大学，工程管理硕士

王伟明：北京大学，工程管理硕士

方 隆：北京大学，工程管理硕士

冯 伟：北京大学，工程管理硕士

汪志星：北京大学，工程管理硕士

李颖溢：北京大学，工程管理硕士

赵 耀：北京大学，工程管理硕士

徐少龙：北京大学，工程管理硕士

张栩萌：北京大学，工程管理硕士

麦艺海：北京大学，工程管理硕士

肖亨波：北京大学，机械硕士

高晨宇：北京大学，中国史硕士

李逸飞：北京大学，中国史硕士

王娇培：北京大学，中国史硕士

陈榕欣：北京大学，中国史硕士

15. 中国石化团队（石化案例撰写）

孙丽丽：中国石化炼化工程集团，中国工程院院士

王基铭：中国石化集团，中国工程院院士

袁晴棠：中国石化集团，中国工程院院士

张秀东：中国石化集团工程公司，副总经理，教授级高级工程师

门宽亮：中国石化集团工程公司，高级工程师

蔡晓红：中国石油抚顺石化公司，主办，政工师

陈国瑜：中国石油抚顺石化公司，科长，政工师

毛　军：中国石油抚顺石化公司，处长，正高级政工师

张志军：中国石油独山子石化公司乙烯厂，总工程师，教授级高级工程师

周湧涛：中国石化工程建设有限公司，专业副总监，高级工程师

吴佳晨：中国石化工程建设有限公司，主办，政工师

李　真：中国石化工程建设有限公司，主办，助理经济师

范传宏：中国石化工程建设有限公司，副总经理，正高级工程师

高云忠：中国石化工程建设有限公司，副总裁，正高级工程师

王卫军：中国石化工程建设有限公司，高级项目经理，高级工程师

崔一帆：中国石化工程建设有限公司，项目经理，高级工程师

霍宏伟：中国石化工程建设有限公司，首席专家，正高级工程师

苏胜利：中国石化工程建设有限公司，首席专家，高级工程师

李可梅：中国石化工程建设有限公司，项目设计经理，高级工程师

秦永强：中国石化工程建设有限公司，总经理助理，正高级工程师

魏志强：中国石化工程建设有限公司，主任助理，正高级工程师

简　铁：中国石化工程建设有限公司，控制部副经理，高级工程师

秦有福：中国石化工程建设有限公司，项目经理，高级工程师

张宝海：中国石化工程建设有限公司施工管理部，原经理，高级工程师

邵　壮：中国石化工程建设有限公司项目执行部，副经理，高级工程师

宁　波：中国石化工程建设有限公司，高级项目经理，正高级工程师

马洪波：中国石化工程建设有限公司施工管理部，经理，高级工程师

卫　刚：中国石化工程建设有限公司土建室，主任，高级工程师

费宏民：中国石油大庆石化公司，副处长，高级工程师

杜海平：中国石化燕山石化公司，部长，高级经济师

宋鸿礼：中国石化燕山石化公司，科长，高级政工师

赵书萱：中国石化燕山石化公司，高级业务主管，高级政工师

朱嬿萍：中国石化上海石化公司，调研主管，馆员

杨祖寿：中国石化上海石化公司党委办公室，调研保密科科长，高级政工师

胡燕芳：中国石化上海石化公司党委宣传部，宣教文化科科长，经济师

李　娟：中国石化上海石化公司党委宣传部，新闻舆情科科长，记者

严　峻：上海赛科石油化工有限责任公司党群工作部，政工师

付卫东：中海油惠州石化有限公司，项目副总经理，高级工程师

赵明昌：中海油惠州石化有限公司项目设计管理部，经理，高级工程师

王辅臣：华东理工大学，博士生导师，教授

范体军：华东理工大学人文社会科学处，处长，教授

张来勇：中国寰球工程有限公司，首席技术专家，技术委员会主任，正高级工程师

李胜山：中国石油华东设计院有限公司，原总经理，正高级工程师

何　勇：中国石油广西石化分公司，常务副总经理，正高级工程师

邢忠起：中沙（天津）石化有限公司，专业经理，高级工程师

曹　群：中石化炼化工程（集团）沙特有限责任公司，部门经理，工程师

刘克伟：中石化炼化工程（集团）沙特有限责任公司，副总经理，高级工程师

俞家生：中石化炼化工程（集团）沙特有限责任公司，副总经理，高级工程师

姜　明：中国石化天津分公司，党委副书记，纪委书记，高级工程师

刘旭军：国家能源集团宁夏煤业有限责任公司建设指挥部，总指挥，正高级工程师

丁永平：国家能源集团宁夏煤业有限责任公司，副科长，高级工程师

李　丽：中国天辰工程有限公司，业务主任助理，高级工程师

石小进：中国石化集团南京化学工业有限公司化机公司党群部，副部长，高级经济师

陈登茂：中国石化集团南京化学工业有限公司，政工师

叶晓东：中国石化集团南京化学工业有限公司，执行董事，党委书记，正高级工程师

叶迎春：中国石化集团南京化学工业有限公司，党群管理高级主管，高级政工师

谭　晶：中国石化集团南京化学工业有限公司，党群管理高级专家，高级政工师

王世华：中国石化集团南京化学工业有限公司，副总经理，高级政工师

16. 湖南工商大学团队（制造工程案例撰写）

陈晓红：湖南工商大学，中国工程院院士

何继善：中南大学，中国工程院院士

唐湘博：湖南工商大学环境管理与环境政策评估中心，主任，副教授

易国栋：湖南工商大学前沿交叉学院学科科研办公室，主任，副教授

张威威：湖南工商大学前沿交叉学院教师，讲师

苏翠侠：铁建重工科技发展部，高级工程师，副总经理

龙　斌：铁建重工科技发展部掘进机事业部，执行总经理兼总工程师，高级工程师

郝蔚祺：铁建重工科技发展部，高级工程师，副总经理

秦念稳：铁建重工电气与智能研究设计院，副院长，高级工程师

张海涛：铁建重工交通工程装备事业部，总工程师兼院长，高级工程师

肖正航：铁建重工基础与前沿技术研究设计院，副院长，高级工程师

孙雪峰：铁建重工掘进机总厂，副总经理，总工程师，高级工程师

李鹏华：铁建重工科技发展部科技成果所，负责人，工程师

张帅坤：铁建重工掘进机研究设计院，副院长，高级工程师

周方建：铁建重工掘进机研究设计院，工程师，技术员

姚　满：铁建重工掘进机研究设计院，院长，高级工程师

杨书勤：铁建重工掘进机研究设计院前沿与基础所，所长，高级工程师

黄运明：三一重工泵路事业部泵送公司研究院，院长

何志伟：三一重工泵路事业部泵送公司研究院隧装研究所，所长

曹思林：三一重起事业部 CEO 办公室，副主任

李利斌：浙江三一装备有限公司研究院臂架研究所，副所长

周　平：中联重工建筑起重机械分公司研究院，科管室主任，工程

张玉柱：中联重科工程起重机分公司研发中心，技术总监，高级工程师

罗贤智：中联重科工程起重机分公司研发中心，副主任，高级工程师

屈乐宏：山河智能装备股份有限公司基础装备研究院工法研究所，副所长，工程师

彭　诚：山河智能装备股份有限公司技术中心技术市场支持部，市场调研员

赵宏强：山河智能装备股份有限公司，研究员，资深专家

陈冬良：山河智能特种装备有限公司特种装备研究总院，院长，正高级工程师

17. 能新科团队（综合案例撰写）

张建勇：能新科国际有限公司，董事长兼 CEO

张　娟：能新科国际有限公司，北美区域执行合伙人

张　英：能新科国际有限公司专家委员会，资深委员，高级建筑师，国家一级注册建筑师，注册城乡规划师

王腾飞：能新科国际有限公司，中国区联席总裁，教授级高级工程师

18. 合肥工业大学团队（综合案例撰写、编辑编审）

杨善林：合肥工业大学管理学院，中国工程院院士

梁　樑：合肥工业大学，原校长，教授

王静峰：合肥工业大学土木与水利工程学院，院长，教授

刘心报：合肥工业大学管理学院，校长助理，教授

张　强：合肥工业大学管理学院，院长，教授

张振华：合肥工业大学土木与水利工程学院，副院长，教授

胡笑旋：合肥工业大学管理学院研究生院，常务副院长，教授

李　早：合肥工业大学建筑与艺术学院，原院长，教授

李霄剑：合肥工业大学管理学院，研究员

丁　帅：合肥工业大学管理学院，教授

顾东晓：合肥工业大学管理学院，教授

项乃亮：合肥工业大学土木与水利工程学院道桥地下系副主任，研究员

汪亦显：合肥工业大学土木与水利工程学院道桥地下系副主任，教授

张爱勇：合肥工业大学土木与水利工程学院，教授

刘　武：合肥工业大学土木与水利工程学院，副教授

钟　剑：合肥工业大学土木与水利工程学院，副教授

王艳巧：合肥工业大学土木与水利工程学院水利系，支部书记，副教授

刘　广：合肥工业大学土木与水利工程学院水利系，副主任，副教授

刘佩贵：合肥工业大学土木与水利工程学院，副教授

韩　丁：合肥工业大学土木与水利工程学院，副教授

梁昌勇：合肥工业大学管理学院研究生院，副院长，教授

徐宝才：合肥工业大学食品与生物工程学院，院长，教授

陈从贵：合肥工业大学食品与生物工程学院，书记，教授

付　超：合肥工业大学管理学院，副院长，教授

姜元春：合肥工业大学管理学院，副院长，教授

高伟清：合肥工业大学物理学院，常务副院长，教授

李中军：合肥工业大学物理学院，副院长，教授

宣　蔚：合肥工业大学建筑与艺术学院，院长，教授

蒋翠清：合肥工业大学管理学院，教授

刘业政：合肥工业大学管理学院，教授

罗　贺：合肥工业大学管理学院，教授

焦建玲：合肥工业大学管理学院，教授

周开乐：合肥工业大学管理学院，教授

李贝贝：合肥工业大学土木与水利工程学院，研究员

郅伦海：合肥工业大学土木与水利工程学院建工系，主任，教授

赵春风：合肥工业大学土木与水利工程学院建工系，副主任，教授

袁海平：合肥工业大学土木与水利工程学院，教授

欧阳波：合肥工业大学管理学院，研究员

高　鹏：合肥工业大学土木与水利工程学院，研究员

蒋翠侠：合肥工业大学管理学院，教授

赵　菊：合肥工业大学管理学院，教授

周　谧：合肥工业大学管理学院，教授

柴一栋：合肥工业大学管理学院，教授

周　啸：合肥工业大学土木与水利工程学院，副研究员

胡中停：合肥工业大学土木与水利工程学院，副教授

莫杭杰：合肥工业大学管理学院，副教授

彭张林：合肥工业大学管理学院，副教授

蔡正阳：合肥工业大学管理学院，副研究员

马华伟：合肥工业大学管理学院，副教授

王国强：合肥工业大学管理学院，副教授

周志平：合肥工业大学管理学院，副教授

孙见山：合肥工业大学管理学院，副教授

丁　勇：合肥工业大学管理学院，副教授

孙春华：合肥工业大学管理学院，副教授

陆文星：合肥工业大学管理学院，副教授

赵树平：合肥工业大学管理学院，副教授

刘军航：合肥工业大学管理学院，副教授

付　红：合肥工业大学管理学院，副教授

王晓佳：合肥工业大学管理学院，副教授

李方一：合肥工业大学管理学院，副教授

杨冉冉：合肥工业大学管理学院，副教授

李兰兰：合肥工业大学管理学院，副研究员

罗　彪：合肥工业大学管理学院，教授

杨远俊：合肥工业大学物理学院，副研究员

黎启国：合肥工业大学建筑与艺术学院，副教授

唐晓凤：合肥工业大学食品与生物工程学院，副教授

苗　敏：合肥工业大学食品与生物工程学院，副教授

贺为才：合肥工业大学建筑与艺术学院，副教授

徐　震：合肥工业大学建筑与艺术学院，副教授

曹海婴：合肥工业大学建筑与艺术学院，副教授

19. 解放军火箭军研究院团队（导弹系统工程案例撰写）

李贤玉：解放军火箭军研究院，中国工程院院士，教授

王道军：解放军火箭军研究院，室副主任，研究员

张连伟：解放军火箭军研究院，室副主任，副研究员

安庆杰：解放军火箭军研究院，副研究员

王　昊：解放军火箭军研究院，副研究员

皮嘉立：解放军火箭军研究院，助理研究员

姜　伟：解放军火箭军研究院，副研究员

20. 中国铁路总公司团队（铁道工程案例撰写）

卢春房：中国铁道科学研究院，中国工程院院士

傅志寰：中国铁道科学研究院，中国工程院院士

孙永福：中国铁道科学研究院，中国工程院院士

何华武：中国工程院，中国工程院院士

田京芬：中国铁道学会，副秘书长，高级工程师

贾光智：中国铁道科学研究院信息所，副所长，研究员

史俊玲：中国铁道科学研究院，部门副主任，研究员

李子豪：中国铁道科学研究院，研究实习员

杜晓洁：中国铁道科学研究院，助理研究员

刘　坦：中国铁道科学研究院，研究实习员

方　奕：中国铁道科学研究院，副研究员

刘曲星：中国铁道科学研究院，研究实习员

郭　静：中国铁道学会，工程师

马成贤：中国铁道学会，高级工程师

王　德：中国铁道学会，正高级工程师

苏全利：国家铁路局，原副局长，正高级工程师

张　航：国家铁路局，工程师

才　凡：中国铁路文联，原秘书长，正高级政工师

21. 煤炭团队（煤炭行业案例撰写）

金智新：太原理工大学，中国工程院院士

凌　文：国家能源投资公司，中国工程院院士

韩　进：中煤平朔集团有限公司，总工程师，高级工程师

刘俊昌：中煤平朔集团有限公司，副总工程师兼生产技术部主管，高级工程师

张荣江：中煤平朔集团有限公司生产技术部，技术员，工程师

肖　平：抚顺矿业集团有限责任公司，总经理，教授级高级工程师

张千宇：抚顺矿业集团有限责任公司，科长，高级工程师

王世军：抚顺矿业集团有限责任公司，调研员，工程师

杨　真：国能神东煤炭集团布尔台煤矿，矿长，高级工程师

曹　军：国能神东煤炭集团布尔台煤矿，总工程师，工程师

杨永亮：国能神东煤炭集团布尔台煤矿，副总工程师，工程师

刘兆祥：国能神东煤炭集团补连塔煤矿，总工程师，工程师

李金刚：国能神东煤炭集团补连塔煤矿生产办，主任，工程师

范文胜：国能神东煤炭集团补连塔煤矿生产办，副主任，高级工程师

王　炜：国能准能集团有限责任公司，高级主管，高级工程师

李福平：国能准能集团有限责任公司，高级主管，高级工程师

李海滨：国能准能集团有限责任公司，副科长，工程师

何长文：黑龙江龙煤鸡西矿业集团有限责任公司宣传部，常务副部长，高级工程师

刘维久：黑龙江龙煤鸡西矿业集团有限责任公司，原《鸡西矿工报》编辑，主任记者

王　学：黑龙江龙煤鸡西矿业集团有限责任公司，原《鸡西矿工报》编辑，主任编辑

毛培柱：黑龙江龙煤鹤岗矿业有限责任公司兴安煤矿综合办公室，副主任，助理政工师

张茂秋：黑龙江龙煤鹤岗矿业有限责任公司兴安煤矿宣传部，原部长，教授级高级政工师

关立国：黑龙江龙煤鹤岗矿业有限责任公司兴安煤矿技术部，副部长，高级工程师

闫朝斌：开滦（集团）有限责任公司开滦档案馆，馆长，高级工程师

许　斌：开滦（集团）有限责任公司开滦档案馆，副馆长，高级政工师

赵　彤：开滦（集团）有限责任公司开滦档案馆，科长，英语副译审

刘树弟：开滦（集团）有限责任公司开滦技术中心，主任，正高级工程师

王福强：开滦（集团）有限责任公司开滦技术中心，科长，高级经济师

雷贵生：陕煤集团黄陵矿业集团有限责任公司，党委书记，董事长，教授级高级工程师

王鹏飞：陕煤集团黄陵矿业集团有限责任公司，党委副书记，总经理，教授级高级工程师

李团结：陕煤集团黄陵矿业集团有限责任公司，总工程师，高级工程师

闫敬旺：陕煤集团神木柠条塔矿业有限公司，党委书记，董事长，正高级政工师

王建文：陕煤集团神木柠条塔矿业有限公司，总工程师，正高级工程师

陈　菲：陕煤集团神木柠条塔矿业有限公司，副部长，工程师

杨　征：陕西小保当矿业有限公司，党委书记，董事长，总经理，高级工程师

梁　旭：陕西小保当矿业有限公司，副总经理，总工程师，高级工程师

张慧峰：陕西小保当矿业有限公司，主管，工程师

王向阳：徐州矿务集团有限公司资产开发管理部，部长，研究员，高级工程师

任　毅：徐州矿务集团有限公司资产开发管理部资产开发科，副科长，中级经济师

蔡光琪：中煤平朔集团有限公司，矿长，教授级高级工程师

李国君：抚顺矿业集团有限责任公司，总工程师，教授级高级工程师

贺安民：国能神东煤炭集团布尔台煤矿，院长，教授级高级工程师

22. 中国空间技术研究院团队（空间站案例撰写）

杨　宏：中国空间技术研究院，中国工程院院士

陈国宇：航天科技集团五院人力资源部，副部长，研究员

周昊澄：中国空间技术研究院，工程师

张　昊：中国空间技术研究院，空间站系统主任设计师，研究员

23. 船舰团队（舰船案例撰写）

刘　合：中国石油勘探开发研究院，中国工程院院士

张金麟：中国船舶集团有限公司，中国工程院院士

林　枫：中国船舶集团有限公司七○三所，所长，研究员

李名家：中国船舶集团有限公司燃气轮机事业部，党总支书记，研究员

徐文燕：中国船舶集团有限公司院士办，主任，研究员

李雅军：中国船舶集团有限公司燃烧技术中心，主任，研究员

刘　勋：中国船舶集团有限公司，高级工程师

刘世铮：中国船舶集团有限公司，工程师

张智博：中国船舶集团有限公司，高级工程师

纪宏志：中国船舶集团有限公司，副总冶金师，高级工程师

左艳军：中国船舶集团有限公司，副主任，研究员

潘　俊：中国船舶集团有限公司，研究员

吴　炜：中国船舶集团有限公司，副主任，研究员

刘　薇：中国船舶集团有限公司，高级工程师

胡　震：中国船舶集团有限公司，船舶集团首席专家，研究员

王　帅：中国船舶集团有限公司，高级工程师

韩　龙：中国船舶集团有限公司，高级工程师

吴思伟：中国船舶集团有限公司，高级工程师

袁红良：沪东中华造船（集团）有限公司，副所长，教授级高级工程师

屠佳樱：沪东中华造船（集团）有限公司，工程师

24. 华中科技大学团队（建筑行业等案例撰写，参与理论研究）

丁烈云：华中科技大学，中国工程院院士

孙　峻：华中科技大学，副教授

陈晓明：上海建工集团股份有限公司，总工程师，教授级高级工程师

樊　剑：华中科技大学，副教授

陈　珂：华中科技大学，副教授

董贺轩：华中科技大学，教授

高　翔：华中科技大学，博士生

杨清章：华中科技大学，硕士生

郁政华：上海市机械施工集团有限公司，副主任，高级工程师

郑　俊：上海市机械施工集团有限公司，高级工程师

邵　泉：广州市建筑集团有限公司，副总工程师，教授级高级工程师

邵　茂：北京城建集团有限责任公司，工程总承包项目总工程师，高级工程师

25. 鞍钢集团团队（冶金工程案例撰写）

邵安林：鞍钢集团矿业有限公司，中国工程院院士

雷平喜：鞍钢集团矿业有限公司，总工程师，教授级高级工程师

尹升华：北京科技大学，院长，教授

柳小波：北京科技大学，主任，教授

寇　玉：北京科技大学，副主任，教授

韩　斌：北京科技大学，副教授

曲福明：北京科技大学，副主任，副教授

荆洪迪：北京科技大学，副研究员

张永存：鞍钢集团矿业有限公司，工会副主席，高级经济师

丛培勇：鞍钢集团矿业有限公司，调研主任，政工师

26. 中国中车团队（机车等案例撰写）

王　军：中国中车，副总裁，教授级高级工程师

曲天威：中国中车，副总兼总工师，教授级高级工程师

李　敏：中国中车，行政部长，教授级高级工程师

吴胜权：中国中车，副总兼总工师，教授级高级工程师

沙　淼：中国中车，总工程师，教授级高级工程师

梁建英：中国中车，主任，教授级高级工程师

于跃斌：中国中车，主任，教授级高级工程师

赵明元：中国中车，副院长，教授级高级工程师

张新宁：中国中车，总工程师，教授级高级工程师

侯　波：中国中车，副主任，教授级高级工程师

田　钢：中车工业研究院有限公司，技术总监，教授级高级工程师

刘　昱：中车工业研究院有限公司，行政部长，教授级高级工程师

汪琳娜：中车工业研究院有限公司，工程师

徐　磊：中车青岛四方机车车辆股份有限公司，总工师，教授级高级工程师

林　松：中车青岛四方机车车辆股份有限公司，主任设计师，教授级高级工程师

王　浩：中车青岛四方机车车辆股份有限公司，首席设计师，教授级高级工程师

林　鹏：中车青岛四方机车车辆股份有限公司，技术中心书记，教授级高级工程师

王树宾：中车长春轨道客车股份有限公司，总体部部长，教授级高级工程师

邓　海：中车长春轨道客车股份有限公司，中车科学家，教授级高级工程师

王　超：中车长春轨道客车股份有限公司，技术专家，教授级高级工程师

陈澍军：中车唐山机车车辆有限公司，总体部部长，教授级高级工程师

宋焕民：中车唐山机车车辆有限公司，总体部副部长，高级政工师

吴可超：中车唐山机车车辆有限公司，主管，高级政工师

张宗康：中车大连机车车辆有限公司，总体部副部长，高级工程师

苏屹峰：中车大连机车车辆有限公司，工程师

宁　娜：中车大连机车车辆有限公司，高级经济师

27. 核武器团队（核武案例撰写）

范国滨：中国工程物理研究院，中国工程院院士

李　静：中国工程科技创新战略研究院，助理研究员

毛朋成：中国工程科技创新战略研究院，研究生

彭现科：中国工程科技创新战略研究院，副秘书长

曹晓阳：中国工程科技创新战略研究院，副研究员

28. 中国信息安全测评中心团队（信息工程案例撰写）

黄殿中：中国信息安全测评中心国际关系学院，中国工程院院士

王　标：中国信息安全测评中心国际关系学院，教授

巩朋贤：中国信息安全测评中心国际关系学院，研究生

信　欣：中国信息安全测评中心国际关系学院，研究生

袁　艺：中国信息安全测评中心国际关系学院，研究生

29. 解放军总医院（301 医院）团队（医院建设案例撰写）

李晓雪：解放军总医院（301 医院），主任，副主任医师

王彬华：解放军总医院（301 医院），工程师

郝昱文：解放军总医院（301 医院），副主任，高级工程师

马延爱：解放军总医院（301 医院），主管护师

南　杰：解放军总医院（301 医院），助理工程师

吉巧丽：解放军总医院（301 医院），助理研究员

30. 中国石油大学（北京）团队（能源案例撰写）

张来斌：中国石油大学（北京），中国工程院院士

张　磊：中国石油大学（北京），副教授

徐凌波：中国石油大学（北京），硕士生

赵潇楠：中国石油大学（北京），硕士生

杨　潇：中国石油大学（北京），硕士生

聂中华：中国石油大学（北京），硕士生

31. 中国地质大学（北京）团队（深井工程案例撰写）

孙友宏：中国地质大学（北京），中国工程院院士

李　冰：中国地质大学（北京），副教授

李亚洲：中国地质大学（北京），讲师

PavelTalalay：吉林大学极地科学与工程研究院，院长，教授

孙宝江：中国石油大学（华东），教授

刘洪涛：塔里木油田公司油气工程研究院，院长，高级工程师

周　波：塔里木油田公司油气工程研究院，副院长，高级工程师

赵　力：塔里木油田公司油气工程研究院，副所长，高级工程师

唐　斌：塔里木油田公司油气工程研究院，副主任，工程师

张绪亮：塔里木油田公司油气工程研究院，副主任，工程师

32. 卫星团队（卫星案例撰写）

杨长风：中国卫星导航系统管理办公室，中国工程院院士，正高级工程师

王慧林：中国卫星导航系统管理办公室，主管

蔡洪亮：中国卫星导航系统管理办公室，高级工程师

曹坤梅：中国卫星导航系统管理办公室，高级工程师

33. 东旭集团团队（综合案例撰写）

李　青：旭新光电科技有限公司，董事长

斯沿阳：旭新光电科技有限公司，技术总监，高级工程师

王世岚：东旭集团有限公司，高级经理，工程师

郝　艺：东旭集团有限公司，高级经理，工程师

王丽红：东旭集团有限公司，技术总监，高级工程师

李瑞佼：东旭集团有限公司，高级经理，工程师

郑　权：东旭集团有限公司，总经理，工程师

王耀君：东旭集团有限公司精密玻璃研究院，院长，高级工程师

张紫辉：河北工业大学，教授

张勇辉：河北工业大学，教授

王玉乾：石家庄旭新光电科技有限公司，项目部部长

史　俭：石家庄旭新光电科技有限公司，项目部职员

陈志强：石家庄旭新光电科技有限公司，工程师

任晟冲：石家庄旭新光电科技有限公司，技术部主管

刘广旺：石家庄旭新光电科技有限公司，工程师

何怀胜：芜湖东旭光电科技有限公司，副总经理，高级工程师

34. 冶金工业规划研究院团队（综合案例撰写）

殷瑞钰：钢铁研究总院，中国工程院院士

李新创：冶金工业规划研究院，原院长，正高级工程师

姜晓东：冶金工业规划研究院，副院长，正高级工程师

王定洪：冶金工业规划研究院，总设计师，正高级工程师

高　升：冶金工业规划研究院，总设计师，处长，高级工程师

李　闯：冶金工业规划研究院，总设计师，正高级工程师

李晋岩：冶金工业规划研究院，总设计师，高级工程师

安成钢：冶金工业规划研究院，总设计师，高级工程师

周园园：冶金工业规划研究院，高级工程师

樊　鹏：冶金工业规划研究院，副处长，高级工程师

高　金：冶金工业规划研究院，高级工程师

谢　迪：冶金工业规划研究院，高级工程师

刘彦虎：冶金工业规划研究院，高级工程师

张　明：冶金工业规划研究院，副主任，高级工程师

武建国：冶金工业规划研究院，高级工程师

35. 中国石油规划总院团队（管道系统工程案例撰写）

黄维和：中国石油规划总院，国家管网研究总院，中国工程院院士，教授级高级工程师

关中原：国家管网研究总院，《油气储运》杂志社社长，教授级高级工程师

（工作人员未计入名单）

36. 中国航发团队（航天飞行器案例撰写）

曹建国：中国航空发动机研究院，集团董事长，中国工程院院士

向　巧：中国航空发动机研究院，副总经理，中国工程院院士

李　明：中国航空发动机研究院，高级工程师

朱大明：中国航空发动机研究院，教授级高级工程师

付　玉：中国航空发动机研究院，工程师

谭　米：中国航空发动机研究院，工程师

刘翠玉：中国航空发动机研究院，工程师

廖忠权：中国航空发动机研究院，高级工程师

刘博维：中国航空发动机研究院，工程师

晏武英：中国航空发动机研究院，高级工程师

37. 环境规划院团队（环境工程案例撰写）

王金南：生态环境部环境规划院，中国工程院院士

雷　宇：生态环境部环境规划院，所长，研究员

王夏晖：生态环境部环境规划院，副总工，研究员

王　东：生态环境部环境规划院，副总工，研究员

徐　敏：生态环境部环境规划院，首席专家，研究员

张文静：生态环境部环境规划院，研究员

彭硕佳：生态环境部环境规划院，高级工程师

张　鹏：生态环境部环境规划院，工程师

王　波：生态环境部环境规划院，主任，副研究员

郑利杰：生态环境部环境规划院，工程师

车璐璐：生态环境部环境规划院，助理研究员

颜亦磊：浙江省能源集团有限公司，主管，工程师

吕佳慧：浙江天地环保科技股份有限公司，经济师

金　军：浙江浙能嘉华发电有限公司，主管，高级工程师

38. 中国水利科学研究院团队（水利工程案例撰写）

王建华：中国水利水电科学研究院，副院长，正高级工程师

张　诚：国际洪水管理大会常设秘书处，主任，正高级工程师

吕　娟：中国水利水电科学研究院减灾中心，主任，正高级工程师

李文洋：中国水利水电科学研究院国际合作处，翻译

陈　娟：中国水利水电科学研究院国际合作处，高级工程师

张洪斌：中国水利水电科学研究院减灾中心，高级工程师

毕吴瑕：中国水利水电科学研究院减灾中心，高级工程师

穆　杰：中国水利水电科学研究院减灾中心，高级工程师

王　刚：中国水利水电科学研究院减灾中心，正高级工程师

王　力：中国水利水电科学研究院减灾中心，高级工程师

李云鹏：中国水利水电科学研究院减灾中心，高级工程师

周　波：中国水利水电科学研究院减灾中心，正高级工程师

39. 成都理工大学团队（综合案例撰写、参与编辑编审）

刘清友：成都理工大学，书记，教授

许　强：成都理工大学，校长，教授

范宣梅：成都理工大学地质灾害防治与地质环境保护国家重点实验室，副主任，研究员

赵伟华：成都理工大学环境与土木工程学院地质工程系，系副主任，副教授

王运生：成都理工大学环境与土木工程学院地质工程系，教授

林汐璐：成都理工大学地质灾害防治与地质环境保护国家重点实验室，讲师

罗永红：成都理工大学环境与土木工程学院地质工程系，系主任，教授

吉　锋：成都理工大学环境与土木工程学院地质工程系，教授

马春驰：成都理工大学环境与土木工程学院地质工程系，教授

张　岩：成都理工大学环境与土木工程学院地质工程系，研究员

罗　璟：成都理工大学环境与土木工程学院地质工程系，研究员

崔圣华：成都理工大学环境与土木工程学院地质工程系，副教授

陈婉琳：成都理工大学环境与土木工程学院地质工程系，讲师

刘　明：成都理工大学环境与土木工程学院地质工程系，讲师

王　丹：成都理工大学环境与土木工程学院地质工程系，讲师

汤明高：成都理工大学环境与土木工程学院土木工程系，系主任，教授

赵　华：成都理工大学环境与土木工程学院土木工程系，系副主任，副教授

高涌涛：成都理工大学环境与土木工程学院土木工程系，副教授

朱思宇：成都理工大学环境与土木工程学院土木工程系，副教授

武东生：成都理工大学环境与土木工程学院土木工程系，研究员

李　延：成都理工大学环境与土木工程学院土木工程系，副教授

焦　彤：成都理工大学环境与土木工程学院土木工程系，副教授

李龙起：成都理工大学环境与土木工程学院土木工程系，教授

吕　龙：成都理工大学环境与土木工程学院土木工程系，副教授

陈　旭：成都理工大学环境与土木工程学院土木工程系，副教授

钟志彬：成都理工大学环境与土木工程学院土木工程系，副教授

袁维光：成都理工大学环境与土木工程学院土木工程系，讲师

魏振磊：成都理工大学环境与土木工程学院土木工程系，研究员

黄　健：成都理工大学环境与土木工程学院土木工程系，副主任，副教授

解明礼：成都理工大学环境与土木工程学院地质工程系，讲师

夏明垚：成都理工大学地质灾害防治与地质环境保护国家重点实验室，研究员

赖琪毅：成都理工大学地质灾害防治与地质环境保护国家重点实验室，助理研究员

闫帅星：成都理工大学地质灾害防治与地质环境保护国家重点实验室，研究员

陈　政：成都理工大学地质灾害防治与地质环境保护国家重点实验室，研究员

陈　明：成都理工大学地质灾害防治与地质环境保护国家重点实验室，研究员

王剑超：成都理工大学地质灾害防治与地质环境保护国家重点实验室，助理研究员

赵建军：成都理工大学地质灾害防治与地质环境保护国家重点实验室，副主任，教授

高继国：成都理工大学党委组织部，副部长，学校党校副校长，副教授

黄　寰：成都理工大学学术期刊中心、商学院应用经济系，教授

40. 中国地质科学院团队（有色金属矿产案例撰写）

王安建：中国地质科学院，首席科学家，教授

刘　云：中国地质科学院，教授级高级工程师

41. 中国石油长庆油田团队（综合案例撰写、参与编辑编审）

何江川：中国石油天然气股份有限公司，教授级高级工程师

王京锋：长庆油田，教授级高级工程师

刘　涛：长庆油田党委办公室，副主任，政工师

杨　卫：长庆油田企管法规部，副主任，高级政工师

王　浩：长庆油田政策研究二室，主管，工程师

范　敏：长庆油田机关党总支，书记，工会主席，高级政工师

杨彦春：长庆油田党委宣传部，干事，高级政工师

何昕睿：长庆油田党委办公室，副主任，工程师

李　林：长庆油田党委办公室，副主任，工程师

李云鹏：长庆油田，工程师，干事

王　琳：长庆油田党委宣传部，干事，助理政工师

42. 西安交通大学团队（综合案例撰写）

汪应洛：西安交通大学，中国工程院院士，教授，博士生导师

钟　晟：国家发改委与西安交通大学共建改革试点探索与评估协同创新中心，研究员

徐立国：国家发改委与西安交通大学共建改革试点探索与评估协同创新中心，研究员

郑维博：国家发改委与西安交通大学共建改革试点探索与评估协同创新中心，研究员

周　勇：西安交通大学汪应洛院士研究团队，高级工程师

魏　航：西安交通大学汪应洛院士研究团队，高级工程师

43. 上海外高桥团队（邮轮案例撰写）

王　琦：上海外高桥造船有限公司，党委书记（董事长），正高级工程师

陈　刚：上海外高桥造船有限公司，总经理，正高级工程师

周　琦：上海外高桥造船有限公司，副总经理，高级工程师

许艳霞：上海外高桥造船有限公司，成本总监／企划部部长，正高级经济师